ACCESO GRATIS ***a la Lectura en la Nube***

Para visualizar el libro electrónico en la nube de lectura envíe junto a su nombre y apellidos una fotografía del código de barras situado en la contraportada del libro y otra del ticket de compra a la dirección:

ebooktirant@tirant.com

En un máximo de 72 horas laborales le enviaremos el códi[illegible] con sus instrucciones.

La visualización del libro en **NUBE DE LECTURA** excluye los usos bibliotecarios y públicos que puedan poner el archivo electrónico a disposición de una comunidad de lectores. Se permite tan solo un uso individual y privado

Tomo LXV

ESQUEMAS Y MAPAS CONCEPTUALES DE DERECHO TRIBUTARIO MATERIAL

Procedimiento de selección de originales, ver página web:
www.tirant.net/index.php/editorial/procedimiento-de-seleccion-de-originales

Tomo LXV

ESQUEMAS Y MAPAS CONCEPTUALES DE DERECHO TRIBUTARIO MATERIAL

ESTHER BUENO GALLARDO

tirant lo blanch
Valencia, 2024

EDITA: TIRANT LO BLANCH
C/ Artes Gráficas, 14 - 46010 - Valencia
TELFS.: 96/361 00 48 - 50
FAX: 96/369 241 51
Email:tlb@tirant.com
www.tirant.com
Librería Virtual: www.tirant.es
DEPÓSITO LEGAL: V-2564-2024
ISBN 978-84-1071-177-8

Si tiene alguna queja o sugerencia, envíenos un mail a: *atencioncliente@tirant.com*. En caso de no ser atendida su sugerencia, por favor, lea en *www.tirant.net/index.php/empresa/politicas-de-empresa* nuestro Procedimiento de quejas.

Responsabilidad Social Corporativa: http://www.tirant.net/Docs/RSCTirant.pdf

Índice

Lección 1
APROXIMACIÓN AL CONCEPTO Y CONTENIDO DEL DERECHO FINANCIERO

LECCIÓN 2
EL TRIBUTO. CONCEPTO Y CLASES

LECCIÓN 3
LOS PRINCIPIOS CONSTITUCIONALES QUE RIGEN LA ORDENACIÓN DE LOS TRIBUTOS

LECCIÓN 4
EL PODER TRIBUTARIO

LECCIÓN 5
LAS FUENTES DEL DERECHO TRIBUTARIO

LECCIÓN 6
LA APLICACIÓN DE LAS NORMAS TRIBUTARIAS

LECCIÓN 7
LA RELACIÓN JURÍDICO-TRIBUTARIA. EL HECHO IMPONIBLE

LECCIÓN 8
LOS OBLIGADOS TRIBUTARIOS

LECCIÓN 9
LOS ELEMENTOS DE CUANTIFICACIÓN DE LA OBLIGACIÓN TRIBUTARIA PRINCIPAL

Lección 1

APROXIMACIÓN AL CONCEPTO Y CONTENIDO DEL DERECHO FINANCIERO

1. EL DERECHO FINANCIERO Y LA ACTIVIDAD FINANCIERA PÚBLICA (I)

- Aclaración previa → **Delimitación NEGATIVA "Derecho Financiero"** → **"Financiero"** ≠ Sentido en el que mayoritariamente se emplea este término en el lenguaje usual, a saber: **mundo de los negocios**, fundamentalmente, de aquellos relacionados con operaciones de capital por contraposición a las de inversión real → el mundo de los bancos, la Bolsa, los seguros, etc.

- Según el DRAE → **Significado adjetivo "financiero"** → «Perteneciente o relativo a la Hacienda pública, a las cuestiones bancarias y bursátiles o a los grandes negocios mercantiles» (*acepción 1ª*).

- El **Derecho Financiero se relaciona**, no con la ordenación de las finanzas privadas (=Derecho Mercantil), sino **con la ordenación de las finanzas PÚBLICAS**. Se corresponde con la **primera parte de la acepción 1ª del término** que se contiene en el **DRAE**.

- El **Derecho Financiero** regula la ACTIVIDAD FINANCIERA PÚBLICA. **Constituye el** ORDENAMIENTO JURÍDICO DE LA HACIENDA PÚBLICA.

- ACTIVIDAD FINANCIERA PÚBLICA → «Aquella que **desarrollan el Estado y los demás Entes públicos** para la **realización de los gastos inherentes a las funciones que les están encomendadas**, así como para la **obtención de los ingresos necesarios para hacer frente a dichos gastos**» (PÉREZ ROYO).

- **Actividad financiera** = **Actividad encaminada** a la OBTENCIÓN DE INGRESOS Y REALIZACIÓN DE GASTOS, con los que poder subvenir a la satisfacción de determinadas necesidades colectivas.

1. EL DERECHO FINANCIERO Y LA ACTIVIDAD FINANCIERA PÚBLICA (II)

- NOTAS QUE CARACTERIZAN A LA ACTIVIDAD FINANCIERA:

  - (1) Actividad PÚBLICA → Por el **sujeto** (el Estado u otro ente público) y por el **objeto** (satisfacción de necesidades colectivas).

  - (2) Actividad MEDIAL o INSTRUMENTAL DE SEGUNDO GRADO → Actividad que **tiene por objeto los *medios* financieros o dinerarios indispensables para el desarrollo de las restantes funciones públicas** (tanto *finales —v. gr.*, la actividad sanitaria o de enseñanza— como *instrumentales de primer grado —v. gr.*, actividad relativa al régimen de los funcionarios públicos con la que se atiende uno de los instrumentos necesarios para el desarrollo de las funciones públicas finales—).

  - (3) Actividad JURÍDICA → **Sometida a normas y principios jurídicos** cuyo estudio constituye el objeto del Derecho Financiero.

2. EL DERECHO FINANCIERO COMO ORDENAMIENTO DE LA HACIENDA PÚBLICA

- DERECHO FINANCIERO = ORDENAMIENTO JURÍDICO DE LA HACIENDA PÚBLICA = **Conjunto de reglas y principios jurídicos que disciplinan la Hacienda Pública.**

- ¿QUÉ ES LA HACIENDA PÚBLICA? → Desde una ***perspectiva jurídica***, el **concepto de Hacienda Pública** puede ser entendido en un **doble sentido:**

  - Desde un **punto de vista objetivo o estático** → Hacienda Pública = **Conjunto de derechos y obligaciones de contenido económico** del Estado o de otras Administraciones públicas (art. 5.1 LGP).

  - Desde un **punto de vista subjetivo o dinámico** → Hacienda Pública (*administración de Hacienda Pública*) = **Sujeto titular de dichos derechos y obligaciones**. Hacienda Pública = **Sujeto titular de la actividad financiera.**

- Se hace eco de esta distinción la STC 65/2020, de 18 de junio:

> «*Diferencia entre hacienda pública y administración de hacienda pública*. Debe recordarse que una cosa es la "hacienda pública", entendida como **conjunto de derechos y obligaciones de contenido económico que constituyen el patrimonio financiero de un ente público territorial** (entre cuyos derechos de contenido económico se encuentran los tributos), y otra distinta la **"administración de hacienda pública"** o **"hacienda pública" subjetiva**, entendida como **conjunto de órganos de la administración (y entes de derecho público) encargados de su gestión**; esto es, una función consistente en convertir a través de procedimientos administrativos los derechos de contenido económico (entre ellos, los tributos) en ingresos públicos con los que satisfacer el gasto público» [FJ 4 a)].

- Pues bien, el **conjunto de normas y principios jurídicos relativos al ordenamiento de la Hacienda pública —entendida en esta doble acepción objetiva y subjetiva—** es lo que conforma el **contenido del Derecho Financiero**.

3. CONTENIDO DEL DERECHO FINANCIERO: DERECHOS DE LOS INGRESOS PÚBLICOS Y DERECHO DEL GASTO PÚBLICO (INTRODUCCIÓN) (I)

- Dentro del **Derecho Financiero** se distinguen DOS PARTES:
  - El DERECHO DE LOS INGRESOS PÚBLICOS.
  - El DERECHO DEL GASTO PÚBLICO.
- **Diferente naturaleza** de los **ingresos públicos** ↔ **Regímenes jurídicos diversos** (regulación en distintos cuerpos normativos). Se pueda diferenciar entre:
- (1) El DERECHO TRIBUTARIO (*Remisión*):
  - Disciplina que tiene como objeto de estudio el **ordenamiento jurídico que regula el establecimiento y aplicación de los tributos.**
  - **Eje central** del Derecho Tributario → La **institución del tributo**. Tributo = Prestación pecuniaria de carácter coactivo impuesta por el Estado u otro ente público con la finalidad de contribuir al sostenimiento de los gastos públicos → **PRESTACIÓN PECUNIARIA** que se caracteriza por las dos notas fundamentales siguientes: COACTIVIDAD y CARÁCTER CONTRIBUTIVO.
  - El contenido del Derecho se divide en **dos grandes partes:** PARTE GENERAL y PARTE ESPECIAL.
  - La PARTE GENERAL, a su vez, se subdivide en:
    - (a) **Derecho Tributario** ***Material*** → Estudia **qué es el tributo, cómo se establece y regula y quién lo establece.**
    - (b) **Derecho Tributario** ***Procedimental*** → Analiza la aplicación efectiva del tributo y, por lo tanto, los **procedimientos de aplicación de los tributos.**
  - La PARTE ESPECIAL → Se ocupa del **análisis de cada uno de los tributos que conforman el sistema tributario español.** (estudio de su normativa reguladora y de los elementos esenciales de cada una de las figuras tributarias).

3. CONTENIDO DEL DERECHO FINANCIERO: DERECHOS DE LOS INGRESOS PÚBLICOS Y DERECHO DEL GASTO PÚBLICO (INTRODUCCIÓN) (II)

- (2) El DERECHO DEL CRÉDITO PÚBLICO:
  - Analiza el régimen jurídico aplicable a la **actividad de obtención de ingresos públicos** por parte de las Administraciones Públicas **mediante contratos de préstamo** en sentido genérico por los cuales se **recibe un dinero de los particulares** con la obligación de **satisfacer a cambio una retribución** y, en su caso, la **devolución del capital** inicialmente prestado.
  - Tipo de préstamo más habitual → **Emisión de Deuda Pública.**
- (3) El DERECHO DE LOS INGRESOS PATRIMONIALES:
  - Estudia el régimen jurídico del **conjunto de bienes y derechos *no demaniales* de titularidad pública** y presta especial atención a las **formas de explotación de los mismos destinadas a la obtención de ingresos** (**ingresos patrimoniales**) con los que subvenir al sostenimiento del gasto público.
  - INGRESOS PATRIMONIALES → Ingresos provenientes de la **explotación y enajenación** de los **bienes que constituyen el patrimonio de los Entes Públicos.**
  - Son aquellos ingresos que el Ente público recauda en su condición de propietario de bienes o de accionista de empresas públicas y privadas.

3. CONTENIDO DEL DERECHO FINANCIERO: DERECHOS DE LOS INGRESOS PÚBLICOS Y DERECHO DEL GASTO PÚBLICO (INTRODUCCIÓN) (III)

- El DERECHO DEL GASTO PÚBLICO:

  - El Derecho Financiero se ocupa de los gastos públicos únicamente en lo concerniente a los mecanismos o procedimientos formales que gobiernan **la asignación, desembolso y control del empleo de los recursos públicos.**

  - Concretamente, interesan al Derecho Financiero en este ámbito:

    — (a) El estudio de las **normas que regulan la asignación de los recursos públicos** para el desarrollo de los servicios públicos (cuánto gastar en sanidad, enseñanza, defensa, etc.,).

    — (b) Las **normas que rigen la ejecución del gasto público.**

    — (c) Y, por último, el **control de la correspondencia entre la asignación de recursos y su puesta en práctica.**

  - Institución fundamental = **EL PRESUPUESTO** (Art. 134 CE) = **Plan de gastos y previsión de ingresos del Estado** (o de los restantes entes públicos territoriales) para un determinado ejercicio económico.

  - La rama del Derecho Financiero que se ocupa del estudio del Presupuesto recibe la denominación de DERECHO PRESUPUESTARIO → Objeto de estudio: el **conjunto de los principios y normas que rigen la institución presupuestaria,** así como los **procedimientos formales de asignación, desembolso y control** del empleo de los recursos públicos.

4. INGRESOS PÚBLICOS: CONCEPTO, CARACTERES Y CLASES

- **4.1. Ingresos públicos: concepto y caracteres**
- **4.2. Clases de ingresos públicos**
  - (a) Ingresos públicos de Derecho público e ingresos públicos de Derecho privado
  - (b) Ingresos tributarios, crediticios y patrimoniales
  - (c) Ingresos ordinarios y extraordinarios
  - (d) Ingresos presupuestarios y extrapresupuestarios

4.1. INGRESOS PÚBLICOS: CONCEPTO Y CARACTERES

- INGRESO PÚBLICO → Toda cantidad de dinero percibida por el Estado y demás entes públicos que tiene por finalidad atender un fin público: fundamentalmente, ***financiar los gastos públicos***.
- Los CARACTERES ESENCIALES del ingreso público son:

➢ (1) Consiste siempre en una cantidad de dinero:

— Naturaleza dineraria del ingreso público guarda una estrecha relación con su carácter instrumental.

— El dinero no cubre por sí mismo ninguna necesidad → Constituye un **medio para la obtención de bienes o servicios** con los que **satisfacer ciertas necesidades colectivas.**

— En consecuencia, las prestaciones que no son dinerarias como las **prestaciones personales** (*v. gr*., participación en una mesa electoral o en un tribunal con jurado) **o en especie** (*v. gr*., bienes en especie adquiridos mediante expropiación forzosa o requisa) **no constituyen ingresos públicos.**

➢ (2) Percibido por un ente público:

— Lo que determina la calificación como público del ingreso es la **naturaleza pública del ente que lo recibe.**

— Lo determinante **NO es el régimen jurídico aplicable al ingreso ni la naturaleza de la relación jurídica en virtud de la cual se obtiene** → Prueba de ello es que existen ingresos públicos percibidos en virtud de una relación jurídica *de Derecho público* (i.e. los ingresos tributarios) e ingresos públicos percibidos en virtud de una relación jurídica *de Derecho privado* (i.e. adquisición de una suma de dinero mediante una herencia percibida por el Estado u obtención de dividendos como consecuencia de la participación del ente público en el capital social de una entidad mercantil).

➢ (3) Tiene como finalidad atender un fin público → Habitualmente, **financiar los gastos públicos,** pero no necesariamente tiene que ser ésta la finalidad *principal* de *todos* los ingresos públicos (*v. gr*., las sanciones → «[e]sto es, precisamente, lo que distingue a los tributos de las *sanciones* que, aunque *cuando tienen carácter pecuniario contribuyen, como el resto de los ingresos públicos, a engrosar las arcas del erario público, ni tienen como función básica o secundaria el sostenimiento de los gastos públicos o la satisfacción de necesidades colectivas (la utilización de las sanciones pecuniarias para financiar gastos públicos es un resultado, no un fin)* ni, por ende, se establecen como consecuencia de la existencia de una circunstancia reveladora de riqueza, sino única y exclusivamente para castigar a quienes cometen un ilícito» (STC 276/2000, de 16 de noviembre, FJ 4).

4.2. CLASES DE INGRESOS PÚBLICOS (I)

- Las principales CLASIFICACIONES —las más habituales— de los INGRESOS PÚBLICOS son las siguientes:

  —(a) Ingresos ***públicos*** ***de Derecho público*** e ingresos ***públicos*** ***de Derecho privado.***

  —(b) Ingresos ***tributarios, crediticios*** y ***patrimoniales.***

  —(c) Ingresos ***ordinarios*** y ***extraordinarios.***

  —(d) Ingresos ***presupuestarios*** y ***extrapresupuestarios.***

4.2. CLASES DE INGRESOS PÚBLICOS (II)

- (A) Ingresos públicos DE DERECHO PÚBLICO e ingresos públicos DE DERECHO PRIVADO:

- La **distinción** entre unos y otros **radica en la distinta naturaleza, pública o privada, de las normas que regulan las relaciones jurídicas en virtud de las cuales se obtienen unos y otros**.

  ➢ **Ingresos públicos DE DERECHO PÚBLICO → Derivan de derechos y relaciones jurídicas regidos por normas de Derecho público,** en cuyo ámbito **la Administración Pública** actúa como tal, esto es, **investida de prerrogativas y poderes especiales** (*v. gr.*, autotutela declarativa y ejecutiva, derechos de prelación y preferencia frente a otros acreedores).

  ➢ **Ingresos públicos DE DERECHO PRIVADO → Derivan de derechos y relaciones jurídicas regidos por normas de Derecho privado,** en cuyo ámbito el **ente público no goza de prerrogativas especiales** (aunque tampoco actúa en pie de igualdad con los particulares puesto que sigue estando sometido, en ciertos aspectos, al Derecho Administrativo: i.e., en lo concerniente a la formación de su voluntad).

  ✓ Ejemplos de ingresos públicos DE DERECHO PÚBLICO → Ingresos tributarios e ingresos derivados del recurso al crédito o Deuda pública.

  ✓ Ejemplos de ingresos públicos DE DERECHO PRIVADO → Todos los procedentes de la explotación o enajenación de los bienes patrimoniales (*v. gr.*, rentas derivadas del arrendamiento de bienes, dividendos derivados de la participación en el capital social de entidades mercantiles), así como los recibidos en virtud de herencia o donación.

4.2. CLASES DE INGRESOS PÚBLICOS (III)

- (B) **Ingresos** TRIBUTARIOS, CREDITICIOS Y PATRIMONIALES:

- Esta clasificación se establece **atendiendo a la fuente o instituto jurídico de los que proceden** los ingresos públicos:

  - **Ingresos TRIBUTARIOS** → **Procedentes** de los **tributos**.
  - **Ingresos CREDITICIOS** → **Procedentes** de las **operaciones de crédito**.
  - **Ingresos PATRIMONIALES** → **Proceden** de la **explotación** o **enajenación de los bienes patrimoniales** de los entes públicos.

- (C) **Ingresos** ORDINARIOS Y EXTRAORDINARIOS:

- Esta clasificación **se basa en la periodicidad con la que se perciben** los ingresos.

  - **Ingresos ORDINARIOS** → Ingresos que **afluyen de manera regular, recurrente o periódica** a las arcas públicas (*v. gr.*, ingresos tributarios).
  - **Ingresos EXTRAORDINARIOS** → Ingresos que **se perciben** por el ente público **de manera irregular, no recurrente o excepcional** (*v. gr.*, ingresos derivados de la enajenación de bienes patrimoniales y, en otros tiempos, los ingresos derivados de la Deuda pública).

  - ❖ La clasificación como ingreso ordinario o extraordinario **puede experimentar modificaciones con el transcurso del tiempo**. Es lo que ha sucedido con los ingresos derivados de la Deuda Pública que, en un principio, tuvieron carácter extraordinario (utilizados, *v. gr.*, en caso de guerras o grandes calamidades) pero que en la actualidad tiene un carácter absolutamente ordinario.

4.2. CLASES DE INGRESOS PÚBLICOS (IV)

- (D) Ingresos PRESUPUESTARIOS Y EXTRAPRESUPUESTARIOS:

  - Esta clasificación se efectúa más por tradición histórica que por su viabilidad actual.

  - Tradicionalmente se diferenciaba entre **ingresos públicos que figuraban consignados en el presupuesto** del respectivo ente público (**INGRESOS PRESUPUESTARIOS**), y aquellos otros que **no figuraban consignados en el presupuesto** del respectivo ente público (**INGRESOS EXTRAPRESUPUESTARIOS**).

  - En la actualidad, clasificación en desuso y difícilmente compatible con los principios presupuestarios de universalidad y unidad ↔ **Todo ingreso y todo gasto público** han de tener **consignación presupuestaria**.

DERECHO DE LOS INGRESOS PÚBLICOS

- **5. EL DERECHO TRIBUTARIO** *(Remisión a las Lecciones 2 y ss.)*
- **6. EL DERECHO DEL CRÉDITO PÚBLICO. LA DEUDA PÚBLICA**
  - 6.1. Concepto, naturaleza y principales características de la Deuda Pública
  - 6.2. Clases de Deuda Pública
  - 6.3. Principales aspectos del régimen jurídico de la Deuda Pública
- **7. EL DERECHO DE LOS INGRESOS PATRIMONIALES: NOCIONES ESENCIALES**

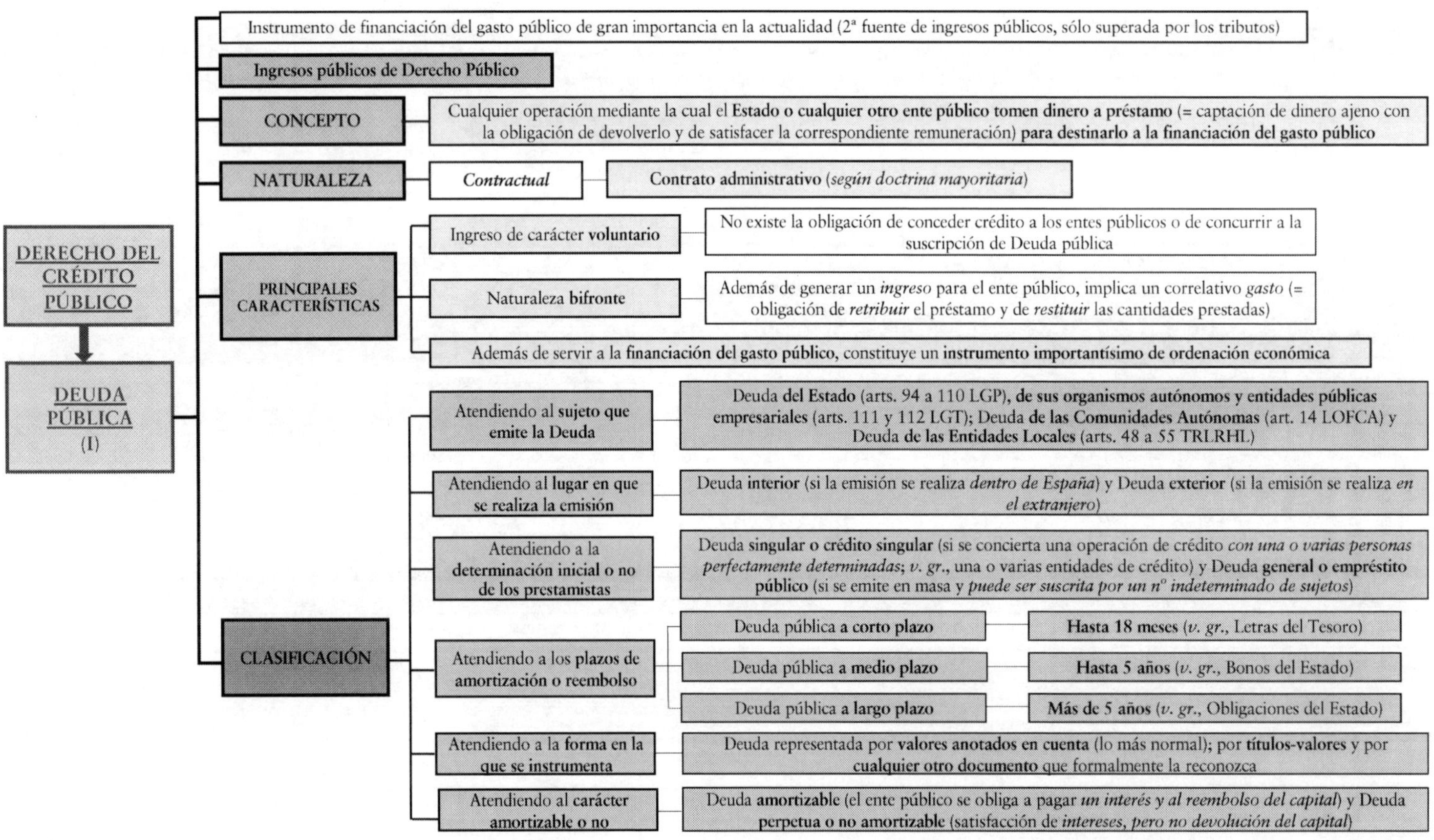
DERECHO DEL CRÉDITO PÚBLICO
DEUDA PÚBLICA (I)
Instrumento de financiación del gasto público de gran importancia en la actualidad (2ª fuente de ingresos públicos, sólo superada por los tributos)
Ingresos públicos de Derecho Público
CONCEPTO
Cualquier operación mediante la cual el Estado o cualquier otro ente público tomen dinero a préstamo (= captación de dinero ajeno con la obligación de devolverlo y de satisfacer la correspondiente remuneración) para destinarlo a la financiación del gasto público
NATURALEZA
Contractual
Contrato administrativo (según doctrina mayoritaria)
PRINCIPALES CARACTERÍSTICAS
Ingreso de carácter voluntario
No existe la obligación de conceder crédito a los entes públicos o de concurrir a la suscripción de Deuda pública
Naturaleza bifronte
Además de generar un ingreso para el ente público, implica un correlativo gasto (= obligación de retribuir el préstamo y de restituir las cantidades prestadas)
Además de servir a la financiación del gasto público, constituye un instrumento importantísimo de ordenación económica
CLASIFICACIÓN
Atendiendo al sujeto que emite la Deuda
Deuda del Estado (arts. 94 a 110 LGP), de sus organismos autónomos y entidades públicas empresariales (arts. 111 y 112 LGT); Deuda de las Comunidades Autónomas (art. 14 LOFCA) y Deuda de las Entidades Locales (arts. 48 a 55 TRLRHL)
Atendiendo al lugar en que se realiza la emisión
Deuda interior (si la emisión se realiza dentro de España) y Deuda exterior (si la emisión se realiza en el extranjero)
Atendiendo a la determinación inicial o no de los prestamistas
Deuda singular o crédito singular (si se concierta una operación de crédito con una o varias personas perfectamente determinadas; v. gr., una o varias entidades de crédito) y Deuda general o empréstito público (si se emite en masa y puede ser suscrita por un nº indeterminado de sujetos)
Atendiendo a los plazos de amortización o reembolso
Deuda pública a corto plazo
Hasta 18 meses (v. gr., Letras del Tesoro)
Deuda pública a medio plazo
Hasta 5 años (v. gr., Bonos del Estado)
Deuda pública a largo plazo
Más de 5 años (v. gr., Obligaciones del Estado)
Atendiendo a la forma en la que se instrumenta
Deuda representada por valores anotados en cuenta (lo más normal); por títulos-valores y por cualquier otro documento que formalmente la reconozca
Atendiendo al carácter amortizable o no
Deuda amortizable (el ente público se obliga a pagar un interés y al reembolso del capital) y Deuda perpetua o no amortizable (satisfacción de intereses, pero no devolución del capital)

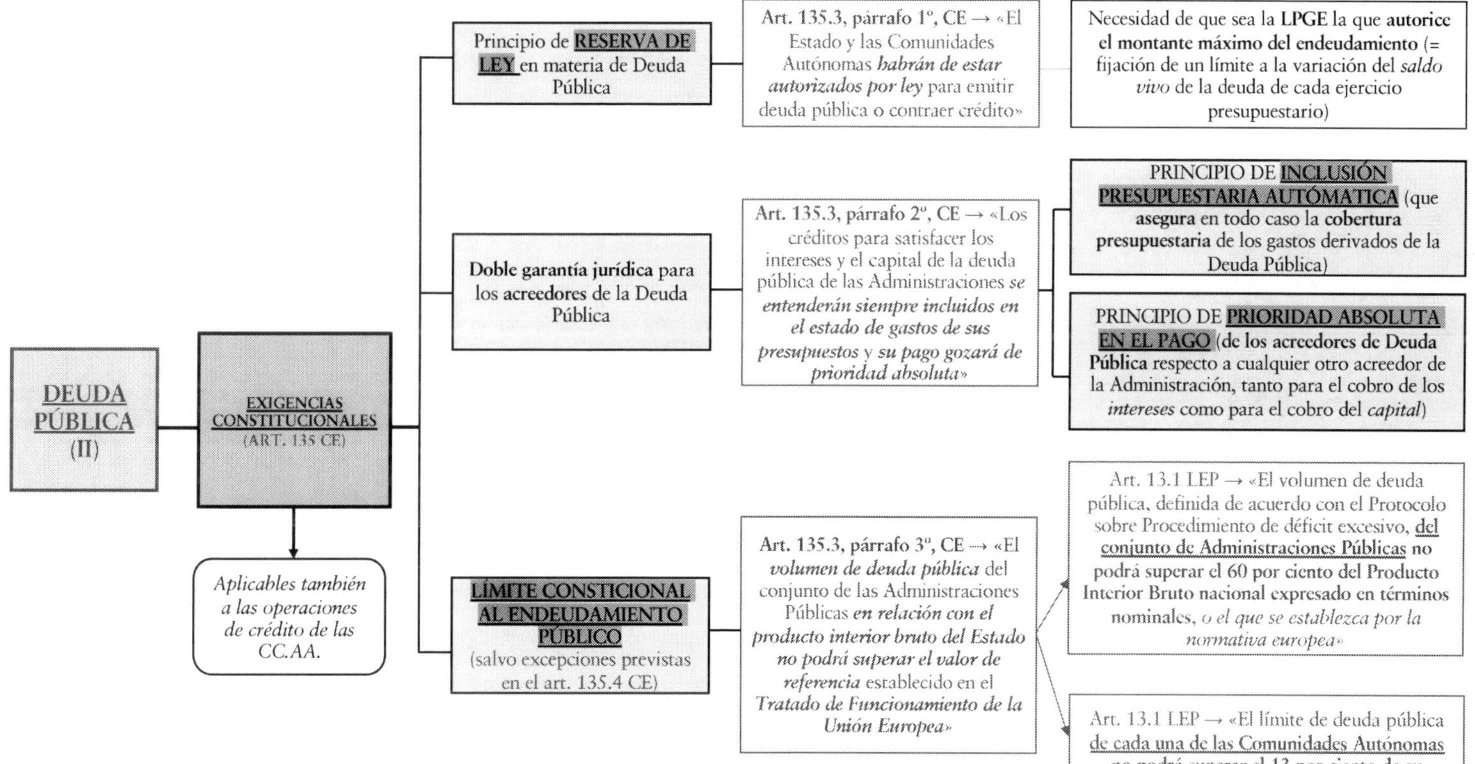
DEUDA PÚBLICA (II)
EXIGENCIAS CONSTITUCIONALES (ART. 135 CE)
Aplicables también a las operaciones de crédito de las CC.AA.
Principio de RESERVA DE LEY en materia de Deuda Pública
Art. 135.3, párrafo 1º, CE → «El Estado y las Comunidades Autónomas habrán de estar autorizados por ley para emitir deuda pública o contraer crédito»
Necesidad de que sea la LPGE la que autorice el montante máximo del endeudamiento (= fijación de un límite a la variación del saldo vivo de la deuda de cada ejercicio presupuestario)
Doble garantía jurídica para los acreedores de la Deuda Pública
Art. 135.3, párrafo 2º, CE → «Los créditos para satisfacer los intereses y el capital de la deuda pública de las Administraciones se entenderán siempre incluidos en el estado de gastos de sus presupuestos y su pago gozará de prioridad absoluta»
PRINCIPIO DE INCLUSIÓN PRESUPUESTARIA AUTÓMATICA (que asegura en todo caso la cobertura presupuestaria de los gastos derivados de la Deuda Pública)
PRINCIPIO DE PRIORIDAD ABSOLUTA EN EL PAGO (de los acreedores de Deuda Pública respecto a cualquier otro acreedor de la Administración, tanto para el cobro de los intereses como para el cobro del capital)
LÍMITE CONSTICIONAL AL ENDEUDAMIENTO PÚBLICO (salvo excepciones previstas en el art. 135.4 CE)
Art. 135.3, párrafo 3º, CE → «El volumen de deuda pública del conjunto de las Administraciones Públicas en relación con el producto interior bruto del Estado no podrá superar el valor de referencia establecido en el Tratado de Funcionamiento de la Unión Europea»
Art. 13.1 LEP → «El volumen de deuda pública, definida de acuerdo con el Protocolo sobre Procedimiento de déficit excesivo, del conjunto de Administraciones Públicas no podrá superar el 60 por ciento del Producto Interior Bruto nacional expresado en términos nominales, o el que se establezca por la normativa europea»
Art. 13.1 LEP → «El límite de deuda pública de cada una de las Comunidades Autónomas no podrá superar el 13 por ciento de su Producto Interior Bruto regional»

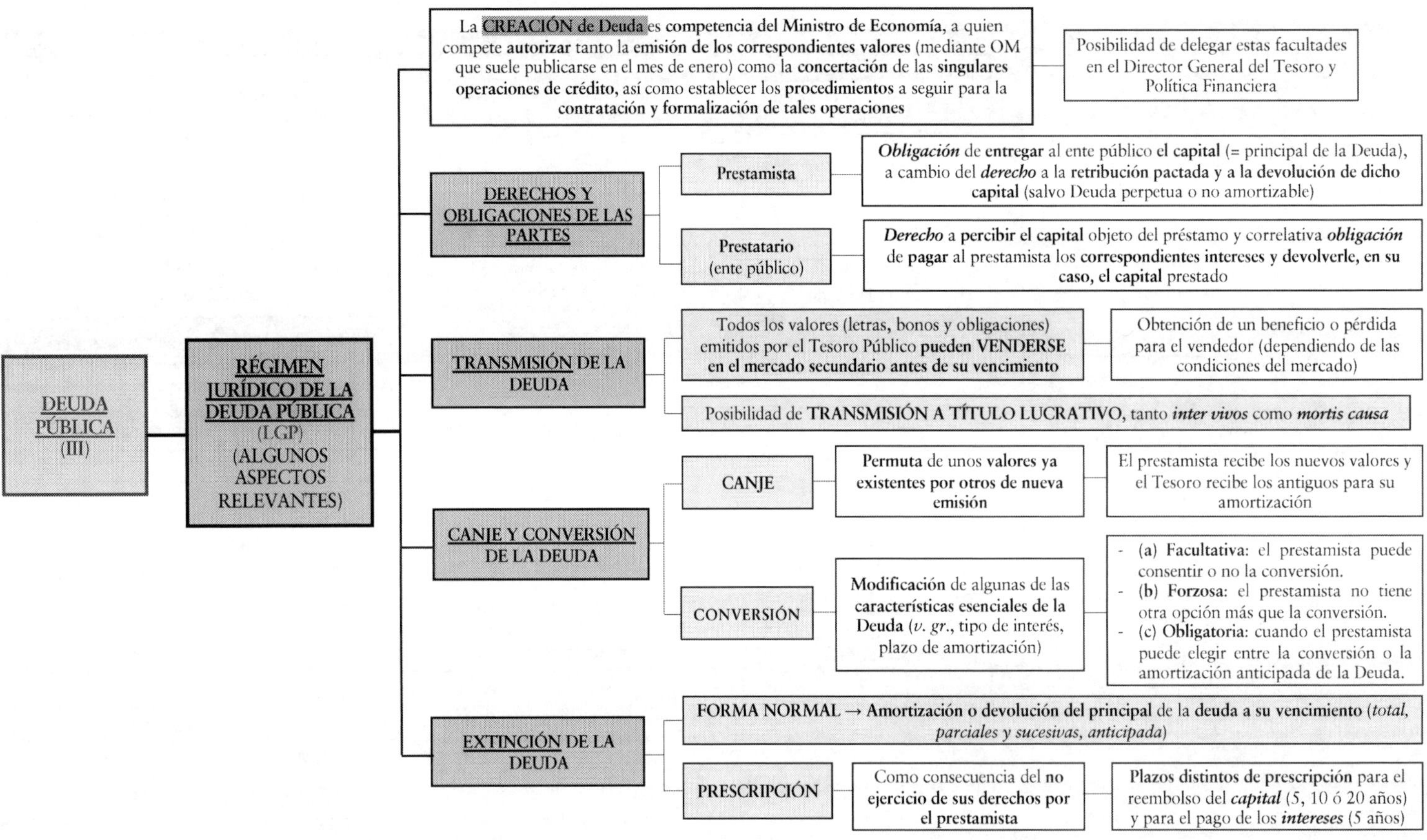
DEUDA PÚBLICA (III)
RÉGIMEN JURÍDICO DE LA DEUDA PÚBLICA (LGP) (ALGUNOS ASPECTOS RELEVANTES)
La CREACIÓN de Deuda es competencia del Ministro de Economía, a quien compete autorizar tanto la emisión de los correspondientes valores (mediante OM que suele publicarse en el mes de enero) como la concertación de las singulares operaciones de crédito, así como establecer los procedimientos a seguir para la contratación y formalización de tales operaciones
Posibilidad de delegar estas facultades en el Director General del Tesoro y Política Financiera
DERECHOS Y OBLIGACIONES DE LAS PARTES
Prestamista
Obligación de entregar al ente público el capital (= principal de la Deuda), a cambio del derecho a la retribución pactada y a la devolución de dicho capital (salvo Deuda perpetua o no amortizable)
Prestatario (ente público)
Derecho a percibir el capital objeto del préstamo y correlativa obligación de pagar al prestamista los correspondientes intereses y devolverle, en su caso, el capital prestado
TRANSMISIÓN DE LA DEUDA
Todos los valores (letras, bonos y obligaciones) emitidos por el Tesoro Público pueden VENDERSE en el mercado secundario antes de su vencimiento
Obtención de un beneficio o pérdida para el vendedor (dependiendo de las condiciones del mercado)
Posibilidad de TRANSMISIÓN A TÍTULO LUCRATIVO, tanto inter vivos como mortis causa
CANJE Y CONVERSIÓN DE LA DEUDA
CANJE
Permuta de unos valores ya existentes por otros de nueva emisión
El prestamista recibe los nuevos valores y el Tesoro recibe los antiguos para su amortización
CONVERSIÓN
Modificación de algunas de las características esenciales de la Deuda (v. gr., tipo de interés, plazo de amortización)
- (a) Facultativa: el prestamista puede consentir o no la conversión.
- (b) Forzosa: el prestamista no tiene otra opción más que la conversión.
- (c) Obligatoria: cuando el prestamista puede elegir entre la conversión o la amortización anticipada de la Deuda.
EXTINCIÓN DE LA DEUDA
FORMA NORMAL → Amortización o devolución del principal de la deuda a su vencimiento (total, parciales y sucesivas, anticipada)
PRESCRIPCIÓN
Como consecuencia del no ejercicio de sus derechos por el prestamista
Plazos distintos de prescripción para el reembolso del capital (5, 10 ó 20 años) y para el pago de los intereses (5 años)

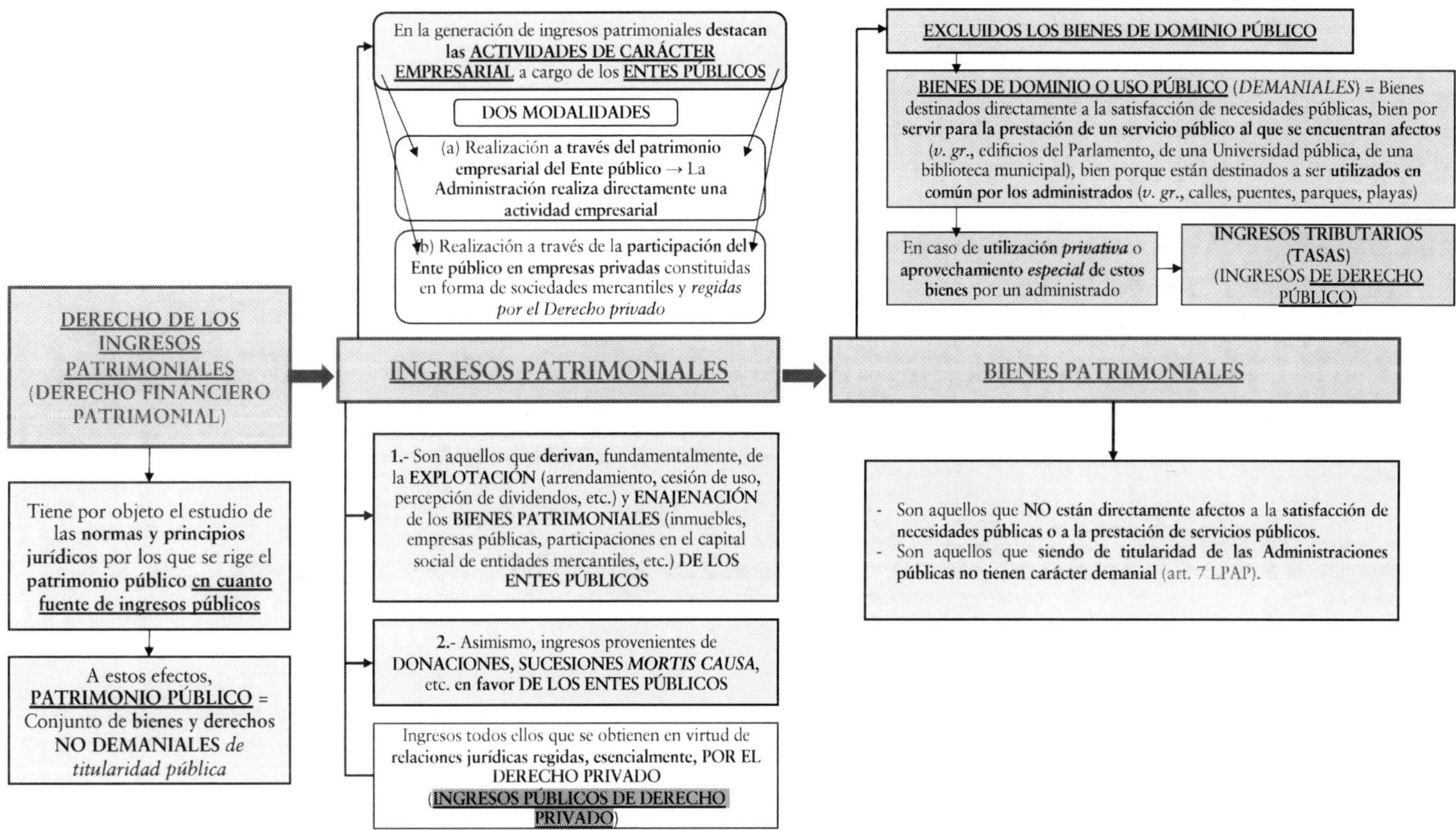
DERECHO DE LOS INGRESOS PATRIMONIALES (DERECHO FINANCIERO PATRIMONIAL)
Tiene por objeto el estudio de las normas y principios jurídicos por los que se rige el patrimonio público en cuanto fuente de ingresos públicos
A estos efectos, PATRIMONIO PÚBLICO = Conjunto de bienes y derechos NO DEMANIALES de titularidad pública
INGRESOS PATRIMONIALES
En la generación de ingresos patrimoniales destacan las ACTIVIDADES DE CARÁCTER EMPRESARIAL a cargo de los ENTES PÚBLICOS
DOS MODALIDADES
(a) Realización a través del patrimonio empresarial del Ente público → La Administración realiza directamente una actividad empresarial
(b) Realización a través de la participación del Ente público en empresas privadas constituidas en forma de sociedades mercantiles y regidas por el Derecho privado
1.- Son aquellos que derivan, fundamentalmente, de la EXPLOTACIÓN (arrendamiento, cesión de uso, percepción de dividendos, etc.) y ENAJENACIÓN de los BIENES PATRIMONIALES (inmuebles, empresas públicas, participaciones en el capital social de entidades mercantiles, etc.) DE LOS ENTES PÚBLICOS
2.- Asimismo, ingresos provenientes de DONACIONES, SUCESIONES MORTIS CAUSA, etc. en favor DE LOS ENTES PÚBLICOS
Ingresos todos ellos que se obtienen en virtud de relaciones jurídicas regidas, esencialmente, POR EL DERECHO PRIVADO (INGRESOS PÚBLICOS DE DERECHO PRIVADO)
BIENES PATRIMONIALES
EXCLUIDOS LOS BIENES DE DOMINIO PÚBLICO
BIENES DE DOMINIO O USO PÚBLICO (DEMANIALES) = Bienes destinados directamente a la satisfacción de necesidades públicas, bien por servir para la prestación de un servicio público al que se encuentran afectos (v. gr., edificios del Parlamento, de una Universidad pública, de una biblioteca municipal), bien porque están destinados a ser utilizados en común por los administrados (v. gr., calles, puentes, parques, playas)
En caso de utilización privativa o aprovechamiento especial de estos bienes por un administrado
INGRESOS TRIBUTARIOS (TASAS) (INGRESOS DE DERECHO PÚBLICO)
- Son aquellos que NO están directamente afectos a la satisfacción de necesidades públicas o a la prestación de servicios públicos.
- Son aquellos que siendo de titularidad de las Administraciones públicas no tienen carácter demanial (art. 7 LPAP).

8. EL DERECHO DE LOS GASTOS PÚBLICOS. EL DERECHO PRESUPUESTARIO (CONCEPTOS BÁSICOS)

- 8.1. El **Derecho de los Gastos Públicos**
- 8.2. El **presupuesto: concepto y definición legal**
- 8.3. **Naturaleza** de la **ley de presupuestos**
- 8.4. **Efectos** de la ley **de presupuestos en** relación con los ingresos y los gastos
- 8.5. La **estructura del presupuesto**: estado de ingresos y de gastos
- 8.6. **Principios presupuestarios**
- 8.7. El **ciclo presupuestario**: *elaboración, aprobación, ejecución y control* del presupuesto

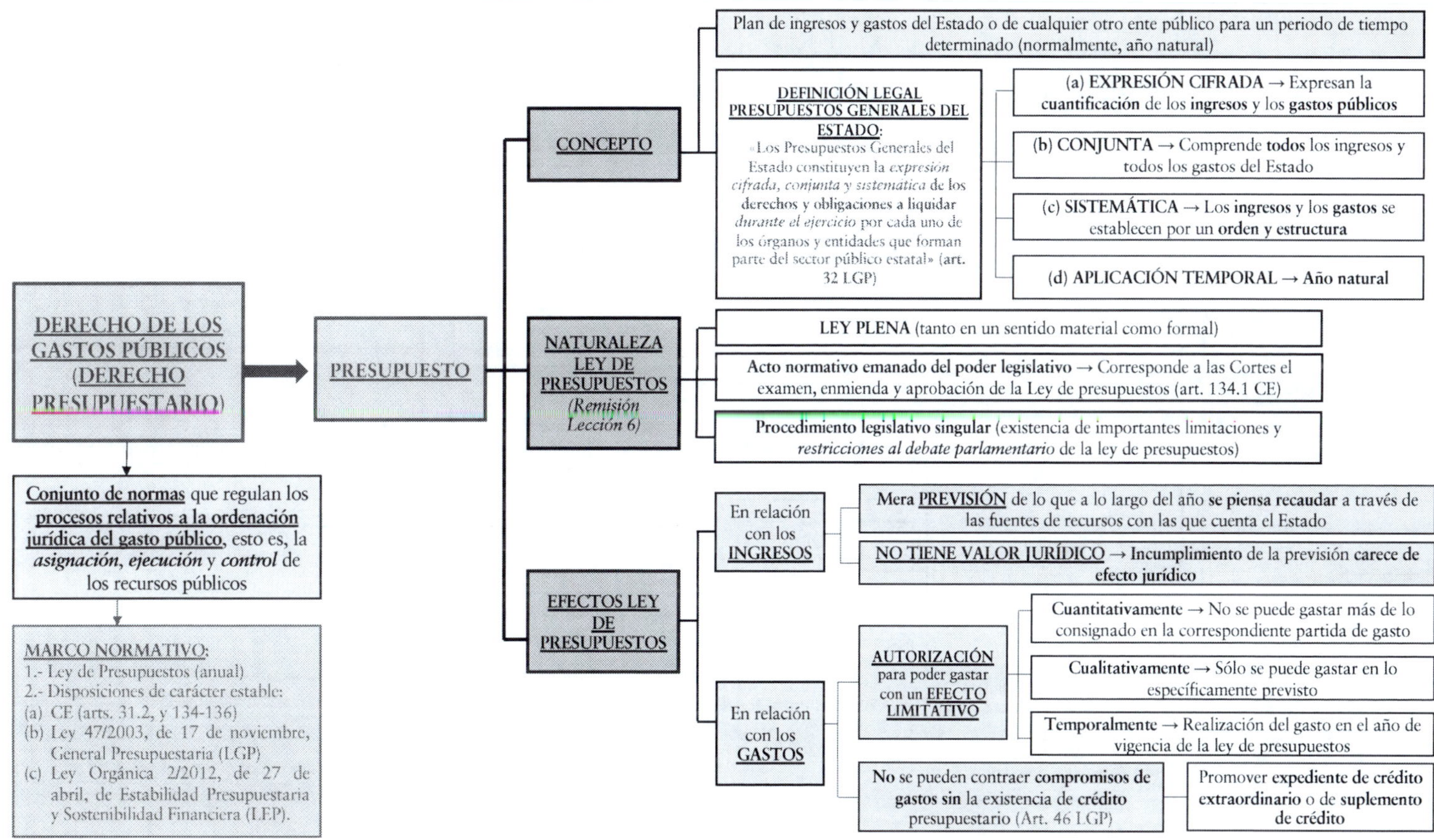
DERECHO DE LOS GASTOS PÚBLICOS (DERECHO PRESUPUESTARIO)
Conjunto de normas que regulan los procesos relativos a la ordenación jurídica del gasto público, esto es, la asignación, ejecución y control de los recursos públicos
MARCO NORMATIVO:
1.- Ley de Presupuestos (anual)
2.- Disposiciones de carácter estable:
(a) CE (arts. 31.2, y 134-136)
(b) Ley 47/2003, de 17 de noviembre, General Presupuestaria (LGP)
(c) Ley Orgánica 2/2012, de 27 de abril, de Estabilidad Presupuestaria y Sostenibilidad Financiera (LEP).
PRESUPUESTO
CONCEPTO
Plan de ingresos y gastos del Estado o de cualquier otro ente público para un periodo de tiempo determinado (normalmente, año natural)
DEFINICIÓN LEGAL PRESUPUESTOS GENERALES DEL ESTADO:
«Los Presupuestos Generales del Estado constituyen la expresión cifrada, conjunta y sistemática de los derechos y obligaciones a liquidar durante el ejercicio por cada uno de los órganos y entidades que forman parte del sector público estatal» (art. 32 LGP)
(a) EXPRESIÓN CIFRADA → Expresan la cuantificación de los ingresos y los gastos públicos
(b) CONJUNTA → Comprende todos los ingresos y todos los gastos del Estado
(c) SISTEMÁTICA → Los ingresos y los gastos se establecen por un orden y estructura
(d) APLICACIÓN TEMPORAL → Año natural
NATURALEZA LEY DE PRESUPUESTOS (Remisión Lección 6)
LEY PLENA (tanto en un sentido material como formal)
Acto normativo emanado del poder legislativo → Corresponde a las Cortes el examen, enmienda y aprobación de la Ley de presupuestos (art. 134.1 CE)
Procedimiento legislativo singular (existencia de importantes limitaciones y restricciones al debate parlamentario de la ley de presupuestos)
EFECTOS LEY DE PRESUPUESTOS
En relación con los INGRESOS
Mera PREVISIÓN de lo que a lo largo del año se piensa recaudar a través de las fuentes de recursos con las que cuenta el Estado
NO TIENE VALOR JURÍDICO → Incumplimiento de la previsión carece de efecto jurídico
En relación con los GASTOS
AUTORIZACIÓN para poder gastar con un EFECTO LIMITATIVO
Cuantitativamente → No se puede gastar más de lo consignado en la correspondiente partida de gasto
Cualitativamente → Sólo se puede gastar en lo específicamente previsto
Temporalmente → Realización del gasto en el año de vigencia de la ley de presupuestos
No se pueden contraer compromisos de gastos sin la existencia de crédito presupuestario (Art. 46 LGP)
Promover expediente de crédito extraordinario o de suplemento de crédito

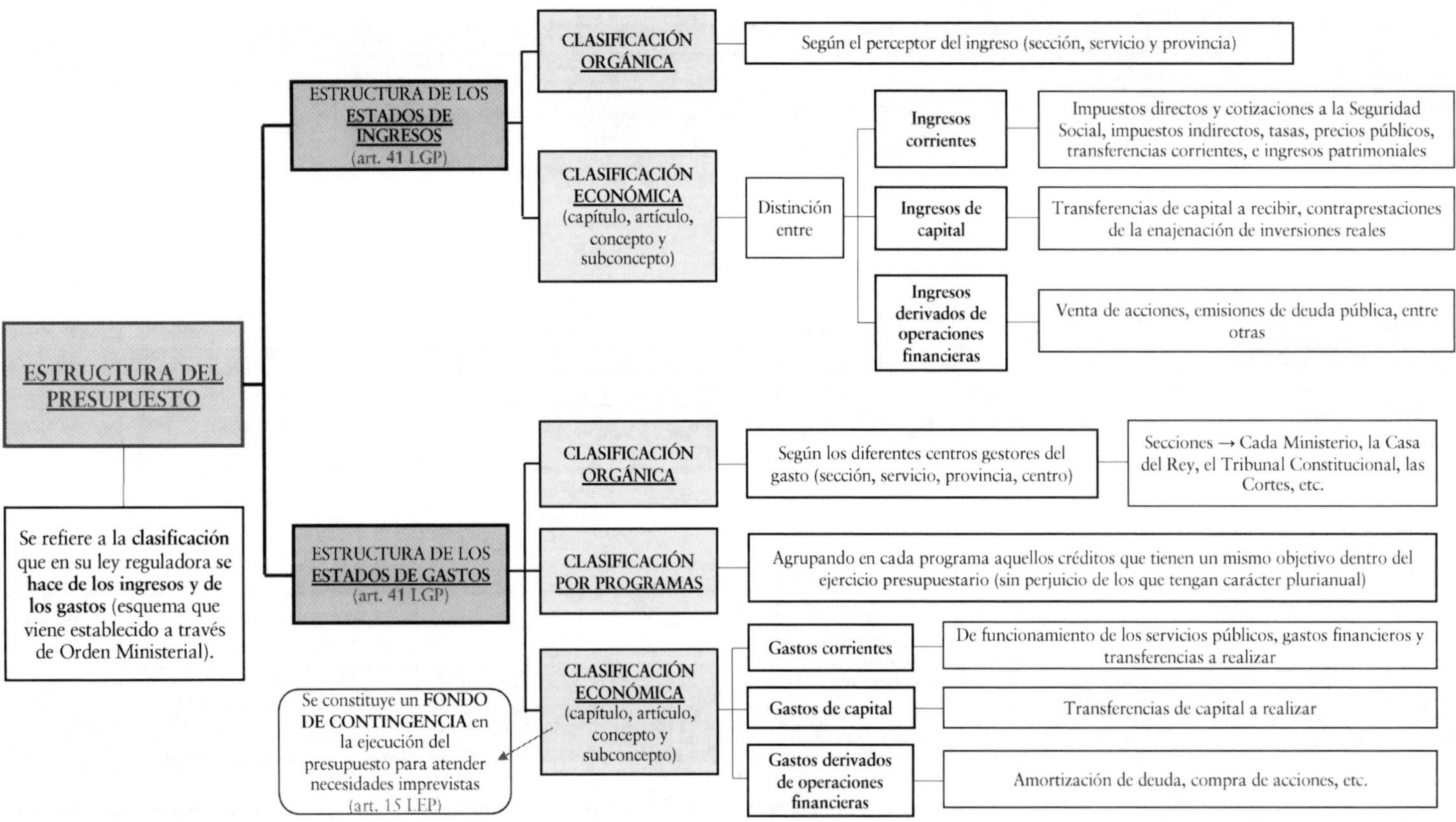
ESTRUCTURA DEL PRESUPUESTO
Se refiere a la clasificación que en su ley reguladora se hace de los ingresos y de los gastos (esquema que viene establecido a través de Orden Ministerial).
ESTRUCTURA DE LOS ESTADOS DE INGRESOS (art. 41 LGP)
CLASIFICACIÓN ORGÁNICA
Según el perceptor del ingreso (sección, servicio y provincia)
CLASIFICACIÓN ECONÓMICA (capítulo, artículo, concepto y subconcepto)
Distinción entre
Ingresos corrientes
Impuestos directos y cotizaciones a la Seguridad Social, impuestos indirectos, tasas, precios públicos, transferencias corrientes, e ingresos patrimoniales
Ingresos de capital
Transferencias de capital a recibir, contraprestaciones de la enajenación de inversiones reales
Ingresos derivados de operaciones financieras
Venta de acciones, emisiones de deuda pública, entre otras
ESTRUCTURA DE LOS ESTADOS DE GASTOS (art. 41 LGP)
CLASIFICACIÓN ORGÁNICA
Según los diferentes centros gestores del gasto (sección, servicio, provincia, centro)
Secciones → Cada Ministerio, la Casa del Rey, el Tribunal Constitucional, las Cortes, etc.
CLASIFICACIÓN POR PROGRAMAS
Agrupando en cada programa aquellos créditos que tienen un mismo objetivo dentro del ejercicio presupuestario (sin perjuicio de los que tengan carácter plurianual)
CLASIFICACIÓN ECONÓMICA (capítulo, artículo, concepto y subconcepto)
Gastos corrientes
De funcionamiento de los servicios públicos, gastos financieros y transferencias a realizar
Gastos de capital
Transferencias de capital a realizar
Gastos derivados de operaciones financieras
Amortización de deuda, compra de acciones, etc.
Se constituye un FONDO DE CONTINGENCIA en la ejecución del presupuesto para atender necesidades imprevistas (art. 15 LEP)

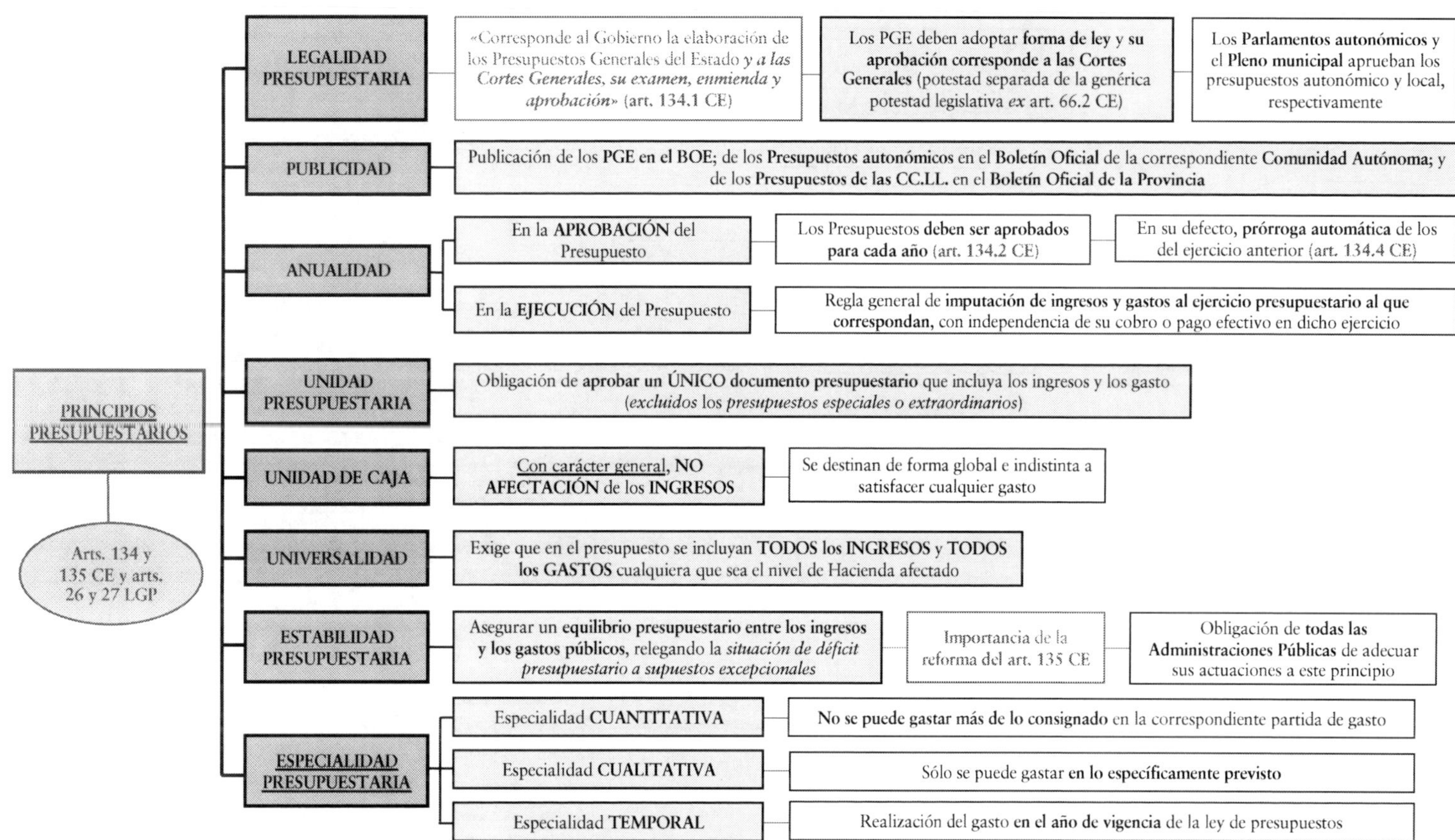
PRINCIPIOS PRESUPUESTARIOS
Arts. 134 y 135 CE y arts. 26 y 27 LGP
LEGALIDAD PRESUPUESTARIA
«Corresponde al Gobierno la elaboración de los Presupuestos Generales del Estado y a las Cortes Generales, su examen, enmienda y aprobación» (art. 134.1 CE)
Los PGE deben adoptar forma de ley y su aprobación corresponde a las Cortes Generales (potestad separada de la genérica potestad legislativa ex art. 66.2 CE)
Los Parlamentos autonómicos y el Pleno municipal aprueban los presupuestos autonómico y local, respectivamente
PUBLICIDAD
Publicación de los PGE en el BOE; de los Presupuestos autonómicos en el Boletín Oficial de la correspondiente Comunidad Autónoma; y de los Presupuestos de las CC.LL. en el Boletín Oficial de la Provincia
ANUALIDAD
En la APROBACIÓN del Presupuesto
Los Presupuestos deben ser aprobados para cada año (art. 134.2 CE)
En su defecto, prórroga automática de los del ejercicio anterior (art. 134.4 CE)
En la EJECUCIÓN del Presupuesto
Regla general de imputación de ingresos y gastos al ejercicio presupuestario al que correspondan, con independencia de su cobro o pago efectivo en dicho ejercicio
UNIDAD PRESUPUESTARIA
Obligación de aprobar un ÚNICO documento presupuestario que incluya los ingresos y los gasto (excluidos los presupuestos especiales o extraordinarios)
UNIDAD DE CAJA
Con carácter general, NO AFECTACIÓN de los INGRESOS
Se destinan de forma global e indistinta a satisfacer cualquier gasto
UNIVERSALIDAD
Exige que en el presupuesto se incluyan TODOS los INGRESOS y TODOS los GASTOS cualquiera que sea el nivel de Hacienda afectado
ESTABILIDAD PRESUPUESTARIA
Asegurar un equilibrio presupuestario entre los ingresos y los gastos públicos, relegando la situación de déficit presupuestario a supuestos excepcionales
Importancia de la reforma del art. 135 CE
Obligación de todas las Administraciones Públicas de adecuar sus actuaciones a este principio
ESPECIALIDAD PRESUPUESTARIA
Especialidad CUANTITATIVA
No se puede gastar más de lo consignado en la correspondiente partida de gasto
Especialidad CUALITATIVA
Sólo se puede gastar en lo específicamente previsto
Especialidad TEMPORAL
Realización del gasto en el año de vigencia de la ley de presupuestos

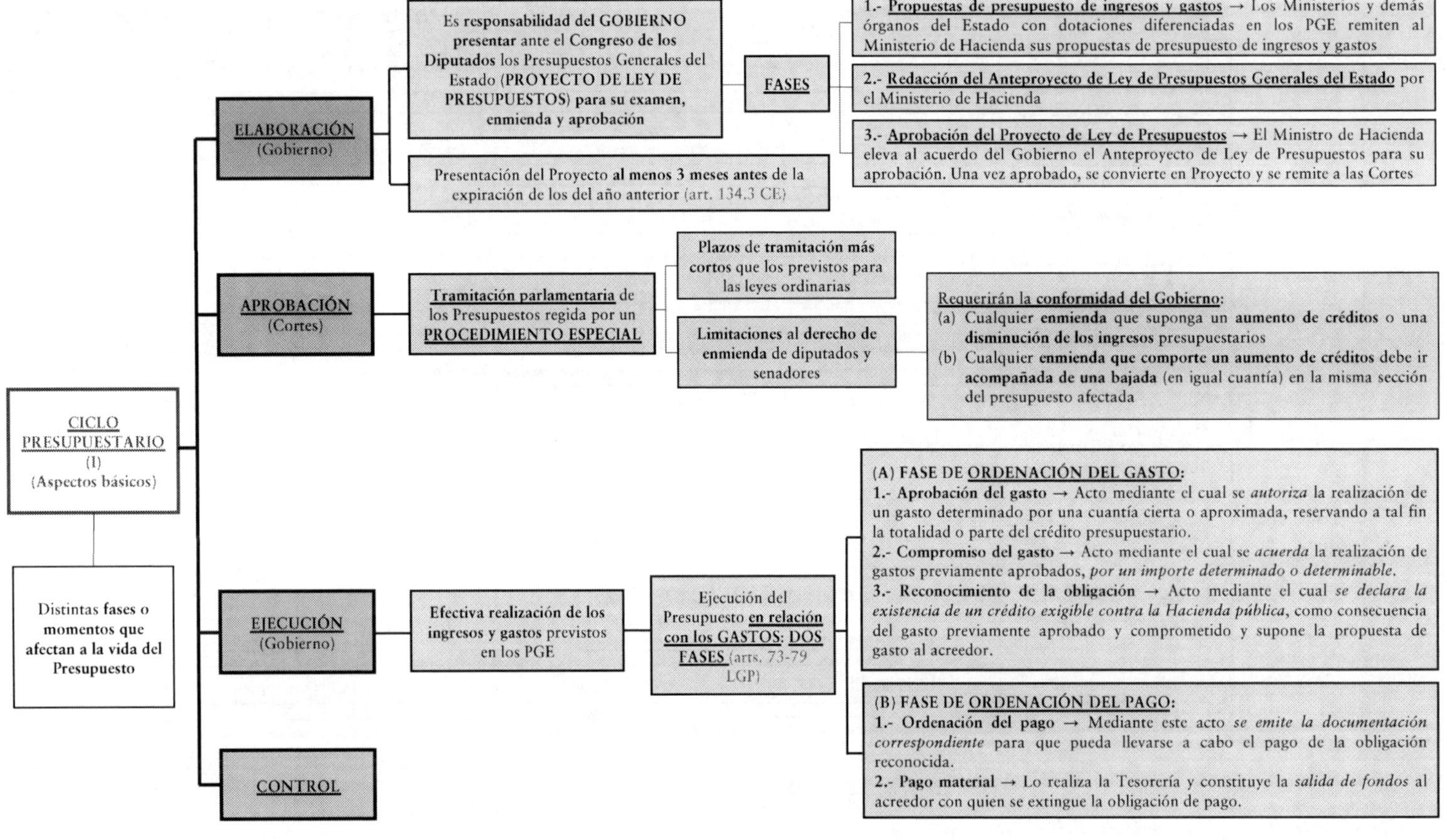
CICLO PRESUPUESTARIO (I) (Aspectos básicos)
Distintas fases o momentos que afectan a la vida del Presupuesto
ELABORACIÓN (Gobierno)
Es responsabilidad del GOBIERNO presentar ante el Congreso de los Diputados los Presupuestos Generales del Estado (PROYECTO DE LEY DE PRESUPUESTOS) para su examen, enmienda y aprobación
FASES
1.- Propuestas de presupuesto de ingresos y gastos → Los Ministerios y demás órganos del Estado con dotaciones diferenciadas en los PGE remiten al Ministerio de Hacienda sus propuestas de presupuesto de ingresos y gastos
2.- Redacción del Anteproyecto de Ley de Presupuestos Generales del Estado por el Ministerio de Hacienda
3.- Aprobación del Proyecto de Ley de Presupuestos → El Ministro de Hacienda eleva al acuerdo del Gobierno el Anteproyecto de Ley de Presupuestos para su aprobación. Una vez aprobado, se convierte en Proyecto y se remite a las Cortes
Presentación del Proyecto al menos 3 meses antes de la expiración de los del año anterior (art. 134.3 CE)
APROBACIÓN (Cortes)
Tramitación parlamentaria de los Presupuestos regida por un PROCEDIMIENTO ESPECIAL
Plazos de tramitación más cortos que los previstos para las leyes ordinarias
Limitaciones al derecho de enmienda de diputados y senadores
Requerirán la conformidad del Gobierno:
(a) Cualquier enmienda que suponga un aumento de créditos o una disminución de los ingresos presupuestarios
(b) Cualquier enmienda que comporte un aumento de créditos debe ir acompañada de una bajada (en igual cuantía) en la misma sección del presupuesto afectada
EJECUCIÓN (Gobierno)
Efectiva realización de los ingresos y gastos previstos en los PGE
Ejecución del Presupuesto en relación con los GASTOS: DOS FASES (arts. 73-79 LGP)
(A) FASE DE ORDENACIÓN DEL GASTO:
1.- Aprobación del gasto → Acto mediante el cual se autoriza la realización de un gasto determinado por una cuantía cierta o aproximada, reservando a tal fin la totalidad o parte del crédito presupuestario.
2.- Compromiso del gasto → Acto mediante el cual se acuerda la realización de gastos previamente aprobados, por un importe determinado o determinable.
3.- Reconocimiento de la obligación → Acto mediante el cual se declara la existencia de un crédito exigible contra la Hacienda pública, como consecuencia del gasto previamente aprobado y comprometido y supone la propuesta de gasto al acreedor.
(B) FASE DE ORDENACIÓN DEL PAGO:
1.- Ordenación del pago → Mediante este acto se emite la documentación correspondiente para que pueda llevarse a cabo el pago de la obligación reconocida.
2.- Pago material → Lo realiza la Tesorería y constituye la salida de fondos al acreedor con quien se extingue la obligación de pago.
CONTROL

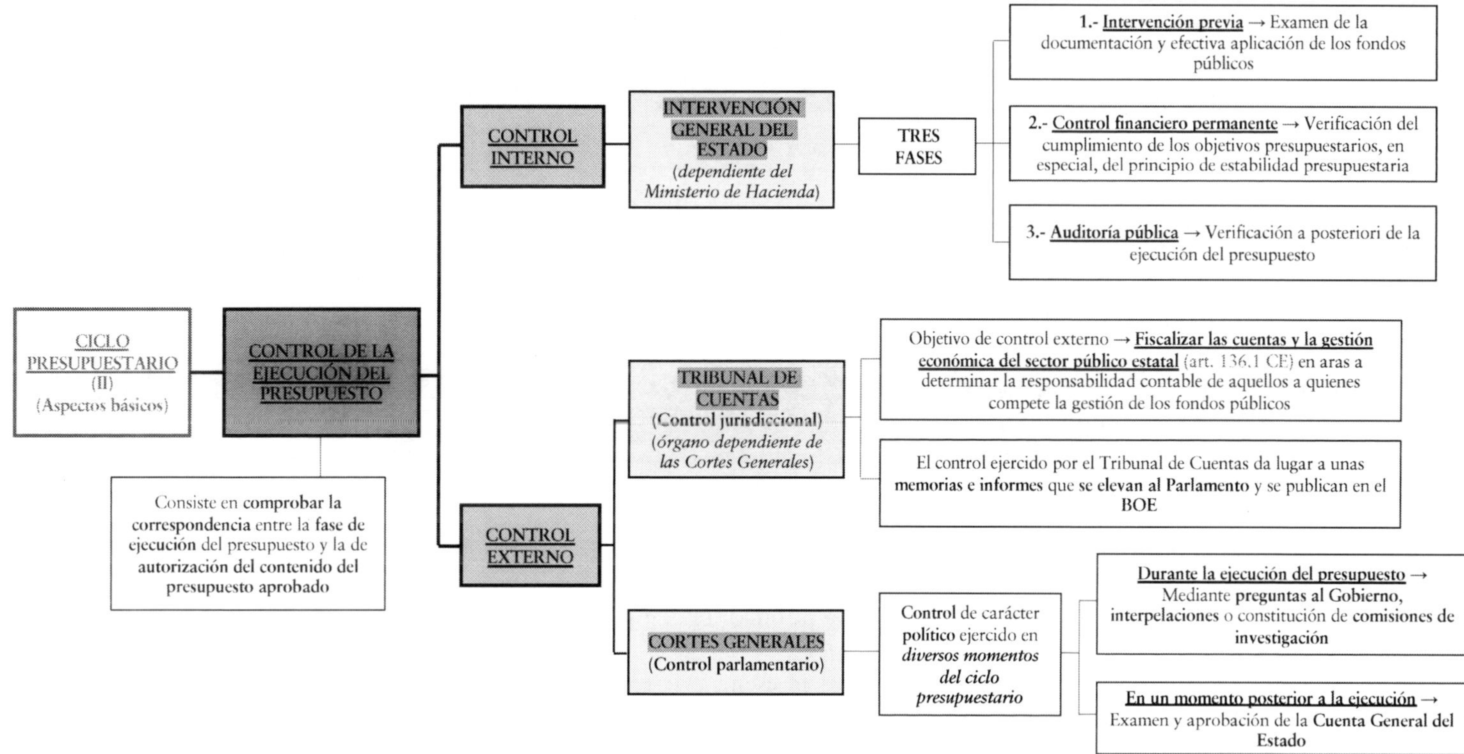
CICLO PRESUPUESTARIO (II) (Aspectos básicos)
CONTROL DE LA EJECUCIÓN DEL PRESUPUESTO
Consiste en comprobar la correspondencia entre la fase de ejecución del presupuesto y la de autorización del contenido del presupuesto aprobado
CONTROL INTERNO
INTERVENCIÓN GENERAL DEL ESTADO (dependiente del Ministerio de Hacienda)
TRES FASES
1.- Intervención previa → Examen de la documentación y efectiva aplicación de los fondos públicos
2.- Control financiero permanente → Verificación del cumplimiento de los objetivos presupuestarios, en especial, del principio de estabilidad presupuestaria
3.- Auditoría pública → Verificación a posteriori de la ejecución del presupuesto
CONTROL EXTERNO
TRIBUNAL DE CUENTAS (Control jurisdiccional) (órgano dependiente de las Cortes Generales)
Objetivo de control externo → Fiscalizar las cuentas y la gestión económica del sector público estatal (art. 136.1 CE) en aras a determinar la responsabilidad contable de aquellos a quienes compete la gestión de los fondos públicos
El control ejercido por el Tribunal de Cuentas da lugar a unas memorias e informes que se elevan al Parlamento y se publican en el BOE
CORTES GENERALES (Control parlamentario)
Control de carácter político ejercido en diversos momentos del ciclo presupuestario
Durante la ejecución del presupuesto → Mediante preguntas al Gobierno, interpelaciones o constitución de comisiones de investigación
En un momento posterior a la ejecución → Examen y aprobación de la Cuenta General del Estado

9. AUTONOMÍA CIENTÍFICA DEL DERECHO FINANCIERO Y RELACIONES CON OTRAS DISCIPLINAS JURÍDICAS (I)

- AUTONOMÍA CIENTÍFICA DEL DERECHO FINANCIERO:

- **En relación** con DISCIPLINAS NO JURÍDICAS → **Inicialmente** el estudio del Derecho Financiero se efectuó desde una **perspectiva eminentemente económica** en el seno de una disciplina denominada **"Ciencia de la Hacienda"** desarrollada en el marco de la **Economía Política**. A lo largo del siglo pasado → **Proceso de "juridificación" de la disciplina** (construcción de conceptos y depuración de la metodología).

- **En relación** con OTRAS DISCIPLINAS JURÍDICAS y, en particular, con OTRAS RAMAS DEL DERECHO PÚBLICO → En particular, autonomía científica **frente al Derecho Administrativo**:

  - Tiene por objeto de estudio un **sector** o aspecto de **la realidad social bien delimitado** → La actividad financiera.
  - Disciplina regida por unos **principios susceptibles de ser explicados de manera unitaria**.
  - **Unidad garantizada** por la **relación ingreso-gasto público**, relación convalidada por el art. 31 CE.
  - ❖ La **conexión entre el ingreso y el gasto público** es la **esencia de la actividad financiera** y, por consiguiente, su análisis científico debe realizarse en el marco **DE UNA DISCIPLINA, DE FORMA UNITARIA**, con una ***metodología común*** y bajo las ***directrices de unos principios comunes*** → Los **principios de justicia financiera** (MARTÍN QUERALT).

9. AUTONOMÍA CIENTÍFICA DEL DERECHO FINANCIERO Y RELACIONES CON OTRAS DISCIPLINAS JURÍDICAS (II)

- DISCIPLINA AUTÓNOMA RELACIONADA ESTRECHAMENTE CON OTRAS DISCIPLINAS JURÍDICAS:

➢ Con el Derecho Constitucional → Los **conceptos fundamentales del Derecho Financiero** están recogidos expresamente en la **CE** o en el **"bloque de la constitucionalidad"** (*v. gr.*, tributo, prestación patrimonial de carácter público, Presupuestos Generales del Estado, Deuda Pública, autonomía financiera, suficiencia, solidaridad, coordinación, etc.) → ***Derecho Financiero Constitucional.***

➢ Con el Derecho Administrativo ↔ **Derecho común** en este sector del ordenamiento. El art. 7 LGT, que establece las fuentes del ordenamiento tributario, declara expresamente en su apdo. 2 la ***supletoriedad de las disposiciones generales del Derecho Administrativo.***

➢ Con el Derecho Penal:

- Desde la STC 18/1981, el TC ha venido señalando reiteradamente que los principios inspiradores del orden penal contenidos en los arts. 24 y 25.1 CE son de aplicación con «ciertos matices» o con las «oportunas modulaciones», al Derecho Administrativo sancionador, en general, y al Derecho Tributario sancionador en particular.

- Por otra parte, existe una protección en vía penal de las funciones de ingreso y gasto público → "Delitos contra la Hacienda Pública", regulados en los arts. 305 y ss. CP.

➢ Y, en fin, **son apreciables también** las **relaciones** con el ***Derecho Civil***, con el ***Derecho Internacional***, con el ***Derecho Procesal***, etc.

Lección 2

EL TRIBUTO. CONCEPTO Y CLASES

1. INTRODUCCIÓN. PRESTACIONES PATRIMONIALES DE CARÁCTER PÚBLICO: NOTAS CARACTERÍSTICAS Y CLASES

- **Reconocimiento constitucional** del concepto de prestación patrimonial de carácter público (no definición del mismo) → Art. 31.3 CE:

  «Sólo podrán establecerse prestaciones personales o patrimoniales de carácter público *con arreglo a la ley*».

- Construcción del concepto por el TC «a partir de la FUNCIÓN QUE LA RESERVA DE LEY DESEMPEÑA en el ordenamiento constitucional» → En este sentido, STC 185/1995, de 14 de diciembre:

  El «principio de legalidad en materia tributaria responde en su esencia a la vieja idea, cuyo origen se remonta a la Edad Media, de ***garantizar que las prestaciones que los particulares satisfacen a los Entes públicos sean previamente consentidas por sus representantes***; la reserva de ley se configura como una ***garantía de autoimposición de la comunidad sobre sí misma*** y, en última instancia, como una garantía de la libertad patrimonial y personal del ciudadano (STC 19/1987). En el Estado social y democrático de derecho la reserva cumple sin duda otras funciones, pero la finalidad última, (…), continúa siendo la de **asegurar que cuando un ente público impone coactivamente una prestación patrimonial a los ciudadanos cuente para ello con la voluntaria aceptación de sus representantes**. Por ello mismo, cuando la obligación que lleva aparejada el pago de la prestación es asumida libre y voluntariamente por el ciudadano, la intervención de sus representantes resulta innecesaria, puesto que la garantía de la autoimposición y, en definitiva, de su libertad patrimonial y personal queda plenamente satisfecha» (FJ 3).

- **Reserva de ley** se configura como una garantía de autoimposición de la comunidad sobre sí misma. Objetivo → «[A]segurar que **cuando un ente público impone coactivamente una prestación patrimonial** a los ciudadanos cuente para ello con la voluntaria aceptación de sus representantes».

- La **imposición COACTIVA de la prestación patrimonial** ↔ Elemento **determinante de la exigencia de reserva de ley**.

- La COACTIVIDAD = Nota distintiva fundamental del concepto de prestación patrimonial de carácter público.

NOTAS CARACTERÍSTICAS DE LAS PRESTACIONES PATRIMONIALES DE CARÁCTER PÚBLICO (PPCP):

De la jurisprudencia dictada por el TC se desprenden las siguientes **notas características de las PPCP**:

a) Carácter PATRIMONIAL → Deben consistir en un *dar*, *no en un hacer* (a diferencia de las prestaciones personales).

(*) Constituye una PPCP no patrimonial la prestación personal que, conforme a los arts. 128-129 TRLHL, los Ayuntamientos con población no superior a 5.000 habitantes pueden imponer coactivamente a los vecinos, consistente en trabajar sin contraprestación alguna en la realización de obras públicas de competencia municipal (STC 233/1999, de 16 de diciembre, FJ 32).

b) Carácter COACTIVO:

- La coactividad ha de estar en la génesis misma de constitución de la prestación. La *coacción* que se manifiesta en la posibilidad de utilizar la ***vía de apremio no es suficiente*** para calificar a una determinada prestación como *impuesta*.
- Existe la **coacción propia de las prestaciones a que se refiere el art. 31.3 CE** en cualquiera de los siguientes supuestos (SSTC 185/1995, FJ 3; y 182/1997, FJ 15):

— (a) Cuando se trate de prestaciones en las que «la **realización del supuesto de hecho** o la constitución de la obligación es **obligatoria**»;

— (b) Cuando «el bien, la actividad o el servicio requerido es objetivamente indispensable para poder satisfacer las **necesidades básicas de la vida personal o social** de los particulares de acuerdo con las circunstancias sociales de cada momento y lugar o, dicho con otras palabras, cuando la renuncia a estos bienes, servicios o actividades priva al particular de aspectos esenciales de su privada o social»; o

— (c) Cuando «las prestaciones pecuniarias que derivan de la utilización de bienes, servicios o actividades [sean] prestadas o realizadas por los entes públicos en posición de **monopolio de hecho o de derecho**».

c) Carácter PÚBLICO → Que **tenga una** "***inequívoca finalidad de interés público***" o que persiga un fin público, con independencia de que se perciban por un ente público o privado («con independencia de la condición pública o privada de quien la recibe» (entre las principales, SSTC 182/1997, FJ 15, *in fine*; 233/1999, FJ 32; 83/2014, FJ 3; 63/2019, FJ 5 c)].

— De ahí que **no todas las PPCP sean ingresos públicos** en la medida en que ***no es siempre el ente público el destinatario de la prestación.***

— La prestación empresarial por incapacidad laboral transitoria (ILT) que debía abonar el empresario al trabajador (no al Ente público) era una PPCP por cuanto que era *coactiva* (se satisfacía en virtud de decisión legal) y estaba dirigida *a satisfacer necesidades públicas* (menor gasto público) ↔ STC 182/1997.

PRESTACIÓN PATRIMONIAL DE CARÁCTER PÚBLICO Y CONCEPTO *CONSTITUCIONAL* DEL TRIBUTO (I)

De acuerdo, asimismo, con la jurisprudencia dictada por el TC:

- La **categoría de PPCP es más amplia que la de TRIBUTO** → Todo TRIBUTO es una PPCP, pero no toda PPCP es un TRIBUTO → Relación de ***género*** (= PPCP) **a** ***especie*** (= TRIBUTO).

- El TRIBUTO en su ACEPCIÓN CONSTITUCIONAL **participa de las notas características de las PPCP,** ***pero además, tiene otras*** (que lo diferencian de las PPCP no tributarias).

  - Desde la STC 276/2000, de 16 de noviembre → El tributo, «desde una perspectiva estrictamente constitucional, constituye una **prestación patrimonial coactiva** que se **satisface, directa o indirectamente, a los entes públicos** con la **finalidad de contribuir al sostenimiento de los gastos públicos** (SSTC 182/1997, de 28 de octubre, FJ 15, y 233/1999, de 16 de diciembre, FJ 18), y grava un **presupuesto de hecho o "hecho imponible"** (art. 28 LGT) **revelador de capacidad económica** (art. 31.1 CE) fijado en la Ley (art. 133.1 CE)» [FJ 4; por todas, STC 63/2019, de 9 de mayo, FJ 5 d)].

PRESTACIÓN PATRIMONIAL DE CARÁCTER PÚBLICO Y CONCEPTO *CONSTITUCIONAL* DEL TRIBUTO (II)

En consecuencia, de acuerdo con el TC, para que estemos ante un TRIBUTO EN EL SENTIDO CONSTITUCIONAL DEL TÉRMINO, la prestación *patrimonial* de *carácter público* o *coactiva* de que se trate debe cumplir, ADEMÁS, los SIGUIENTES REQUISITOS:

- 1.- Debe ser una prestación que se satisfaga a los entes públicos (SSTC 182/1997, FJ 15; 102/2005, FJ 6; 83/2014, FJ 3) **no a los particulares**.
  - Por la falta de concurrencia de este requisito en la STC 182/1997 se consideró que la prestación por incapacidad laboral transitoria que los empresarios debían abonar a los trabajadores —no a los entes públicos— en caso de enfermedad común o de accidente laboral no podía calificarse de tributaria (FJ 15).
  - Tradicionalmente la prestación podía satisfacerse a los entes públicos directa o indirectamente. En cambio, A PARTIR DE LA STC 63/2019, DE 9 DE MAYO, PARA QUE SEA UNA PPCP DE NATURALEZA TRIBUTARIA DEBE SATISFACERSE DIRECTAMENTE A LOS ENTES PÚBLICOS.
- 2.- A tenor de la STC 233/1999, constituye *conditio sine qua non* que consista en una cesión definitiva de riqueza, ***no meramente temporal***.
  - En la medida en la que la prestación de transporte que regulaban los arts. 118 a 120 LHL —en la actualidad, lo hace el art. 130 del TRLRHL— no consistía en el pago de dinero o bienes sino en la cesión temporal de elementos de transporte para determinadas obras públicas no podía calificarse como tributo desde la estricta perspectiva constitucional (STC 233/1999, FJ 32).
- 3.- Debe tener como finalidad principal —o secundaria— el sostenimiento de los gastos públicos. Entre otras PPCP que ***carecen de finalidad contributiva y, por tanto, no pueden calificarse como PPCP tributarias*** se cuentan:
  - Las sanciones (que tienen una finalidad represiva o de castigo: STC 276/2000).
  - Los recargos del art. 27 LGT (que tienen una finalidad disuasoria: STC 164/1995, FJ 5).
  - Los intereses de demora (que poseen finalidad indemnizatoria: STC 76/1990, FJ 9).
  - Aquellas con las que se pretende efectuar "una asignación de los recursos públicos que responda a los criterios de eficiencia y de economía (art. 31.2 CE)" → La deducción sobre la facturación mensual de cada oficina de farmacia (SSTC 83/2014, FFJJ 3 y 4; 44/2015, FJ 5; 62/2015, FJ 5) (STC 83/2014, FJ 3)».
  - A PARTIR DE LA STC 83/2014 SE HA VENIDO EXIGIENDO QUE LA FINALIDAD CONTRIBUTIVA SEA DIRECTA Y TENGA CARÁCTER GENERAL (esto es, que la PPCP tenga por finalidad financiar "*derechamente*" "*todos* los gastos públicos").
- 4.- Debe gravar un presupuesto de hecho o hecho imponible revelador de capacidad económica → **La capacidad económica como *fundamento de la imposición*** constituye un **elemento constitutivo o configurador del concepto de tributo** desde la perspectiva constitucional.

DELIMITACIÓN DE LAS PRESTACIONES PATRIMONIALES DE CARÁCTER PÚBLICO NO TRIBUTARIAS (PPCPNT) DE ACUERDO CON LA JURISPRUDENCIA DICTADA POR EL TRIBUNAL CONSTITUCIONAL

- Constituyen una **categoría** NO HOMOGÉNEA.
- Delimitación NEGATIVA de las PPCPNT → No son tributos *desde la perspectiva constitucional* → Definición POR EXCLUSIÓN.
- Delimitación POSITIVA → Todas las PPCPNT **comparten** las siguientes **notas**:

➢ (1) Carácter ***patrimonial.***

➢ (2) Carácter ***coactivo***.

➢ (3) «Obedecen a DIFERENTES FINALIDADES» PÚBLICAS ("*inequívoca finalidad de interés público*") → **Diferenciación en la jurisprudencia constitucional entre:**

a) **PPCPNT** consistentes en *gravámenes exigidos sin contraprestación* para el obligado al pago *y carentes de finalidad contributiva DIRECTA Y GENERAL*:

✓ Tienen en común «el hecho de que **su finalidad no es la de financiar "todos" los gastos públicos**» «ni el sostenimiento de los gastos públicos **de forma general**» .

✓ Con ellas «no se persigue **derechamente** buscar una nueva forma de allegar medios económicos con los que financiar el gasto público, aunque tenga como efecto económico indirecto el de servir también a dicha financiación" sino que, por ejemplo, **se pretende efectuar "una asignación de los recursos públicos que responda a los criterios de eficiencia y de economía** (art. 31.2 CE)» (STC 83/2014, FJ 3).

✓ Sería el caso de (i) la deducción sobre la facturación mensual de cada oficina de farmacia (SSTC 83/2014, FFJJ 3 y 4; 44/2015, FJ 5; 62/2015, FJ 5); (ii) la regulación de la aportación de los usuarios en el caso de determinadas prestaciones del Sistema Nacional de Salud [STC 139/2016, FJ 6 c)]; o, en fin, (iii) de las obligaciones derivadas de la "financiación de planes de ahorro y eficiencia energética para los años 2011, 2012 y 2013", impuesta a algunas empresas productoras del sistema eléctrico (STC 167/2016, FJ 4; 174/2016, 187/2016, 188/2016, de 14 de noviembre; 196/2016, de 28 de noviembre; 197/2016 y 198/2016).

b) **PPCPNT** *exigidas como contraprestación por el uso de servicios públicos* **gestionados de forma directa mediante personificación privada o mediante gestión indirecta** (las conocidas comúnmente como "*tarifas*") ↔ STC 63/2019, de 9 de mayo → *Remisión a diapositivas posteriores de esta lección.*

2. CONCEPTO *LEGAL* DE TRIBUTO

- Ausencia de definición del tributo en la CE pese al uso reiterado en la misma del sustantivo "*tributo*" y del adjetivo "*tributario*" (arts. 31, 133, 134, y 142 CE).

- **<u>Concepto LEGAL de tributo</u>** → Art. 2.1, párrafo 1º, LGT → «Los tributos son los ingresos públicos que consisten en prestaciones pecuniarias exigidas por una Administración pública como consecuencia de la realización del supuesto de hecho al que la ley vincula el deber de contribuir, con el fin primordial de obtener los ingresos necesarios para el sostenimiento de los gastos públicos».

  (1) **Ingresos públicos.**
  (2) Consistentes en **prestaciones pecuniarias.**
  (3) **Exigidas** por una **Administración pública.**
  (4) Consecuencia de la **realización del supuesto de hecho** (= hecho imponible) al que la **ley vincula el deber de contribuir.**
  (5) Cuyo **fin primordial** es la obtención de los ingresos necesarios para el **sostenimiento de los gastos públicos** (= finalidad contributiva).

- **<u>Concepto DOCTRINAL de tributo</u>** (PÉREZ ROYO, F.): es «una **prestación pecuniaria** exigida por un ente público y que se caracteriza por las siguientes dos notas fundamentales: la **coactividad** y el **carácter contributivo**».

2. NOTAS FUNDAMENTALES DEL CONCEPTO *LEGAL* DE TRIBUTO

(a) PRESTACIÓN PECUNIARIA:

- Consiste en **entregar unidades monetarias** a la Administración acreedora del tributo. Satisfacción de necesidades colectivas (en economías modernas) → Empleo de sumas de dinero → Obtención de ingresos públicos **en dinero.**
- **Inexistencia de tributos en especie** (exclusivamente prestación personal y de transporte en pequeños municipios).
- En cambio, **admisión** del **pago en especie** (arts. 60.2 LGT) → Entrega de bienes del patrimonio histórico artístico.
  → **Aclaración**: Aunque el pago se efectúe en especie se refiere a una ***deuda que ha nacido y se ha cuantificado en dinero***.

(b) INGRESOS PÚBLICOS DE DERECHO PÚBLICO:

- Los tributos **se exigen por una Administración pública** → Ingresos **PÚBLICOS**.
- Son exigidos **EN RÉGIMEN DE DERECHO PÚBLICO:**
  - *A diferencia* de aquellos ingresos que siendo públicos (por ser percibidos por una Administración Pública), se obtienen *en régimen de Derecho Privado = Ingresos patrimoniales* (producto de la explotación del patrimonio del que es titular una Administración Pública).
  - La **Administración tributaria cuenta con una serie de prerrogativas** → Autotutela declarativa administrativa y facultades derivadas de la ejecutoriedad de los actos administrativos.

(c) COACTIVIDAD:

- De acuerdo con el TC → **Prestación establecida unilateralmente por el Ente público** (a través de los procedimientos previstos en la Constitución y en el resto del ordenamiento jurídico) **sin el concurso de la voluntad del sujeto llamado a satisfacerla.**
- De acuerdo con la LGT → La coactividad consiste en el hecho de que la **prestación tributaria** es **exigida por el ente público en razón de la realización de un presupuesto de hecho definido en la Ley.**

(d) CARÁCTER CONTRIBUTIVO:

- **Destino principal** del tributo = **Financiación de los gastos públicos o necesidades colectivas.**
- **Razón de ser de la institución** y **nota diferencial de otras prestaciones** coactivas (*v. gr.*, multas o sanciones pecuniarias).

2. LOS FINES EXTRAFISCALES DE TRIBUTO (I)

- Art. 2.1, párrafo 2º, LGT → «Los tributos, además de ser medios para obtener los recursos necesarios para el sostenimiento de los gastos públicos, ***podrán servir como instrumentos de la política económica general y atender a la realización de los principios y fines contenidos en la Constitución***».

- **Finalidad PRINCIPAL** del tributo = FINALIDAD CONTRIBUTIVA.

- Pueden ser **utilizados con** OTROS PROPÓSITOS O FINALIDADES (*en ocasiones de significación superior a la contributiva*) → FINES EXTRAFISCALES DEL TRIBUTO. Por ejemplo:

  - Impuestos sobre las labores del tabaco y sobre el alcohol y bebidas alcohólicas, que tratan de desincentivar el consumo de estos productos como medida de salud pública;
  - Los tributos medioambientales, que se establecen para proteger el medio ambiente;
  - O, en fin, los derechos de aduana a la importación, que se fijan para proteger las producciones interiores.

- **Reconocimiento por el TC** de la **función extrafiscal** del **sistema tributario** (pese a que no aparece reconocida explícitamente en la CE).

2. LOS FINES EXTRAFISCALES DE TRIBUTO (II)

- Breve sistematización de la jurisprudencia constitucional en relación con la finalidad extrafiscal del tributo:
  - Tanto «el sistema tributario en su conjunto como cada figura tributaria concreta forman parte de los **instrumentos de que dispone el Estado para la consecución de los fines económicos y sociales constitucionalmente ordenados**» (por todas, STC 37/1987, de 26 de marzo, FJ 13).
  - **Tienen finalidad extrafiscal** aquellos tributos «que **persigan, bien disuadir o desincentivar actividades que se consideren nocivas** (por ejemplo, para el medio ambiente), **bien, en sentido positivo, estimular actuaciones protectoras de determinada finalidad**, todo ello sin perjuicio de que la citada finalidad extrafiscal no sea incompatible con un propósito recaudatorio, aunque sea secundario, lo que es consustancial al propio concepto de tributo» [STC 53/2014, de 10 de abril, FJ 6 c)].
  - Los tributos extrafiscales **deben recaer también sobre una manifestación de riqueza o de capacidad económica**: «no caben en nuestro sistema tributos que no recaigan sobre alguna fuente de capacidad económica, pues "el principio de capacidad económica establecido en el art. 31.1 CE impide que el legislador establezca tributos —sea cual fuere la posición que los mismos ocupen en el sistema tributario, de su naturaleza real o personal, e incluso de su fin fiscal o extrafiscal (por todas, SSTC 37/1987, de 26 de marzo, FJ 13, y 194/2000, de 19 de julio, FJ 8)— cuya materia u objeto imponible no constituya una manifestación de riqueza real o potencial, esto es, no le autoriza a gravar riquezas meramente virtuales o ficticias y, por tanto, inexpresivas de capacidad económica" (STC 193/2004, de 4 de noviembre, FJ 5)» [STC 53/2014, de 10 de abril, FJ 6 c)].
  - Lo que **diferencia un impuesto fiscal de uno extrafiscal** «es que el primero tiene como ***principal objetivo la financiación de las cargas públicas y su estructura está orientada principalmente a la capacidad económica o de pago***, mientras que el segundo ***pretende, además, modificar comportamientos o al menos hacer pagar por ello*** (...) y que ***exige que la estructura del tributo arbitre instrumentos dirigidos a la consecución de la finalidad perseguida***» [STC 53/2014, de 10 de abril, FJ 6 c)].
  - La **finalidad extrafiscal debe encontrar «efectivamente reflejo en los elementos centrales de la estructura del tributo»** [SSTC 289/2000, de 30 de noviembre, FJ 5; 122/2012, FJ 4, y 74/2016, de 14 de abril, FJ 2; 28/2019, de 28 de febrero, FJ 4 a), entre otras].
  - La finalidad extrafiscal «no es incompatible con un propósito recaudatorio, aunque sea secundario, lo que es consustancial al propio concepto de tributo, de suerte que la **naturaleza extrafiscal o recaudatoria de un tributo es una cuestión de grado, por lo que difícilmente existirán casos "puros"**» [por todas, SSTC 53/2014, de 10 de abril, FJ 6 c); 120/2018, FJ 3 d); 4/2019, de 17 de enero, FJ 3].

3. CLASES DE TRIBUTOS. LA ESTRUCTURA DEL HECHO IMPONIBLE COMO ELEMENTO DIFERENCIADOR

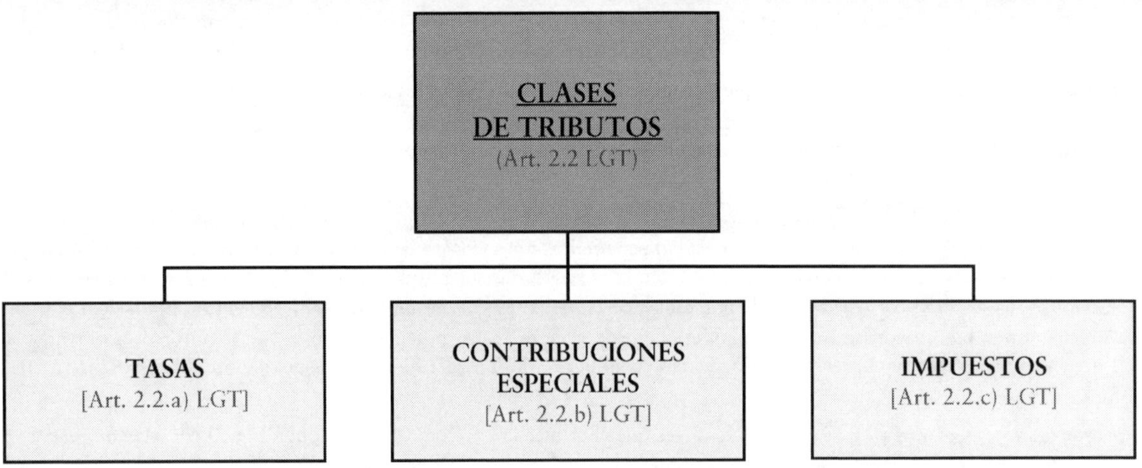

3.1.1. LAS TASAS. Concepto legal. Consideraciones previas

- De conformidad con el art. 2.2.a) LGT:

  «Tasas son los tributos cuyo **hecho imponible** consiste en la utilización privativa o el aprovechamiento especial del dominio público, la prestación de servicios o la realización de actividades en régimen de derecho público que se refieran, afecten o beneficien de modo particular al obligado tributario, cuando los servicios o actividades ***no sean de solicitud o recepción voluntaria*** para los obligados tributarios o ***no se presten o realicen por el sector privado***».

- En la Ciencia de la Hacienda clásica → La tasa es el instrumento adecuado para la **financiación del coste de los servicios públicos de carácter divisible**, esto es, **con beneficiarios o usuarios directos** (identificables caso por caso).

- Se rigen por el PRINCIPIO DEL BENEFICIO → El coste de los servicios prestados debe satisfacerse —total o parcialmente— **mediante** una **prestación exigida a sus usuarios**. Y **dicho coste repercute** en la determinación de la **cuantía de la tasa**.
  - En este sentido ha señalado el TC → «es ***consustancial a la naturaleza retributiva de las tasas su cuantía*** que, como elemento esencial, debe estar **presidido por el principio de equivalencia**, debiendo ***atender al importe del coste provocado o de la utilidad obtenida*** "con los que tiene una relación, más o menos intensa, de contraprestación" (SSTC 296/1994, de 10 de noviembre, FJ 4; 16/2003, de 30 de enero, FJ 3; y 20/2012, de 16 de febrero, FJ 11; y ATC 407/2007, de 6 de noviembre, FJ 4)» (STC 102/2012, de 8 de mayo, FJ 5).

- Ahora bien, el producto de lo recaudado no se encuentra afectado a la financiación del servicio público que motiva su exacción ↔ REGLA DE UNIDAD DE CAJA o PRINCIPIO DE NO AFECTACIÓN.

- El **hecho imponible** de las tasas INCLUYE UNA ACTIVIDAD DE LA ADMINISTRACIÓN (que afecta o beneficia especialmente a determinados sujetos) consistente en: (**a**) autorizar un uso especial del dominio público; o (**b**) la efectiva prestación de un servicio público.

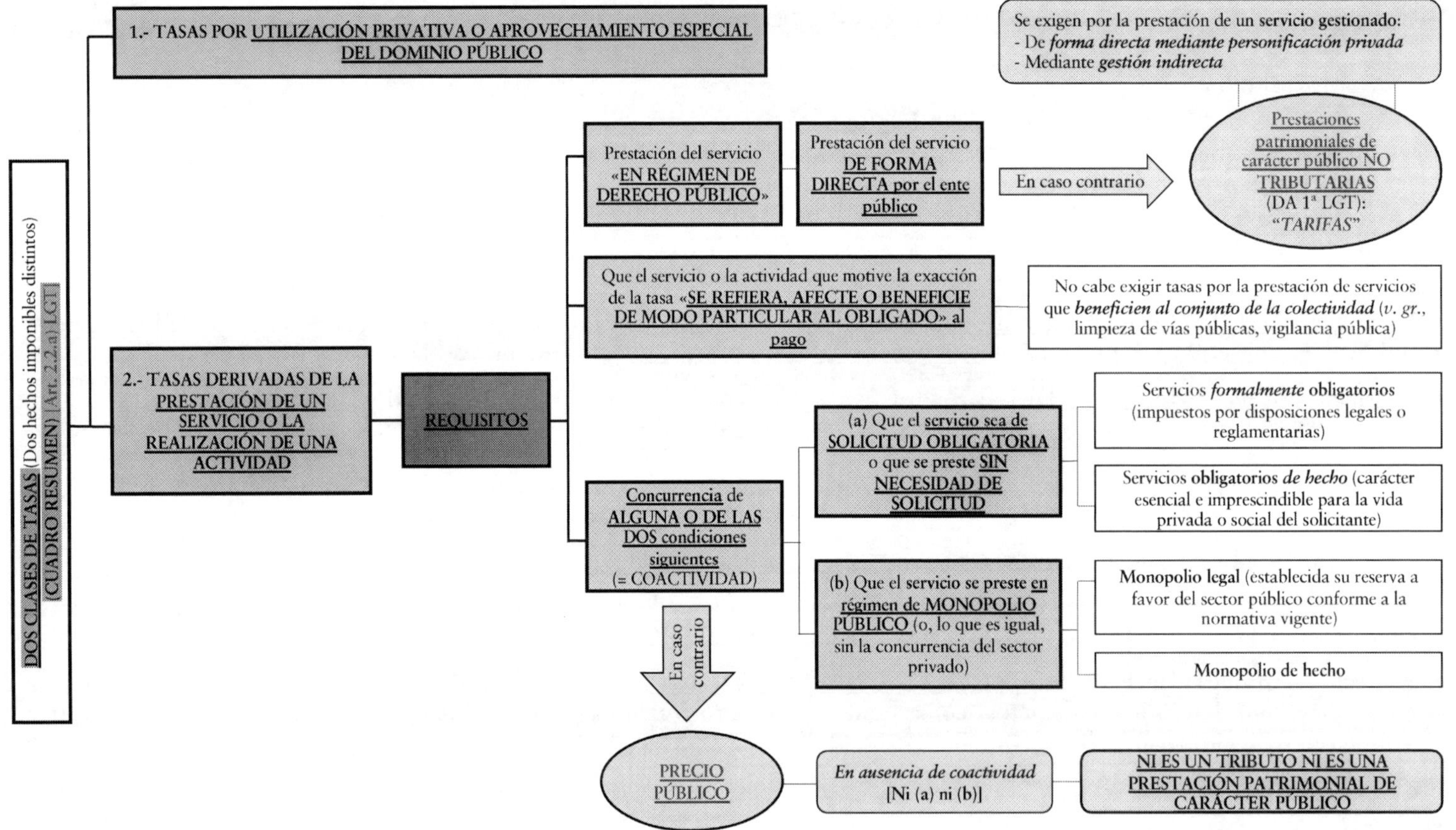
DOS CLASES DE TASAS (Dos hechos imponibles distintos) (CUADRO RESUMEN) [Art. 2.2.a) LGT]
1.- TASAS POR UTILIZACIÓN PRIVATIVA O APROVECHAMIENTO ESPECIAL DEL DOMINIO PÚBLICO
2.- TASAS DERIVADAS DE LA PRESTACIÓN DE UN SERVICIO O LA REALIZACIÓN DE UNA ACTIVIDAD
REQUISITOS
Prestación del servicio «EN RÉGIMEN DE DERECHO PÚBLICO»
Prestación del servicio DE FORMA DIRECTA por el ente público
En caso contrario
Se exigen por la prestación de un servicio gestionado:
- De forma directa mediante personificación privada
- Mediante gestión indirecta
Prestaciones patrimoniales de carácter público NO TRIBUTARIAS (DA 1ª LGT): "TARIFAS"
Que el servicio o la actividad que motive la exacción de la tasa «SE REFIERA, AFECTE O BENEFICIE DE MODO PARTICULAR AL OBLIGADO» al pago
No cabe exigir tasas por la prestación de servicios que beneficien al conjunto de la colectividad (v. gr., limpieza de vías públicas, vigilancia pública)
Concurrencia de ALGUNA O DE LAS DOS condiciones siguientes (= COACTIVIDAD)
(a) Que el servicio sea de SOLICITUD OBLIGATORIA o que se preste SIN NECESIDAD DE SOLICITUD
Servicios formalmente obligatorios (impuestos por disposiciones legales o reglamentarias)
Servicios obligatorios de hecho (carácter esencial e imprescindible para la vida privada o social del solicitante)
(b) Que el servicio se preste en régimen de MONOPOLIO PÚBLICO (o, lo que es igual, sin la concurrencia del sector privado)
Monopolio legal (establecida su reserva a favor del sector público conforme a la normativa vigente)
Monopolio de hecho
En caso contrario
PRECIO PÚBLICO
En ausencia de coactividad [Ni (a) ni (b)]
NI ES UN TRIBUTO NI ES UNA PRESTACIÓN PATRIMONIAL DE CARÁCTER PÚBLICO

3.1.2. CLASES DE TASAS → Dos hechos imponibles distintos

❑ 1.- UTILIZACIÓN PRIVATIVA O APROVECHAMIENTO ESPECIAL DEL DOMINIO PÚBLICO:

- **Particular** que pretende **hacer uso del dominio público en provecho propio y lo utiliza en su exclusivo beneficio** → Obligado al pago de un tasa.
- Ejemplos → Instalación de quioscos en la vía pública; instalación de una terraza de un bar en una plaza pública; vado permanente que, con un número de licencia municipal determinado, se coloca a la entrada y salida de garajes de viviendas, etc.

❑ 2.- PRESTACIÓN DE SERVICIOS O REALIZACIÓN DE ACTIVIDADES ADMINISTRATIVAS → **Necesidad de que concurran determinadas CONDICIONES:**

▪ 2.1.- En primer lugar, es necesario que **el servicio se preste** «EN RÉGIMEN DE DERECHO PÚBLICO»:

➢ Redacción originaria de la LGT 2003 → Esta circunstancia se daba tanto en los casos de gestión directa como indirecta del servicio por el ente público. Se establecía, en concreto, lo siguiente: «[s]e entenderá que los servicios se prestan o las actividades se realizan en régimen de derecho público cuando se lleven a cabo mediante cualquiera de las formas previstas en la legislación administrativa para la gestión del servicio público y su titularidad corresponda a un ente público».

➢ Ley 2/2011, de Economía Sostenible → Supresión de la previsión anterior → Generó ***interpretaciones distintas en la doctrina, en la Sala Tercera (Sección 2ª) del TS, y en la DGT***:

❖ STS de 23-11-2015 (rec. cas. 4091/2013) → Exacción de *tasas con independencia de que el servicio se preste por el ente público en régimen de gestión directa o indirecta* (esto es, a través de concesionario). Voto particular de FERNÁNDEZ MONTALVO y HUELIN.

❖ Dirección General de Tributos (Informe 20-5-2016) → Si «los servicios públicos de *abastecimiento de agua y alcantarillado* son gestionados directamente por un ente local, sin ningún tipo de delegación, la contraprestación satisfecha por los usuarios debe tener la naturaleza jurídica de tasa. Por el contrario, si dichos servicios son gestionados por una sociedad privada municipal, o por una empresa privada a través de un contrato administrativo de gestión del servicio, las contraprestaciones no podían ser calificadas como ingresos de Derecho público, sino como ingresos de Derecho privado».

Diferenciación entre las tasas y la categoría legal de prestaciones patrimoniales de carácter público no tributarias (*tarifas*)

➢ Ley 9/2017, de Contratos del Sector Público → Modificación de la DA 1ª LGT, del art. 2 LTPP, y del art. 20.6 TRLRHL. En la actualidad:

✓ Sólo **se exigirán** TASAS cuando el servicio se preste de forma directa por el ente público, sin recurrir a un ente instrumental o a alguna de las formas de gestión indirecta del servicio público.

✓ NO son TASAS sino **PRESTACIONES PATRIMONIALES DE CARÁCTER PÚBLICO NO TRIBUTARIAS** (TARIFAS) → Las que se «exijan por prestación de un **servicio gestionado de forma directa mediante personificación privada** o **mediante gestión indirecta**» → Concretamente, tendrán esta consideración las exigidas en régimen de *concesión*, *sociedades de economía mixta*, *entidades públicas empresariales*, *sociedades de capital íntegramente público* y *demás fórmulas de Derecho privado*.

En la actualidad, la calificación LEGAL de TRIBUTO depende de cómo se instrumente la gestión del servicio

(Declarado constitucional en la STC 63/2019, de 9 de mayo)

≠

Jurisprudencia constitucional previa → **Concepto CONSTITUCIONAL de TRIBUTO y, en particular, de TASA** → Si, «conforme a la doctrina de este Tribunal, los "tributos, desde la perspectiva constitucional, son prestaciones patrimoniales coactivas que se satisfacen, directa o indirectamente, a los entes públicos con la finalidad de contribuir al sostenimiento de los gastos públicos" (STC 182/1997, FJ 15), no cabe la menor duda de que, con independencia de la calificación formal que les otorga la Ley 27/1992 (STC 233/1999, FJ 18), las llamadas "tarifas" por servicios portuarios constituyen prestaciones patrimoniales de carácter público de naturaleza tributaria. Y *son tributos, con independencia de que los denominados servicios portuarios sean prestados por la Autoridad portuaria de forma directa o indirecta*» (STC 102/2005, de 20 de abril, FJ 6).

CONSECUENCIAS DIFERENCIACIÓN: TASAS — Prestaciones patrimoniales de carácter público no tributarias (PPCPNT) (esto es, TARIFAS):

- CONSECUENCIAS CONSTITUCIONALES de la diferenciación TASA-PPCPNT:
  - **Alcance de la reserva** de ley distinto —en concreto, menor— para las PPCPNT.
  - De conformidad con el TC, las PPCPNT no constituyen una expresión del deber de contribuir del art. 31.1 CE y, en consecuencia, **no se les aplicarían**: (a) las limitaciones al uso del Decreto-ley (por todas, SSTC 83/2014; 139/2016); (b) la prohibición de crear tributos mediante Ley de Presupuestos (art. 134.7 CE) (por todas, SSTC 44/2015; 62/2015); ni (c) los principios materiales de justicia tributaria del art. 31.1 CE (por todas, STC 167/2016).

- CONSECUENCIAS LEGALES de la diferenciación TASA-PPCPNT (tarifa):
  - La **cuantía de la tasa no puede exceder del coste del servicio**, mientras que en el caso de las **PPCPNT no opera este límite**.
  - El **cobro de las tasas** puede lograrse a través de un procedimiento administrativo de **apremio**, situación que **no resultaría posible** en el caso de **PPCPNT** cuando las mismas **no sean de titularidad pública** (*v. gr.*, pago efectuado a una empresa concesionaria).

3.1.2. TASAS POR PRESTACIÓN DE SERVICIOS O REALIZACIÓN DE ACTIVIDADES:

- **2.2.**- En segundo lugar, es necesario que **el servicio o la actividad que motive la exacción de la tasa** «SE REFIERA, AFECTE O BENEFICIE DE MODO PARTICULAR AL OBLIGADO TRIBUTARIO».

- **2.3.**- En tercer lugar, es **requisito *sine qua non* para la exigencia de tasas** por prestación de servicios o realización de actividades que concurra, además, ALGUNA O LAS DOS condiciones siguientes:

➢ (a) Que la **prestación del servicio o realización de la actividad** sea DE SOLICITUD OBLIGATORIA (o NO VOLUNTARIA) (*v. gr.*, obtención del DNI; otorgamiento de licencias de apertura de establecimiento) **o se preste** SIN NECESIDAD DE SOLICITUD (*v. gr.*, servicio de recogida de basura).

Aclaraciones (art. 20 TRLRHL) → No se considerará voluntaria la solicitud o recepción por parte de los administrados:

- Cuando venga ***impuesta por disposiciones legales o reglamentarias.***
- Cuando los bienes, servicios o actividades requeridos sean imprescindibles para la vida privada o social del solicitante ↔ Inclusión de los denominados ***servicios esenciales para la comunidad*** que son obligatorios *de facto* (*v. gr.*, distribución de agua, gas, y otros abastecimientos públicos cuando tales servicios sean prestados por entidades locales en régimen de gestión directa).

➢ (b) Que se presten o realicen SIN LA CONCURRENCIA DEL SECTOR PRIVADO.

- Puede tratarse de un **MONOPOLIO LEGAL o DE HECHO** a favor del sector público (dependiendo de que, conforme a la normativa vigente, esté establecida o no su reserva a favor del sector público) (*v. gr.*, entrada a las piscinas municipales en las localidades en las que no existen otras piscinas abiertas al público).

3.1.3. Distinción entre tasas y *precios públicos.* Los PRECIOS PÚBLICOS como categorías *no tributarias*

- Característica esencial de la tasa como tributo = LA COACTIVIDAD (→ Reserva de ley) ↔ Deriva de la forma en la que se presta el servicio:
  - En régimen de solicitud o recepción obligatoria → Inexistencia de libertad del sujeto en la realización del HI.
  - En régimen de monopolio del sector público → Imposibilidad del usuario de elegir entre diversos prestadores del servicio.
  - Utilización del dominio público → Sólo puede ser autorizada por el ente público titular del dominio.

- Distinción respecto de otros ingresos → PRECIOS PÚBLICOS:
  - Contraprestaciones exigidas por servicios públicos ≠ de los que dan lugar a la exacción de tasas.
  - Precios públicos → **Contraprestaciones pecuniarias** que se satisfacen por la **prestación de servicios o la realización de actividades** efectuadas **en régimen de Derecho público** siempre que:
    - (a) Tales servicios o actividades **se presten también por el sector privado**.
    - (b) **Y** sean **de solicitud voluntaria** por parte de los administrados.
  - ≠ COACTIVIDAD → No son PPCP → Quedan al margen de las exigencias del principio de reserva de ley → Establecimiento en el ámbito estatal por Orden Ministerial.
  - Su cuantía como mínimo será el coste del servicio prestado, *pudiendo ser superior*.

3.2.1. LAS CONTRIBUCIONES ESPECIALES. Concepto legal

- Tipo de tributo que **puede ser exigido por el Estado, las CC.AA., o las Corporaciones Locales.**

- Pese a ello, tributo fundamentalmente municipal.

- Tributo **en decadencia** en todos los ámbitos: ni las exigen, con carácter general, los entes locales y mucho menos el Estado o las CC.AA. ↔ *Complejidad administrativa* que conlleva su *recaudación*.

- Definición legal —con el mismo contenido— en los arts. 2.2.b) LGT, 8 LOFCA, y 28 TRLRHL.

- Es en el **TRLRHL** donde se encuentra **su regulación más completa.**

- De conformidad con el art. 2.2.b) LGT:

  «Contribuciones especiales son los tributos cuyo **hecho imponible** consiste en la **obtención por el obligado tributario de un beneficio o de un aumento de valor de sus bienes** como consecuencia de la realización de obras públicas o del establecimiento o ampliación de servicios públicos».

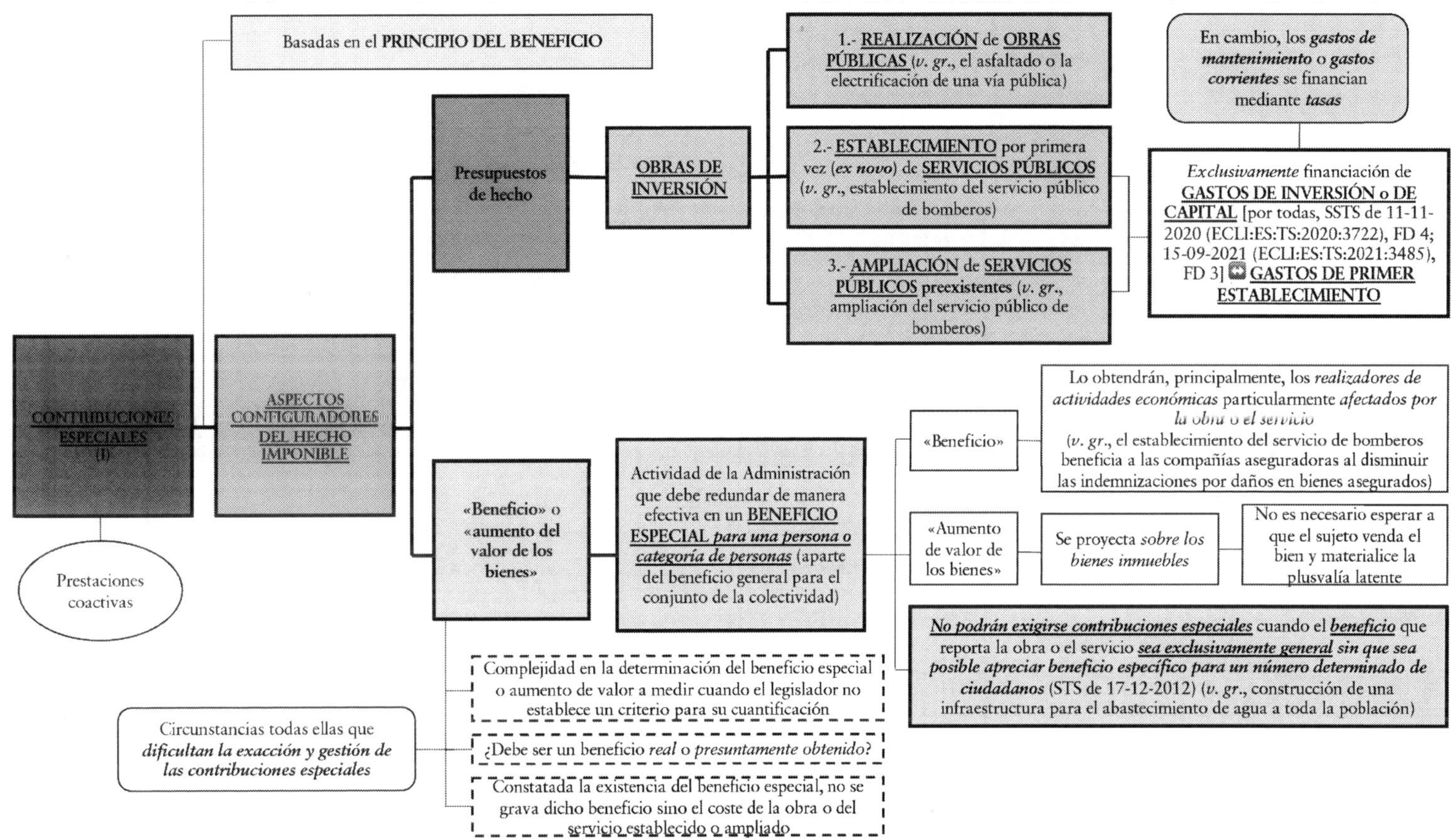

CONTRIBUCIONES ESPECIALES (I)
Prestaciones coactivas
ASPECTOS CONFIGURADORES DEL HECHO IMPONIBLE
Basadas en el PRINCIPIO DEL BENEFICIO
Presupuestos de hecho
OBRAS DE INVERSIÓN
1.- REALIZACIÓN de OBRAS PÚBLICAS (v. gr., el asfaltado o la electrificación de una vía pública)
2.- ESTABLECIMIENTO por primera vez (ex novo) de SERVICIOS PÚBLICOS (v. gr., establecimiento del servicio público de bomberos)
3.- AMPLIACIÓN de SERVICIOS PÚBLICOS preexistentes (v. gr., ampliación del servicio público de bomberos)
En cambio, los gastos de mantenimiento o gastos corrientes se financian mediante tasas
Exclusivamente financiación de GASTOS DE INVERSIÓN o DE CAPITAL [por todas, SSTS de 11-11-2020 (ECLI:ES:TS:2020:3722), FD 4; 15-09-2021 (ECLI:ES:TS:2021:3485), FD 3] GASTOS DE PRIMER ESTABLECIMIENTO
«Beneficio» o «aumento del valor de los bienes»
Actividad de la Administración que debe redundar de manera efectiva en un BENEFICIO ESPECIAL para una persona o categoría de personas (aparte del beneficio general para el conjunto de la colectividad)
«Beneficio»
Lo obtendrán, principalmente, los realizadores de actividades económicas particularmente afectados por la obra o el servicio (v. gr., el establecimiento del servicio de bomberos beneficia a las compañías aseguradoras al disminuir las indemnizaciones por daños en bienes asegurados)
«Aumento de valor de los bienes»
Se proyecta sobre los bienes inmuebles
No es necesario esperar a que el sujeto venda el bien y materialice la plusvalía latente
No podrán exigirse contribuciones especiales cuando el beneficio que reporta la obra o el servicio sea exclusivamente general sin que sea posible apreciar beneficio específico para un número determinado de ciudadanos (STS de 17-12-2012) (v. gr., construcción de una infraestructura para el abastecimiento de agua a toda la población)
Complejidad en la determinación del beneficio especial o aumento de valor a medir cuando el legislador no establece un criterio para su cuantificación
¿Debe ser un beneficio real o presuntamente obtenido?
Constatada la existencia del beneficio especial, no se grava dicho beneficio sino el coste de la obra o del servicio establecido o ampliado
Circunstancias todas ellas que dificultan la exacción y gestión de las contribuciones especiales

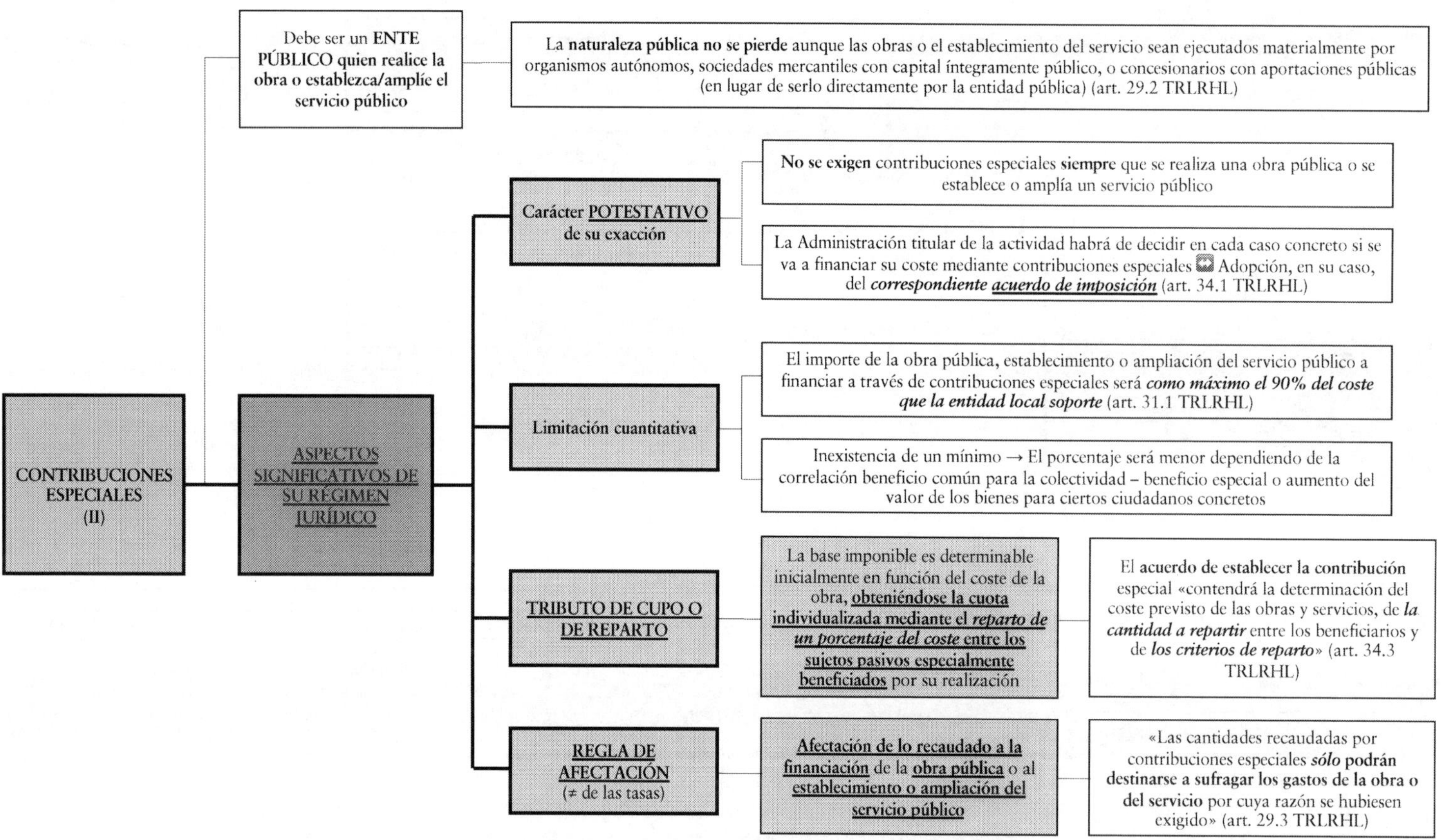
CONTRIBUCIONES ESPECIALES (II)
Debe ser un **ENTE PÚBLICO quien realice la obra o establezca/amplíe el servicio público**
La **naturaleza pública no se pierde** aunque las obras o el establecimiento del servicio sean ejecutados materialmente por organismos autónomos, sociedades mercantiles con capital íntegramente público, o concesionarios con aportaciones públicas (en lugar de serlo directamente por la entidad pública) (art. 29.2 TRLRHL)
ASPECTOS SIGNIFICATIVOS DE SU RÉGIMEN JURÍDICO
Carácter POTESTATIVO de su exacción
No se exigen contribuciones especiales **siempre** que se realiza una obra pública o se establece o amplía un servicio público
La Administración titular de la actividad habrá de decidir en cada caso concreto si se va a financiar su coste mediante contribuciones especiales Adopción, en su caso, del ***correspondiente acuerdo de imposición*** (art. 34.1 TRLRHL)
Limitación cuantitativa
El importe de la obra pública, establecimiento o ampliación del servicio público a financiar a través de contribuciones especiales será ***como máximo el 90% del coste que la entidad local soporte*** (art. 31.1 TRLRHL)
Inexistencia de un mínimo → El porcentaje será menor dependiendo de la correlación beneficio común para la colectividad – beneficio especial o aumento del valor de los bienes para ciertos ciudadanos concretos
TRIBUTO DE CUPO O DE REPARTO
La base imponible es determinable inicialmente en función del coste de la obra, **obteniéndose la cuota individualizada mediante el *reparto de un porcentaje del coste* entre los sujetos pasivos especialmente beneficiados** por su realización
El **acuerdo de establecer la contribución** especial «contendrá la determinación del coste previsto de las obras y servicios, de ***la cantidad a repartir*** entre los beneficiarios y de ***los criterios de reparto***» (art. 34.3 TRLRHL)
REGLA DE AFECTACIÓN (≠ de las tasas)
Afectación de lo recaudado a la financiación de la **obra pública** o al **establecimiento o ampliación del servicio público**
«Las cantidades recaudadas por contribuciones especiales ***sólo* podrán destinarse a sufragar los gastos de la obra o del servicio** por cuya razón se hubiesen exigido» (art. 29.3 TRLRHL)

PRINCIPALES DIFERENCIAS EXISTENTES ENTRE LAS TASAS Y LAS CONTRIBUCIONES ESPECIALES
(además de la diferente descripción de sus hechos imponibles)

TASAS	CONTRIBUCIONES ESPECIALES
La actividad de la Administración **no tiene por qué beneficiar al obligado a pagarlas** (*basta* con que *se vea afectado* por dicha actividad)	La exacción de contribuciones especiales requiere, en todo caso, que se produzca un **beneficio singular y específico para el obligado al pago**
La **actividad administrativa** que constituye el hecho imponible de las tasas **puede provocarse a instancia del particular**	La actuación administrativa de la que deriva el establecimiento de contribuciones especiales se impulsa **por iniciativa de la propia Administración pública**
El producto de lo recaudado se destina a **sufragar gastos indivisibles de los Entes públicos** (UNIDAD DE CAJA o REGLA DE NO AFECTACIÓN)	Los ingresos por contribuciones especiales quedan **afectos a la financiación de las obras o servicios que motivan su exacción** (REGLA DE AFECTACIÓN)
Financian GASTOS CORRIENTES o GASTOS DE MANTENIMIENTO de las obras y servicios públicos previamente establecidos.	Financian GASTOS DE PRIMER ESTABLECIMIENTO o GASTOS DE INVERSIÓN de obras y servicios públicos

3.3. EL IMPUESTO

3.3.1. Concepto legal y características generales (I)

- Categoría tributaria fundamental.
- En la Ciencia de la Hacienda clásica → Utilización del impuesto para la <u>**financiación de los servicios públicos INDIVISIBLES**</u> (= sin beneficiario identificable de manera singular).

- <u>Art. 2.2.c) LGT</u> → «Impuestos son los tributos **exigidos sin contraprestación** cuyo hecho imponible está constituido por **negocios, actos o hechos** que **ponen de manifiesto la capacidad económica del contribuyente**».
- <u>DOS importantes DEFICIENCIAS</u> de la <u>definición legal</u>:
  - La **caracterización de los impuestos por la ausencia de "*contraprestación*":**
    - La expresión "contraprestación" responde a la *concepción jurídica de las relaciones sinalagmáticas* en las que se generan relaciones recíprocas para ambas partes contratantes (*v. gr.*, en una compraventa), aspecto que no concurre en los impuestos.
    - No concurre en los impuestos pero tampoco en las tasas o en las contribuciones especiales → Son *prestaciones coactivamente impuestas, concreción del deber de contribuir* al sostenimiento de los gastos públicos. *Su pago no genera en la Administración tributaria una obligación de "contraprestación" hacia el obligado tributario.*
  - La **capacidad económica ha de estar presente en todos los tributos cualquiera que sea su clase** (impuestos, tasas y contribuciones especiales). Forma parte del concepto constitucional de tributo.

3.3. EL IMPUESTO

3.3.1. Concepto legal y características generales (II)

- Art. 2.2.c) LGT → «Impuestos son los tributos **exigidos sin contraprestación** cuyo hecho imponible está constituido por **negocios, actos o hechos** que **ponen de manifiesto la capacidad económica del contribuyente**».
- El legislador prevé para el hecho imponible del impuesto tres tipos de presupuestos de hecho: negocios, actos y hechos.
  - En el **negocio** las partes determinan el contenido de las prestaciones recíprocas: por ejemplo, una compraventa.
  - En los **actos** simplemente interviene la voluntad del sujeto para desplegar los efectos previstos normativamente: por ejemplo, la aceptación de una herencia.
  - Los **hechos** son supuestos fácticos a los que se anudan determinadas consecuencias jurídicas: por ejemplo, la obtención de una renta.

> De la amplitud con la que se definen estos presupuestos de hecho se infiere que **el hecho imponible del impuesto puede tener** **cualquier contenido, *siempre que revele capacidad económica en quien lo realice***.

> La verdadera **nota diferenciadora del impuesto frente al resto de categorías tributarias** (tasas y contribuciones especiales) es que su **hecho imponible se define sin referencia alguna a actividades de la Administración**.

> La nota definitoria de los impuestos es la AUSENCIA DE ACTIVIDAD ADMINISTRATIVA en su configuración.

3.3.2. CLASES *MÁS RELEVANTES* DE IMPUESTOS (I)

- (1) Impuestos **DIRECTOS e INDIRECTOS.**
- (2) Impuestos **PERSONALES y REALES.**
- (3) Impuestos **SUBJETIVOS y OBJETIVOS.**
- (4) Impuestos **INSTANTÁNEOS y PERIÓDICOS.**

3.3.2. CLASES MÁS RELEVANTES DE IMPUESTOS (II)

(1) Impuestos DIRECTOS e INDIRECTOS:

- Impuestos DIRECTOS → Aquellos que **gravan manifestaciones *directas e inmediatas* de riqueza o de capacidad económica** (*v. gr.*, obtención de renta o titularidad de un patrimonio). Se aplican en función de un *índice directo* de capacidad económica.
- Impuestos INDIRECTOS → Aquellos que **gravan manifestaciones *indirectas o mediatas* de riqueza o de capacidad económica**; en particular, el consumo de bienes o la prestación de servicios o el tráfico de bienes. Se basan en un *índice indirecto* de capacidad económica.
  - ➢ La distinción se pone, asimismo, en conexión con el fenómeno económico de la *repercusión o traslación de la cuota tributaria* hacia terceras personas: dicha traslación se produce en la mayoría de los impuestos indirectos (no así en los directos).

(2) Impuestos PERSONALES y REALES:

- Impuestos PERSONALES → Aquellos cuyo **hecho imponible no es posible definirlo sin ponerlo en conexión con el titular de la capacidad económica gravada**.
  - ➢ Es personal el IRPF, que grava el conjunto de rentas o ingresos, cualquiera que sea su fuente, que obtiene una persona a lo largo del año. El hecho imponible no puede ser pensado sino en relación al obligado al pago.
- Impuestos REALES → Aquellos cuyo **hecho imponible puede ser objeto de definición por la capacidad económica gravada, sin tener que ponerla en correlación con su titular**.
  - ➢ Es real el IBI que se exige a los titulares de esa clase de bienes. Lo que se plasma en el hecho imponible no es la persona sino un *bien, una actividad o una operación*.

→ La diferencia entre una y otra clase de impuestos se advierte en el hecho de que en el primer caso, el IRPF, ***a cada sujeto le corresponde una obligación por el IRPF del período***; mientras que, en el segundo caso, ***una misma persona puede ser deudor de varios IBIs en cada período*** (uno por cada inmueble de que sea titular).

3.3.2. CLASES MÁS RELEVANTES DE IMPUESTOS (III)

(3) Impuestos SUBJETIVOS y OBJETIVOS:

- Impuestos **SUBJETIVOS** → En su regulación se **tienen en cuenta las circunstancias personales —generalmente, familiares— del sujeto pasivo**, adaptando la carga tributaria a dichas circunstancias.

  - Generalmente, son SUBJETIVOS los impuestos PERSONALES que recaen sobre PERSONAS FÍSICAS (*v. gr.*, IRPF).

- Impuestos **OBJETIVOS** → En su regulación **se ignoran las circunstancias personales o familiares del obligado al pago**.

  - Son impuestos OBJETIVOS los restantes → Los impuestos PERSONALES que recaen sobre PERSONAS JURÍDICAS (*v. gr.*, IS) y los denominados impuestos REALES (*v. gr.*, IBI).

3.3.2. CLASES MÁS RELEVANTES DE IMPUESTOS (IV)

(4) Impuestos INSTANTÁNEOS y PERIÓDICOS:

- Impuestos **INSTANTÁNEOS** → Aquellos en los que **el hecho imponible se agota con su propia realización** (*v. gr.*, ISD).

- Impuestos **PERIÓDICOS** → Aquellos en los que **el hecho imponible**:
  (**a**) Consiste en una **situación que se prolonga en el tiempo** → Ejemplo: la titularidad de un inmueble ↔ IBI.
  (**b**) Es **de realización progresiva** → Ejemplo: la obtención de una renta ↔ IRPF o IS.

- Impuestos DE DECLARACIÓN PERIÓDICA → Categoría que comprende:
  (**1**) Los **impuestos periódicos** en sentido estricto.
  (**2**) **Impuestos instantáneos** cuyo **hecho imponible** se produce "en masa" o **repetidamente** y por esta razón son objeto de **declaración periódica** (abarca todos los HI producidos en el período establecido) → Ejemplo: IVA ↔ Se devenga operación por operación, pero es objeto de declaración trimestral (en ella se incluyen todos los IVA del trimestre).

4. APROXIMACIÓN AL SISTEMA TRIBUTARIO ESTATAL, AUTONÓMICO Y LOCAL

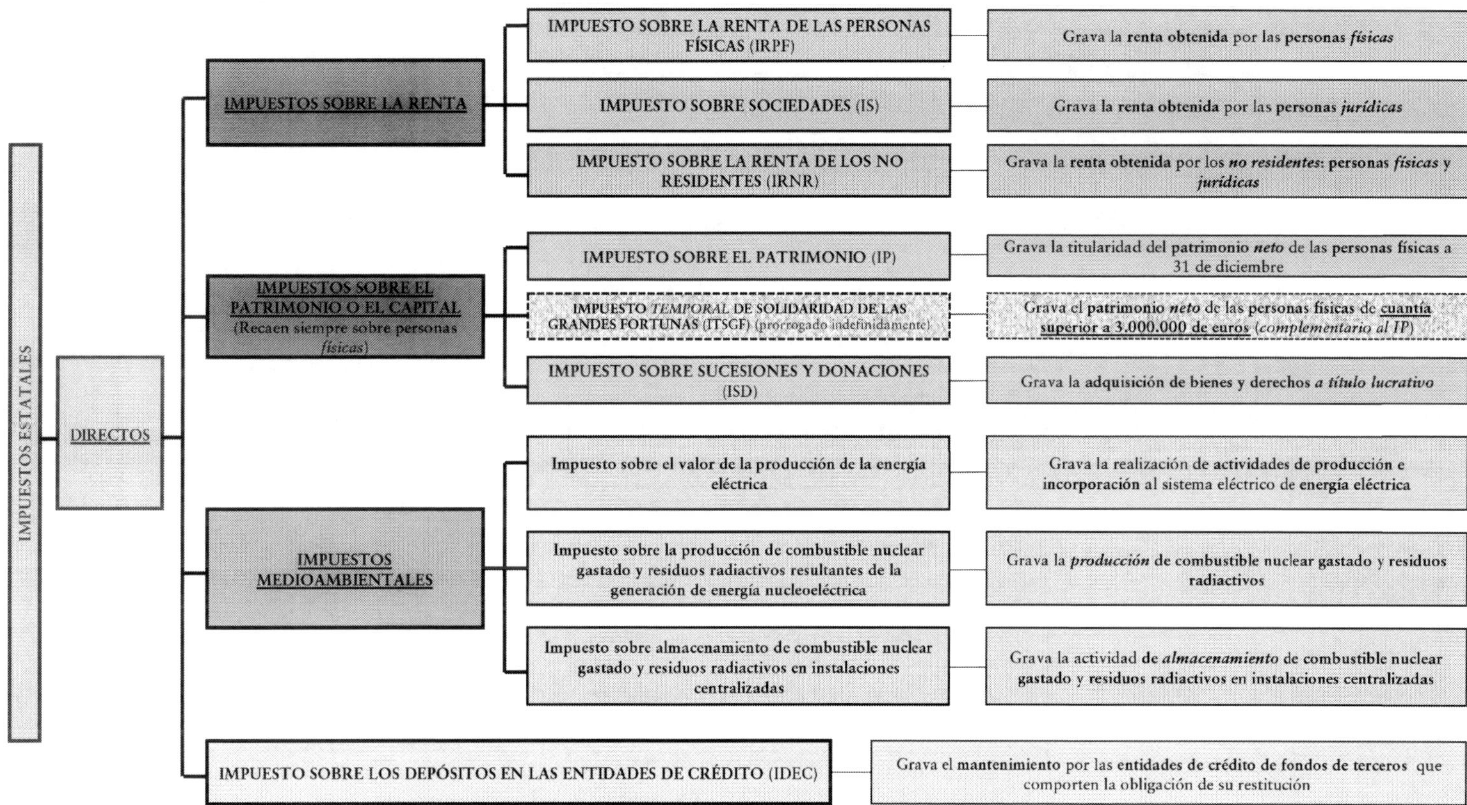
IMPUESTOS ESTATALES
DIRECTOS
IMPUESTOS SOBRE LA RENTA
IMPUESTO SOBRE LA RENTA DE LAS PERSONAS FÍSICAS (IRPF)
Grava la renta obtenida por las personas físicas
IMPUESTO SOBRE SOCIEDADES (IS)
Grava la renta obtenida por las personas jurídicas
IMPUESTO SOBRE LA RENTA DE LOS NO RESIDENTES (IRNR)
Grava la renta obtenida por los no residentes: personas físicas y jurídicas
IMPUESTOS SOBRE EL PATRIMONIO O EL CAPITAL (Recaen siempre sobre personas físicas)
IMPUESTO SOBRE EL PATRIMONIO (IP)
Grava la titularidad del patrimonio neto de las personas físicas a 31 de diciembre
IMPUESTO TEMPORAL DE SOLIDARIDAD DE LAS GRANDES FORTUNAS (ITSGF) (prorrogado indefinidamente)
Grava el patrimonio neto de las personas físicas de cuantía superior a 3.000.000 de euros (complementario al IP)
IMPUESTO SOBRE SUCESIONES Y DONACIONES (ISD)
Grava la adquisición de bienes y derechos a título lucrativo
IMPUESTOS MEDIOAMBIENTALES
Impuesto sobre el valor de la producción de la energía eléctrica
Grava la realización de actividades de producción e incorporación al sistema eléctrico de energía eléctrica
Impuesto sobre la producción de combustible nuclear gastado y residuos radiactivos resultantes de la generación de energía nucleoeléctrica
Grava la producción de combustible nuclear gastado y residuos radiactivos
Impuesto sobre almacenamiento de combustible nuclear gastado y residuos radiactivos en instalaciones centralizadas
Grava la actividad de almacenamiento de combustible nuclear gastado y residuos radiactivos en instalaciones centralizadas
IMPUESTO SOBRE LOS DEPÓSITOS EN LAS ENTIDADES DE CRÉDITO (IDEC)
Grava el mantenimiento por las entidades de crédito de fondos de terceros que comporten la obligación de su restitución

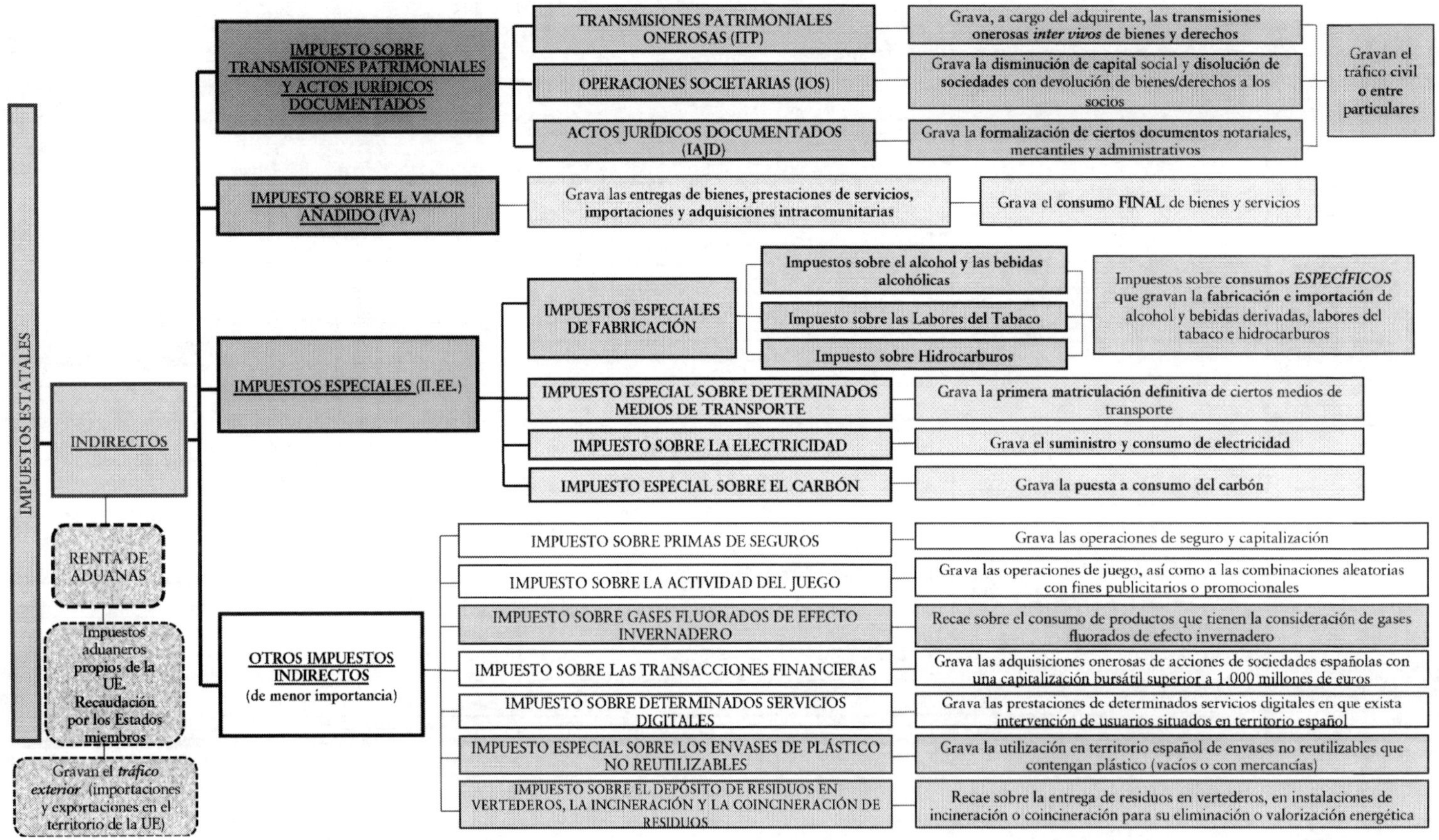
IMPUESTOS ESTATALES
INDIRECTOS
IMPUESTO SOBRE TRANSMISIONES PATRIMONIALES Y ACTOS JURÍDICOS DOCUMENTADOS
TRANSMISIONES PATRIMONIALES ONEROSAS (ITP)
Grava, a cargo del adquirente, las transmisiones onerosas *inter vivos* de bienes y derechos
OPERACIONES SOCIETARIAS (IOS)
Grava la disminución de capital social y disolución de sociedades con devolución de bienes/derechos a los socios
ACTOS JURÍDICOS DOCUMENTADOS (IAJD)
Grava la formalización de ciertos documentos notariales, mercantiles y administrativos
Gravan el tráfico civil o entre particulares
IMPUESTO SOBRE EL VALOR AÑADIDO (IVA)
Grava las entregas de bienes, prestaciones de servicios, importaciones y adquisiciones intracomunitarias
Grava el consumo FINAL de bienes y servicios
IMPUESTOS ESPECIALES (II.EE.)
IMPUESTOS ESPECIALES DE FABRICACIÓN
Impuestos sobre el alcohol y las bebidas alcohólicas
Impuesto sobre las Labores del Tabaco
Impuesto sobre Hidrocarburos
Impuestos sobre consumos *ESPECÍFICOS* que gravan la fabricación e importación de alcohol y bebidas derivadas, labores del tabaco e hidrocarburos
IMPUESTO ESPECIAL SOBRE DETERMINADOS MEDIOS DE TRANSPORTE
Grava la primera matriculación definitiva de ciertos medios de transporte
IMPUESTO SOBRE LA ELECTRICIDAD
Grava el suministro y consumo de electricidad
IMPUESTO ESPECIAL SOBRE EL CARBÓN
Grava la puesta a consumo del carbón
OTROS IMPUESTOS INDIRECTOS (de menor importancia)
IMPUESTO SOBRE PRIMAS DE SEGUROS
Grava las operaciones de seguro y capitalización
IMPUESTO SOBRE LA ACTIVIDAD DEL JUEGO
Grava las operaciones de juego, así como a las combinaciones aleatorias con fines publicitarios o promocionales
IMPUESTO SOBRE GASES FLUORADOS DE EFECTO INVERNADERO
Recae sobre el consumo de productos que tienen la consideración de gases fluorados de efecto invernadero
IMPUESTO SOBRE LAS TRANSACCIONES FINANCIERAS
Grava las adquisiciones onerosas de acciones de sociedades españolas con una capitalización bursátil superior a 1.000 millones de euros
IMPUESTO SOBRE DETERMINADOS SERVICIOS DIGITALES
Grava las prestaciones de determinados servicios digitales en que exista intervención de usuarios situados en territorio español
IMPUESTO ESPECIAL SOBRE LOS ENVASES DE PLÁSTICO NO REUTILIZABLES
Grava la utilización en territorio español de envases no reutilizables que contengan plástico (vacíos o con mercancías)
IMPUESTO SOBRE EL DEPÓSITO DE RESIDUOS EN VERTEDEROS, LA INCINERACIÓN Y LA COINCINERACIÓN DE RESIDUOS
Recae sobre la entrega de residuos en vertederos, en instalaciones de incineración o coincineración para su eliminación o valorización energética
RENTA DE ADUANAS
Impuestos aduaneros propios de la UE. Recaudación por los Estados miembros
Gravan el *tráfico exterior* (importaciones y exportaciones en el territorio de la UE)

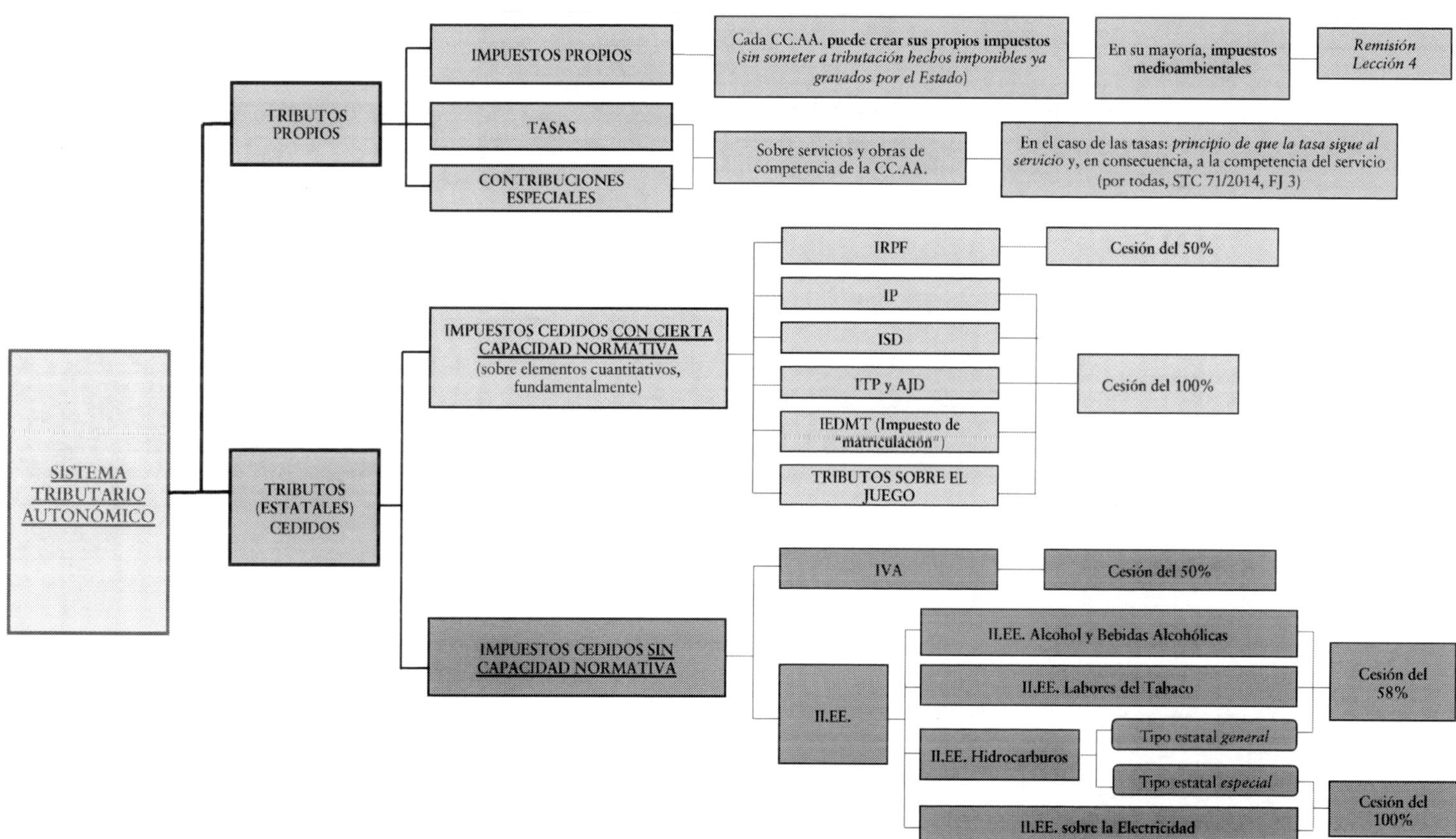

SISTEMA TRIBUTARIO AUTONÓMICO
TRIBUTOS PROPIOS
IMPUESTOS PROPIOS
Cada CC.AA. puede crear sus propios impuestos (sin someter a tributación hechos imponibles ya gravados por el Estado)
En su mayoría, impuestos medioambientales
Remisión Lección 4
TASAS
CONTRIBUCIONES ESPECIALES
Sobre servicios y obras de competencia de la CC.AA.
En el caso de las tasas: principio de que la tasa sigue al servicio y, en consecuencia, a la competencia del servicio (por todas, STC 71/2014, FJ 3)
TRIBUTOS (ESTATALES) CEDIDOS
IMPUESTOS CEDIDOS CON CIERTA CAPACIDAD NORMATIVA (sobre elementos cuantitativos, fundamentalmente)
IRPF
Cesión del 50%
IP
ISD
ITP y AJD
IEDMT (Impuesto de "matriculación")
TRIBUTOS SOBRE EL JUEGO
Cesión del 100%
IMPUESTOS CEDIDOS SIN CAPACIDAD NORMATIVA
IVA
Cesión del 50%
II.EE.
II.EE. Alcohol y Bebidas Alcohólicas
II.EE. Labores del Tabaco
II.EE. Hidrocarburos
Tipo estatal general
Tipo estatal especial
II.EE. sobre la Electricidad
Cesión del 58%
Cesión del 100%

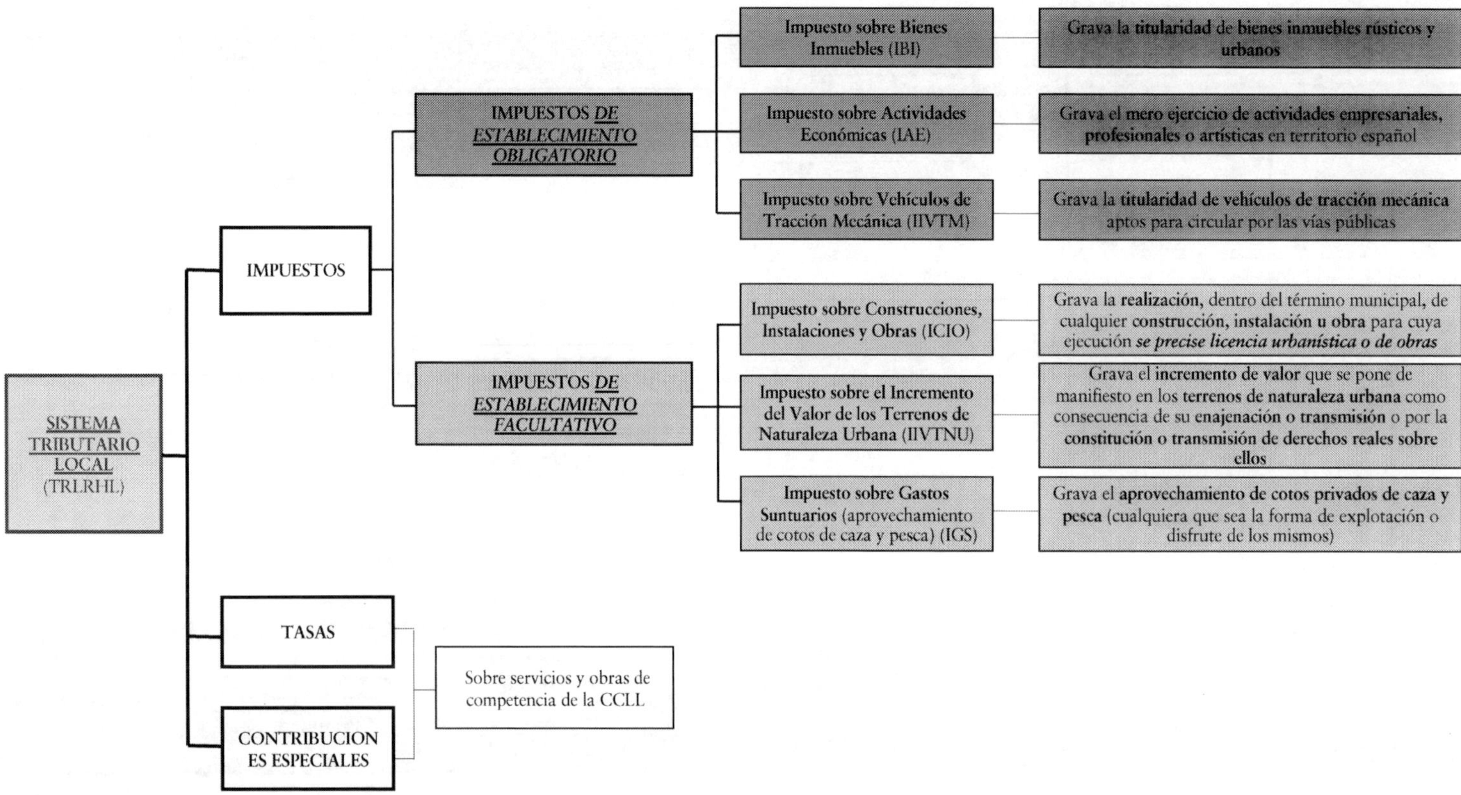
SISTEMA TRIBUTARIO LOCAL (TRLRHL)
IMPUESTOS
IMPUESTOS DE ESTABLECIMIENTO OBLIGATORIO
IMPUESTOS DE ESTABLECIMIENTO FACULTATIVO
Impuesto sobre Bienes Inmuebles (IBI)
Grava la titularidad de bienes inmuebles rústicos y urbanos
Impuesto sobre Actividades Económicas (IAE)
Grava el mero ejercicio de actividades empresariales, profesionales o artísticas en territorio español
Impuesto sobre Vehículos de Tracción Mecánica (IIVTM)
Grava la titularidad de vehículos de tracción mecánica aptos para circular por las vías públicas
Impuesto sobre Construcciones, Instalaciones y Obras (ICIO)
Grava la realización, dentro del término municipal, de cualquier construcción, instalación u obra para cuya ejecución se precise licencia urbanística o de obras
Impuesto sobre el Incremento del Valor de los Terrenos de Naturaleza Urbana (IIVTNU)
Grava el incremento de valor que se pone de manifiesto en los terrenos de naturaleza urbana como consecuencia de su enajenación o transmisión o por la constitución o transmisión de derechos reales sobre ellos
Impuesto sobre Gastos Suntuarios (aprovechamiento de cotos de caza y pesca) (IGS)
Grava el aprovechamiento de cotos privados de caza y pesca (cualquiera que sea la forma de explotación o disfrute de los mismos)
TASAS
CONTRIBUCIONES ESPECIALES
Sobre servicios y obras de competencia de la CCLL

Lección 3

LOS PRINCIPIOS CONSTITUCIONALES QUE RIGEN LA ORDENACIÓN DE LOS TRIBUTOS

1. INTRODUCCIÓN. UBICACIÓN SISTEMÁTICA Y TUTELA ANTE EL TRIBUNAL CONSTITUCIONAL DEL ART. 31 CE

- En la **Sección 2ª** del **Capítulo II** del **Título I de la Constitución**, que lleva por rúbrica "*De los derechos y deberes de los ciudadanos*" → Art. 31 CE:

> «1. **Todos** contribuirán al sostenimiento de los gastos públicos **de acuerdo con su capacidad económica** mediante un sistema tributario justo inspirado en los principios de **igualdad** y progresividad que, **en ningún caso, tendrá alcance confiscatorio.**
>
> 2. El gasto público realizará una asignación equitativa de los recursos públicos y su programación y ejecución responderán a los criterios de eficiencia y economía.
>
> 3. Sólo podrán establecerse **prestaciones personales o patrimoniales de carácter público con arreglo a la ley**».

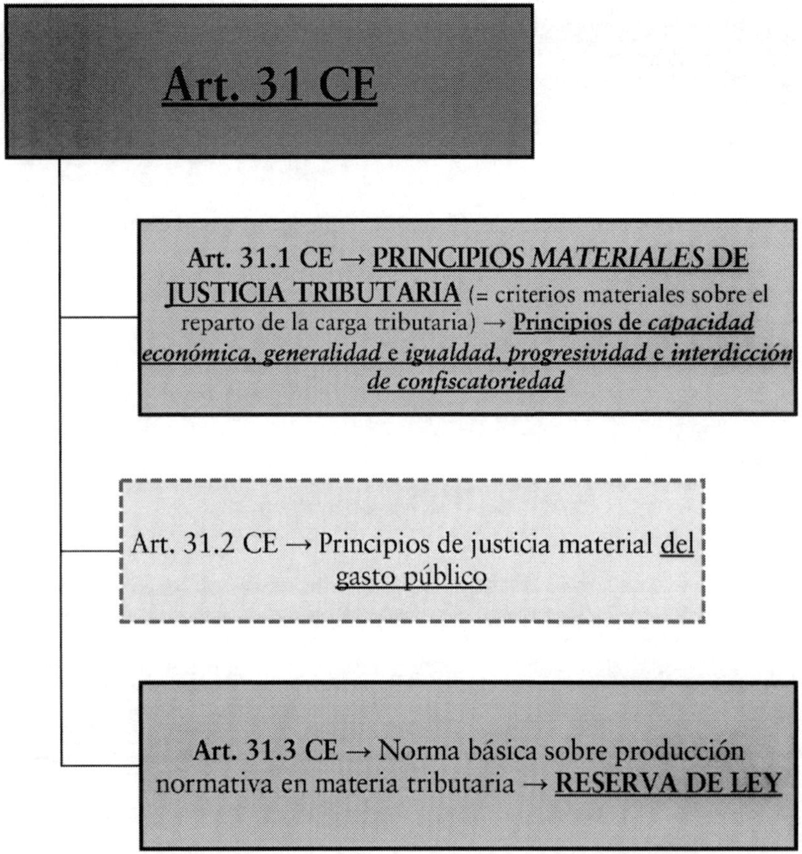

Art. 31 CE

Art. 31.1 CE → **PRINCIPIOS *MATERIALES* DE JUSTICIA TRIBUTARIA** (= criterios materiales sobre el reparto de la carga tributaria) → **Principios de *capacidad económica, generalidad* e *igualdad, progresividad* e *interdicción de confiscatoriedad***

Art. 31.2 CE → Principios de justicia material del gasto público

Art. 31.3 CE → Norma básica sobre producción normativa en materia tributaria → **RESERVA DE LEY**

PRINCIPIOS CONSTITUCIONALES ESTABLECIDOS EN EL ART. 31.1 Y 3 CE:

↓

Por SU UBICACIÓN SISTEMÁTICA → Sección 2ª del Capítulo II del Título I de la CE:

↓

TUTELA en los términos establecidos en el ART. 53.1 CE → En concreto:

- (a) Posibilidad de interponer **RECURSO DE INCONSTITUCIONALIDAD** ante el TC [art. 161.1.a) CE].
- (b) Posibilidad de interponer (por órgano judicial) **CUESTIÓN DE INCONSTITUCIONALIDAD** ante el TC (art. 163 CE).

- Finalmente, en aquellos casos en los que conjuntamente con el principio de igualdad tributaria (art. 31.1 CE) resulte **APLICABLE EL DERECHO A LA IGUALDAD DEL ART. 14 CE** (discriminación en materia tributaria *por razones subjetivas*) → Posibilidad de interponer **RECURSO DE AMPARO CONSTITUCIONAL**.

↓

Siempre que el recurso presente especial trascendencia constitucional → A este respecto, véanse **art. 50.1.b) LOTC** y **FJ 2 de la STC 155/2009, de 25 de junio** → Justificación (requisito procesal) y existencia misma de la especial trascendencia constitucional (de alguno de los motivos especificados en el FJ 2 de la STC 155/2009).

2. LOS PRINCIPIOS DE JUSTICIA MATERIAL DE LOS TRIBUTO: EL ART. 31.1 CE

2.1. ÁMBITO DE APLICACIÓN DE LOS PRINCIPIOS MATERIALES DE JUSTICIA TRIBUTARIA

De acuerdo con la **jurisprudencia dictada por nuestro Tribunal Constitucional en la última década**:

- Atribución de ***finalidad contributiva exclusivamente*** a las ***prestaciones patrimoniales de carácter público de naturaleza tributaria***. No existen PPCP contributivas no tributarias.

- **Equiparación** a efectos constitucionales de las **PPCP contributivas y los tributos**: SSTC 83/2014, de 29 de mayo; 44/2015, de 5 de marzo; 62/2015, de 13 de abril; 139/2016, de 21 de julio; 167/2016, de 6 de octubre; o, en fin, 63/2019, de 9 de mayo.

- En consecuencia, de acuerdo con el TC, los principios constitucionales establecidos en el art. 31.1 CE únicamente resultan de aplicación a los tributos (en su acepción constitucional) → En este sentido, claramente, SSTC 83/2014, FJ 6 y 167/2016, FJ 4:

> «No hay que olvidar —ha afirmado con contundencia el máximo intérprete de nuestra Constitución— que **los principios que la Constitución consagra en el apartado 1 de su art. 31** operan como criterios inspiradores del sistema tributario siendo exigibles, aunque con diferente intensidad, respecto de las prestaciones patrimoniales de naturaleza tributaria, *y no*, en consecuencia, *de cualquier prestación patrimonial que, careciendo de naturaleza tributaria, queda sometida al principio de reserva de ley previsto en el apartado 3 de ese mismo precepto constitucional*».

2.2. EL PRINCIPIO DE GENERALIDAD

- (A) **Significado** del principio
- (B) La **conexión con la igualdad**
- (C) **Principio de generalidad y beneficios fiscales**: las SSTC 96/2002 y 10/2005
- (D) **Alcance** del principio de generalidad

2.2. EL PRINCIPIO DE GENERALIDAD (I)

- Establecimiento en el art. 31.1 CE. Puede identificarse en el término "***todos***" → De acuerdo con el art. 31.1 CE «*Todos* contribuirán al sostenimiento de los gastos públicos...».

- El término "*todos*" tiene un DOBLE VALOR O SIGNIFICADO:

1º) El deber de contribuir al sostenimiento de los gastos públicos NO SE REDUCE A LOS NACIONALES ESPAÑOLES:

En este sentido ha señalado el TC que «[l]a expresión "todos" absorbe el deber de cualesquiera personas, físicas o jurídicas, nacionales o extranjeras, residentes o no residentes, que por sus relaciones económicas con o desde nuestro territorio (principio de territorialidad) exteriorizan manifestaciones de capacidad económica, lo que les convierte también, en principio, en titulares de la obligación de contribuir conforme al sistema tributaria» (STC 96/2002, de 25 de abril, FJ 7).

2º) PROHÍBE **la concesión de** PRIVILEGIOS FISCALES DISCRIMINATORIOS → Proscribe el establecimiento «de beneficios tributarios ***injustificados*** desde el punto de vista constitucional, al constituir una quiebra del deber genérico de contribuir al sostenimiento de los gastos del Estado» (STC 96/2002, de 25 abril, FJ 7; en la misma línea, STC 10/2005, de 20 de enero, FJ 5).

2.2. EL PRINCIPIO DE GENERALIDAD (II)

- PRECISIONES en relación con el CONTENIDO DEL PRINCIPIO:

(1) NO IMPIDE la existencia de EXENCIONES O BENEFICIOS FISCALES.

(2) Lo que resulta INADMISIBLE es el ESTABLECIMIENTO de EXENCIONES *INTUITU PERSONAE*.

(3) El principio VEDA la concesión de EXENCIONES Y BENEFICIOS FISCALES DISCRIMINATORIOS O NO JUSTIFICADOS:

En este sentido, constituye doctrina constitucional consolidada la «**prohibición en la concesión de privilegios tributarios discriminatorios**, es decir, de **beneficios tributarios injustificados desde el punto de vista constitucional** que puedan constituir una quiebra del deber genérico de contribuir al sostenimiento de los gastos del Estado (STC 96/2002, de 25 de abril, FJ 7). Y ello porque "la **exención**, como quiebra del principio de generalidad que rige la materia tributaria, al neutralizar la obligación tributaria derivada de la realización de un hecho revelador de capacidad económica, es **constitucionalmente válida siempre que responda a fines de interés general que la justifiquen** (por ejemplo, por motivos de política económica o social, para atender al mínimo de subsistencia, por razones de técnica tributaria, etc.), quedando, en caso contrario, proscrita, desde el punto de vista constitucional, por cuanto la Constitución a todos impone el deber de contribuir al sostenimiento de los gastos públicos en función de su capacidad económica» [STC 96/2002, FJ 7; y, en términos idénticos o similares, asimismo, SSTC 19/2012, de 15 de febrero, FJ 4 a); 60/2015, de 18 de marzo, FJ 4; 98/2018, de 19 de septiembre, FJ 5; o, en fin, 20/2022, de 9 de febrero, FJ 2 b)].

➢ Sucederá **cuando se traten de forma desigual situaciones que son idénticas** y dicha DESIGUALDAD CAREZCA DE UNA JUSTIFICACIÓN OBJETIVA Y RAZONABLE (*) (por todas, SSTC 96/2002, FJ 7; 60/2015, FJ 4; y 20/2022, FJ 2).

(*) Esta **justificación puede encontrarse**:

- (a) En el **principio de capacidad económica** → Establecimiento de beneficios fiscales a favor de aquellos obligados tributarios que poseen una capacidad económica inferior o establecimiento *v. gr.*, de un *mínimo existencial no sometido a tributación* "para atender al mínimo de subsistencia" [SSTC 96/2002, FJ 7; 10/2005, FJ 5; 19/2012, FJ 4 a)].
- (b) En la **consecución de fines de política económica o extrafiscal** → Fundamentalmente, materialización de los *principios rectores de la política social y económica* (Capítulo III del Título I de la CE).

2.2. ALCANCE DEL PRINCIPIO DE GENERALIDAD (III)

- Se aplica A TODOS Y CADA UNO DE LOS TRIBUTOS que conforman el sistema tributario.

- El legislador **NO PUEDE ESTABLECER EXCEPCIONES O MATIZACIONES al deber de contribuir SIN UNA JUSTIFICACIÓN OBJETIVA Y RAZONABLE EN NINGUNO DE LOS TRIBUTOS** que componen el sistema tributario (con independencia de cuál sea la posición —central o marginal— que el tributo ocupe en el conjunto del sistema).

2.2. EL PRINCIPIO DE IGUALDAD TRIBUTARIA

- (A) **Consideraciones generales**
- (B) La discriminación prohibida por los arts. 14 y 31.1 CE: el **contenido del juicio de igualdad**
- (C) El **alcance de los arts. 14 y 31.1 CE**: las discriminaciones por razones subjetivas y las discriminaciones en el ámbito del deber de contribuir
- (D) El establecimiento de **discriminaciones en el ámbito tributario por razones subjetivas y objetivas**: la aplicación exclusiva del art. 31.1 CE y su concurrencia con el art. 14 CE
- (E) **Alcance** del principio de igualdad tributaria

A. CONSIDERACIONES GENERALES

- **Diversos reconocimientos de la igualdad** en el texto constitucional → Arts. 1.1, 9.2, 14, 31.1 CE.

- Constituye una afirmación generalizada pero FALSA que el derecho a la igualdad —tanto la del art. 14 CE como la del 31.1 CE— obligue **"a tratar igual a los iguales y desigual a los desiguales"**.

- La CE NO PROTEGE FRENTE A TODAS LAS DESIGUALDADES:

  - **No consagra "un derecho a la desigualdad de trato"** (a tratar de forma desigual a los desiguales) ↔ "DISCRIMINACIÓN POR INDIFERENCIACIÓN" → **No se vulnera la CE** cuando la ley no distingue entre situaciones desiguales o, lo que es lo mismo, **cuando se tratan de igual forma situaciones desiguales:** «es doctrina de este Tribunal, que el art. 14 CE se limita a prohibir la distinción infundada o discriminatoria, pero ***no consagra un derecho a la desigualdad de trato, ni ampara la falta de distinción entre supuestos desiguales, no existiendo un derecho subjetivo al trato normativo desigual*** (STC 38/2014, de 11 de marzo, FJ 6, con cita de la STC 198/2012, de 6 de noviembre, FJ 13)» [STC 183/2014, de 6 de noviembre, FJ 3; recientemente, en este sentido, STC 62/2023, de 24 de mayo, FD 5 c) (i)].

  ✓ En el ámbito tributario, en este sentido, entre otras muchas, *vid*. SSTC 55/1998, de 16 de marzo, FJ 3; 36/1999, de 22 de marzo, FJ 4; 183/2014, FJ 6; y AATC 71/2008, de 26 de febrero, FJ 4; 120/2008, de 6 de mayo, FJ Único; 342/2008, de 28 de octubre, FJ Único; y 62/2023, de 24 de mayo, FD 5 c) (i).

B. LA DISCRIMINACIÓN PROHIBIDA POR LOS ARTS. 14 Y 31.1 CE: EL CONTENIDO DEL JUICIO DE IGUALDAD

- **Contenido igualdad** del **art. 31.1 CE ≠ Contenido** del **derecho fundamental a la igualdad del art. 14 CE**.

- Con todo, EN AMBOS PRECEPTOS SE PROHÍBE ESENCIALMENTE LO MISMO → Que la ley establezca una **desigualdad de trato entre supuestos que puedan considerarse iguales, salvo** que dicho trato desigual (**1**) tenga una **justificación objetiva y razonable y** (**2**) resulte **proporcionado** al fin perseguido.

- En consecuencia, **para que se VULNERE LA IGUALDAD reconocida en los ARTS. 14 y 31.1 CE** → Concurrencia de las siguientes **circunstancias** (↔ JUICIO DE IGUALDAD) [entre otras, en materia tributaria, SSTC 76/1990, de 26 de abril, FJ 9; 214/1994, de 14 de julio, FJ 8; 200/2001, de 4 de octubre, FJ 4 a); 39/2002, de 14 de febrero, FJ 4; 96/2002, de 25 de abril, FJ 7; 152/2003, de 17 de julo, FJ 5 c); 255/2004, de 22 de diciembre, FJ 4; 10/2005, de 20 de enero, FJ 5; 195/2006, de 11 de octubre, FJ 5; 83/2014, de 29 de mayo, FJ 7; 60/2015, de 18 de marzo, FJ 4, y 77/2015, de 27 de abril, FJ 3 a); 125/2021, de 3 de junio, FJ 6; 20/2022, de 9 de febrero, FJ 2; y STC 62/2023, de 24 de mayo, FJ 4 b)]:

  – (**1**) PRESUPUESTO de aplicación del juicio de igualdad → Que estemos ante supuestos esencialmente iguales ↔ Que los TÉRMINOS DE COMPARACIÓN SEAN HOMOGÉNEOS.

  – (**2**) Que el trato desigual a supuestos iguales CAREZCA DE UNA JUSTIFICACIÓN OBJETIVA Y RAZONABLE.

  – (**3**) Teniendo dicha justificación, la **discriminación denunciada** resulte DESPROPORCIONADA para la consecución del fin perseguido.

C. EL ALCANCE DE LOS ARTS. 14 Y 31.1 CE: LAS DISCRIMINACIONES POR RAZONES SUBJETIVAS Y LAS DISCRIMINACIONES *EN EL ÁMBITO DEL DEBER DE CONTRIBUIR*

Los ARTS. 14 Y 31.1 CE tienen un ALCANCE SENSIBLEMENTE DISTINTO:

- (a) ART. 14 CE → **Protege** únicamente **frente a las discriminaciones** que se producen POR RAZONES SUBJETIVAS (cualquiera que sea el sector del ordenamiento jurídico) → «*sin que pueda prevalecer discriminación alguna por razón de nacimiento, raza, sexo, religión, opinión o cualquiera otra condición o circunstancia personal o social*».

- (b) ART. 31.1 CE → Atiende a las discriminaciones que se producen EN EL ÁMBITO DE LOS TRIBUTOS:

  - **Generalmente,** PRESUPUESTO DE APLICACIÓN → Cuando **ante iguales manifestaciones de riqueza o capacidad económica,** la norma establece un diferente gravamen, una **diversa contribución al sostenimiento de los gastos públicos.**

  - Lo que PROHÍBE EL ART. 31.1 CE es que **supuestos en los que se manifiesta la misma capacidad económica se graven de manera diferente sin** que exista una ***justificación objetiva y razonable*** y la discriminación resulte ***proporcionada*** al fin perseguido.

D. EL ESTABLECIMIENTO DE DISCRIMINACIONES EN EL ÁMBITO TRIBUTARIO POR RAZONES *SUBJETIVAS Y OBJETIVAS*: LA APLICACIÓN EXCLUSIVA DEL ART. 31.1 CE Y SU CONCURRENCIA CON EL ART. 14 CE

- Ahora bien, el **trato discriminatorio en la esfera del deber de contribuir** puede producirse POR RAZONES SUBJETIVAS o POR RAZONES OBJETIVAS:

  - **b.1.-** Cuando **ante iguales manifestaciones de capacidad económica** la ley establece un **diferente gravamen** POR RAZONES SUBJETIVAS → Aplicación CONJUNTA de los ARTS. 31.1 Y 14 CE → Posibilidad de interponer RECURSO DE AMPARO ante el TC (siempre que el recurso tenga "*especial trascendencia constitucional*").

    ✓ Ejemplos → Establecimiento de un régimen de declaración diferente en el IRPF **en función del estado civil** del contribuyente (SSTC 209/1988, de 10 de noviembre, y 45/1989, de 20 de febrero); exención de las indemnizaciones por incapacidad laboral permanente absoluta **en función de que el beneficiario perteneciera al régimen de S.S. o al de Clases Pasivas** (STC 134/1996, de 22 de julio); aplicación de bonificaciones en el ISD **exclusivamente a residentes en el territorio de una CCAA** (SSTC 60/2015, de 18 de marzo; y 52/2018, de 10 de mayo); o, en fin, **aplicación exclusiva de una deducción del 50% en la cuota íntegra a las entidades bancarias con domicilio social en Canarias** en la regulación del impuesto canario sobre los depósitos de clientes en las entidades de crédito de Canarias (STC 20/2022, de 9 de febrero).

  - **b.2.-** Cuando el **fundamento del trato desigual en materia tributaria** resida en RAZONES PURAMENTE OBJETIVAS → Aplicación EXCLUSIVA del ART. 31.1 CE → No cabe acudir a la privilegiada vía del amparo constitucional.

    ✓ Ejemplos → Diverso gravamen **en función del tipo de actividad del juego** (ATC 1/2000, de 10 de enero); o diferente tributación en el IRPF **en función de que las rentas provengan del trabajo personal o del capital** (STC 146/1994, de 12 de mayo) o en función de que se trate de ganancias patrimoniales o de otro tipo de rentas sujetas al impuesto (STC 19/2012, de 15 de febrero, FJ 7).

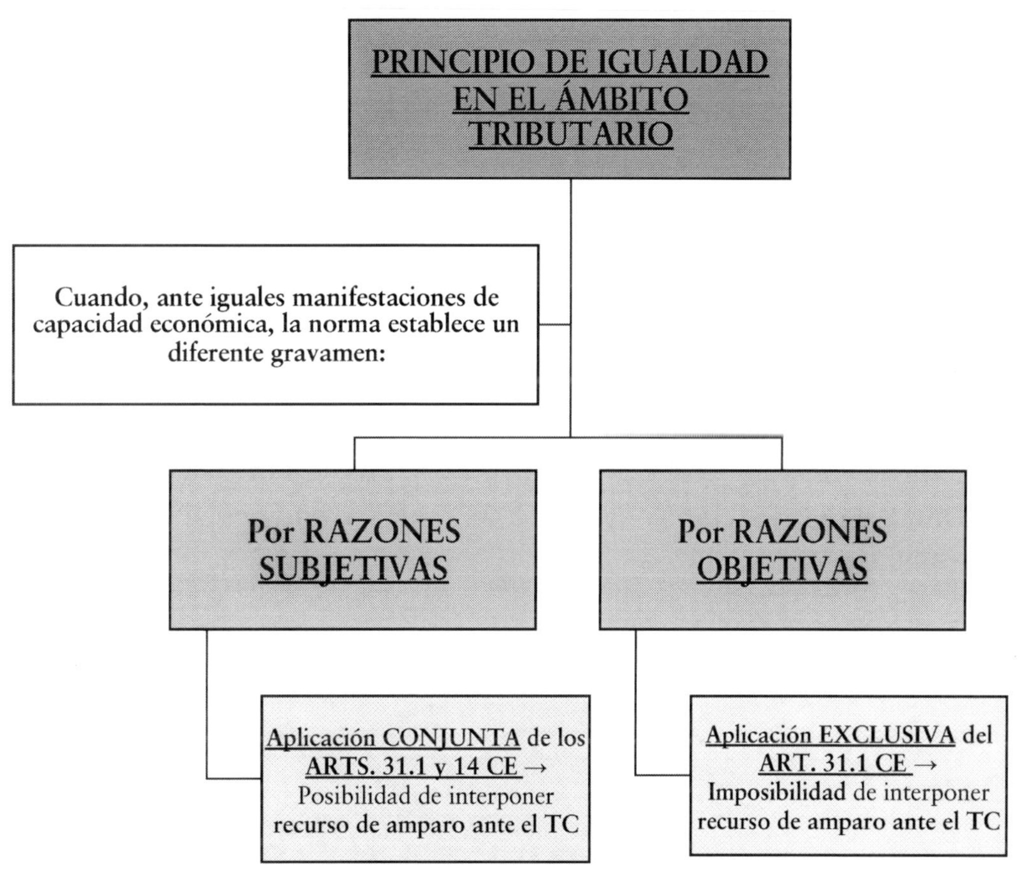
PRINCIPIO DE IGUALDAD EN EL ÁMBITO TRIBUTARIO
Cuando, ante iguales manifestaciones de capacidad económica, la norma establece un diferente gravamen:
Por RAZONES SUBJETIVAS
Por RAZONES OBJETIVAS
Aplicación CONJUNTA de los ARTS. 31.1 y 14 CE → Posibilidad de interponer recurso de amparo ante el TC
Aplicación EXCLUSIVA del ART. 31.1 CE → Imposibilidad de interponer recurso de amparo ante el TC

E. ALCANCE DEL PRINCIPIO DE IGUALDAD TRIBUTARIA

- **Ha de observarse por TODOS Y CADA UNO DE LOS TRIBUTOS que conforman el sistema tributario.**

  - **Cualquiera que sea su clase → Impuestos, tasas o contribuciones especiales.**

  - **Con independencia de la posición** —central o marginal— **que ocupe el tributo** en cuestión **en el conjunto del sistema.**

2.3. LOS PRINCIPIOS RELATIVOS AL *FUNDAMENTO, CUANTÍA Y LÍMITE DE LA IMPOSICIÓN*

- **2.3.1. EL PRINCIPIO DE CAPACIDAD ECONÓMICA** (FUNDAMENTO Y *QUANTUM* DE LA IMPOSICIÓN)
- **2.3.2. EL PRINCIPIO DE PROGRESIVIDAD** (*QUANTUM* DE LA IMPOSICIÓN)
- **2.3.3. LA PROHIBICIÓN DE CONFISCATORIEDAD** (LÍMITE DE LA IMPOSICIÓN)

2.3.1. EL PRINCIPIO DE CAPACIDAD ECONÓMICA

- (A) **Consideraciones generales**
- (B) **Contenido y alcance del principio de capacidad económica**
  - b.1.- La capacidad económica como *fundamento de la imposición*
  - b.2.- La capacidad económica como *criterio o medida de la imposición*

A. CONSIDERACIONES GENERALES

- **Reconocimiento EXPLÍCITO** del principio de capacidad económica en el **art. 31.1 CE** («Todos contribuirán al sostenimiento de los gastos públicos *de acuerdo con su capacidad económica...*»). Asimismo, **consagración en el art. 3.1 LGT**.

- Capacidad económica a efectos de contribuir a los gastos públicos «tanto significa como la **incorporación de una exigencia lógica que obliga a buscar la riqueza allí donde la riqueza se encuentra**» (por todas, STC 27/1981, de 20 de julio, FJ 4).

- **REGLA BÁSICA** en el **REPARTO O DISTRIBUCIÓN DE LA CARGA TRIBUTARIA** → **Contribución conforme a la propia riqueza.**

- **Todos los principios** materiales de justicia tributaria (art. 31.1 CE) están **estrechamente imbricados** → En particular, **ESTRECHA CONEXIÓN** entre los **PRINCIPIOS DE CAPACIDAD ECONÓMICA e IGUALDAD TRIBUTARIA**:

  - (1) **Formulación del juicio de igualdad tributaria en términos de capacidad económica** → La igualdad que reclama el art. 31.1 CE se aplica exclusivamente en aquellos supuestos en los que, ante iguales manifestaciones de riqueza, la norma establece una diversa contribución al sostenimiento de los gastos públicos.

  - (2) La **contribución según la capacidad económica** ↔ **Instrumento al servicio de la igualdad material** establecida en el **art. 9.2 CE**.

B. CONTENIDO DEL PRINCIPIO DE CAPACIDAD ECONÓMICA

- Constituye un importante LÍMITE AL LEGISLADOR en el ESTABLECIMIENTO Y CONFIGURACIÓN de los TRIBUTOS.

↓

DOS MANIFESTACIONES del principio:

[por todas, STC 26/2017, de 16 de febrero, FJ 2; 182/2021, de 26 de octubre, FFJJ 3 y 4; 62/2023, de 24 de mayo, FJ 4 a); 67/2023, de 6 de junio, FJ 3 a); o, en fin, STC 149/2023, de 7 de noviembre, FJ 4]

1º) El legislador **sólo puede someter a tributación hechos o circunstancias que sean reveladoras de riqueza** o de capacidad económica. Hecho imponible = Manifestación de riqueza ↔ Capacidad económica COMO *FUNDAMENTO* DE LA IMPOSICIÓN.

2º) Ha de **modular la carga tributaria de cada contribuyente en función de la intensidad con la que se ponga de manifiesto riqueza** o capacidad económica ↔ Capacidad económica COMO *CRITERIO O MEDIDA* DE LA IMPOSICIÓN.

b.1. La capacidad económica como *FUNDAMENTO DE LA IMPOSICIÓN* ↔ CONTENIDO

- IMPIDE **que el legislador establezca** TRIBUTOS CUYO HECHO IMPONIBLE NO CONSTITUYA UNA MANIFESTACIÓN DE RIQUEZA [por todas, ATC 71/2008, FJ 5; SSTC 26/2017, FJ 2; 182/2021, FJ 3 b)].
- La capacidad económica que está en el sustrato o la base de la imposición constituye el «**instrumento legitimador del gravamen**» (STC 126/2019, FJ 4, *in fine*).
- De acuerdo con el TC → Basta con que la capacidad económica exista COMO RIQUEZA REAL O POTENCIAL EN LA GENERALIDAD DE LOS SUPUESTOS **contemplados por el legislador al crear el tributo** para que el principio quede a salvo [SSTC 37/1987, FJ 13; 221/1992, FJ 4; 186/1993, FJ 4 a); 233/1999, FJ 14; 193/2004, FJ 5; 26/2017, FJ 4; 37/2017, FJ 4 a); 59/2017, FJ 3; 72/2017, FJ 3; 182/2021, FJ 3 b); 62/2023, de 24 de mayo, FJ 4 a); 67/2023, de 6 de junio, FJ 3 a); y 149/2023, de 7 de noviembre, FJ 4; y ATC 71/2008, FJ 5].

↓

COROLARIOS:

➢ (1) Se **puede someter a tributación una manifestación de riqueza** REAL O POTENCIAL.

- ➢ **Circunstancias que ponen de relieve riqueza o renta** REAL → Las principales manifestaciones de capacidad económica son la ***renta***, el ***consumo*** y el ***patrimonio*** [entre las principales en este sentido: SSTC 210/2012, de 14 de noviembre, FJ 4; 53/2014, de 10 de abril, FJ 3 a); 94/2017, de 6 de julio, FJ 4 b); y 149/2023, de 7 de noviembre, FJ 4].
- ➢ **Circunstancia que manifiesta riqueza o renta** POTENCIAL → El ***aprovechamiento insuficiente o infrautilización de una finca rústica*** (SSTC 37/1987, de 26 de marzo; y 186/1993, de 7 de junio); o la ***desocupación de una vivienda*** (STC 4/2019, de 17 de enero).

b.1. La capacidad económica como *FUNDAMENTO DE LA IMPOSICIÓN* ↔ CONTENIDO

➢ (2) QUIEBRA DEL PRINCIPIO cuando la CAPACIDAD ECONÓMICA GRAVADA sea INEXISTENTE O FICTICIA [por todas, SSTC 221/1992, FJ 4; 194/2000, FJ 9; 295/2006, FJ 5; 26/2017, FJ 3; 59/2017, FJ 3; 72/2017, FJ 3; 126/2019, FJ 4; y 182/2021, FJ 3 b); y ATC 71/2008, FJ 5].

RESULTADOS DE LA REGLA DE CÁLCULO OBJETIVA BASE IMPONIBLE IIVTNU (antes de su modificación por Real Decreto-ley 26/2021, de 8 de noviembre)			
Ganancia/Pérdida patrimonial realmente generada	**Cuota tributaria IIVTNU**	**PRONUNCIAMIENTO CONSTITUCIONAL**	**¿Vulneración del principio de capacidad económica *como fundamento de la imposición*?**
Pérdida patrimonial o decremento de valor (i. e.: - 5.800 €)	Importe positivo de la cuota tributaria (i.e.: 2800 €)	STC 59/2017, de 11 de mayo (relativa al TRLRHL; aplica la doctrina sentada en la STC 26/2017)	Se someten a tributación «situaciones de hecho inexpresivas de capacidad económica, lo que contradice frontalmente el principio de capacidad económica» (FJ 3, *in fine*)
3.473,90 €	3.560,02 €	STC 126/2019, de 31 de octubre	La cuota tributaria, *en la parte que excede del beneficio realmente obtenido* (esto es, en 86,12 €), «se corresponde con el gravamen ilícito de una renta inexistente en contra del principio de capacidad económica» (FJ 4, *in fine*)

➢ (3) El legislador, cuando configura el hecho imponible de un tributo, **debe atender a una circunstancia que** NORMALMENTE —O EN LA GENERALIDAD DE LOS CASOS— sea indicativa de capacidad económica ↔ PRINCIPIO DE NORMALIDAD (Giardina).

- **Si en algún supuesto puntual** dicha **circunstancia no fuera relevadora de riqueza ≠ Inconstitucionalidad** del tributo: «no puede fundarse la inconstitucionalidad de una norma en la existencia de supuestos patológicos, no previstos ni queridos por la ley o, dicho de otro modo, que el enjuiciamiento de la constitucionalidad de las leyes debe hacerse tomando en consideración el caso normal y no las posibles excepciones a la regla prevista en la norma» (SSTC 70/1991, de 8 de abril, FJ 7; 308/1994, de 21 de noviembre, FJ 5, y 289/2000, de 30 de noviembre, FJ 6; y ATC 71/2008, de 26 de febrero, FJ 5).
- Lo que resulta **inadmisible** *ex* art. 31.1 CE es la existencia de **un tributo que,** CON CARÁCTER GENERAL, grave una circunstancia inexpresiva de capacidad económica o que «EN RELACIÓN CON SUPUESTOS GENERALES PERFECTAMENTE DEFINIBLES COMO CATEGORÍA CONCEPTUAL» (STC 26/2017, FJ 4, *in fine*, en alusión a las pérdidas patrimoniales) **someta a tributación manifestaciones de riqueza inexistentes.**

b.1. La capacidad económica como *FUNDAMENTO DE LA IMPOSICIÓN* ↔ CONTENIDO

- COMPATIBILIDAD del principio de capacidad económica como fundamento de la imposición con las FINALIDADES EXTRAFISCALES DEL TRIBUTO:

↓

Doctrina sentada por el Tribunal Constitucional

[por todas, **SSTC 19/2012, de 15 de febrero,** FJ 3 a) y **53/2014, de 10 de abril,** FJ 6]:

(1) El **presupuesto de hecho del tributo** (hecho imponible) debe incorporar siempre un **índice revelador de capacidad económica** (aunque sirva además a otras finalidades extrafiscales). Hecho imponible ↔ Manifestación de riqueza.

(2) Los **fines extrafiscales** del tributo deben responder a una exigencia o **criterio razonable y amparado por el sistema de valores propio de la Constitución** → Con frecuencia, realización de los ***principios rectores de la política social y económica*** (Capítulo III del Título I de la CE).

b.1. La capacidad económica como *FUNDAMENTO DE LA IMPOSICIÓN* ↔ ALCANCE

- **Ha de observarse por TODOS Y CADA UNO DE LOS TRIBUTOS que conforman el sistema tributario** [claramente, en este sentido, STC 193/2004, de 4 de noviembre, FJ 5; ATC 407/2007, de 6 de noviembre, FJ 4; ATC 71/2008, de 26 de febrero, FJ 5; y, posteriormente, SSTC 19/2012, de 15 de febrero, FJ 4 b); y 26/2017, de 16 de febrero, FJ 4].
  - **Con independencia de la posición —central o marginal— que ocupen en el conjunto del sistema** [STC 193/2004, de 4 de noviembre, FJ 5; ATC 71/2008, de 26 de febrero, FJ 5); y STC 26/2017, de 16 de febrero, FJ 4].
  - Con independencia de su **naturaleza personal o real** [por todas, SSTC 193/2004, FJ 5; y 182/2021, FJ 3 b)].
  - Al margen de su **finalidad fiscal o extrafiscal** [por todas, SSTC 193/2004, FJ 5; 182/2021, FJ 3 b)].
  - **Cualquiera que sea su clase → Impuestos, tasas o contribuciones especiales** (en este sentido, inequívocamente, STC 193/2004, de 4 de noviembre, FJ 5; y AATC 407/2007, de 6 de noviembre, FJ 4; 71/2008, de 26 de febrero, FJ 5; 120/2008, de 6 de mayo, FJ Único; y 342/2008, de 28 de octubre, FJ Único).
    - Precisión en relación con las tasas → En ellas el criterio utilizado para el reparto de la carga tributaria ***se efectúa en función «del principio de equivalencia (y "sin perjuicio de que no puedan desconocer la capacidad económica"), dado que su hecho imponible encierra un sinalagma*** [que "consiste en la utilización privativa o el aprovechamiento especial del dominio público, la prestación de servicios o la realización de actividades en régimen de derecho público que se refieran, afecten o beneficien de modo particular al obligado tributario" ex art. 2.2 a) LGT]» [SSTC 71/2014, FJ 3; 85/2014, FJ 3 a); 63/2019, FJ 3; 125/2021, FJ 4 B); o, en fin, 182/2021, FJ 4 B) c)].

Razón de ser → **Incorporación** (en la STC 276/2000, de 16 de noviembre) del **principio de capacidad económica como fundamento de la imposición al concepto *constitucional* de tributo** → Desde la perspectiva constitucional, el tributo «grava un presupuesto de hecho o "hecho imponible" (art. 28 L.G.T.) revelador de capacidad económica (art. 31.1 CE.) fijado en la Ley» [SSTC 276/2000, FJ 4; 193/2004, FFJJ 4 y 5; y, más recientemente, 83/2014, de 29 de mayo, FJ 3; 44/2015, de 5 de marzo, FJ 5 d); 62/2015, de 13 de abril, FJ 3 c); 139/2016, de 21 de julio, FJ 6 c); 167/2016, de 6 de octubre, FJ 4; y 182/2021, de 26 de octubre, FJ 4 B) c)].

b.2. La capacidad económica como *CRITERIO O MEDIDA DE LA IMPOSICIÓN* ↔ CONTENIDO

- Obliga al legislador «a MODULAR LA CARGA TRIBUTARIA **de cada contribuyente** EN LA MEDIDA —EN FUNCIÓN— DE LA CAPACIDAD ECONÓMICA» (STC 194/2000, de 19 de julio, FJ 8; y AATC 381/2005, de 25 de octubre, FJ 5; 382/2005, 25 de octubre, FJ 5; 383/2005, de 25 de octubre, FJ 5; 117/2006, de 28 de marzo, FJ 4; 118/2006, de 28 de marzo, FJ 4; y 71/2008, de 26 de febrero, FJ 5; en el mismo sentido, AATC 197/2003, de 16 de junio, FJ 3, y 212/2003, de 30 de junio, FJ 3).

- En virtud del principio de capacidad como "criterio, parámetro o medida de la imposición", «"la **capacidad económica** no solo **[rige] en la elección** de los hechos imponibles, sino también en la **de los MÉTODOS IMPOSITIVOS O MEDIDAS TÉCNICAS que**, partiendo de la realización de esa manifestación de capacidad económica tipificada, **conduzcan a la determinación de la cuantía del tributo**"» [STC 182/2021, FJ 4 B) c); y, en el mismo sentido, SSTC 62/2023, de 24 de mayo, FJ 4 a); 67/2023, de 6 de junio, FJ 3 a); y 149/2023, de 7 de noviembre, FJ 4].

↓

Finalidad → **QUIENES TENGAN MAYORES RECURSOS ECONÓMICOS** han de **CONTRIBUIR EN MAYOR MEDIDA** al sostenimiento de los gastos públicos **QUE QUIENES TENGAN MENOS.**

- En consecuencia:

  - (a) **Vulnera el principio** de capacidad económica como criterio o medida de la imposición «que **quienes tienen menor capacidad económica soport[e]n una mayor carga tributaria que los que tienen capacidad superior**» [STC 46/2000, FFJJ 7 y 8; y, en el mismo sentido, STC 182/2021, FJ 4 B) b), *in fine*].

  - (**b**) A mi juicio, **vulnera asimismo esta manifestación** del principio que **contribuyan en igual medida** al sostenimiento de los gastos públicos **quienes evidencien distinta riqueza o capacidad económica.**

b.2. La capacidad económica como *CRITERIO O MEDIDA DE LA IMPOSICIÓN* ↔ ALCANCE

- A este respecto, se ha producido una MUTACIÓN CONSTITUCIONAL EXPLÍCITA ("*OVERRULING*") en la STC 182/2021, de 26 de octubre, FJ 4.
- Hasta la STC 182/2021 → La capacidad económica como criterio, parámetro o medida de la imposición:
  - Operaba como **"criterio inspirador" del sistema tributario en su conjunto** (por todas, ATC 71/2008, de 26 de febrero, FJ 5).
  - **No todas las prestaciones tributarias tenían que respetar esta manifestación del principio** (claramente, ATC 71/2008, de 26 de febrero, FJ 5).
  - Aplicación de la ***doctrina constitucional de los límites materiales impuestos al Decreto-ley en materia tributaria*** para ***establecer el alcance de esta manifestación*** del principio de capacidad económica.
  - Aplicación, **únicamente**, de esta manifestación del principio a «aquellos **tributos** que por su naturaleza y caracteres resulten **determinantes en la concreción del deber de contribuir**» que establece el art. 31.1 CE. En concreto, a aquellos **tributos = pilares básicos o estructurales del sistema tributario** (desde un punto de vista cuantitativo y cualitativo) (ATC 71/2008, FJ 5; y, más recientemente, STC 26/2017, FJ 2) → **Impuestos más importantes** (*v. gr.*, IRPF).

ATC 71/2008, de 26 de febrero (relativo a la "tasa" que grava las máquinas recreativas tipo "B") → La «concreta exigencia de que la carga tributaria se module en la medida de dicha capacidad sólo resulta predicable del "sistema tributario" en su conjunto, de manera que puede afirmarse, trasladando *mutatis mutandis* nuestra doctrina acerca de cuándo un Decreto-Ley afecta al deber de contribuir, que ***sólo cabe exigir que la carga tributaria de cada contribuyente varíe en función de la intensidad en la realización del hecho imponible en aquellos tributos que por su naturaleza y caracteres resulten determinantes en la concreción del deber de contribuir al sostenimiento de los gastos públicos*** que establece el art. 31.1 CE. Este es, como hemos tenido ocasión de afirmar varias veces, el caso del impuesto sobre la renta de las personas físicas (...)» (FJ 5).

b.2. La capacidad económica como *CRITERIO O MEDIDA DE LA IMPOSICIÓN* ↔ ALCANCE

- En la STC 182/2021 [doctrina que se reitera en las posteriores SSTC 62/2023, de 24 de mayo, FJ 4 a); 67/2023, de 6 de junio, FJ 3 a); y 149/2023, de 7 de noviembre, FJ 4]:

➢ Ampliación del alcance del principio de capacidad económica como criterio o medida de la imposición → Exigencia de modular la carga tributaria del contribuyente en función de su capacidad económica, ***en principio*, en TODOS LOS TRIBUTOS**.

➢ La «adecuación de los tributos a la capacidad económica del contribuyente SERÁ UNA CUESTIÓN DE GRADO EN FUNCIÓN DE LA CATEGORÍA Y CARACTERES DE CADA TRIBUTO (naturaleza, estructura y hecho imponible del mismo), *y podrá ceder* ante la existencia de una ***justificación objetiva y razonable y no arbitraria*** **para su no materialización**» [FJ 4 B)]

➢ PRECISIONES:

- (1) El principio de capacidad económica como parámetro de la imposición «no rige con la misma intensidad en todas las instituciones tributarias» → Concretamente, se ***«refleja mejor en las obligaciones tributarias principales*** (art. 19 LGT) ***que en las obligaciones tributarias accesorias*** (art. 25.1 LGT)»; operará «***con más intensidad en los impuestos» que en las tasas*** (debido a su configuración sinalagmática [FJ 4 C) a)].

- (2) El legislador «goza de un amplio margen de libertad en la configuración de los tributos» [FJ 4 C) b)]. Es «constitucionalmente posible que el **legislador tributario, al regular cada figura impositiva, otorgue preeminencia a otros valores o principios**» [FJ 4 C) c)]:
  - En los tributos recaudatorios: (a) en el establecimiento de ***exenciones y bonificaciones***; (b) en la articulación de ***medidas de lucha contra el fraude fiscal*** («siempre, eso sí, que estas medidas antifraude no sean desproporcionadas»); (c) por «***razones de política financiera, técnica tributaria o de practicabilidad o conveniencia administrativa***» (*v. gr*., el legislador puede recurrir a una técnica que no exija la cuantificación exacta de los gastos producidos, estableciendo una deducción global o a tanto alzado).
  - Es **en los tributos con finalidad primordialmente extrafiscal «donde la quiebra justificada de la capacidad económica como criterio de cuantificación ha adquirido mayor relevancia»** → Y ello por cuanto que en estos tributos «el principio de capacidad económica como criterio de imposición cede ante la "insoslayable vinculación de la tributación soportada a la consecución de la finalidad pretendida" (por todas, STC 289/2000, de 30 de noviembre, FJ 6), puesto que a su través se pretende un efecto disuasorio o estimulante de la realización de conductas obstaculizadoras o protectoras (respectivamente) de la finalidad de política social o económica (extrafiscal) perseguida» (FJ 4, *in fine*).

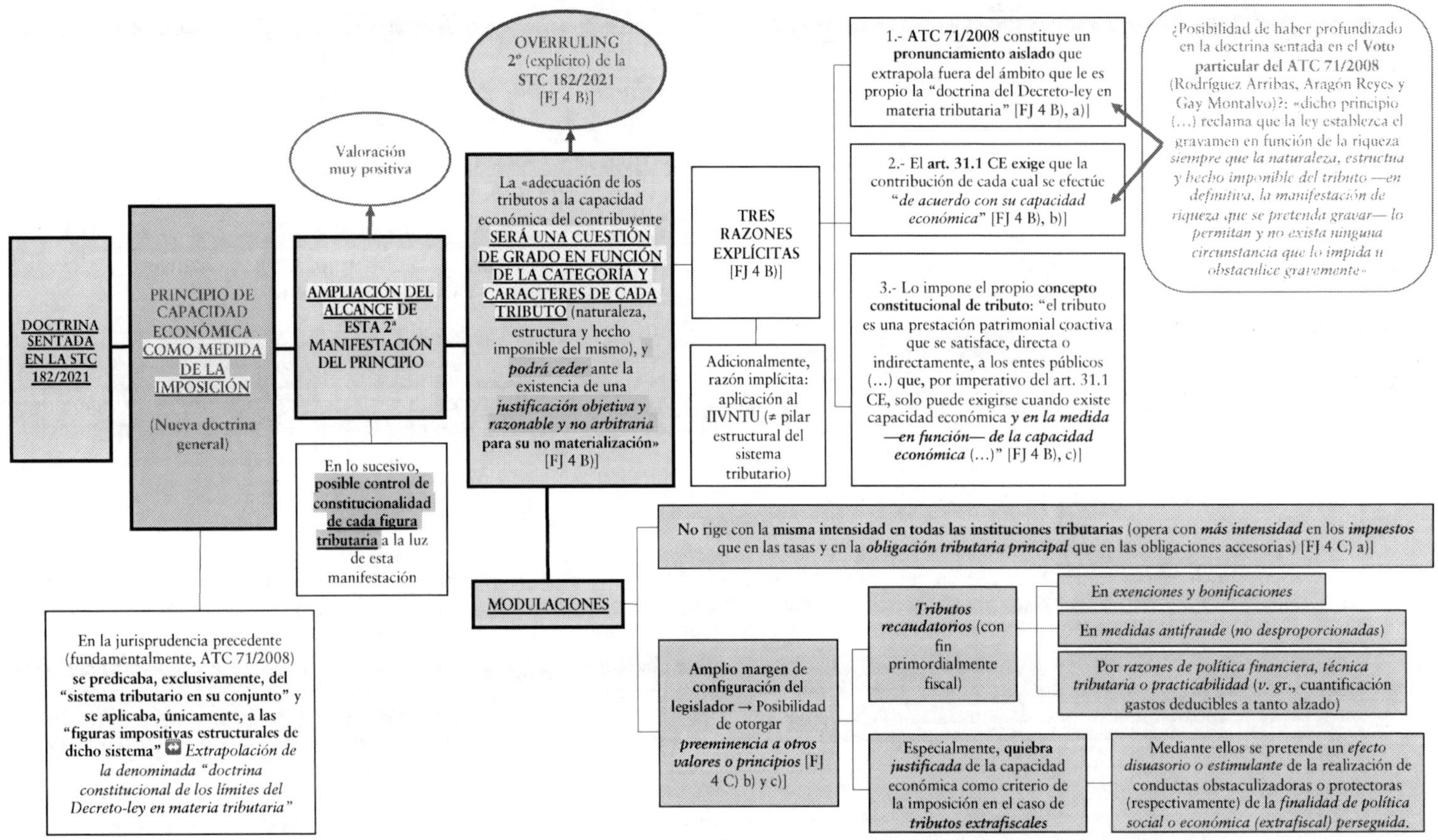
DOCTRINA SENTADA EN LA STC 182/2021
PRINCIPIO DE CAPACIDAD ECONÓMICA COMO MEDIDA DE LA IMPOSICIÓN
(Nueva doctrina general)
En la jurisprudencia precedente (fundamentalmente, ATC 71/2008) se predicaba, exclusivamente, del "sistema tributario en su conjunto" y se aplicaba, únicamente, a las "figuras impositivas estructurales de dicho sistema" ⇔ Extrapolación de la denominada "doctrina constitucional de los límites del Decreto-ley en materia tributaria"
AMPLIACIÓN DEL ALCANCE DE ESTA 2ª MANIFESTACIÓN DEL PRINCIPIO
Valoración muy positiva
En lo sucesivo, posible control de constitucionalidad de cada figura tributaria a la luz de esta manifestación
OVERRULING 2º (explícito) de la STC 182/2021 [FJ 4 B)]
La «adecuación de los tributos a la capacidad económica del contribuyente SERÁ UNA CUESTIÓN DE GRADO EN FUNCIÓN DE LA CATEGORÍA Y CARACTERES DE CADA TRIBUTO (naturaleza, estructura y hecho imponible del mismo), y podrá ceder ante la existencia de una justificación objetiva y razonable y no arbitraria para su no materialización» [FJ 4 B)]
TRES RAZONES EXPLÍCITAS [FJ 4 B)]
Adicionalmente, razón implícita: aplicación al IIVNTU (≠ pilar estructural del sistema tributario)
1.- ATC 71/2008 constituye un pronunciamiento aislado que extrapola fuera del ámbito que le es propio la "doctrina del Decreto-ley en materia tributaria" [FJ 4 B), a)]
2.- El art. 31.1 CE exige que la contribución de cada cual se efectúe "de acuerdo con su capacidad económica" [FJ 4 B), b)]
3.- Lo impone el propio concepto constitucional de tributo: "el tributo es una prestación patrimonial coactiva que se satisface, directa o indirectamente, a los entes públicos (…) que, por imperativo del art. 31.1 CE, solo puede exigirse cuando existe capacidad económica y en la medida —en función— de la capacidad económica (…)" [FJ 4 B), c)]
¿Posibilidad de haber profundizado en la doctrina sentada en el Voto particular del ATC 71/2008 (Rodríguez Arribas, Aragón Reyes y Gay Montalvo)?: «dicho principio (…) reclama que la ley establezca el gravamen en función de la riqueza siempre que la naturaleza, estructua y hecho imponible del tributo —en definitiva, la manifestación de riqueza que se pretenda gravar— lo permitan y no exista ninguna circunstancia que lo impida u obstaculice gravemente»
MODULACIONES
No rige con la misma intensidad en todas las instituciones tributarias (opera con más intensidad en los impuestos que en las tasas y en la obligación tributaria principal que en las obligaciones accesorias) [FJ 4 C) a)]
Amplio margen de configuración del legislador → Posibilidad de otorgar preeminencia a otros valores o principios [FJ 4 C) b) y c)]
Tributos recaudatorios (con fin primordialmente fiscal)
En exenciones y bonificaciones
En medidas antifraude (no desproporcionadas)
Por razones de política financiera, técnica tributaria o practicabilidad (v. gr., cuantificación gastos deducibles a tanto alzado)
Especialmente, quiebra justificada de la capacidad económica como criterio de la imposición en el caso de tributos extrafiscales
Mediante ellos se pretende un efecto disuasorio o estimulante de la realización de conductas obstaculizadoras o protectoras (respectivamente) de la finalidad de política social o económica (extrafiscal) perseguida.

2.3.2. EL PRINCIPIO DE PROGRESIVIDAD

- (A) **Concepto** y corolarios
- (B) **Conexión** del principio de progresividad **con la igualdad y la capacidad económica**
- (C) Ámbito de aplicación del principio: **la *"progresividad global del sistema tributario"***

A. CONCEPTO Y COROLARIOS

- **Reconocimiento constitucional *explícito*** del principio en el **art. 31.1 CE** (« (...) mediante un sistema tributario justo inspirado en los principios de igualdad *y progresividad* (...)». Asimismo, establecimiento del principio en el **art. 3.1 LGT**.

- CONCEPTO → Se entiende por progresividad «aquella característica de un sistema tributario según la cual **A MEDIDA QUE AUMENTA LA RIQUEZA** de cada sujeto **AUMENTA LA CONTRIBUCIÓN** *EN PROPORCIÓN SUPERIOR AL INCREMENTO DE LA RIQUEZA*» (MARTÍN DELGADO).

- De esta forma los que tienen más contribuyen **en proporción superior** a los que tienen menos.

- La progresividad constituye un INSTRUMENTO **al servicio de la** FUNCIÓN REDISTRIBUTIVA.

B. CONEXIÓN DEL PRINCIPIO DE PROGRESIVIDAD CON LA IGUALDAD Y LA CAPACIDAD ECONÓMICA

- CONEXIÓN PRINCIPIO DE PROGRESIVIDAD – IGUALDAD:
  - Explica por qué la **igualdad tributaria del art. 31.1 CE** **no es reconducible al derecho a la igualdad del art. 14 CE**:
    - De acuerdo con el TC, «[e]s por ello *—porque la igualdad que aquí se reclama va íntimamente enlazada al concepto de capacidad económica y al principio de progresividad—* por lo que no puede ser, a estos efectos, simplemente reconducida a los términos del artículo 14 CE: *una cierta desigualdad cualitativa es indispensable para entender cumplido este principio*. Precisamente la que se realiza mediante la progresividad global del sistema tributario en que alienta la aspiración a la redistribución de la renta» (por todas, SSTC 27/1981, de 20 de julio, FJ 4; y 7/2010, de 27 de abril, FJ 6).
  - El **principio de progresividad** y, en general, el objetivo de **redistribución de la renta** ↔ **Estrecha relación** con la IGUALDAD MATERIAL establecida en el **art. 9.2 CE.**

- CONEXIÓN PRINCIPIO DE PROGRESIVIDAD – CAPACIDAD ECONÓMICA:
  - El principio de progresividad está **estrechamente** ligado con el de capacidad económica *como criterio o medida de la imposición* ↔ Exigencia de contribución en función de la propia riqueza y exponencialmente más por parte de aquellos contribuyentes que evidencien una mayor capacidad económica.

C. ÁMBITO DE APLICACIÓN DEL PRINCIPIO: LA "PROGRESIVIDAD *GLOBAL DEL SISTEMA TRIBUTARIO"*

- Doctrina repetida del TC → **La progresividad** «NO ES EXIGIBLE DE CADA TRIBUTO EN PARTICULAR, SINO DEL SISTEMA TRIBUTARIO EN SU CONJUNTO» [SSTC 27/1981, FJ 4, *in fine*; 37/1987; 76/1990, FJ 6 b); 150/1990, FJ 9; 173/1996, FJ 1; 14/1998, FJ 11 b); 327/2006, FJ 4; 7/2010, FJ 6; 19/2012, FJ 4 b); y ATC 71/2008, FJ 4].
- En consecuencia:

(1) En un sistema tributario justo «**pueden tener cabida tributos que no sean progresivos**, siempre que **no se vea afectada la progresividad del sistema**» (STC 7/2010, de 27 de abril, FJ 6).

(2) Lo que reclama el principio de progresividad es que en el conjunto del sistema tributario **tengan un peso suficientemente importante los impuestos de carácter progresivo.**

(3) El cumplimiento del principio de progresividad del sistema tributario «guarda una estrecha conexión con el **significado y alcance del concreto tributo examinado**» (STC 7/2010, FJ 6). A este respecto **lo determinante** es que **el tributo** constituya o no un **pilar básico o estructural del sistema tributario** (y, en consecuencia, instrumento idóneo para alcanzar los objetivos de redistribución de la renta y de solidaridad) → *V. gr.*, el **IRPF** [por todas, STC 7/2010, FJ 6; y, posteriormente, STC 19/2012, FJ 3 d)].

  ➢ Es «innegable que el impuesto sobre la renta de las personas físicas, por su carácter general y personal, y figura central de la imposición directa, constituye una de las piezas básicas de nuestro sistema tributario", siendo el tributo "en el que el principio de capacidad económica y su correlato, el de igualdad y progresividad tributarias, encuentran una más cabal proyección, de manera que es, tal vez, el instrumento más idóneo para alcanzar los objetivos de redistribución de la renta (art. 131.1 CE) y de solidaridad (art. 138.1 CE) que la Constitución española propugna (STC 19/1987, FJ 4) y que dotan de contenido al Estado social y democrático de Derecho (art. 1.1 CE)» (STC 7/2010, FJ 6).

(4) Incluso «**dentro de los tributos progresivos, algunos aspectos del mismo puedan determinarse de forma proporcional**, eso sí, *siempre que con ello no se vea afectada ni la progresividad ni la justicia del conjunto del sistema*» (STC 19/2012, de 15 de febrero, FJ 7) → En aplicación de esta doctrina se concluye en la STC 19/2012 que el sometimiento separado de las ganancias patrimoniales a un tipo fijo y proporcional del 20 por 100 no vulnera el principio de progresividad (FJ 7).

(5) A mayor abundamiento, se ha señalado incluso que, **pese a que en la regulación de un tributo, un aspecto concreto pueda tener un efecto regresivo, dicha circunstancia no comporta *per se* una vulneración del principio de progresividad:** es más, «el hecho de que en la determinación de un tributo, un aspecto pueda tener un efecto regresivo, no convierte per se ni al tributo en regresivo ni a la medida adoptada en inconstitucional, siempre y cuando esa medida tenga una incidencia menor "en el conjunto del sistema tributario"» (SSTC 7/2010, FJ 6; y 19/2012, FJ 6).

2.3.3. LA PROHIBICIÓN DE CONFISCATORIEDAD

- (A) Introducción. **Exigencias que derivan del principio**
- (B) **Alcance** de la interdicción de confiscatoriedad. Evolución experimentada en la jurisprudencia constitucional
- (C) La interdicción de confiscatoriedad como ***concreción del derecho de propiedad en el ámbito tributario: la prohibición de "carga fiscal excesiva"***

A. INTRODUCCIÓN. EXIGENCIAS QUE DERIVAN DEL PRINCIPIO

- Tradicionalmente, **existencia de TRES POSICIONES DOCTRINALES** en relación con el **significado de este principio** [de las que se ha hecho eco el TC en su jurisprudencia: SSTC 150/1990, de 4 de octubre, FJ 9, y 14/1998, de 22 de enero, FJ 11 B)]:
  - (a) **Identificación** con el **principio de capacidad económica** → Sería confiscatorio todo tributo que no se fundara en la capacidad contributiva del obligado tributario.
  - (b) **Reiteración** del **principio de justicia tributaria.**
  - (c) **Límite** al principio de **progresividad del sistema tributario.**
- A mi juicio, esas tres posiciones —en concreto, **la primera y la tercera de ellas** (la segunda tiene un carácter eminentemente programático)— no son antagónicas o excluyentes, sino **complementarias** [en este sentido, ATS 1-07-2019 (ECLI:ES:TS:2019:7591A)].
- El principio de interdicción de confiscatoriedad:
  - (**1**) De una parte, opera como reverso del principio de capacidad económica *como fundamento de la imposición* → OBLIGA AL LEGISLADOR A NO AGOTAR LA RIQUEZA IMPONIBLE QUE JUSTIFICA LA EXACCIÓN → La «prohibición de confiscatoriedad supone incorporar otra exigencia lógica que ***obliga a no agotar la riqueza imponible —sustrato, base o exigencia de toda imposición— so pretexto del deber de contribuir***; de ahí que el límite máximo de la imposición venga cifrado constitucionalmente en la prohibición de su alcance confiscatorio» (STC 150/1990, de 4 de octubre, FJ 9).
  - (**2**) De otra parte, constituye un límite infranqueable a la progresividad del entero sistema tributario. El principio de prohibición de confiscatoriedad = LÍMITE EXTREMO AL PRINCIPIO DE PROGRESIVIDAD (en este sentido, claramente, SSTC 150/1990, de 4 de octubre, FJ 9; y 7/2010, de 27 de abril, FJ 6).

B. ALCANCE DE LA INTERDICCIÓN DE CONFISCATORIEDAD

- En relación con el ALCANCE de esta exigencia → **Evolución en la jurisprudencia constitucional** ↔ MUTACIÓN CONSTITUCIONAL *IMPLÍCITA* **operada en la STC 26/2017, de 16 de febrero:**

➢ (1) Con anterioridad a la STC 26/2017 → La prohibición de confiscatoriedad resultaba predicable del SISTEMA TRIBUTARIO EN SU CONJUNTO. Según el TC → La imposición puede llegar a tener alcance confiscatorio «si mediante la aplicación de las diversas figuras tributarias vigentes, se llegara a privar al sujeto pasivo de sus rentas y propiedades» [SSTC 150/1990, de 4 de octubre, FJ 9; 14/1998, de 22 de enero, FJ 11 B); 233/1999, de 16 de diciembre, FJ 23; y AATC 71/2008, de 26 de febrero, FJ 6; 120/2008, de 6 de mayo, FJ Único; y 342/2008, de 28 de octubre, FJ Único].

➢ (2) En la STC 26/2017 → Aplicación *OBITER DICTA* del principio a TODOS Y CADA UNO DE LOS TRIBUTOS que integran el sistema tributario → «[A]unque el art. 31.1 CE haya referido el límite de la confiscatoriedad al "sistema tributario", no hay que descuidar que también exige que dicho efecto no se produzca "en ningún caso", lo que permite considerar que todo tributo que agotase la riqueza imponible so pretexto del deber de contribuir al sostenimiento de los gastos públicos (en sentido parecido, STC 150/1990, de 4 de octubre, FJ 9) o que sometiese a gravamen una riqueza inexistente en contra del principio de capacidad económica, estaría incurriendo en un resultado obviamente confiscatorio que incidiría negativamente en aquella prohibición constitucional (art. 31.1 CE)» (FJ 2, *in fine*; y, en el mismo sentido, posteriormente, ATC 69/2018, de 20 de junio, FJ 3).

➢ (3) En la STC 126/2019, de 31 de octubre → Aplicación de la doctrina sentada en la previa STC 26/2017 como *RATIO DECIDENDI* del fallo → Condujo a una **nueva declaración de inconstitucionalidad *parcial*** de la regla objetiva de cálculo de la base imponible del IIVTNU (impuesto que no es pilar estructural del sistema tributario):

> Concluyó el TC, en concreto, lo siguiente: «en aquellos supuestos en los que de la aplicación de la regla de cálculo prevista en el art. 107.4 TRLHL (porcentaje anual aplicable al valor catastral del terreno al momento del devengo) se derive un incremento de valor superior al efectivamente obtenido por el sujeto pasivo, ***la cuota tributaria resultante, en la parte que excede del beneficio realmente obtenido, se corresponde con el gravamen ilícito de una renta inexistente en contra del principio de capacidad económica y de la prohibición de confiscatoriedad*** que deben operar, en todo caso, respectivamente, como instrumento legitimador del gravamen y como límite del mismo (art. 31.1 CE)» (FJ 4, *in fine*).

C. LA INTERDICCIÓN DE CONFISCATORIEDAD COMO CONCRECIÓN DEL DERECHO DE PROPIEDAD EN EL ÁMBITO TRIBUTARIO: LA PROHIBICIÓN DE *"CARGA FISCAL EXCESIVA"* (I)

- Constituye doctrina constitucional consolidada que resulta **extremadamente difícil determinar** si del régimen legal de un tributo pueden derivarse *per se* **efectos confiscatorios** [en este sentido, SSTC 150/1990, de 4 de octubre, FJ 9; 14/1998, de 22 de enero, FJ 11 B); y 7/2010, de 27 de abril, FJ 6].
- A estos efectos, **el TC ha señalado únicamente** (aclaraciones evidentes) que **sería confiscatorio:**
  - ➢ (a) **Todo tributo que agotara la riqueza gravada** (STC 26/2017, FJ 2; ATC 69/2018, FJ 3; STC 126/2019, FJ 4).
  - ➢ (b) Un IRPF cuya progresividad alcanzara **un tipo *medio* de gravamen del 100 por 100 de la renta** (STC 150/1990, de 4 de octubre, FJ 9).
- El TC ha insistido en la conexión existente entre la interdicción de confiscatoriedad y el derecho de propiedad (art. 33 CE) → Con «relación a la prohibición constitucional de confiscatoriedad del art. 31.1 CE hemos señalado que "obliga a no agotar la riqueza imponible —sustrato, base o exigencia de toda imposición— so pretexto del deber de contribuir, lo que tendría lugar si mediante la aplicación de las diversas figuras tributarias vigentes se llegara a privar al sujeto pasivo de sus rentas y propiedades, con lo que ***además se estaría desconociendo, por la vía fiscal indirecta, la garantía prevista en el art. 33.1 de la Constitución [el derecho a la propiedad privada]***" [STC 233/1999, de 16 de diciembre, FJ 23; también SSTC 150/1990, de 4 de octubre, FJ 9; 14/1998, de 22 de enero, FJ 11 B), y 242/1999, de 21 de diciembre, FJ 23; y AATC 71/2008, de 26 de febrero, FJ 6; 120/2008, de 6 de mayo, FJ 1; y 342/2008, de 28 de octubre, FJ 1]» (STC 26/2017, de 16 de febrero, FJ 2).
- A mi juicio → En tanto que puede afirmarse que la prohibición constitucional de confiscatoriedad constituye la concreción del derecho de propiedad privada (artículo 33 CE) en el ámbito tributario, en la interpretación de las exigencias que dimanan de aquel principio no pueden desconocerse:
  - ➢ (1) La **exigencia de proporcionalidad** que el TC impone a toda **limitación del derecho de propiedad.**
  - ➢ (2) Las **obligaciones que el Tribunal de Estrasburgo** viene imponiendo a los Estados en aras de la **salvaguarda del derecho reconocido en el Artículo 1 del Protocolo No. 1 al CEDH** ante la denominada "*excepción tributaria*".

C. LA INTERDICCIÓN DE CONFISCATORIEDAD COMO CONCRECIÓN DEL DERECHO DE PROPIEDAD EN EL ÁMBITO TRIBUTARIO: LA PROHIBICIÓN DE *"CARGA FISCAL EXCESIVA"* (II)

- Cada vez que el TEDH enjuicia una supuesta vulneración del derecho de propiedad (art. 1 del Protocolo No. 1 al CEDH) en un caso tributario, verifica la concurrencia de cinco exigencias:
  - ➢ (1) Si el recurrente tenía **algún "interés patrimonial"** (queda protegida por la garantía del art. 1 del Protocolo No. 1 la posesión de todo tipo de bienes y derechos de contenido económico);
  - ➢ (2) Si el Estado demandado llevó a cabo una **injerencia** en el derecho de propiedad del recurrente;
  - ➢ (3) Si dicha injerencia estaba **prevista legalmente**;
  - ➢ (4) Si perseguía un **fin legítimo**; y
  - ➢ (5) Si se llevó a cabo una justa ponderación entre los intereses públicos concurrentes y el interés privado de la parte actora y, en particular, si existió una **razonable relación de proporcionalidad entre los medios empleados y el fin perseguido** (en el ámbito específicamente tributario, entre otras muchas, se hace aplicación de este test en las SSTEDH de 3 de julio de 2003, asunto *Buffalo Srl, en liquidación c. Italia*, §§ 29 y ss.; de 14 de mayo de 2013, asunto *N.K.M c. Hungría*, §§ 32 a 76; o, en fin, de 2 de julio de 2013, asunto **R.Sz. c. Hungría**, §§ 31 a 62].

↓

Necesaria observancia del principio de proporcionalidad y la prohibición de "carga fiscal excesiva" ("*excessive tax burden*")

- ✓ En el asunto *N.K.M. c. HUNGRÍA* (STEDH de 14 de mayo de 2013), en un caso en el que una parte de la indemnización por despido satisfecha a un empleado público se había gravado a un tipo impositivo del 52 por 100, consideró el TEDH que semejante gravamen comportaba para el recurrente "una carga fiscal excesiva" contraria al derecho reconocido en el Artículo 1 del Protocolo No. 1. Y ello por cuanto que el demandante, como consecuencia del impuesto satisfecho, se había visto privado de una parte sustancial de su renta en un periodo de presumibles penurias económicas derivadas de la finalización de su relación laboral con la Administración pública húngara (§§ 70 a 72).
- ✓ Y a la misma conclusión llegó en el posterior asunto *R.Sz. c. HUNGRÍA* (STEDH de 2 de julio de 2013), en el que parte de la indemnización por despido abonada a otro empleado público tributó a un tipo del 98 por 100 (§§ 59 a 61).
- ✓ Haciendo aplicación de esta misma doctrina, ha concluido, recientemente, *a sensu contrario*, en el caso *BEŽANIĆ AND BAŠKARAD c. CROACIA* (STEDH de 19 de mayo de 2022) que un tipo impositivo del 5% del valor de mercado de los bienes inmuebles adquiridos «no era especialmente elevado» (§ 77) y, en consecuencia, el pago del impuesto sobre transmisiones patrimoniales inmobiliarias que le había sido reclamado a los recurrentes era legal y no suponía una carga desproporcionada para ellos (§ 80).

C. LA INTERDICCIÓN DE CONFISCATORIEDAD COMO CONCRECIÓN DEL DERECHO DE PROPIEDAD EN EL ÁMBITO TRIBUTARIO: LA PROHIBICIÓN DE *"CARGA FISCAL EXCESIVA"* (III)

- Sintéticamente se hace eco de la exégesis anterior *OBITER DICTA* la STC 126/2019:

> Es «un hecho incontrovertible que, en el concreto asunto que ha dado lugar al planteamiento de la presente cuestión de inconstitucionalidad, al aplicarse el tipo de gravamen establecido en el art. 108.1 TRLHL a la base imponible calculada conforme a lo prevenido en el art. 107.4 TRLHL, la cuota tributaria derivada superó el 100 por 100 de la riqueza efectivamente generada; con ello se está exigiendo al sujeto pasivo que cumpla con su deber de contribuir al sostenimiento de los gastos públicos mediante la imposición de una carga "excesiva" o "exagerada" [en la terminología del Tribunal Europeo de Derechos Humanos (por ejemplo, en sentencias de 3 de julio de 2003, asunto *Buffalo Srl c. Italia*; de 9 de marzo de 2006, asunto *Eko-Elda AVEE c. Grecia*; de 14 de mayo de 2013, asunto *N.K.M. c. Hungría*, y de 2 de julio de 2013, asunto *R.Sz. c. Hungría*)» (FJ 4).

- RATIO DECIDENDI, claramente, **a favor de la consideración de la prohibición de confiscatoriedad (art. 31.1 CE) como concreción del derecho de propiedad en el ámbito tributario y consiguiente proscripción de cargas fiscales desproporcionadas o excesivas** → Sección 2ª de la Sala Tercera del Tribunal Supremo:

  - ATS 1-07-2019 (ECLI:ES:TS:2019:7591A) (Ponente: Ángel Aguallo Avilés), FD 3.
  - STS de 9-12-2020 (ECLI:ES:TS:2020:4182) (Ponente: Jesús Cudero Blas).

    > «Dice el Diccionario de la RAE que el adjetivo "confiscatorio", en su segunda acepción y *dicho especialmente de un impuesto*, se refiere a aquello "que detrae una proporción *excesiva* de la renta gravada"» (FD 4).

    > «[C]onsideramos fuera de toda duda que la concreta aplicación de un tributo que suponga que el contribuyente tenga que destinar a su pago la totalidad o la mayor parte de la riqueza real o potencial que tal tributo pone de manifiesto tendrá carácter confiscatorio en la medida en que supone —claramente— una carga *excesiva*, *exagerada* y, desde luego, *no proporcional* a aquella capacidad económica que, en definitiva, justifica la existencia misma de la figura tributaria correspondiente» (FD 5).

  - En idéntico sentido, STS 14-12-2020 (ECLI:ES:TS:2020:4437), FD 4. Y, en fin, sobre la base de esta doctrina planteó CI el ATS 6-10-2021 (ECLI:ES:TS:2021:13431A).

3. EL PRINCIPIO DE LEGALIDAD TRIBUTARIA (ART. 31.3 CE)

- 3.1. Formulación constitucional y fundamentos del principio
- 3.2. Alcance de la reserva de ley tributaria
- 3.3. Naturaleza de la reserva de ley tributaria

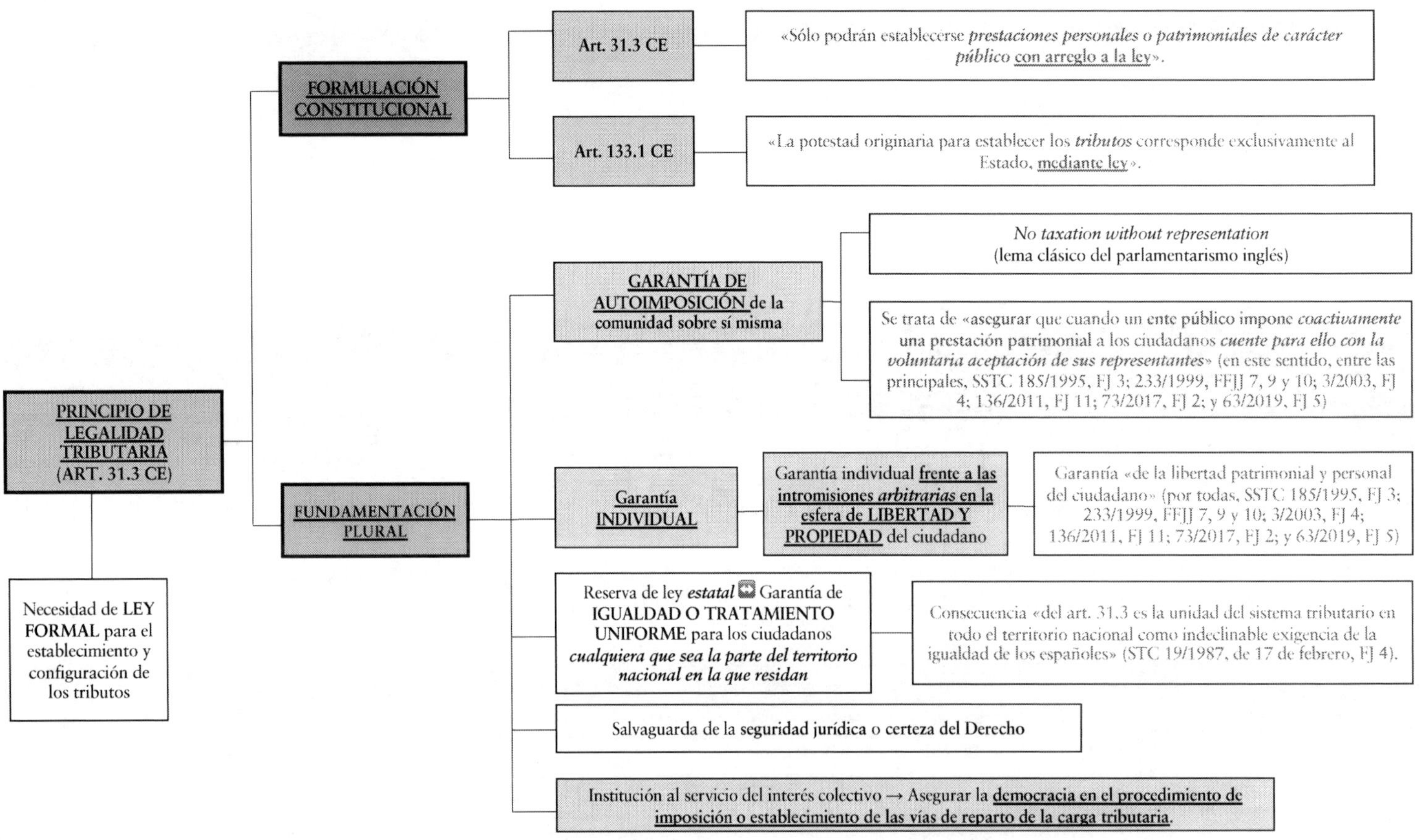
PRINCIPIO DE LEGALIDAD TRIBUTARIA (ART. 31.3 CE)
Necesidad de LEY FORMAL para el establecimiento y configuración de los tributos
FORMULACIÓN CONSTITUCIONAL
Art. 31.3 CE
«Sólo podrán establecerse prestaciones personales o patrimoniales de carácter público con arreglo a la ley».
Art. 133.1 CE
«La potestad originaria para establecer los tributos corresponde exclusivamente al Estado, mediante ley».
FUNDAMENTACIÓN PLURAL
GARANTÍA DE AUTOIMPOSICIÓN de la comunidad sobre sí misma
No taxation without representation (lema clásico del parlamentarismo inglés)
Se trata de «asegurar que cuando un ente público impone coactivamente una prestación patrimonial a los ciudadanos cuente para ello con la voluntaria aceptación de sus representantes» (en este sentido, entre las principales, SSTC 185/1995, FJ 3; 233/1999, FFJJ 7, 9 y 10; 3/2003, FJ 4; 136/2011, FJ 11; 73/2017, FJ 2; y 63/2019, FJ 5)
Garantía INDIVIDUAL
Garantía individual frente a las intromisiones arbitrarias en la esfera de LIBERTAD Y PROPIEDAD del ciudadano
Garantía «de la libertad patrimonial y personal del ciudadano» (por todas, SSTC 185/1995, FJ 3; 233/1999, FFJJ 7, 9 y 10; 3/2003, FJ 4; 136/2011, FJ 11; 73/2017, FJ 2; y 63/2019, FJ 5)
Reserva de ley estatal ⇔ Garantía de IGUALDAD O TRATAMIENTO UNIFORME para los ciudadanos cualquiera que sea la parte del territorio nacional en la que residan
Consecuencia «del art. 31.3 es la unidad del sistema tributario en todo el territorio nacional como indeclinable exigencia de la igualdad de los españoles» (STC 19/1987, de 17 de febrero, FJ 4).
Salvaguarda de la seguridad jurídica o certeza del Derecho
Institución al servicio del interés colectivo → Asegurar la democracia en el procedimiento de imposición o establecimiento de las vías de reparto de la carga tributaria.

3.2. ALCANCE DE LA RESERVA DE LEY TRIBUTARIA

- Para la **determinación del alcance** del principio de legalidad tributaria → Resolución de DOS CUESTIONES:

  - (a) **Cuáles son** LAS PRESTACIONES que se encuentran amparadas por el principio de legalidad.

  - (b) **Cuáles son** LOS ELEMENTOS DE LA PRESTACIÓN que deben ser regulados por ley.

(a) PRESTACIONES que se encuentran amparadas por el principio de legalidad:

- OBJETO de la RESERVA DE LEY TRIBUTARIA (*ex* art. 31.3 CE) → Las PRESTACIONES PERSONALES O PATRIMONIALES DE CARÁCTER PÚBLICO.

- **Construcción del concepto a partir de la** FUNCIÓN QUE LA RESERVA DE LEY DESEMPEÑA en el ordenamiento constitucional (en este sentido, STC 185/1995, de 14 de diciembre, FJ 3).

↓

- La reserva de ley se configura como una **garantía de autoimposición de la comunidad sobre sí misma.** Objetivo → «[A]segurar que cuando un ente público **impone coactivamente una prestación** patrimonial a los ciudadanos cuente para ello con la voluntaria aceptación de sus representantes».

- La imposición COACTIVA de la prestación patrimonial ↔ Elemento determinante de la exigencia de reserva de ley.

- La **coactividad = Nota distintiva fundamental** del concepto de prestación patrimonial de carácter público.

- En tanto que los **tributos constituyen PPCP** su **establecimiento habrá de efectuarse «con arreglo a la ley»**.

VARIAS PUNTUALIZACIONES RELEVANTES:

- (1) Alcanza a todas aquellas **prestaciones que constituyan**, ***DESDE LA PERSPECTIVA CONSTITUCIONAL***, **prestaciones personales o patrimoniales de carácter público** ↔ **Con independencia de la denominación que le haya conferido el poder público a la prestación** con el propósito, de ordinario, de soslayar la aplicación del principio de legalidad (frecuentemente, cuando se ha tratado de sortear la aplicación de este principio, se ha calificado a la prestación como «canon» o «tarifa») [por todas, SSTC 121/2005, de 10 de mayo, FJ 6; 73/2011, de 19 de mayo, FJ 4; 44/2015, de 5 de marzo, FJ 5 d); y 63/2019, de 9 de mayo, FJ 5 a)].

- (2) El **ALCANCE DE LA RESERVA DE LEY** **difiere en función de las diferentes clases de prestaciones patrimoniales de carácter público** porque «es ***distinta la coactividad que encierran sus presupuestos de hecho***» [STC 63/2019, de 9 de mayo, FJ 5 d)].

- (3) El alcance de la reserva de ley es **distinto** entre las **prestaciones patrimoniales de naturaleza tributaria y las que no lo son** [STC 63/2019, de 9 de mayo, FJ 5 d)].

- (4) La reserva de ley **no se predica con la misma intensidad respecto de todas las PPCP de naturaleza tributaria**:
  - La reserva de ley opera "en un grado máximo" en el caso de los impuestos (por todas, STC 73/2011, de 19 de mayo, FJ 5) y es ESPECIALMENTE FLEXIBLE cuando se trata de los **denominados tributos "causales"**, o que **obedecen a la idea de equivalencia**, como son las TASAS [SSTC 37/1981, de 16 de noviembre, FJ 4; 185/1995, FJ 3; 233/1999, FJ 9; 63/2003, FJ 4; 150/2003, de 15 de julio, FJ 3; 102/2005, de 20 de abril, FJ 3, 121/2005, FJ 5; y 73/2011, de 19 de mayo, FJ 3; asimismo, ATC 296/2013, de 17 de diciembre, FJ 3 a)] y las CONTRIBUCIONES ESPECIALES [STC 63/2019, de 9 de mayo, FJ 5 a)].
  - Resulta admisible una **mayor intervención del reglamento** en aquellos ingresos «en los que se evidencia, de modo directo e inmediato, un **carácter sinalagmático** que no se aprecia en otras figuras impositivas» (SSTC 132/2001, de 8 de junio, FJ 5; 63/2003, de 27 de marzo, FJ 4; 102/2005, de 20 de abril, FJ 3; y 121/2005, de 10 de mayo, FJ 5).

(b) ELEMENTOS DE LA PRESTACIÓN que deben ser regulados por ley:

- El principio de legalidad alcanza a «la CREACIÓN *EX NOVO* DE UN TRIBUTO y la DETERMINACIÓN DE LOS ELEMENTOS ESENCIALES o configuradores del mismo» (por todas, SSTC 121/2005, de 10 de mayo, FJ 5; 73/2011, de 19 de mayo, FJ 3; 184/2011, de 23 de noviembre, FJ 6; 102/2012, de 8 de mayo, FJ 5).
- ELEMENTOS ESENCIALES O CONFIGURADORES DEL TRIBUTO = Todos aquellos elementos **determinantes de la** IDENTIDAD (o identificación) de la prestación, así como los relativos a su ENTIDAD (o cuantificación) → *V. gr.*, hecho imponible, base, tipo de gravamen, cuota.
- La reserva de ley NO SE PREDICA CON LA MISMA INTENSIDAD DE TODOS ELEMENTOS ESENCIALES del tributo (SSTC 221/1992, de 11 de diciembre, FJ 7; 233/1999, de 16 de diciembre, FJ 9; 63/2003, de 27 de marzo, FJ 4; 150/2003, de 15 de julio, FJ 3; 102/2005, de 20 de marzo, FJ 3; 121/2005, de 10 de mayo, FJ 5; 85/2013, de 11 de abril, FJ 6):
  - El **grado de concreción exigible a la ley** es MÁXIMO cuando regula el HECHO IMPONIBLE (STC 73/2011, de 19 de mayo, FJ 5).
  - En cambio, la **concreción** requerida a la ley es MENOR cuando se trata de regular el TIPO DE GRAVAMEN, la BASE IMPONIBLE o el establecimiento de BONIFICACIONES en cuota (STC 85/2013, de 10 de abril, FJ 6).

3.3. NATURALEZA DE LA RESERVA DE LEY TRIBUTARIA (I)

- ¿Cuál debe ser el ALCANCE DE LA INTERVENCIÓN LEGAL EN LA CONFIGURACIÓN DE LOS ELEMENTOS ESENCIALES DEL TRIBUTO?

  DOS POSIBILIDADES TEÓRICAS:

  - (a) Vigencia de una **RESERVA DE LEY** ABSOLUTA → La **Ley** debe llevar a cabo de manera acabada la **completa regulación de las materias a ella reservadas, sin dejar espacio** alguno para la integración o **colaboración reglamentaria.**
  - (b) Vigencia de una **RESERVA DE LEY** RELATIVA → La **Ley** puede limitarse a **establecer los principios y criterios** dentro de los cuales la concreta disciplina de la materia reservada puede ser posteriormente **completada por una fuente segundaria**: el reglamento.

- En el caso de la reserva del art. 31.3 CE → RESERVA DE LEY RELATIVA.

- **Razón de ser de la reserva de ley RELATIVA:**
  - *Ex* art. 31.3 CE, establecimiento de las PPCP «*con arreglo a la Ley*» (y no "por Ley").
  - El fundamento de la reserva de ley resulta suficientemente respetado con la exigencia de una reserva de esta naturaleza.
  - En el ámbito local, necesidad de cohonestar la reserva de ley con las exigencias dimanantes del principio de autonomía local (art. 142 CE).

- **Implicaciones** de la reserva de ley relativa **de acuerdo con reiterada jurisprudencia constitucional:**

Se trata «de una reserva relativa en la que, aunque los criterios o principios que han de regir la materia deben contenerse en una ley, **resulta admisible la colaboración del reglamento**, siempre que "sea indispensable por motivos técnicos o para optimizar el cumplimiento de las finalidades propuestas por la Constitución o por la propia Ley" y siempre que la colaboración se produzca **"en términos de subordinación, desarrollo y complementariedad"»** (por todas, 63/2003, de 27 de marzo, FJ 4; 150/2003, de 15 de julio, FJ 3; 102/2005, de 20 de abril, FJ 3; y 121/2005, de 10 de mayo, FJ 5).

3.3. NATURALEZA DE LA RESERVA DE LEY TRIBUTARIA (II)

Jurisprudencia constitucional reiterada → PUNTUALIZACIONES reserva de ley relativa:

- ADMISIBLE LA COLABORACIÓN DEL REGLAMENTO, siempre que esta colaboración se produzca «EN TÉRMINOS DE SUBORDINACIÓN, DESARROLLO Y COMPLEMENTARIEDAD» (↔ Reglamentos **EJECUTIVOS**).

- Suficiente determinación legal de los límites y criterios dentro de los cuales puede actuar la fuente secundaria → Resultan INADMISIBLES LAS HABILITACIONES LEGALES «EN BLANCO».

- ALCANCE de la COLABORACIÓN REGLAMENTARIA ↔ Está en función de las DISTINTAS CLASES DE PRESTACIONES PATRIMONIALES DE CARÁCTER PÚBLICO, DE LA DIVERSA NATURALEZA DE LAS FIGURAS TRIBUTARIAS y de los DISTINTOS ELEMENTOS DE LAS MISMAS → Colaboración reglamentaria especialmente intensa:

  (a) En el caso de las **prestaciones patrimoniales de carácter público de naturaleza *no tributaria***.

  (b) En el supuesto de las **tasas** y las **contribuciones especiales**.

  (c) En la regulación del **tipo de gravamen** y la **base imponible**.

Lección 4

EL PODER TRIBUTARIO

1. EL PODER TRIBUTARIO. INTRODUCCIÓN

- Estado español = Estado descentralizado (Título VIII de la CE).
- El **art. 133 CE** reconoce **potestad tributaria** a los **entes públicos territoriales** para que ***hagan efectivos los fines públicos*** que tienen ***constitucional y legalmente encomendados.***
- "***Poder tributario***" de los entes públicos territoriales se ha identificado, tradicionalmente, con las **competencias normativas sobre sus propios tributos** [STC 65/2020, de 18 de junio, FJ 5 A)].
- El poder tributario de cada uno de estos entes territoriales alcanza una proyección distinta: **Estado y Comunidades Autónomas (CC.AA.)** ↔ **Existencia de un poder legislativo**, del que **carecen las Corporaciones Locales (CC.LL.)**.
- En el caso del Estado y las CC.AA., dotados ambos de poder legislativo, el citado poder tributario se traduce en la **creación y regulación *ex lege* de los elementos esenciales de sus propios tributos y en su consiguiente desarrollo reglamentario.**
  - Ahora bien, el art. 133.1 CE atribuye al **Estado** una POTESTAD "ORIGINARIA" **para establecer tributos,** entendiendo dicho término como potestad ***únicamente sometida a la Constitución y, en concreto, limitada*** en su ejercicio por los ***principios materiales y formales de justicia tributaria*** contenidos en el ***art. 31 CE.***
  - En cambio, la potestad para establecer y exigir tributos que el art. 133.2 CE reconoce a las **CC.AA.** está **doblemente condicionada:** por la **Constitución y las leyes** ↔ POTESTAD "DERIVADA".
- En todo caso, las **diferencias** entre el **poder tributario** del **Estado, CC.AA. y CC.LL.** residen en el **distinto alcance** y los **diferentes límites** que **la CE —y, en su caso, las leyes— establecen para cada uno de ellos.**

2. EL PODER TRIBUTARIO DEL ESTADO (I)

- Consagración constitucional del poder tributario del Estado (principales preceptos, pero no los únicos):

    - En el **art. 133.1 CE** se establece que la «**potestad originaria** para **establecer los tributos** corresponde exclusivamente al Estado, mediante ley».

    - A su vez, el **art. 149.1.14ª CE** atribuye al Estado **competencia exclusiva** sobre la materia de «**Hacienda General**».

    - Finalmente, el **art. 157.3 CE** confiere al Estado **potestad para regular mediante Ley Orgánica** el ejercicio de las *competencias financieras* enumeradas en el *art. 157.1 CE*, las *normas para resolver los conflictos* que pudieran surgir y las *posibles formas de colaboración financiera entre las CC.AA. y el Estado.*

↓

- A tenor de estos preceptos, constituye doctrina constitucional consolidada que el Estado es «competente para regular no solo sus propios tributos, sino también el **marco general de todo el sistema tributario** y la delimitación de las competencias financieras de las comunidades autónomas respecto de las del propio Estado» [STC 192/2000, FJ 6; 16/2003, FJ 11; 72/2003, FJ 6; 31/2010, FJ 10; 32/2012, FJ 6; 130/2013, FJ 5; 26/2015, FJ 4 b); 33/2018, FJ 5 a); y 65/2020, FJ 7 D)].

2. EL PODER TRIBUTARIO DEL ESTADO (II)

- Más concretamente, a tenor de los preceptos anteriores, corresponde al ESTADO:

1.- Establecimiento del sistema tributario estatal y del marco general de todo el sistema tributario → *Ex* art. 149.1.14 CE corresponde al Estado establecer un sistema tributario estatal: (a) basado en los principios constitucionales del art. 31 CE; y (b) respetando, en todo caso, la autonomía política y financiera de los restantes entes territoriales (con las limitaciones y particularidades que conlleva el establecimiento del sistema de financiación de las CC.AA. y de las CC.LL.).

2.- Configuración del sistema de financiación de las CC.AA. mediante la **aprobación de una Ley Orgánica** (art. 157.3 CE) → **Ley Orgánica 8/1980, de 22 de septiembre, de financiación de las Comunidades Autónomas (LOFCA)** (reformada en múltiples ocasiones; fundamentalmente, con la aprobación de los sucesivos modelos de financiación). A este respecto, conviene tener presente:

- (a) **Corresponde al Estado decidir el modelo de financiación autonómica que considere más idóneo de acuerdo** con lo establecido en los **arts. 156 y 157 CE**, aunque con la participación de las CC.AA., pero sin que éstas puedan elegir el citado modelo (entre otras, SSTC 13/2007, FJ 9; 31/2010, FJ 135; 204/2011, FJ 7) → De acuerdo con el TC «conferir carácter vinculante a la voluntad autonómica, no sólo anularía la potestad exclusiva del Estado para configurar el sistema de financiación de las Comunidades Autónomas que considere más idóneo, sino que le privaría, tanto de ejercer sus ***potestades de coordinación*** (art. 156.1 CE), como de ***garantizar la realización efectiva del principio de solidaridad*** consagrado en el art. 2 de la Constitución" (…). No cabe, por tanto, interpretar el principio dispositivo en el sentido de que han de ser las Comunidades Autónomas las habilitadas para elegir el sistema con arreglo al cual deberán financiarse, como pretenden los recurrentes» (STC 204/2011, FJ 7).
- (b) Ahora bien, el título competencial de Hacienda General y la competencia de coordinación estatal deben ser **ejercidos de forma que salvaguarde en todo caso la propia existencia del poder tributario autonómico**, de manera que la coordinación **no llegue a tal grado** de desarrollo que produzca un **vaciamiento de la competencia autonómica que la Constitución reconoce directamente** [entre otras, SSTC 150/1990, FJ 3; 289/2000, FJ 3; 210/2012, FJ 4; 53/2014, FJ 3 a); 26/2015, FJ 4 b); 120/2018, FJ 3 c); 4/2019, FJ 3 c); 22/2019, FJ 3 c); 65/2020, FJ 7 D)].
- (c) Las **CC.AA. deben participar en el proceso de formación de las decisiones financieras que afecten a su autonomía y a la solidaridad**, caracterizándose por la **multilateralidad en la toma de decisiones** → «dado que en la determinación de la participación de cada Comunidad Autónoma en los ingresos del Estado están en juego la suficiencia de todas las Comunidades Autónomas, su autonomía financiera y la solidaridad entre todas ellas (y, en último término, la suficiencia financiera del Estado y la de todo el sector público), es evidente la necesidad de que ***en este ámbito se adopte la decisión correspondiente de forma coordinada entre el Estado y las Comunidades Autónomas en el seno de un órgano en el que estén representados todas éstas y aquél***» (STC 13/2007, FJ 8) ↔ CONSEJO DE POLÍTICA FISCAL Y FINANCIERA (CPFF).

2. EL PODER TRIBUTARIO DEL ESTADO (III)

2.- Configuración del sistema de financiación de las CC.AA. mediante la **aprobación de una Ley Orgánica** (art. 157.3 CE) (*Continuación*):

- (d) Corresponde al Estado la regulación esencial de los impuestos estatales cedidos → «Los impuestos cedidos son tributos de titularidad estatal, fruto de la potestad tributaria originaria del Estado *ex* art. 133.1 CE y de su competencia exclusiva sobre Hacienda General (art. 149.1.14 CE). Por tanto, es el Estado el que establece en la Ley Orgánica de financiación de las comunidades autónomas, ex art. 157.3 CE, "la regulación esencial de la cesión" (...), actualmente recogida en los arts. 10, 11, 19.2 y 20.2, 3 y 5 LOFCA; y en las leyes reguladoras del sistema de financiación autonómica (la vigente Ley 22/2009) se complementa y desarrolla ese marco orgánico general que determina el régimen de cesión de tributos a las comunidades autónomas, regulando las condiciones y el alcance de la misma» [entre las últimas, en este sentido, SSTC 186/2021, FJ 2 A); 21/2022, FJ 2 a); y 149/2023, FJ 3 B)].

3.- Establecimiento del sistema tributario de los entes locales **(respetando las exigencias derivadas de la autonomía local):**

- (a) Creación de tributos por ley → Carencia de potestad *legislativa* de las CC.LL. → **Corresponde al Estado dictar una Ley en la que se recojan cuáles son los recursos de las Entidades Locales** para que puedan ***disponer de medios suficientes para el desempeño de sus funciones*** (tributos propios y participación en los ingresos del Estado y de las CC.AA.) → **Real Decreto Legislativo 2/2004, de 5 de marzo,** por el que se aprueba el **texto refundido de la Ley Reguladora de las Haciendas Locales (TRLRHL).**
- (b) Es «**al Estado**, a tenor de la competencia exclusiva que en materia de hacienda general le otorga el art. 149.1.14 CE, a quien, a través de la actividad legislativa y en el marco de las disponibilidades presupuestarias, **incumbe en última instancia hacer efectivo el principio de suficiencia financiera de las haciendas locales**» [por todas, STC 48/2004, FJ 10; 133/2022, FJ 4 c)] (y ello sin perjuicio de la contribución que las Comunidades Autónomas pueden tener en la financiación de las haciendas locales, pues estas, en virtud del art. 142 CE, se nutrirán también, por ejemplo, de la participación en tributos de las Comunidades Autónomas).
- (c) **Potestad «exclusiva y excluyente del Estado** que **no permite intervención autonómica en la creación y regulación de los tributos propios de las entidades locales»** [STC 31/2010, FJ 140; doctrina reiterada, posteriormente, en las SSTC 65/2020, FJ 7 B); 125/2021, FJ 7 b); y 133/2022, FJ 4 b)]. A este respecto, en la reciente STC 133/2022, de 25 de octubre, se declara inconstitucional por invasión de la CC.AA. de Canarias de la competencia estatal en materia de Hacienda General (art. 149.1.14 CE) la extensión de realización del hecho imponible del ICIO a un supuesto de autorización *especial autonómica.*
- **(d) Cuestión distinta** —y plenamente constitucional— es que **el legislador estatal** en el ejercicio legítimo de su competencia exclusiva sobre hacienda general (art. 149.1.14 CE), **prevea expresamente la posibilidad de que la Comunidad Autónoma habilite a los ayuntamientos a establecer recargos sobre los impuestos autonómicos** (con la única exigencia de que así lo prevea expresamente una ley autonómica) (STC 125/2021, FJ 7).

4.- Fijación de criterios que posibiliten la coordinación entre los distintos sistemas tributarios.

3. EL PODER TRIBUTARIO DE LAS COMUNIDADES AUTÓNOMAS

3.1. EL PODER TRIBUTARIO DE LAS COMUNIDADES AUTÓNOMAS DE RÉGIMEN COMÚN

3.1.1. Evolución histórica. Los distintos modelos de financiación de las Comunidades Autónomas

LOS PRIMEROS MODELOS DE FINANCIACIÓN. LA CONFIGURACIÓN DE LAS HACIENDAS AUTONÓMICAS COMO *"HACIENDAS DE TRANSFERENCIAS"*

- Tradicionalmente, organización del proceso de construcción autonómica desde el punto de vista financiero en PERIODOS QUINQUENALES → Por lo general, **cada cinco años se ha aprobado un nuevo Modelo de Financiación Autonómica** con vigencia quinquenal **por el Consejo de Política Fiscal y Financiera (CPFF).**

- Los PRIMEROS MODELOS de Financiación de las CC.AA. [Periodo transitorio (1981-1986); Modelo 1987-1991; y Modelo 1992-1996]:

  - Principal objetivo → Garantizar que las **CC.AA. dispusieran de recursos suficientes para prestar los servicios** afectos a las competencias asumidas.
  - Excesivamente **asentados** sobre el criterio de SUFICIENCIA DE INGRESOS → En **DETRIMENTO** de los **PRINCIPIOS DE AUTONOMÍA FINANCIERA** y de **CORRESPONSABILIDAD FISCAL.**
  - Construcción sobre la base de las TRANSFERENCIAS ESTATALES (básicamente, sobre la **participación en los ingresos del Estado**), frente a los ingresos impositivos propios. **Excesiva dependencia del Estado central**.
  - Configuración de las Haciendas Autónomas = HACIENDAS DE TRANSFERENCIAS.

LOS ÚLTIMOS MODELOS DE FINANCIACIÓN: *HACIA LA AUTONOMÍA FINANCIERA Y LA CORRESPONSABILIDAD FISCAL*

- En los ÚLTIMOS MODELOS de Financiación Autonómica (Modelo 1997-2001, Modelo 2001, y Modelo vigente 2009):
  - ➢ Mayor predominio del principio de AUTONOMÍA FINANCIERA y tendencia a la CORRESPONSABILIDAD FISCAL.

    ***Principales novedades*:**

    – **Ampliación del elenco de tributos estatales susceptibles de cesión e incremento del % de cesión de los mismos.**

    – **Atribución a las CC.AA. de mayores competencias normativas en relación con los tributos cedidos** (en ocasiones, en perjuicio del equilibrio territorial entre las CC.AA. y la garantía de prestación de los servicios públicos en igualdad de condiciones para todos los ciudadanos, con independencia de la capacidad económica del territorio en el que residan).
  - ➢ Como señala la STC 65/2020, de 18 de junio, «los sucesivos modelos de hacienda autonómica "corresponsable" implantados desde 1997, si bien **amplían notablemente la financiación de carácter tributario, no lo hacen** a través del fomento o la **ampliación del margen para la tributación autonómica propia, sino** por la **vía de la cesión de determinados tributos estatales**» [FJ 4 c)].
  - ➢ La **capacidad de las CC.AA. para establecer y exigir sus propios tributos** (art. 133.2 CE) en la que se traduce fundamentalmente la autonomía financiera autonómica en su vertiente del ingreso [por todas, SSTC 168/2004, FJ 4; 53/2014, FJ 3 a); 65/2020, FJ 4 c)] ha sido delimitada intensamente por la LOFCA por lo que **nunca ha sido una fuente de ingresos públicos significativa** → «Una de las razones principales ha sido la prohibición de crear tributos autonómicos sobre "materias reservadas a las corporaciones locales" establecida en la redacción originaria del art. 6.3 LOFCA, que este tribunal interpretó en términos de "materia imponible" (manifestada en las SSTC 289/2000, 168/2004, 179/2006, 196/2012, 60/2013, 53/2014 y 22/2015 y en los AATC 417/2005, 434/2005 y 456/2007), restringiendo con ello de forma notable el poder tributario de las comunidades autónomas. Así, el único signo favorable a la autonomía y corresponsabilidad autonómicas en materia de tributos propios en los sucesivos modelos de financiación implantados desde el ejercicio 1997 se ha producido en el sistema vigente, con el **cambio de contenido de esta prohibición del art. 6.3 LOFCA** por la Ley Orgánica 3/2009, de 18 de diciembre, de reforma parcial de la LOFCA, en la que se asimilan las reglas de incompatibilidad con los tributos del Estado y de las entidades locales (art. 6.2 y 6.3 LOFCA) para que se refieran al "hecho imponible" y no a la "materia imponible". Con ello se pretendió, según el punto 4.4.9 del Acuerdo 6/2009, de 15 de julio, del Consejo de Política Fiscal y Financiera, (…), no solo una mayor seguridad jurídica para "evitar los habituales conflictos constitucionales actuales […] con una delimitación similar a la que existe en relación con los tributos estatales", sino también una posibilidad de **"ampliar el espacio fiscal de las comunidades autónomas"** [SSTC 122/2012, de 5 de junio, FJ 3; 120/2018, de 31 de octubre, FJ 3; 4/2019, de 17 de enero, FJ 3 a), y 22/2019, de 14 de febrero, FJ 3 a)]» [STC 65/2020, FJ 4 c)].
- RETO de todo Modelo de Financiación → Encontrar el EQUILIBRIO entre los principios de AUTONOMÍA y EQUIDAD → Aun siendo las CC.AA. responsables de sus ingresos, que el sistema fiscal no sufra riesgo de desvertebración y el principio de solidaridad interterritorial resulte observado.

3.1.2. FUENTES NORMATIVAS DEL SISTEMA DE FINANCIACIÓN AUTONÓMICA (I)

- Constitución Española → Título VIII → En concreto, arts. 156 a 158, DA 1ª y 3ª y DT 5ª.

Artículo 156

1. Las Comunidades Autónomas gozarán de **autonomía financiera** para el desarrollo y ejecución de sus competencias con arreglo a los principios de **coordinación con la Hacienda estatal** y de **solidaridad entre todos los españoles.**

2. Las Comunidades Autónomas podrán actuar como **delegados o colaboradores del Estado para la recaudación, la gestión y la liquidación de los recursos tributarios de aquél**, de acuerdo con las leyes y los Estatutos.

Artículo 157

1. Los **recursos de las Comunidades Autónomas** estarán constituidos por:

a) Impuestos cedidos total o parcialmente por el Estado; recargos sobre impuestos estatales y otras participaciones en los ingresos del Estado.

b) Sus propios impuestos, tasas y contribuciones especiales.

c) Transferencias de un Fondo de Compensación interterritorial y otras asignaciones con cargo a los Presupuestos Generales del Estado.

d) Rendimientos procedentes de su patrimonio e ingresos de derecho privado.

e) El producto de las operaciones de crédito.

2. Las Comunidades Autónomas no podrán **en ningún caso adoptar medidas tributarias sobre bienes situados fuera de su territorio** o que **supongan obstáculo para la libre circulación de mercancías o servicios.**

3. Mediante **ley orgánica** podrá regularse el ejercicio de las competencias financieras enumeradas en el precedente apartado 1, las normas para resolver los conflictos que pudieran surgir y las posibles formas de colaboración financiera entre las Comunidades Autónomas y el Estado.

Artículo 158

1. En los **Presupuestos Generales del Estado** podrá establecerse una **asignación a las Comunidades Autónomas** en función del volumen de los servicios y actividades estatales que hayan asumido y de la garantía de un nivel mínimo en la prestación de los servicios públicos fundamentales en todo el territorio español.

2. Con el fin de corregir desequilibrios económicos interterritoriales y hacer efectivo el principio de solidaridad, se constituirá un **Fondo de Compensación** con destino a gastos de inversión, cuyos recursos serán distribuidos por las Cortes Generales entre las Comunidades Autónomas y provincias, en su caso.

Disposición Adicional Primera

La Constitución ampara y respeta los **derechos históricos de los territorios forales.**

La actualización general de dicho régimen foral se llevará a cabo, en su caso, en el marco de la Constitución y de los Estatutos de Autonomía.

Disposición Adicional Tercera

La modificación del régimen económico y fiscal del **archipiélago canario** requerirá informe previo de la Comunidad Autónoma o, en su caso, del órgano provisional autonómico.

Disposición Transitoria Quinta

Las **ciudades de Ceuta y Melilla** podrán constituirse en Comunidades Autónomas si así lo deciden sus respectivos Ayuntamientos, mediante acuerdo adoptado por la mayoría absoluta de sus miembros y así lo autorizan las Cortes Generales, mediante una ley orgánica, en los términos previstos en el artículo 144.

3.1.2. FUENTES NORMATIVAS DEL SISTEMA DE FINANCIACIÓN AUTONÓMICA (II)

- **Ley Orgánica 8/1980, de 22 de septiembre, de Financiación de las Comunidades Autónomas → LOFCA** (dictada en desarrollo del art. 157.3 CE) → Modificada en cada una de las reformas del sistema de financiación autonómica → Con la Ley Orgánica 3/2009, de 18 de diciembre, se introdujo la reforma del sistema vigente.
  - LOFCA ↔ Vértice del modelo normativo de financiación autonómica (TC) → **Las CC.AA. deberán ejercer su poder tributario de acuerdo con la Constitución y sus Estatutos de Autonomía** ***y siempre dentro de los términos previstos, en su caso, por la LOFCA.***

    STC 204/2011, de 15 de diciembre → «El principio dispositivo, contenido en el art. 147.2 d) CE, no puede interpretarse en el sentido de que cada Comunidad Autónoma pueda decidir, por sí misma, qué parte del sistema de financiación le ha de ser aplicable o incluso si éste le ha de ser aplicable, pues conviene recordar que "el **Estado**, dentro de los márgenes que la Constitución le otorga y respetando los principios y las competencias financieras autonómicas en ella establecidas (singularmente en el art. 157 CE), **está constitucionalmente habilitado para establecer uno u otro sistema de financiación autonómica**.... Se trata pues de **un modelo normativo cuyo vértice (la LOFCA) se integra en el bloque de la constitucionalidad** y que puede variar en función de decisiones políticas del legislador (orgánico y ordinario) estatal, con la participación que en él corresponda a las Comunidades Autónomas, modelo sobre cuya bondad o funcionalidad, como ya señalamos en la STC 68/1996, de 4 de abril, no corresponde a este Tribunal pronunciarse" (SSTC 192/2000, de 13 de julio, FJ 10 y 68/1996, de 4 de abril, FFJJ 3 y 9). En consecuencia, "conferir carácter vinculante a la voluntad autonómica, no sólo anularía la potestad exclusiva del Estado para configurar el sistema de financiación de las Comunidades Autónomas que considere más idóneo, sino que le privaría, tanto de ejercer sus potestades de coordinación (art. 156.1 CE), como de garantizar la realización efectiva del principio de solidaridad consagrado en el art. 2 de la Constitución" (SSTC 13/2007, de 18 de enero, FJ 9 y 31/2010, de 28 de junio, FJ 135). No cabe, por tanto, interpretar el principio dispositivo en el sentido de que han de ser las Comunidades Autónomas las habilitadas para elegir el sistema con arreglo al cual deberán financiarse, como pretenden los recurrentes» **(FJ 7; y, en el mismo sentido, previamente, SSTC 13/2007, de 18 de enero, FJ 9 y 31/2010, de 28 de junio, FJ 135).**

- **Estatutos de Autonomía** de las distintas Comunidades Autónomas → En particular, en el EA de Andalucía el Capítulo III del Título VI («*Economía, empleo y hacienda*») se destina a la regulación de la «*Hacienda de la Comunidad Autónoma*» (arts. 175 a 190).

- **Ley 22/2009, de 18 de diciembre**, por la que se regula el sistema de financiación de las Comunidades Autónomas de régimen común y Ciudades con Estatuto de Autonomía ↔ **"Ley de Cesión de Tributos"** → En ella se establece, básicamente, el régimen general de la cesión de tributos del Estado a las CC.AA.

- **Leyes específicas de cesión para cada Comunidad Autónoma** (Leyes 16 a 30/2010).

3.1.3. Los principios informadores del poder tributario de las Comunidades Autónomas: la autonomía financiera y sus principales límites

3.1.3. LOS PRINCIPIOS INFORMADORES DEL PODER TRIBUTARIO DE LAS COMUNIDADES AUTÓNOMAS: LA AUTONOMÍA FINANCIERA Y SUS PRINCIPALES LÍMITES (I)

(A) EL PRINCIPIO DE AUTONOMÍA FINANCIERA:

- Consagración en el art. 156.1 CE → "*Las CC.AA. **gozarán de autonomía financiera** para el desarrollo y ejecución de sus competencias...*".
- **Instrumento indispensable** para la **consecución de la autonomía política** de las CC.AA. (entre otras muchas, SSTC 289/2000, de 30 de noviembre, FJ 3; y 168/2004, de 6 de octubre, FJ 4).
- **Carácter instrumental** de la autonomía financiera respecto **de la autonomía política**. ***"Principio de autonomía financiera" ≡ "Principio de instrumentalidad".***
- **Contenido** del principio de autonomía financiera:
  - Comporta «la ***existencia de una Hacienda autónoma*** (...) que permita el ejercicio y financiación de las competencias asumidas» (STC 63/1986, FJ 4).
  - Supone «la ***propia determinación y ordenación de los ingresos y gastos*** necesarios para el ejercicio de sus funciones» (STC 179/1987, FJ 2).
  - Conlleva la atribución a las CC.AA. de competencias financieras «relativas a la ***obtención de recursos*** y a la ***utilización de los mismos***, así como a la ***elaboración y aprobación de sus Presupuestos***» (STC 63/1986, FJ 4).
- En definitiva, la **autonomía financiera** → **DOS VERTIENTES** (entre otras muchas, STC 168/2004, FJ 4):
  - **Vertiente del GASTO** → Libertad para la **cuantificación** del gasto público y para fijar su **destino y orientación** ***dentro de los límites que impone el principio de estabilidad presupuestaria.*** A este respecto, ha señalado el TC: "a las Comunidades Autónomas, se les impone la obligación de adoptar las 'disposiciones' y 'decisiones presupuestarias' necesarias 'para la aplicación efectiva del principio de estabilidad' (art. 135.6 CE). De esta manera, la redacción dada al art. 135 CE consagra unos nuevos límites a la autonomía financiera de las Comunidades Autónomas que condicionan sus políticas de gasto al someterlas no sólo a las políticas que, en materia de estabilidad presupuestaria, determine con carácter general el Estado, sino ahora también a las que adopten las propias instituciones europeas" (SSTC 215/2014, de 18 de diciembre, FJ 7 a); y 101/2016, de 25 de mayo, FJ 5).
  - **Vertiente del INGRESO** → Capacidad de las CC.AA. para **establecer y exigir sus propios tributos.**
- ***Autonomía financiera*** ⇔ Estrechamente ligada a la **suficiencia financiera** (= *Plena disposición de medios financieros* por las CC.AA. para el *ejercicio de sus propias competencias*).

3.1.3. LOS PRINCIPIOS INFORMADORES DEL PODER TRIBUTARIO DE LAS COMUNIDADES AUTÓNOMAS: LA AUTONOMÍA FINANCIERA Y SUS PRINCIPALES LÍMITES (II)

(B) PRINCIPALES LÍMITES A LA AUTONOMÍA FINANCIERA DE LAS CC.AA.:

- (1) **Respetar** los principios o criterios de COORDINACIÓN con la Hacienda estatal y de SOLIDARIDAD entre todos los españoles (art. 156.1 CE y art. 2 LOFCA).
- (2) **Limitaciones** derivadas de los PRINCIPIOS DE TERRITORIALIDAD y de UNIDAD DEL MERCADO INTERNO:
  - Art. 157.2 CE → «Las Comunidades Autónomas **no** podrán en ningún caso **adoptar medidas tributarias sobre bienes situados fuera de su territorio** o que **supongan obstáculo para la libre circulación de mercancías** o servicios».
  - Aunque el principio de unidad de mercado aparece referido —por la época de aprobación de la CE— al ámbito nacional, actualmente, **se debe referir al mercado interior europeo** (junto con la libre circulación de capitales y personas) y vincula, no sólo a las CC.AA., sino también al propio Estado.
  - **Concreción** en el art. 9 LOFCA:

    «Las Comunidades Autónomas podrán establecer sus propios impuestos, respetando, (...), los siguientes principios:

    a) **No podrán sujetarse elementos patrimoniales** situados, **rendimientos** originados ni **gastos** realizados **fuera del territorio** de la respectiva Comunidad Autónoma.

    b) **No podrán gravarse**, como tales, **negocios, actos o hechos celebrados o realizados fuera del territorio de la comunidad impositora**, ni la **transmisión o ejercicio de bienes, derechos y obligaciones** que no hayan nacido ni hubieran de cumplirse en dicho territorio o cuyo adquirente no resida en el mismo.

    c) **No** podrán suponer **obstáculo para la libre circulación de personas, mercancías y servicios capitales, ni afectar** de manera efectiva a la **fijación de residencia** de las personas o a la ubicación de Empresas y capitales dentro del territorio español, de acuerdo con lo establecido en el artículo segundo, uno, a), **ni comportar cargas trasladables a otras Comunidades**».

3.1.3. LOS PRINCIPIOS INFORMADORES DEL PODER TRIBUTARIO DE LAS COMUNIDADES AUTÓNOMAS: LA AUTONOMÍA FINANCIERA Y SUS PRINCIPALES LÍMITES (III)

(B) PRINCIPALES LÍMITES A LA AUTONOMÍA FINANCIERA DE LAS CC.AA.:

- Específicamente, para el PRINCIPIO DE UNIDAD DE MERCADO, el TC ha venido insistiendo en que:

  - (a) Los **arts. 157.2 CE y 9 c) LOFCA** «son "**especificación" del artículo 139 CE**, por lo que "**les es extrapolable la doctrina constitucional" sobre este último**, en concreto la **prohibición de "medidas tributarias proteccionistas"** (...), que también hemos denominado "discriminatori[a]s o proteccionistas" en otras ocasiones (...) para aludir, no a cualquier medida que "produzca efectos restrictivos más onerosos de hecho o de Derecho, sobre las personas o bienes provenientes de fuera" sino en particular a aquellas que **"persiga[n] de forma intencionada [esta] finalidad"** (STC 125/2021, FJ 5 A) a)]» (STC 20/2022, FJ 3).

  - (b) «[N]o **toda medida que incida sobre la circulación de bienes y personas** por el territorio nacional puede catalogarse automáticamente como **contraria al artículo 139.2** de la Constitución» (por todas, STC 210/2012, FJ 9).

  - (c) El **art. 139.2 CE** no **impide** la aprobación de cualquier norma que pueda afectar a la libertad de circulación, «sino sólo de aquéllas que supongan una **"fragmentación del mercado"**» (por todas, SSTC 32/1983, FJ 3; y 96/2002, FJ 11; 210/2012, FJ 9).

  - (d) En concreto, las **actuaciones autonómicas** «revisten entidad suficiente para reputarlas **vulneradoras de la libertad de circulación de personas y bienes** cuando su incidencia sobre ésta implique el "surgimiento de **obstáculos que no guarden relación y sean desproporcionados respecto del fin constitucionalmente lícito que persiguen"**» [SSTC 64/1990, FJ 5; 66/1991, FJ 2; 233/1999, FJ 26; 96/2002, FJ 11; 168/2004, FJ 5; 210/2012, FJ 9; 125/2021, FJ 5 A) b)].

  - (e) En este contexto → **Prohibición de que las CC.AA. establezcan "privilegios económicos" (beneficios fiscales)** que ***favorezcan a sus residentes por el mero hecho de su distinta residencia*** [SSTC 60/2015, FJ 5; y 20/2022, FJ 3 b), *in fine*]. Por ejemplo, en este sentido, ha sido declarado inconstitucional que la CC.AA. de Canarias, en la regulación del impuesto sobre los depósitos de clientes en las entidades de crédito de Canarias, estableciera una deducción del 50% sobre la cuota íntegra aplicable exclusivamente a las entidades bancarias con domicilio social en Canarias (STC 20/2022, de 9 de febrero).

3.1.3. LOS PRINCIPIOS INFORMADORES DEL PODER TRIBUTARIO DE LAS COMUNIDADES AUTÓNOMAS: LA AUTONOMÍA FINANCIERA Y SUS PRINCIPALES LÍMITES (IV)

(B) PRINCIPALES LÍMITES A LA AUTONOMÍA FINANCIERA DE LAS CC.AA.:

(3) PROHIBICIÓN DE DOBLE IMPOSICIÓN:

- Autonomía política → Autonomía financiera → Capacidad de las CC.AA. para establecer y exigir sus propios tributos (= ***Tributos propios***) → **Posibilidad de doble imposición sistema tributario *autonómico* – sistema tributario *estatal/local*.**
- **Única prohibición de doble imposición establecida *expresamente* → Art. 6 LOFCA →** Prohibición de duplicidad de hechos imponibles entre tributos autonómicos y tributos estatales o locales:

  «**Dos.** Los tributos que establezcan las Comunidades Autónomas no podrán recaer sobre hechos imponibles gravados por el Estado. Cuando el Estado, en el ejercicio de su potestad tributaria originaria establezca tributos sobre hechos imponibles gravados por las Comunidades Autónomas, que supongan a éstas una disminución de ingresos, instrumentará las medidas de compensación o coordinación adecuadas en favor de las mismas.

  Tres. Los tributos que establezcan las Comunidades Autónomas no podrán recaer sobre hechos imponibles gravados por los tributos locales. Las Comunidades Autónomas podrán establecer y gestionar tributos sobre las materias que la legislación de Régimen Local reserve a las Corporaciones locales. En todo caso, deberán establecerse las medidas de compensación o coordinación adecuadas a favor de aquellas Corporaciones, de modo que los ingresos de tales Corporaciones Locales no se vean mermados ni reducidos tampoco en sus posibilidades de crecimiento futuro».

- Art. 6.2 LOFCA → Prohibición de doble imposición tributos autonómicos – tributos ESTATALES:
  - Esta prohibición no tiene base explícita en la CE → Poder tributario "*originario*" del Estado (art. 133.1 CE) → **Principio de preferencia de la Hacienda estatal en la definición de los hechos imponibles.**
  - El Estado puede reclamar para sí el derecho a establecer tributos sobre hechos imponibles previamente "ocupados" por las CC.AA., aunque en tal caso deberá compensar a las CC.AA. Ejemplo → Impuesto estatal sobre depósitos en Entidades de crédito.

3.1.3. LOS PRINCIPIOS INFORMADORES DEL PODER TRIBUTARIO DE LAS COMUNIDADES AUTÓNOMAS: LA AUTONOMÍA FINANCIERA Y SUS PRINCIPALES LÍMITES (V)

- Art. 6.3 LOFCA → Prohibición de doble imposición tributos autonómicos – tributos locales:

➢ La **delimitación entre el poder tributario autonómico y el local** se establece **en términos análogos al aplicable entre CC.AA. – Estado.**

➢ No era así antes de la reforma operada en 2009 en la redacción del art. 6.3 LOFCA → Antes de esta fecha se prohibía a las CC.AA. que establecieran tributos sobre «las *materias* que la legislación de régimen local reserva a las Corporaciones locales» → **Prohibición de que los tributos autonómicos gravaran MATERIAS IMPONIBLES sometidas a tributación por los tributos locales.**

- El concepto de "materia imponible" es más amplio que el de "hecho imponible".
- De conformidad con reiterada jurisprudencia constitucional debe entenderse «por materia imponible "toda fuente de riqueza, renta o cualquier otro elemento de la actividad económica que el legislador decida someter a imposición, de manera que en relación con una misma materia impositiva el legislador puede seleccionar distintas circunstancias que den lugar a otros tantos hechos imponibles, determinantes a su vez de figuras tributarias diferentes" (...). Por su parte, hecho imponible, de acuerdo con la definición que establece la Ley 58/2003, de 17 de diciembre, general tributaria (LGT), es el "presupuesto fijado por la ley para configurar cada tributo y cuya realización origina el nacimiento de la obligación tributaria principal" (art. 20.1 LGT)» [por todas, STC 84/2020, de 15 de julio, FJ 4 a)].

➢ En consecuencia, **antes de 2009** se dejaba un **menor margen de maniobra a las CC.AA.** en el establecimiento de tributos propios autonómicos → La **modificación introducida en 2009** comporta la **AMPLIACIÓN DEL ESPACIO FISCAL DE LAS CC.AA.** ↔ En aras de la realización del principio de autonomía financiera de las CC.AA. → «Una de las razones principales ha sido la prohibición de crear tributos autonómicos sobre "materias reservadas a las corporaciones locales" establecida en la redacción originaria del art. 6.3 LOFCA, que este tribunal interpretó en términos de "materia imponible" (...), restringiendo con ello de forma notable el poder tributario de las comunidades autónomas. Así, el único signo favorable a la autonomía y corresponsabilidad autonómicas en materia de tributos propios en los sucesivos modelos de financiación implantados desde el ejercicio 1997 se ha producido en el sistema vigente, con el cambio de contenido de esta prohibición del art. 6.3 LOFCA por la Ley Orgánica 3/2009, de 18 de diciembre, de reforma parcial de la LOFCA, en la que se asimilan las reglas de incompatibilidad con los tributos del Estado y de las entidades locales (art. 6.2 y 6.3 LOFCA) para que se refieran al "hecho imponible" y no a la "materia imponible". Con ello se pretendió, según el punto 4.4.9 del Acuerdo 6/2009, de 15 de julio, del Consejo de Política Fiscal y Financiera, (...), no solo una mayor seguridad jurídica para "evitar los habituales conflictos constitucionales actuales [...] con una delimitación similar a la que existe en relación con los tributos estatales", sino también una posibilidad de "ampliar el espacio fiscal de las comunidades autónomas" [SSTC 122/2012, de 5 de junio, FJ 3; 120/2018, de 31 de octubre, FJ 3; 4/2019, de 17 de enero, FJ 3 a), y 22/2019, de 14 de febrero, FJ 3 a)]» [STC 65/2020, FJ 4 c)].

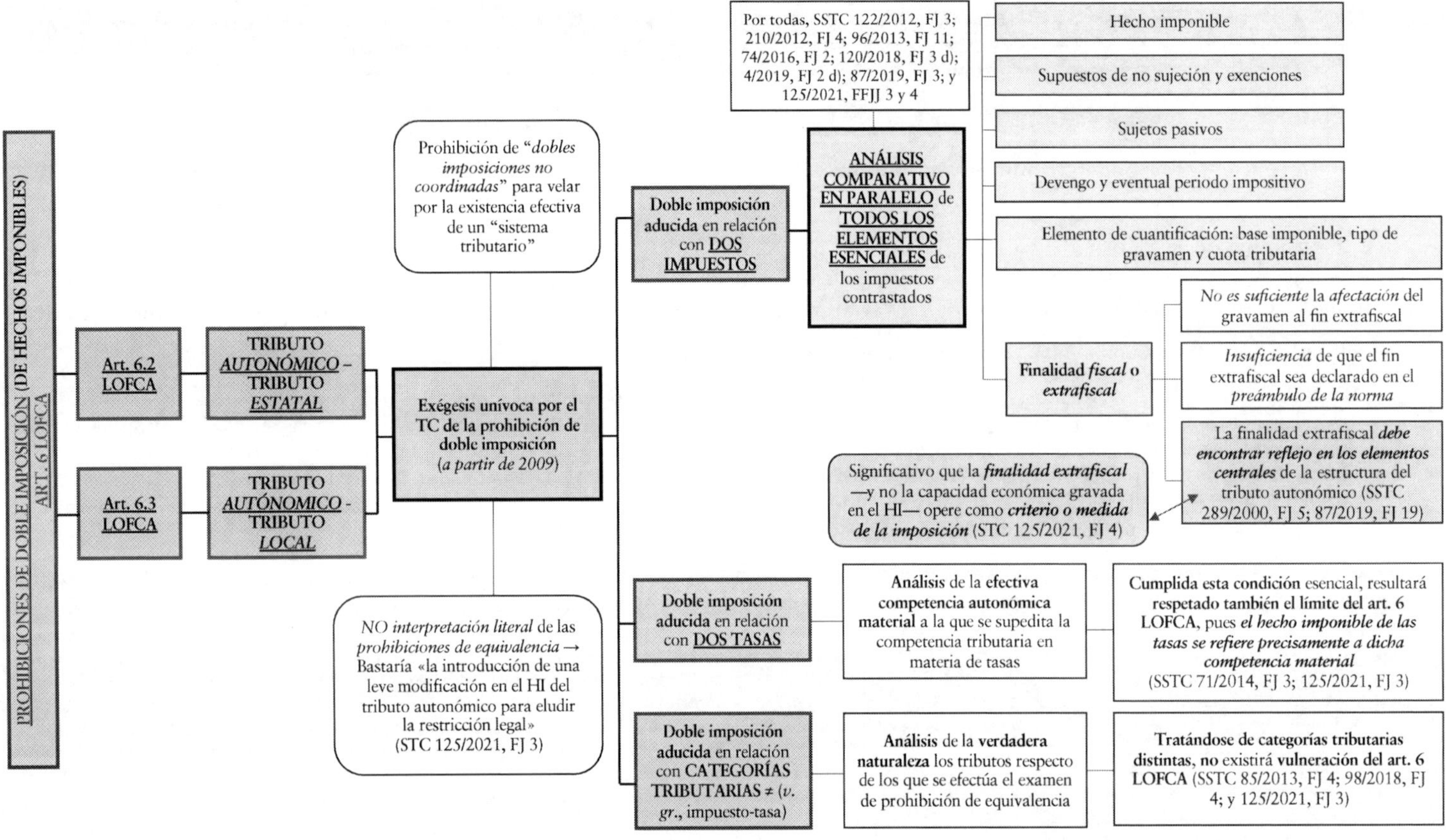
PROHIBICIONES DE DOBLE IMPOSICIÓN (DE HECHOS IMPONIBLES) ART. 6 LOFCA
Art. 6.2 LOFCA
TRIBUTO AUTONÓMICO – TRIBUTO ESTATAL
Art. 6.3 LOFCA
TRIBUTO AUTÓNOMICO - TRIBUTO LOCAL
Exégesis unívoca por el TC de la prohibición de doble imposición (a partir de 2009)
Prohibición de "dobles imposiciones no coordinadas" para velar por la existencia efectiva de un "sistema tributario"
NO interpretación literal de las prohibiciones de equivalencia → Bastaría «la introducción de una leve modificación en el HI del tributo autonómico para eludir la restricción legal» (STC 125/2021, FJ 3)
Doble imposición aducida en relación con DOS IMPUESTOS
Por todas, SSTC 122/2012, FJ 3; 210/2012, FJ 4; 96/2013, FJ 11; 74/2016, FJ 2; 120/2018, FJ 3 d); 4/2019, FJ 2 d); 87/2019, FJ 3; y 125/2021, FFJJ 3 y 4
ANÁLISIS COMPARATIVO EN PARALELO de TODOS LOS ELEMENTOS ESENCIALES de los impuestos contrastados
Hecho imponible
Supuestos de no sujeción y exenciones
Sujetos pasivos
Devengo y eventual periodo impositivo
Elemento de cuantificación: base imponible, tipo de gravamen y cuota tributaria
Finalidad fiscal o extrafiscal
No es suficiente la afectación del gravamen al fin extrafiscal
Insuficiencia de que el fin extrafiscal sea declarado en el preámbulo de la norma
La finalidad extrafiscal debe encontrar reflejo en los elementos centrales de la estructura del tributo autonómico (SSTC 289/2000, FJ 5; 87/2019, FJ 19)
Significativo que la finalidad extrafiscal —y no la capacidad económica gravada en el HI— opere como criterio o medida de la imposición (STC 125/2021, FJ 4)
Doble imposición aducida en relación con DOS TASAS
Análisis de la efectiva competencia autonómica material a la que se supedita la competencia tributaria en materia de tasas
Cumplida esta condición esencial, resultará respetado también el límite del art. 6 LOFCA, pues el hecho imponible de las tasas se refiere precisamente a dicha competencia material (SSTC 71/2014, FJ 3; 125/2021, FJ 3)
Doble imposición aducida en relación con CATEGORÍAS TRIBUTARIAS ≠ (v. gr., impuesto-tasa)
Análisis de la verdadera naturaleza los tributos respecto de los que se efectúa el examen de prohibición de equivalencia
Tratándose de categorías tributarias distintas, no existirá vulneración del art. 6 LOFCA (SSTC 85/2013, FJ 4; 98/2018, FJ 4; y 125/2021, FJ 3)

EXÉGESIS DE LOS APARTADOS 2 Y 3 DEL ART. 6 LOFCA EN LA JURISPRUDENCIA CONSTITUCIONAL (I):

– (1) La doctrina constitucional sobre el art. 6.2 LOFCA ha permanecido invariable desde su formulación en la STC 37/1987, de 27 de marzo, y ha sido aplicada por el TC en numerosas ocasiones (en las SSTC 186/1993, 14/1998, 122/2012, 210/2012, 60/2013, 196/2013, 110/2014, 30/2015, 107/2015, 108/2015, 111/2015, 202/2015, 74/2016, 94/2017, 28/2019, 43/2019, 87/2019 y 84/2020).

– (2) Se extiende como doctrina aplicable a la nueva redacción del art. 6.3 LOFCA tras la Ley Orgánica 3/2009, de 18 de diciembre, de modificación de la LOFCA (en las SSTC 122/2012, 197/2012, 210/2012, 85/2013, 96/2013, 98/2018, 120/2018, 4/2019, 22/2019, 28/2019 y 43/2019).

– (3) Con las prohibiciones de equivalencia de los tributos autonómicos con los estatales y locales (art. 6 LOFCA), «no se pretende impedir sin más la doble imposición, sino "que se produzcan dobles imposiciones no coordinadas, garantizando de esta manera que el ejercicio de poder tributario por los distintos niveles territoriales sea compatible con la existencia de 'un sistema' tributario en los términos exigidos por el art. 31.1 CE"» [entre otras, SSTC 19/1987, de 17 de febrero, FJ 4; 19/2012, de 15 de febrero, FJ 3 b); 210/2012, de 14 de noviembre, FJ 4; 53/2014, de 10 de abril, FJ 3 a); 4/2019, de 17 de enero, FJ 3.c), y 84/2020, de 15 de julio, FJ 2; 125/2021, de 3 de junio, FJ 3 b)].

– (4) La prohibición de duplicidad de hechos imponibles establecida en el art. 6.2 CE «nunca se ha interpretado literalmente, puesto que **bastaría la introducción de una leve modificación en el hecho imponible del tributo autonómico para eludir la restricción legal**» [STC 125/2021, FJ 3 b)] (doctrina aplicable *mutatis mutandis* a la exégesis del art. 6.3 LOFCA).

– (5) Para APRECIAR «LA COINCIDENCIA O NO ENTRE HECHOS IMPONIBLES, que es lo prohibido en el artículo 6 LOFCA, se exige ATENDER A TODOS LOS ELEMENTOS ESENCIALES DE LOS TRIBUTOS QUE SE COMPARAN (hecho imponible, sujetos pasivos, exenciones y supuestos de no sujeción, devengo, eventual periodo impositivo, base imponible, tipo de gravamen, cuota tributaria, y finalidad fiscal o extrafiscal), "con el objeto de **determinar no solo la riqueza gravada o materia imponible [...] sino la manera en que dicha riqueza o fuente de capacidad económica es sometida a gravamen en la estructura del tributo**"» [por todas, SSTC 122/2012, de 5 de junio, FJ 3; 210/2012, de 14 de noviembre, FJ 4; 96/2013, de 23 de abril, FJ 11; 74/2016, de 14 de abril, FJ 2; 120/2018, de 31 de octubre, FJ 3 d); 4/2019, de 17 de enero, FJ 2 d); 87/2019, de 20 de junio, FJ 3; 125/2021, de 3 de junio, FJ 3 b)].

EXÉGESIS DE LOS APARTADOS 2 Y 3 DEL ART. 6 LOFCA EN LA JURISPRUDENCIA CONSTITUCIONAL (II):

- (6) Entre los **elementos a comparar** se encuentra también la **posible concurrencia de FINES EXTRAFISCALES en el conjunto del tributo autonómico o en alguno de sus elementos centrales** (STC 210/2012, FJ 4). A este respecto, constituye jurisprudencia constitucional consolidada que (por todas, STC 210/2012, FJ 4):

  ✓ **"La afectación del gravamen a la finalidad que se dice perseguida no es más que uno de los varios indicios —y no precisamente el más importante— a tener en cuenta** a la hora de calificar la verdadera naturaleza del tributo, esto es, de determinar si en el tributo autonómico prima el carácter contributivo o una finalidad extrafiscal" (SSTC 22/2015, de 16 de febrero, FJ 4, y 179/2006, de 13 de junio, FJ 10).

  ✓ Para que la finalidad extrafiscal tenga consecuencias en la comparación "**no bastará con que el correspondiente preámbulo de la norma declare dicho objetivo**", sino que **es preciso que dicha finalidad "encuentre reflejo en los elementos centrales de la estructura del tributo"** [SSTC 30/2015, de 19 de febrero, FJ 3; 53/2014, de 10 de abril, FJ 3 a); 96/2013, de 23 de abril, FJ 11; 85/2013, de 11 de abril, FJ 3; 210/2012, de 14 de noviembre, FJ 4, y 289/2000, de 30 de noviembre, FJ 5]. Pues bien, no cabe duda de que **el destino o la adscripción del producto obtenido no es un "elemento esencial" del impuesto, ni de su pretendido carácter finalista**».

- (7) En la forma *supra* indicada ha procedido el TC al enjuiciar diversos tributos autonómicos a la luz del "nuevo" artículo 6.3 LOFCA, enjuiciamiento que ha culminado con un **pronunciamiento favorable de constitucionalidad** en los **siguientes casos** → «i) en la STC 210/2012, de 14 de noviembre, referida al impuesto sobre depósitos en entidades de crédito de Extremadura; ii) en las SSTC 122/2012, de 5 de junio; 96/2013, de 23 de abril; 200/2013, de 5 de diciembre, y 53/2014, de 10 de abril, todas referidas al impuesto sobre grandes establecimientos comerciales de distintas Comunidades Autónomas; iii) en los AATC 183/2016 y 185/2016, de 15 de noviembre, en relación con el canon eólico de Castilla-La Mancha; iv) en la STC 120/2018, de 31 de octubre, en relación con el impuesto extremeño sobre las instalaciones que inciden sobre el medio ambiente; y v) en la STC 4/2019, de 17 de enero, del impuesto catalán sobre las viviendas vacías. En todos estos supuestos, las precitadas resoluciones de este Tribunal han declarado la constitucionalidad de los tributos autonómicos impugnados, porque en ningún caso apreciaron la duplicidad de hechos imponibles de aquellos con el IBI o con el IAE, según los casos».

EXÉGESIS DE LOS APARTADOS 2 Y 3 DEL ART. 6 LOFCA EN LA JURISPRUDENCIA CONSTITUCIONAL (III):

- (8) Ahora bien, se recurre al método tradicional de examen de las prohibiciones de equivalencia del art. 6 LOFCA, consistente en un **análisis comparativo en paralelo de todos los elementos esenciales de los tributos contrastados**, **en los supuestos en los que la DOBLE IMPOSICIÓN SE PREDICA DE DOS TRIBUTOS PERTENECIENTES A LA MISMA CATEGORÍA TRIBUTARIA y, en concreto, de DOS IMPUESTOS**.

- (9) Cuando LOS TRIBUTOS OBJETO DE COMPARACIÓN SON DOS TASAS, de acuerdo con la reiterada doctrina acerca de su vinculación a la competencia material (principio de que la tasa sigue al servicio), **el análisis comienza verificando esa efectiva competencia autonómica material a la que se supedita la competencia tributaria en materia de tasas. "Cumplida esta condición esencial, resultará entonces respetado también el límite contenido en el art. 6 LOFCA**, pues el hecho imponible de las tasas se refiere precisamente a dicha competencia material, siendo así que los límites contenidos en los arts. 6.2 y 7 LOFCA son dos caras de la misma moneda" (STC 71/2014, de 6 de marzo, FJ 3; y, en el mismo sentido, STC 125/2021, de 3 de junio, FJ 3).

- (10) Si, ***tras el análisis de su verdadera naturaleza***, se concluye que los tributos respecto de los que se efectúa el examen de prohibición de equivalencia *poseen la naturaleza propia y específica* de la categoría tributaria que le atribuyen sus *denominaciones legales respectivas*, TRATÁNDOSE DE CATEGORÍAS TRIBUTARIAS DISTINTAS, **no podría apreciarse la pretendida vulneración del art. 6 LOFCA** → En este sentido se pronunció el TC en las **SSTC 85/2013, de 11 de abril** (impuesto vasco sobre el agua y tasa municipal por distribución de agua); **98/2018, de 19 de septiembre** (impuesto aragonés sobre contaminación de aguas y tasa municipal de depuración); y **125/2021, de 3 de junio** [impuesto catalán sobre estancias en establecimientos turísticos en relación con la sujeción de las estancias en las embarcaciones de crucero turístico y la tasa (estatal) portuaria del buque (T-1)].

3.1.4. Los principales recursos de las Comunidades Autónomas

3.1.4.1. Aproximación. El art. 157.1 CE
3.1.4.2. Impuestos estatales cedidos
3.1.4.3. Tributos propios
3.1.4.4. Recargos autonómicos sobre impuestos estatales

3.1.4.1. APROXIMACIÓN. EL ART. 157.1 CE

Art. 157 CE (y art. 4 LOFCA):

«1. Los recursos de las Comunidades Autónomas estarán constituidos por:

- a) **Impuestos cedidos** total o parcialmente por el Estado; **recargos sobre impuestos estatales** y otras **participaciones en los ingresos del Estado.**
- b) Sus **propios impuestos, tasas y contribuciones especiales.**
- c) Transferencias de un Fondo de Compensación interterritorial y otras asignaciones con cargo a los Presupuestos Generales del Estado.
- d) Rendimientos procedentes de su patrimonio e ingresos de derecho privado.
- e) El producto de las operaciones de crédito».

3.1.4.2. IMPUESTOS ESTATALES CEDIDOS (I)

- Evolución de los sistemas de financiación de las CC.AA. de régimen común → Cesión a las CC.AA. de *mayores porcentajes de recaudación*; *mayores competencias normativas*; y, *en ciertos casos*, *posibilidad de gestión autonómica de los citados impuestos*.
- **Inexistencia** en la **CE** de un **concepto de impuesto estatal cedido**.
- De conformidad con el art. 10.1 LOFCA son tributos cedidos «los establecidos y regulados por el Estado, cuyo producto corresponda a la Comunidad Autónoma».
- Elementos definitorios del concepto constitucional de «tributo cedido» de acuerdo con la jurisprudencia del TC (entre otras muchas, SSTC 19/2012, de 15 de febrero; 65/2020, de 18 de junio; 186/2021, de 28 de octubre; 21/2022, de 9 de febrero; y 149/2023, de 7 de noviembre):
  - (1) Es «la Ley Orgánica del art. 157.3 CE (en la actualidad la **LOFCA**), la que **puede atribuir a un tributo del Estado la condición de "cedible"**» → En la actualidad, arts. 10 y 11 LOFCA.
  - (2) Para «que el **tributo sea "*formalmente cedido*"** tiene que existir una **previsión estatutaria que lo asuma** en tal sentido» → Previsión recogida en todos los Estatutos de Autonomía de las CC.AA. de régimen común.
  - (3) El tributo «alcanzará la **condición de "*materialmente cedido*"** cuando así lo establezca una **ley estatal específica que determine su alcance y condiciones**» → En la actualidad, la Ley 22/2009, de 18 de diciembre, junto con las Leyes 16/2010 a 20/2010, de 16 de julio, en las que se establece el régimen de cesión de tributos del Estado y la CC.AA. correspondiente.
  - (4) El Estado seguirá siendo el titular del impuesto, aunque ceda la gestión del mismo a las CC.AA.:
    - Los impuestos cedidos «son tributos de titularidad estatal, fruto de la potestad tributaria originaria del Estado *ex* art. 133.1 CE y de su competencia exclusiva sobre "hacienda general" (art. 149.1.14 CE)».
    - La cesión de un tributo del Estado a una Comunidad Autónoma «no hace perder a aquél ni la titularidad sobre el mismo, ni sobre el ejercicio de las competencias que le son inherentes» (SSTC 192/2000, FJ 8; 35/2012, FJ 7; 161/2012, FJ 3; y, entre otras muchas, 21/2022, FJ 2).
    - La cesión «tiene, en todo caso, carácter revocable *ex* arts. 133.1 y 149.1.14 CE».

3.1.4.2. IMPUESTOS ESTATALES CEDIDOS (II)

- Elementos definitorios del concepto constitucional de «tributo cedido» de acuerdo con la jurisprudencia del TC (*Continuación*):
  - (5) Los **tributos cedidos** «**son** establecidos y regulados principalmente por el Estado, si bien su rendimiento corresponde total o parcialmente a las comunidades autónomas».
  - (6) En la actualidad, «el **régimen legal de los tributos cedidos varía en función de la figura impositiva objeto de cesión** y esas **diferencias se proyectan sobre las tres dimensiones** de la competencia que puede ejercerse sobre la materia tributaria: la ***normativa***, la ***ejecutiva*** (que incluye también las funciones de sanción y de revisión) y el ***derecho sobre el rendimiento o producto de la recaudación*** de dichos tributos».

- Concretamente, la CESIÓN DEL TRIBUTO puede alcanzar a TRES ÁMBITOS (en los términos previstos en la "Ley de Cesión"):
  - Cesión a las CC.AA. (total o parcial) del **producto de lo recaudado** por la exacción del tributo (arts. 10.3 y 11 LOFCA).
  - Cesión a las CC.AA. de ***ciertas* competencias normativas** → Debe efectuarse siempre «*en los términos que establezca la Ley que regule la cesión de tributos*» (arts. 10.3 y 19.2 LOFCA) → Comprende, habitualmente: mínimo exento, tarifa/tipos de gravamen, deducciones y bonificaciones en cuota (art. 19.2 LOFCA).
  - Cesión a las CC.AA. de la **gestión del tributo** → Concretamente, posibilidad de que las CC.AA. asuman, por delegación, determinadas ***competencias ejecutivas de aplicación de los tributos*** (asistencia e información a los obligados tributarios, gestión, inspección y recaudación), la ***potestad sancionadora*** y las funciones de ***revisión en vía administrativa*** de los actos de aplicación y sanción dictados por estas Administraciones tributarias (art. 19.2 LOFCA).

3.1.4.2. IMPUESTOS ESTATALES CEDIDOS (III)

- La cesión del producto de lo recaudado a las CC.AA. puede ser TOTAL o PARCIAL (art. 10.3 LOFCA):
  - **Cesión total** del tributo = Cesión de la recaudación correspondiente a la totalidad de los hechos imponibles contemplados en el tributo (por ejemplo, está cedido el 100% del producto de lo recaudado en el IP, ISD, ITP y AJD).
  - **Cesión parcial** del tributo = Cesión de alguno/algunos de los hechos imponibles o de parte de la recaudación correspondiente a un tributo [por ejemplo, se cede parte del producto de lo recaudado en el IRPF (un 50%), en el IVA (un 50%), o en algunos II.EE. (58%)].

  (*) En ambos casos **la cesión podrá comprender competencias normativas.**

- El **ejercicio de competencias normativas por las CC.AA.** en materia de tributos cedidos ha sido **profuso** → Por ejemplo, aprobando una tarifa progresiva propia aplicable a la base liquidable general del IRPF; múltiples deducciones en la cuota del IRPF por circunstancias personales y familiares, por inversiones no empresariales y por aplicación de renta; o importantes reducciones, deducciones y bonificaciones en el ISD y en el IP, llegando incluso, en algunas CC.AA., a una derogación *de facto* de estos tributos.

- **En ocasiones**, la concreción del ejercicio de dichas competencias normativas por las CC.AA. **se ha declarado inconstitucional** por ***invadir*** la ***competencia exclusiva del Estado sobre Hacienda General*** (art. 149.1.14) y ***desbordar el marco competencial de la cesión de competencias normativas a la Comunidad Autónoma***. Así ha sucedido, *v. gr.*, en los siguientes pronunciamientos:
  - STC 186/2021, de 28 de octubre → Se declara inconstitucional el establecimiento por la CC.AA. de Cataluña de un mínimo personal incrementado en el IRPF de aplicación exclusiva a los contribuyentes con rentas bajas (en particular, con base liquidable total ≤ 12.450 €). Y ello por cuanto que «*el alcance de la cesión de la competencia normativa en materia de mínimo personal y familiar se circunscribe*, como bien estipula el art. 19.2 a) LOFCA, *a la "fijación" de las cuantías que lo integran (que no "regulación" del propio mínimo)*; lo que implica exclusivamente graduar el importe de cada una de las cantidades hasta un 10 por 100 sin someterlas a más condicionamientos que los establecidos por el Estado» [FJ 3 B)].
  - STC 21/2022, de 9 de febrero → Se declara inconstitucional la deducción autonómica en la cuota del IRPF establecida por el Principado de Asturias "por la obtención de subvenciones y/o ayudas para paliar el impacto provocado por la Covid-19 sobre los sectores especialmente afectados por la pandemia". En concreto, se declara inconstitucional por incumplir el límite de "no afectar al desarrollo de actividades económicas" establecido en el art. 46.1.c) de la Ley 22/2009 (en aplicación de la doctrina previamente sentada en las SSTC 161/2012, de 20 de septiembre, FJ 5; y 197/2012, de 6 de noviembre, FJ 4).

ALCANCE DE LA CESIÓN DE LOS PRINCIPALES IMPUESTOS ESTATALES:

(Los impuestos estatales cedidos representan en la actualidad más del 75% de los ingresos de las CCAA de régimen común)

ENUMERACIÓN DE IMPUESTOS ESTATALES	RENDIMIENTO CEDIDO	GESTIÓN	CAPACIDAD NORMATIVA CEDIDA A LAS CC.AA.
IRPF	50%	AEAT	SI
IS	0%	AEAT	NO
IRNR	0%	AEAT	NO
IP	100%	AUTONÓMICA	SI
ISD	100%	AUTONÓMICA	SI
IVA	50%	AEAT	NO
ITP y AJD	100%	AUTONÓMICA	SI (con alguna excepción)
II.EE. DE FABRICACIÓN	58%	AEAT	NO (con alguna excepción)
IEDMT	100%	AUTONÓMICA	SI
I.E. SOBRE LA ELECTRICIDAD	100%	AEAT	NO
I.E. SOBRE EL CARBÓN	0%	AEAT	NO

3.1.4.3. TRIBUTOS PROPIOS (I)

- Manifestación más plena de la **autonomía financiera de las CC.AA.**
- La competencia de las CC.AA. sobre sus propios tributos implica tanto su **"ESTABLECIMIENTO"** (**normación o regulación**) como su **"EXIGENCIA"** (**ejecución**) *ex* art. 133.2 CE. Ambas atribuciones han sido asumidas como propias por todas las CC.AA. en sus respectivos Estatutos de Autonomía.
- Necesario encuadramiento en la CE y en el bloque de la constitucionalidad de las competencias de las Comunidades Autónomas sobre sus propios tributos:
  - (1) Por lo que se refiere al ESTABLECIMIENTO de tributos propios, las CC.AA. deben observar:
    - Los **límites constitucionales** —tanto materiales como formales— **impuestos a todo poder tributario** (**art. 31 CE**).
    - Los **límites constitucionales** establecidos a la **actividad financiera autonómica en general** (principios de *instrumentalidad*, de *coordinación* con la hacienda estatal y de *solidaridad* entre todos los españoles del art. 156.1 CE) y **al poder tributario autonómico, en particular** (principios de *territorialidad y neutralidad* del art. 157.2 CE).
    - Asimismo, sujeción a los **límites establecidos en las leyes del Estado** a que se refieren los **arts. 133.2 y 157.3 CE** → La LOFCA introduce límites adicionales a la competencia normativa autonómica a la hora de crear y regular sus tributos propios. Así, los arts. 6 a 9 LOFCA (**prohibición de equivalencia con tributos estatales y locales, o el principio de "la tasa sigue al servicio"**) ↔ Son expresión «de la función de coordinación que impone al Estado el art. 156.1 CE "para garantizar que el ejercicio del poder tributario por los distintos niveles territoriales sea compatible con la existencia de 'un sistema' en los términos exigidos por el artículo 31.1 CE"» [SSTC 19/1987, de 17 de febrero, FJ 4; 19/2012, de 15 de febrero, FJ 3 b); 4/2019, de 17 de enero, FJ 3 c); 65/2020, de 18 de junio, FJ 5].
  - (2) En cuanto a las COMPETENCIAS EJECUTIVAS en materia de tributos propios → De acuerdo con la LOFCA:
    - Aplicación de los tributos propios (gestión, inspección y recaudación) y ejercicio de la potestad sancionadora.
    - Conocimiento de las reclamaciones contra los actos administrativos que dicte la CC.AA. en relación con sus tributos propios, que corresponderá a sus propios órganos económico-administrativos.

3.1.4.3. TRIBUTOS PROPIOS (II)

- **Prohibición de doble imposición** (art. 6 LOFCA) → **Limita considerablemente la capacidad de las CC.AA.** a la hora de establecer sus propios tributos ↔ Las principales manifestaciones de riqueza (renta, patrimonio, consumo) ya se encuentran gravadas por los impuestos estatales.
- Los **impuestos propios autonómicos** que se han creado no persiguen —o, al menos, no principalmente— objetivos recaudatorios, sino, más bien **extrafiscales** ↔ Finalidad no recogida expresamente en la CE, pero admitida en la STC 37/1987, de 26 de marzo (y posteriores).
- Breve sistematización IMPUESTOS PROPIOS de las CC.AA.:
  - Impuestos con fines medioambientales → Entre otros: impuestos sobre el consumo y vertido de **agua**; impuestos sobre emisiones de **gases a la atmósfera**; impuestos sobre depósito, almacenamiento o eliminación de **residuos**; impuestos sobre **grandes establecimientos comerciales** o grandes áreas de venta; impuesto sobre **bolsas de plástico de un solo uso**, etc.
  - Impuestos que atienden a la función social de la propiedad → Entre otros: impuestos sobre **tierras, fincas o explotaciones agrarias infrautilizadas**; impuestos sobre **viviendas vacías**; impuesto sobre los **activos no productivos de las personas jurídicas**, etc.
  - Impuestos sobre el Juego (fundamentalmente, sobre el **Bingo**).
  - Impuestos sobre estancias en establecimientos turísticos (existentes en Cataluña e Islas Baleares).
  - Otros impuestos → Entre otros: gravamen catalán sobre elementos patrimoniales afectos a las actividades de las que pueda derivar la activación de planes de protección civil; impuesto catalán sobre bebidas azucaradas envasadas; impuesto extremeño sobre aprovechamientos cinegéticos, etc.
- Puede consultarse información detallada en formato ficha sobre los impuestos propios creados por las CC.AA., sus características y elementos esenciales, así como la recaudación obtenida con cada uno de ellos (actualizada a octubre de 2023) en https://www.hacienda.gob.es/Documentacion/Publico/PortalVarios/FinanciacionTerritorial/Autonomica/Capitulo-III-Tributacion-Autonomica-2023.pdf

3.1.4.4. RECARGOS AUTONÓMICOS SOBRE IMPUESTOS ESTATALES

- Art. 12 LOFCA:

  1. Las Comunidades Autónomas podrán establecer **recargos sobre los tributos del Estado** susceptibles de cesión, ***excepto*** en el ***Impuesto sobre Hidrocarburos***. En el resto de ***Impuestos Especiales y en el Impuesto sobre el Valor Añadido*** únicamente podrán establecer *recargos cuando tengan competencias normativas en materia de tipos de gravamen.*

  2. Los recargos previstos en el apartado anterior **no** podrán configurarse de forma que puedan suponer una minoración en los ingresos del Estado por dichos impuestos, ni desvirtuar la naturaleza o estructura de los mismos.

- Pese a que el art. 12.1 LOFCA establece que las CC.AA. «podrán establecer recargos sobre los *tributos* del Estado susceptibles de cesión», **únicamente cabe establecer recargos sobre IMPUESTOS estatales** (susceptibles de cesión). *No procede establecer recargos sobre tasas o contribuciones especiales* porque su cuantificación guarda relación con la actividad administrativa desarrollada, no admitiéndose conceptualmente dicha posibilidad.

- Consisten en aplicar, normalmente, **una alícuota o porcentaje que se superpone o añade a un impuesto ya existente** → Ejemplo: la Comunidad Autónoma de Madrid estableció un recargo del 3% sobre la cuota líquida del IRPF que fue declarado constitucional por la STC 150/1990, de 4 de octubre.

- Los recargos autonómicos que se aplican sobre la cuota tributaria de impuestos estatales **son, en definitiva, impuestos establecidos por las CC.AA. sobre otros impuestos de carácter estatal** ↔ **Sin verse afectados por la prohibición de doble imposición contenida en el art. 6.2 LOFCA.**

- A pesar de su constitucionalidad, ha sido una **fórmula muy poco utilizada** al potenciarse en los sistemas de financiación autonómica la fórmula de los impuestos cedidos → La **finalidad perseguida por los recargos se consigue igualmente con la aprobación de tarifas o tipos de gravamen autonómicos** a partir de las competencias normativas concedidas a las CC.AA. **en los impuestos estatales cedidos.**

3.2. REGÍMENES FORALES: PAÍS VASCO Y NAVARRA

3.2.1. Introducción

DISPOSICIÓN ADICIONAL PRIMERA CE:

«La Constitución ampara y respeta los derechos históricos de los territorios forales.

La actualización general de dicho régimen foral se llevará a cabo, en su caso, en el marco de la Constitución y de los Estatutos de Autonomía».

- En su aplicación, **dentro del marco de la CE y de los Estatutos de Autonomía** → **Actualización** del **Régimen Foral de la Comunidad Autónoma del País Vasco y de la Comunidad Foral de Navarra.**
- Regímenes ESPECIALES de financiación ↔ No participan del régimen común → **No perciben impuestos estatales cedidos ni pueden establecer recargos sobre impuestos estatales.**
- Para las CC.AA. de Régimen Foral **la** TRANSFERENCIA es DE SIGNO INVERSO (**CUPO** en el País Vasco y **APORTACIÓN ANUAL** en Navarra) → Son las **Haciendas Forales** las que **deben contribuir a financiar los gastos del Estado** en aquellas **materias cuya competencia sigue siendo estatal.**
- Tanto el País Vasco como Navarra, al margen del sistema foral (*veánse diapositivas siguientes*), pueden crear TRIBUTOS PROPIOS ↔ Se les aplican los límites previstos en la LOFCA → Entre otros, la **prohibición de duplicidad de hechos imponibles establecida en el art. 6.2 LOFCA** (en este sentido, SSTC 208/2012, de 14 de noviembre, FJ 5, *in fine*; 110/2014, de 26 de junio, FJ 3, referidas en ambos casos a Navarra).

3.2.2. Comunidad Autónoma del País Vasco

- Junto con su Estatuto de Autonomía → **Régimen tributario del País Vasco** → Ley 12/2002, de 23 de mayo, por la que se aprueba el CONCIERTO ECONÓMICO con la Comunidad Autónoma del País Vasco.
- En el Concierto Económico se establece que **cada una de las Diputaciones Forales** (Álava, Guipúzcoa y Vizcaya) pueden mantener, establecer y regular, dentro de su territorio, **su propio sistema tributario**.
- **Cada Diputación Foral ha aprobado la Norma Foral** del correspondiente Territorio Histórico **que regula cada uno de los impuestos que existen a nivel estatal, llevando a cabo**, asimismo, su exacción, **gestión, liquidación, recaudación, inspección y revisión** (a excepción de los derechos de importación y de los gravámenes a la importación en los II.EE. y el IVA, que siguen siendo de competencia exclusiva del Estado).
- Se trata de un SISTEMA TRIBUTARIO PROPIO de los Territorios Históricos, pero respetando los principios de solidaridad, coordinación, armonización fiscal y colaboración con el Estado (y atendiendo a su estructura general impositiva). En él se puede distinguir entre:
  - Tributos concertados *de normativa autonómica* → **Regulados por las Leyes Forales**, esto es, aprobados por cada una de las tres Diputaciones Forales al tener capacidad normativa propia para configurar los elementos esenciales de los impuestos, ***con algunas limitaciones según el impuesto***. Es el caso, *v. gr.*, del IRPF, IS, IP, o ISD.
  - Tributos concertados *de normativa común* → Se rigen por la **normativa aprobada por el Estado**, aunque las ***Diputaciones Forales disponen de capacidad normativa sobre algunos de sus aspectos***, como la determinación de *plazos de ingreso y modelos de declaración*. Es el supuesto, *v. gr.*, del IRNR, IVA, II.EE., o Impuesto sobre las Primas de Seguro.
- Cada una de las **Diputaciones Forales recauda los impuestos por ella regulados** y, **parte de su recaudación la transfiere al Gobierno vasco para que éste ingrese anualmente el importe del CUPO** (fijado con carácter quinquenal) **en la Hacienda estatal**.

3.2.3. Comunidad Foral de Navarra

- Regulación del Sistema tributario de la Comunidad Foral de Navarra → Ley Orgánica 13/1982, de 10 de agosto, de Reintegración y Amejoramiento del Régimen Foral de Navarra (= Estatuto de Autonomía Navarro) y en la Ley 28/1990, de 26 de diciembre, por la que se aprueba el Convenio Económico entre el Estado y la Comunidad Foral de Navarra.

- La Comunidad Foral de Navarra también tiene **potestad para mantener, establecer y regular su propio régimen tributario**, así como para la **exacción, gestión, liquidación, recaudación, inspección y revisión de los tributos propios** de la Comunidad Foral.

- Ha aprobado **leyes forales reguladoras de cada tributo**. Ejemplo → Decreto Foral Legislativo 4/2008, de 2 de junio, por el que se aprueba el Texto Refundido de la Ley Foral del Impuesto sobre la Renta de las Personas Físicas.

- La Comunidad Foral de Navarra **efectuará una** «aportación» económica anual **como participación de la misma en la financiación de las competencias generales del Estado** por las cargas no asumidas (de manera similar a lo previsto para el País Vasco).

4. EL PODER TRIBUTARIO DE LAS ENTIDADES LOCALES

4. EL PODER TRIBUTARIO DE LAS ENTIDADES LOCALES (I)

- La potestad tributaria de las CC.LL. ↔ Manifestación de su autonomía financiera (art. 142 CE).
- Las CC.LL. podrán establecer y exigir tributos de acuerdo con la Constitución y las leyes (**art. 133.2 CE**) ↔ **Equiparación CC.AA. y CC.LL.**
- Mientras que las CC.AA. disfrutan de **potestad legislativa**, las **CC.LL. carecen de ella.**
- Las CC.LL. precisan de una habilitación legislativa para ejercitar su potestad tributaria ↔ La ley estatal debe predeterminar dentro de límites precisos el ejercicio de esta potestad. PODER TRIBUTARIO COMPARTIDO CON EL ESTADO (RAMALLO MASSANET) → Como ha señalado el TC, tratándose de impuestos locales «corresponde al legislador estatal integrar el principio de reserva de ley en materia tributaria (arts. 31.3 y 133.1 y 2 CE) como medio de preservar tanto la unidad del ordenamiento como una básica igualdad de posición de los contribuyentes en todo el territorio nacional [STC 233/1999, de 16 de diciembre, FJ 10 c)] y el principio de autonomía local (arts. 137 y 140 CE), garantizando con ello adicionalmente la suficiencia financiera de las entidades locales exigida por el art. 142 CE» [por todas, STC 182/2021, de 26 de octubre, FJ 6 a)].

↓

La Ley Reguladora de las Haciendas Locales (TRLRHL) (Texto Refundido aprobado por RD Leg. 2/2004, de 5 de marzo) DISEÑA el SISTEMA DE INGRESOS DE AYUNTAMIENTOS Y DIPUTACIONES ↔ Incluye, junto a otros medios de financiación, los **TRIBUTOS PROPIOS** y **RECARGOS SOBRE TRIBUTOS AUTONÓMICOS O DE OTROS ENTES LOCALES.**

↓

- Establecimiento de la disciplina sustantiva de los tributos locales (y, fundamentalmente, de los impuestos) en el TRLRHL.

4. EL PODER TRIBUTARIO DE LAS ENTIDADES LOCALES (II)

- Potestad tributaria efectiva de las CC.LL. en la vertiente de los ingresos:

  - (a) Por lo que se refiere a los impuestos propios, fundamentalmente:

    - Facultad de **decidir sobre su establecimiento o aplicación** → En relación con los impuestos *de establecimiento potestativo* (ICIO e IIVTNU); no de establecimiento obligatorio (IBI, IAE, IVTM).

    - **Determinación del tipo o cuantía de sus impuestos** —tanto obligatorios como potestativos— **dentro de los márgenes fijados** en el propio TRLRHL.

  - (b) Creación de las concretas tasas y contribuciones especiales → Tratándose de este tipo de prestaciones tributarias, el ***ámbito de intervención normativa que tienen las Entidades Locales es mayor***, ya que el TRLRHL se limita a regular sus aspectos conceptuales.

Lección 5
LAS FUENTES DEL DERECHO TRIBUTARIO

1. INTRODUCCIÓN. EL ARTÍCULO 7 LGT

- **No** existe un **sistema de fuentes específico** del Ordenamiento tributario → Rige el mismo que en el resto de las ramas del Derecho.
- Objeto de estudio → ESPECIALIDADES del SISTEMA DE FUENTES DEL DERECHO TRIBUTARIO.
- Art. 7 LGT → **CUADRO DE FUENTES:**

«**Artículo 7.** ***Fuentes del ordenamiento tributario.***

1. Los tributos se regirán:

a) Por la **Constitución**.

b) Por los **tratados o convenios internacionales** que contengan **cláusulas de naturaleza tributaria** y, en particular, por los **convenios para evitar la doble imposición**, en los términos previstos en el artículo 96 de la Constitución.

c) Por las **normas que dicte la Unión Europea** y otros organismos internacionales o supranacionales a los que se atribuya el ejercicio de competencias en materia tributaria de conformidad con el artículo 93 de la Constitución.

d) Por esta **ley**, por las **leyes reguladoras de cada tributo** y por las **demás leyes** que contengan **disposiciones en materia tributaria.**

e) Por las **disposiciones reglamentarias** dictadas en desarrollo de las normas anteriores y, específicamente **en el ámbito tributario local**, por las correspondientes **ordenanzas fiscales**.

En el ámbito de competencias del Estado, corresponde al Ministro de Hacienda dictar disposiciones de desarrollo en materia tributaria, que revestirán la forma de **orden ministerial**, cuando así lo disponga expresamente la ley o reglamento objeto de desarrollo. Dicha orden ministerial podrá desarrollar directamente una norma con rango de ley cuando así lo establezca expresamente la propia ley.

2. Tendrán **carácter supletorio** las **disposiciones generales del derecho administrativo** y los **preceptos del derecho común**».

2. LA CONSTITUCIÓN *(remisión a las Lecciones 3 y 4)*

3. LOS TRATADOS INTERNACIONALES. ESPECIAL REFERENCIA A LOS CONVENIOS PARA EVITAR LA DOBLE IMPOSICIÓN

3. LOS TRATADOS INTERNACIONALES (I)

- Los Tratados internacionales son FUENTE DEL DERECHO ESPAÑOL.
- Dos posiciones doctrinales:
  - (a) Quienes defienden que los Tratados internacionales se sitúan **jerárquicamente por debajo de la CE** (entre otros, Pérez Royo).
  - (b) Quienes mantienen que las relaciones entre un Tratado internacional y una ley interna se rigen por el **principio de competencia** y no por el de jerarquía (entre otros, MENÉNDEZ MORENO).
- Art. 96 CE → Principio de RECEPCIÓN AUTOMÁTICA → Los Tratados internacionales válidamente celebrados, una vez publicados oficialmente en España, forman parte del Ordenamiento interno y sus disposiciones «sólo podrán ser derogadas, modificadas o suspendidas en la forma prevista en los propios tratados o de acuerdo con las normas generales del Derecho Internacional».
- De acuerdo con los arts. 93 y 94 CE → Tres grupos de Tratados:
  - (**a**) Los que requieren previa autorización por Ley Orgánica (art. 93 CE).
  - (**b**) Los que requieren previa autorización de las Cortes Generales (art. 94.1 CE), siguiendo el procedimiento previsto en el art. 74.2 CE ↔ La mayoría de los Tratados con contenido tributario se inscriben en esta categoría.
  - (c) Aquellos que, una vez concluidos, deberá informarse al Congreso y al Senado (art. 94.2 CE).

  * **A destacar en el ámbito tributario los dos primeros.**

3. LOS TRATADOS INTERNACIONALES (II)

- a) Tratados **que requieren** PREVIA AUTORIZACIÓN POR LEY ORGÁNICA (art. 93 CE) → Aquellos en los que se atribuye a una organización o institución internacional el ejercicio de competencias derivadas de la CE (art. 93 CE).

  - ➢ Paradigma → Tratado de adhesión de España a las Comunidades Europeas, así como los sucesivos negociados por España como miembro de la Unión. Todo el **Derecho originario de la UE** se inscribe en esta categoría.

- b) Tratados **que requieren** PREVIA AUTORIZACIÓN DE LAS CORTES GENERALES → Art. 94.1 CE → De interés en el ámbito tributario exclusivamente los tratados a que se refieren las letras c), d) y e) del art. 94.1 CE:

  - Tratados que **afectan a derechos y deberes fundamentales establecidos en el Título I** [art. 94.1.c) CE] → Entre ellos, el ***deber de contribuir*** (art. 31.1 CE).
  - Tratados que **impliquen obligaciones financieras para la Hacienda Pública** [art. 94.1.d) CE].
  - Tratados que **supongan modificación o derogación de una ley** o **exijan medidas legislativas para su ejecución** [art. 94.1.e) CE] → Necesidad de velar por la observancia del principio de reserva de ley tributaria.

  - ➢ Forman parte de este segundo grupo los Convenios para evitar la Doble Imposición (CDIs), así como los **convenios para el intercambio de información en materia fiscal** (de gran utilidad en la lucha contra la evasión fiscal a nivel internacional).

3. LOS TRATADOS INTERNACIONALES (III)

CONVENIOS PARA EVITAR LA DOBLE IMPOSICIÓN (CDIs):

- Función de los CDIs:
  - Establecer los criterios de reparto del poder tributario entre los diversos Estados.
  - Coordinar los distintos sistemas tributarios nacionales para evitar supuestos de doble o nula imposición.
- Se acuerdan **siguiendo algunos de los modelos existentes**: OCDE, ONU, EEUU.
- Su contenido, generalmente, incluye:
  - (a) El **ámbito** subjetivo y objetivo de aplicación.
  - (b) La **definición** de los **conceptos fundamentales**.
  - (c) El establecimiento de las **reglas de tributación** de las distintas **rentas o elementos patrimoniales**.
  - (d) Los **métodos** para **evitar la doble imposición**.
  - (e) El **principio de no discriminación**.
  - (f) La regulación del **procedimiento amistoso** de **interpretación y aplicación del CDI**.
  - (g) Cláusulas para el **intercambio de información**.
- Los CDIs se aplican con preferencia a la legislación interna.
- Nuestro país ha suscrito un buen número de CDIs para evitar la doble imposición; especialmente, en el ámbito de la imposición sobre la renta y el patrimonio.

4. EL DERECHO DE LA UNIÓN EUROPEA

4. EL DERECHO DE LA UNIÓN EUROPEA (I)

- La **integración de España en las Comunidades Europeas** (en la actualidad, UE), con efectos desde el 01-01-1986, supuso la **incorporación a nuestro sistema jurídico**:

  - (a) Del **Derecho comunitario originario** (el contenido en los Tratados).
  - (b) Del **Derecho comunitario derivado** (constituido, fundamentalmente, por los Reglamentos, Directivas y Decisiones emanados de las Instituciones comunitarias en el ejercicio de las competencias cedidas por los Estados miembros).
  - (c) De resto del acervo comunitario → Especialmente, de la **jurisprudencia del TJUE**.

- Según doctrina consolidada del TJUE (avalada por nuestro TC), las **relaciones entre el Derecho de la Unión Europea (tanto originario como derivado) y el Derecho interno** se rigen por los principios de AUTONOMÍA, EFECTO DIRECTO y PRIMACÍA del primero, así como por el principio de RESPONSABILIDAD del Estado **por los daños causados a los particulares por el incumplimiento del Derecho comunitario**.

4. EL DERECHO DE LA UNIÓN EUROPEA (II)

- (1) PRINCIPIO DE AUTONOMÍA del Derecho de la Unión Europea tanto **respecto DEL DERECHO INTERNO** de los Estados miembros, como **respecto del DERECHO INTERNACIONAL CLÁSICO** → *TERTIUM GENUS* → Las **categorías y nociones del Derecho de la Unión Europea no tienen por qué coincidir con las Derecho nacional** (aquellas se determinan en función de las exigencias del propio Derecho de la Unión y de los objetivos de los Tratados).

- (2) PRINCIPIO DE EFICACIA O EFECTO DIRECTO de las normas de la Unión Europea → Corolarios → Las normas dictadas por la Unión Europea tienen eficacia directa:
  - **Despliegan todos sus efectos de manera uniforme** y en todos los Estados miembros **desde su entrada en vigor.**
  - **Generan por sí mismas y de manera inmediata obligaciones y derechos** para sus **destinatarios** (Estados miembros o particulares).
  - **No necesitan ser recogidas ni ratificadas** por normas de Derecho interno.
  - **Son directamente aplicables por los órganos estatales** (administrativos y jurisdiccionales) desde su publicación en el Diario Oficial de la UE.
  - Las autoridades nacionales están obligadas a **no aplicar una norma interna declarada incompatible con ellas.**

- (3) PRINCIPIO DE PRIMACÍA de la norma comunitaria **sobre la norma interna** → Conlleva la **inaplicación de esta última en caso de conflicto con la primera.**
  - Corolario → Las **normas nacionales deben ser interpretadas** —hasta donde sea posible— **de conformidad con el Derecho de la Unión Europea** (= Principio de ***interpretación conforme***).
  - Asimismo, **prevalencia de los criterios interpretativos del TJUE** sobre el de cualquier otro órgano (administrativo, jurisdiccional, etc.) de carácter interno.

4. EL DERECHO DE LA UNIÓN EUROPEA (III)

- A partir de estos principios → TRASCENDENCIA DEL DERECHO COMUNITARIO FINANCIERO en la ORDENACIÓN DE LA ACTIVIDAD DE INGRESO Y GASTO PÚBLICO en el **espacio de la Unión Europea**.

- En la VERTIENTE de los INGRESOS PÚBLICOS:
  - La **UE puede establecer sus propios tributos** (Ej.: impuesto sobre los sueldos, salarios y emolumentos que las Comunidades pagan a sus funcionarios y agentes).
  - Los Tratados comunitarios imponen **importantes limitaciones al poder tributario de los Estados miembros** → A saber: (a) limitaciones derivadas del reconocimiento de las ***libertades comunitarias*** fundamentales (libre circulación de personas, servicios, mercancías y capitales); (b) limitaciones derivadas del ***principio general de no discriminación***; y (c) ***prohibición de ayudas de Estado*** (de carácter tributario) que puedan falsear la libre competencia.
  - Los Tratados comunitarios reconocen a las Instituciones comunitarias competencias para llevar a cabo la **armonización de la legislación fiscal de los Estados miembros** en la medida necesaria para alcanzar los objetivos comunitarios → Especialmente, ***en materia de imposición indirecta***.

- En la VERTIENTE del GASTO PÚBLICO → Los Tratados comunitarios imponen **importantes limitaciones al poder financiero de los Estados miembros**. Entre las principales:
  - Las que derivan de la **prohibición de déficits públicos excesivos.**
  - Las que derivan de los **criterios de convergencia** para la realización de la **Unión Económica y Monetaria.**

4. EL DERECHO DE LA UNIÓN EUROPEA (IV)

- FUENTES DEL DERECHO COMUNITARIO ORIGINARIO → Fundamentalmente:
  - **Tratado de la Unión Europea** (TUE)
  - **Tratado de Funcionamiento de la Unión Europea** (TFUE)
- FUENTES DEL DERECHO COMUNITARIO DERIVADO:

(1) Reglamentos:

- Tienen **alcance general** (regulan en abstracto situaciones generales y sus destinatarios se determinan también de manera genérica).
- Son **obligatorios en todos sus elementos** (no sólo en cuanto al resultado a conseguir).
- Resultan **directamente aplicables** en cada Estado miembro (no necesidad de acto de recepción en el ordenamiento interno de cada país).

⇨ Ejemplo más destacado en el ámbito tributario: Reglamento (UE) nº 952/2013 del Parlamento Europeo y del Consejo, de 9 de octubre de 2013, por el que se establece el Código Aduanero de la Unión.

(2) Directivas:

- **Dirigidas a los Estados** miembros.
- **Obligan** a cada Estado miembro **en cuanto al resultado** (dejando a las autoridades nacionales la elección de la forma y los medios para alcanzar dicho resultado).
- Deben ser **objeto de recepción en el ordenamiento interno de cada país mediante el instrumento adecuado**.
- Recepción dentro del plazo establecido.

⇨ Ejemplo en materia tributaria → Directiva 2006/112/CE del Consejo, de 28 de noviembre de 2006 , relativa al sistema común del IVA (traspuesta al ámbito interno por la Ley 37/1992, de 28 de diciembre, reguladora del IVA).

(3) Decisiones:

- Son **obligatorios en todos sus elementos.**
- Van **dirigidas a uno o varios destinatarios concretos.**

5. LA LEY

5.1. Clasificación de las leyes

5.2. Especialidades del procedimiento legislativo en materia tributaria. Límites materiales a la Ley de Presupuestos

5.3. El ámbito de la reserva de ley según la LGT: el artículo 8 LGT

5.1. CLASIFICACIÓN DE LAS LEYES

(a) LEYES ORGÁNICAS y LEYES ORDINARIAS → **Difieren** en el **ámbito de regulación**.

- a.1.- LEYES ORGÁNICAS:
  - Materias reservadas a la Ley Orgánica → Art. 81.1 CE → «Son leyes orgánicas las relativas al desarrollo de los derechos fundamentales y de las libertades públicas, las que aprueben los Estatutos de Autonomía y el régimen electoral general y las demás previstas en la Constitución».
  - Dentro del **ámbito reservado a la Ley Orgánica no** se encuentra la **materia tributaria**.
  - Con todo, **inclusión de normas con relevancia tributaria en LEYES ÓRGANICAS NO TRIBUTARIAS** en sentido estricto → *V. gr.*, en los Estatutos de Autonomía; en el Código Penal, en concreto, en los arts. 305 a 310 CP ("*Delitos contra la Hacienda Pública*"), etc.
  - Existencia de **alguna LEY ORGÁNICA ESPECÍFICAMENTE TRIBUTARIA** (susceptible de inclusión en el inciso final del art. 81.1 CE: «*las demás previstas en la Constitución*») → La dictada en desarrollo del art. 157.3 CE → **Ley Orgánica de Financiación de las Comunidades Autónomas** (LOFCA), que regula el ejercicio de las competencias financieras que la CE reconoce a las CC.AA.
- a.2.- LEYES ORDINARIAS:
  - Desempeñan un **papel fundamental** en el Derecho tributario **por imperativo del principio de legalidad** (art. 31.3 y 133.1 CE) → Por la exigencia de normas con rango de ley para la regulación de los elementos esenciales del tributo → *Remisión Lección 3*.
  - Asimismo, regulación por **ley ordinaria** de la **Ley de Presupuestos Generales del Estado**.

(b) LEYES ESTATALES y LEYES AUTONÓMICAS → La articulación entre unas y otras se basa en **criterios de distribución de competencias** (no de jerarquía) → Sometimiento de la legislación autonómica a la LOFCA.

5.2. ESPECIALIDADES DEL PROCEDIMIENTO LEGISLATIVO EN MATERIA TRIBUTARIA

Leyes estatales → ESPECIALIDADES del PROCEDIMIENTO LEGISLATIVO en MATERIA TRIBUTARIA:

- **Exclusión** de la **iniciativa popular** → *Ex* **art. 87.3 CE,** no procederá la iniciativa popular «en materias propias de ley orgánica, ***tributarias*** o de carácter internacional, ni en lo relativo a la prerrogativa de gracia».

  - Se pretende evitar el establecimiento, modificación o supresión de cualquier clase de tributos a través de una iniciativa legislativa popular plasmada en una propuesta de ley.

- Especialidades/Limitaciones de la Ley de Presupuestos → *Véanse esquemas siguientes.*

5.2. ESPECIALIDADES DE LA LEY DE PRESUPUESTOS: NATURALEZA JURÍDICA

- Regulación en el art. 134 CE:

  «1. Corresponde al Gobierno la elaboración de los Presupuestos Generales del Estado y a las Cortes Generales, su examen, enmienda y aprobación.

  2. Los Presupuestos Generales del Estado tendrán carácter anual, incluirán la totalidad de los gastos e ingresos del sector público estatal y en ellos se consignará el importe de los beneficios fiscales que afecten a los tributos del Estado.

  3. El Gobierno deberá presentar ante el Congreso de los Diputados los Presupuestos Generales del Estado al menos tres meses antes de la expiración de los del año anterior.

  4. Si la Ley de Presupuestos no se aprobara antes del primer día del ejercicio económico correspondiente, se considerarán automáticamente prorrogados los Presupuestos del ejercicio anterior hasta la aprobación de los nuevos.

  5. Aprobados los Presupuestos Generales del Estado, el Gobierno podrá presentar proyectos de ley que impliquen aumento del gasto público o disminución de los ingresos correspondientes al mismo ejercicio presupuestario.

  6. Toda proposición o enmienda que suponga aumento de los créditos o disminución de los ingresos presupuestarios requerirá la conformidad del Gobierno para su tramitación.

  7. La Ley de Presupuestos no puede crear tributos. Podrá modificarlos cuando una ley tributaria sustantiva así lo prevea».

- NATURALEZA JURÍDICA de la LPGE (conforme a reiterada jurisprudencia constitucional):
  - (1) No sólo es una LEY en sentido formal, sino también EN SENTIDO MATERIAL (por todas, 248/2007, de 13 de diciembre, FJ 4). Puntualización **aplicable tanto a la LPGE como a las leyes de presupuestos de las CCAA** (STC 7/2010, FJ 3).
  - (2) Es una LEY SINGULAR (por todas, STC 44/2018, de 26 de abril, FJ 4):
    - Aprobación con base en una **competencia específica desdoblada de la genérica potestad legislativa del Estado** → Distinción entre ***competencia legislativa*** y ***competencia presupuestaria*** → Art. 66.2 CE.
    - Existencia de **importantes limitaciones y restricciones al debate parlamentario** en la tramitación del Proyecto de Ley de Presupuestos (fundamentalmente, limitaciones impuestas por los reglamentos de las Cámaras y por la previsión contenida en el art. 134.6 CE).

↓

Corolario → Existencia de LIMITACIONES RESPECTO DEL CONTENIDO POSIBLE de la LPGE.

5.2. CONTENIDO DE LA LEY DE PRESUPUESTOS (I)

- *Ex* art. 134.2 CE → Los Presupuestos Generales del Estado «incluirán la **totalidad de los gastos e ingresos** del sector público estatal y en ellos se consignará el importe de los **beneficios fiscales** que afecten a los tributos del Estado».

- Cuestión a resolver → ¿Puede la Ley de Presupuestos contener alguna regulación diferente de la estricta previsión de ingresos y habilitación de gastos?

- **POSICIONES DOCTRINALES** ("extremas") en relación con el contenido de la LPGE (AGUALLO AVILÉS):

  - **Interpretación restringida** → Articulado LPGE ↔ Aprobación de los estados de **gastos e ingresos** y **normas** relacionadas con la **gestión y ejecución de los créditos presupuestarios.**

  - **Interpretación amplia** → La LPGE puede regular **todo tipo de materias** con las limitaciones establecidas en el **art. 134.7 CE.**

5.2. CONTENIDO DE LA LEY DE PRESUPUESTOS (II)

DOCTRINA SENTADA POR EL TC → Posición ECLÉCTICA (mejor exponente de esta doctrina: STC 76/1992, de 24 de mayo. Entre las más recientes, en el mismo sentido, SSTC 152/2014, de 25 de septiembre, FJ 4 a); 44/2015, de 5 de marzo; 123/2016, de 23 de junio; 122/2018, de 31 de octubre; 16/2022, de 8 de febrero, FJ 3; o, en fin, 145/2022, de 15 de noviembre, FJ 2):

- El contenido de la Ley de Presupuestos **está constitucionalmente determinado a partir de su función** como **norma de ordenación del gasto público** (art. 134 CE).
- Los denominados **límites materiales a la Ley de presupuestos derivan:** (1) de la **específica función** que constitucionalmente se atribuye a este tipo de leyes (ordenación jurídica del gasto público y ser instrumento o vehículo de la política económica del Gobierno); (2) de las **especificidades de su tramitación parlamentaria;** y (3) de las **exigencias del principio de seguridad jurídica** del art. 9.3 CE entendido como certeza del Derecho, «debido a que ese principio de certeza "exige que una ley de contenido constitucionalmente definido" como la de presupuestos generales, "no contenga más disposiciones que las que corresponden a su función constitucional"» [STC 76/1992, FJ 4; y, entre las últimas, STC 145/2022, FJ 2 a), (i)].
- **CONTENIDO DE LA LPGE *ex* art. 134 CE:**

➢ (1) Contenido "ESENCIAL", "INDISPONIBLE" o "IMPRESCINDIBLE" **para el legislador** de la LPGE, **MÍNIMO y NECESARIO**, que en todo caso debe figurar en la LPGE ↔ No es disponible para el legislador:

- **Previsión de ingresos y habilitación de gastos** para un ejercicio económico.
- **Normas** que directamente **desarrollan o aclaran las partidas presupuestarias** en que el gasto público se concreta (esto es, el presupuesto en sí).

↓

Contenido ESENCIAL ≠ Contenido EXCLUSIVO Y EXCLUYENTE:

↓

➢ (2) **Asimismo, posibilidad de que la LPGE tenga** un Contenido "EVENTUAL", "DISPONIBLE" o "NO IMPRESCINDIBLE".

5.2. CONTENIDO DE LA LEY DE PRESUPUESTOS (III)

➢ (2) Contenido "EVENTUAL", "DISPONIBLE" o "NO IMPRESCINDIBLE" → Conjunto de normas que regulan **materias conexas a la previsión de ingresos y a la habilitación de gastos** (= PARTE DISPOSITIVA de la Ley de Presupuestos).

↓

Siempre y cuando concurran los siguientes requisitos:

- (a) Que **guarden una** CONEXIÓN DIRECTA **con las materias** que constituyen el **contenido mínimo, necesario o indisponible** de la Ley de Presupuestos.

  → Es necesario que la **CONEXIÓN con la estimación de ingresos y la habilitación de gastos** sea «**DIRECTA, INMEDIATA Y QUERIDA POR LA NORMA**» → Pese a que cualquier medida legislativa es susceptible de tener un impacto en el gasto público o en la estimación de ingresos, «no pueden incluirse en las leyes de presupuestos normas "cuya incidencia en la ordenación del programa anual de ingresos y gastos es sólo accidental y secundaria y por ende insuficiente para legitimar su inclusión en la Ley de Presupuestos" [STC 152/2014, de 25 de septiembre, FJ 4 a)]» [por todas, STC 122/2018, FJ 3 d)] → Amplia casuística en la jurisprudencia del TC en relación con la existencia —o no— de esta conexión «directa e inmediata» (*vid. esquema siguiente*).

- (b) Que se JUSTIFIQUE su **inclusión** → Justificación que puede **obedecer a alguna de las siguientes razones**:

  – Por ser un **complemento de los criterios de política económica del Gobierno** de la que ese Presupuesto es el instrumento (= Conexión ECONÓMICA).

  – Por ser un **complemento necesario para la mayor inteligencia y mejor ejecución del Presupuesto** (= Conexión PRESUPUESTARIA).

5.2. CONTENIDO DE LA LEY DE PRESUPUESTOS (IV)

AMPLIA CASUÍSTICA EN LA **JURISPRUDENCIA DEL TC** EN RELACIÓN CON LA **EXISTENCIA —O NO— DE ESTA CONEXIÓN «DIRECTA E INMEDIATA»** → A título de ejemplo:

PUEDEN INCLUIRSE en el CONTENIDO EVENTUAL de la Ley de Presupuestos:

- **Medidas** que tengan como finalidad directa la **reducción del gasto público** → Normas de ***incompatibilidad de percepción de haberes activos y de pensiones*** (STC 65/1990, de 5 de abril, FJ 3).
- **Medidas** que tengan como finalidad directa el **aumento del gasto público** → Normas relativas al ***incremento de retribuciones salariales*** para el ***personal al servicio de las Administraciones públicas*** (STC 237/1992, de 15 de diciembre,), así como la ***creación de un complemento retributivo para determinados cargos públicos*** (STC 32/2000, de 3 de febrero).

NO TIENEN CABIDA en el CONTENIDO EVENTUAL de la Ley de Presupuestos:

- Norma que facilita la recaudación de las deudas tributarias, estableciendo un **mecanismo de autorización automática de entrada en el domicilio del deudor** [STC 76/1992, FJ 4 b)].
- **Normas** que **integran el régimen de la función pública** → Por ejemplo, las relativas a los procedimientos de acceso de los funcionarios sanitarios locales interinos a la categoría de funcionarios de carrera (STC 174/1998, de 23 de julio, FFJJ 6 y 7); de provisión de los puestos de trabajo del personal sanitario (STC 203/1998, de 15 de octubre, FFJJ 3 a 5); de edad de pase a la situación de segunda actividad de los funcionarios del Cuerpo Nacional de Policía (STC 234/1999, de 16 de diciembre, FFJJ 4 y 5); o los requisitos de titulación necesaria para acceder al Cuerpo Superior de Auditores del Tribunal de Cuentas (STC 9/2013, FJ 3).
- O, en fin, la **atribución al orden jurisdiccional contencioso-administrativo** del conocimiento de los “actos administrativos dictados en las fases preparatorias, previas a la contratación de personal laboral para el ingreso por acceso libre” (STC 145/2022, de 15 de noviembre, FJ 3).

APLICACIÓN DE LOS LÍMITES DEL ART. 134.2 CE (RELATIVOS AL CONTENIDO POSIBLE DE LA LEY DE PRESUPUESTOS), A LAS LEYES PRESUPUESTARIAS AUTONÓMICAS:

- Doctrina consolidada del Tribunal Constitucional → El **art. 134 CE** «regula una institución estatal, el presupuesto del Estado, y que **como regla general no resulta aplicable a los presupuestos de las Comunidades Autónomas**, a las que **serán de aplicación** las disposiciones de la Ley Orgánica 8/1980, de 22 de septiembre, de financiación de las Comunidades Autónomas **(LOFCA)** y de **su respectivo Estatuto de Autonomía»**.
- En los procesos constitucionales en los que resultaba controvertido el contenido posible de una ley de presupuestos autonómica:
  - (1) **Examen por el TC** de las normas que integran el **bloque de la constitucionalidad aplicable a la institución presupuestaria de la Comunidad Autónoma** correspondiente.
  - (2) RESULTADO del examen anterior → **Existencia de una cláusula similar al art. 134.2 CE** en:
    - (a) La **LOFCA** → **Art. 21.1** → «Los presupuestos de las Comunidades Autónomas (...) incluirán la totalidad de los gastos e ingresos de los organismos y entidades integrantes de la misma, y en ellos se consignará el importe de los beneficios fiscales que afecten a tributos atribuidos a las referidas Comunidades».
    - (b) En los **Estatutos de Autonomía**.
  - (3) CONCLUSIÓN del TC → Del bloque de la constitucionalidad aplicable a la Comunidad Autónoma puede deducirse «un **principio general de que el contenido de la Ley de Presupuestos autonómica se adecúe a la función institucional que le es propia**, sin que puedan incluirse en ella normas que no guarden relación directa con el programa de ingresos y de gastos o con los criterios de la política económica en que se sustentan, o que no sean un complemento necesario para la mayor inteligencia y para la mejor y más eficaz ejecución del Presupuesto» [SSTC 174/1998, FJ 6; 130/1999, FJ 5; y, más recientemente, SSTC 108/2015, FJ 3 a)].

- **CONCLUSIÓN FINAL DEL ANÁLISIS ANTERIOR** → De acuerdo con el TC, «los límites al contenido posible o eventual de la Ley de presupuestos derivados del art. 134.2 CE son de aplicación a las leyes de presupuestos de las Comunidades Autónomas *siempre que haya una identidad sustancial en las normas que integren el bloque de la constitucionalidad aplicable a la Comunidad Autónoma*, conclusión que ***en todos los supuestos examinados ha arrojado un resultado positivo***».

¿ES POSIBLE LA CREACIÓN Y MODIFICACIÓN DE TRIBUTOS POR LA LEY DE PRESUPUESTOS GENERALES DEL ESTADO? (I)

- Antecedentes históricos → Durante la vigencia del **régimen político anterior a la promulgación de la CE de 1978 → Abuso de la Ley de presupuestos** para la aprobación de todo tipo de normas tributarias. Se realizaron incluso por esta vía auténticas reformas tributarias integrales (la de 1900 ó 1957).

- A la luz de la experiencia histórica pero también del hecho de que el tributo es un instrumento fundamental de política económica → Conveniencia de que la Ley de presupuestos pudiera incidir —siempre de forma limitada— en materia tributaria con la finalidad de dotar al sistema tributario de cierta flexibilidad → **Solución de consenso** → Art. 134.7 CE → «La Ley de Presupuestos no puede crear tributos. Podrá modificarlos cuando una ley tributaria sustantiva así lo prevea».

- Jurisprudencia reiterada del TC → **El art. 134.7 CE afecta**, exclusivamente, a las **Leyes de Presupuestos del Estado y no a las de las Comunidades Autónomas.**

- CUESTIONES A RESOLVER QUE PLANTEA EL ART. 134.7 CE:
  - (1) ¿Qué debe entenderse por **creación de tributos**?
  - (2) ¿Qué debe entenderse por **modificación de un tributo**?
  - (3) ¿Qué debe entenderse por **ley tributaria sustantiva**?

¿ES POSIBLE LA CREACIÓN Y MODIFICACIÓN DE TRIBUTOS POR LA LEY DE PRESUPUESTOS GENERALES DEL ESTADO? (II)

(1) ¿QUÉ DEBE ENTENDERSE POR CREACIÓN DE TRIBUTOS?

- Debe entenderse:
  - La creación *ex novo* de un tributo.
  - También la introducción de **modificaciones en la regulación de un tributo ya existente** que supongan un **cambio total o radical en la naturaleza del mismo** (ESEVERRI MARTÍNEZ)

- De acuerdo con el TC el art. 134.7 CE se refiere, exclusivamente, a los tributos y no a las que el Tribunal ha calificado como prestaciones patrimoniales de carácter público no tributarias (PPCPNT) ↔ Estas últimas sí pueden crearse a través de la Ley de presupuestos ↔ Doctrina sentada en las **SSTC 44/2015, de 5 de marzo, y 62/2015, de 13 de abril**, en relación con ingresos por volumen de ventas al Sistema Nacional de Salud:

> Dado «que no puede efectuarse una lectura expansiva de los límites que la Constitución impone a la ley de presupuestos, debe señalarse que cuando el art. 134.7 CE prohíbe a la ley de presupuestos "crear tributos" está poniendo en conexión esta limitación con el deber de contribuir al que hace referencia el art. 31.1 CE y con la potestad originaria del Estado para crear tributos por ley del art. 133.1 CE, sin que haya pretendido extender esa prohibición a cualquier "prestación patrimonial de carácter público" a las que se refiere el art. 31.3 CE. Dicho de otra manera, cuando el Constituyente consideró inhábil el instrumento presupuestario para introducir nuevos "tributos" en el ordenamiento o para modificar los existentes (sin previa habilitación legal al respecto), era consciente de la existencia de una reserva de ley en materia de "prestaciones patrimoniales de carácter público" (art. 31.3 CE), y, sin embargo, no quiso extender aquella limitación a toda clase de prestación patrimonial de carácter público, sino únicamente a las de naturaleza tributaria, **quedando legitimadas las restantes prestaciones patrimoniales no tributarias para formar parte del CONTENIDO EVENTUAL de la ley de presupuestos**, claro está, **siempre y cuando, guarden la NECESARIA CONEXIÓN ECONÓMICA —relación directa con los ingresos o gastos del Estado o vehículo director de la política económica del Gobierno— O PRESUPUESTARIA —para una mayor inteligencia o mejor ejecución del presupuesto— con el instrumento presupuestario**» [STC 44/2015, FJ 5 e); en el mismo sentido, STC 62/2015, FJ 3 e)].

¿ES POSIBLE LA CREACIÓN Y MODIFICACIÓN DE TRIBUTOS POR LA LEY DE PRESUPUESTOS GENERALES DEL ESTADO? (III)

(2) ¿QUÉ DEBE ENTENDERSE POR MODIFICACIÓN DE TRIBUTOS?

- Desde la STC 27/1981 → Importante distinción en la jurisprudencia constitucional:
  - **Modificación de «mera adaptación del tributo a la realidad»** → Son **admisibles en todo caso**, incluso **sin previa habilitación por ley sustantiva** (objeto de crítica por parte de la doctrina —ESCRIBANO LÓPEZ, FALCÓN Y TELLA, RAMÍREZ GÓMEZ— por la amplitud con la que el TC ha interpretado la fórmula "mera adaptación del tributo a la realidad").
    - ✓ Ejemplo de "mera adaptación del tributo a la realidad" → Introducción de coeficientes de actualización monetaria del valor de adquisición de los bienes transmitidos a efectos de la determinación de los posibles incrementos o disminuciones de patrimonio sujetos al IRPF (STC 27/1981, FJ 6).
  - **Modificaciones «sustanciales y profundas»** → Pueden producirse **siempre que exista una previa habilitación por ley sustantiva.**

(3) ¿QUÉ DEBE ENTENDERSE POR LEY TRIBUTARIA SUSTANTIVA?

- Doctrina constante del TC → Cuando «el art. 134.7 habla de "Ley tributaria sustantiva" se remite a **cualquier Ley** ("propia" del impuesto o modificadora de ésta) que, exceptuando la de Presupuestos, **regule elementos concretos de la relación tributaria**» (STC 27/1981, FJ 3).
- En consecuencia, a la luz de la doctrina anterior:
  - (a) La ley habilitante puede ser **cualquier ley** (excepto la propia ley de presupuestos) que **regule aspectos concretos de la relación jurídico-tributaria MATERIAL**.
  - (b) Y ello, **con independencia de que se trate de la** ley específica del tributo (es decir, aquella por la cual se creó y reguló inicialmente) **u otra** que, **modificando o completando lo dispuesto en la ley propia del tributo, incida sobre la regulación de algún aspecto material del mismo** y no sobre aspectos puramente formales.
  - (c) **No tendría la condición de ley tributaria sustantiva** aquella que se dictara con la única finalidad de habilitar o autorizar a la ley de presupuestos para la modificación de un determinado tributo.

¿ES POSIBLE LA CREACIÓN Y MODIFICACIÓN DE TRIBUTOS POR LA LEY DE PRESUPUESTOS GENERALES DEL ESTADO? (IV)

- Resulta dudoso que la habilitación por "ley tributaria sustantiva" a que se refiere el art. 134.7 CE pueda contenerse en un Decreto-ley.

   - Una habilitación de esta naturaleza **chocaría con el presupuesto habilitante del Decreto-ley *ex* art. 86.1 CE→ la *extraordinaria y urgente necesidad*** → No se comprende qué extraordinaria y urgente necesidad podría haber en que un Decreto-ley autorizase a una ley de presupuestos para que *en el futuro, y en caso de que así se estimase conveniente*, llevara a cabo la modificación de la regulación de un determinado tributo.

   - Por esta razón la **inmensa mayoría de la doctrina tributarista se ha mostrado reacia a admitir la posibilidad** de que la habilitación a la Ley de presupuestos pueda contenerse en un Decreto-ley.

   - El **TC no se ha pronunciado sobre esta cuestión. Sí lo hizo, en cambio, el TS** en fecha temprana (STS de 23 de noviembre de 1983) **admitiendo la legitimidad de la utilización del Decreto-ley como norma habilitante de la Ley de presupuestos.**

APLICACIÓN DE LOS LÍMITES DEL ART. 134.7 CE A LAS LEYES PRESUPUESTARIAS AUTONÓMICAS:

DOCTRINA SENTADA POR EL TC A ESTE RESPECTO (SSTC 116/1994, de 18 de abril, FJ 5; 7/2010, de 27 de abril; y 108/2015, de 28 de mayo):

- La limitación constitucional contenida en el art. 134.7 CE NO resulta de aplicación a las leyes de presupuestos de las Comunidades Autónomas.
- Habrá de estarse a lo dispuesto en el bloque de constitucionalidad aplicable a la correspondiente CCAA → Fundamentalmente, en su Estatuto de Autonomía y en la LOFCA:
  - En **algunos EEAA sí se contiene un precepto similar al art. 134.7 CE** → Aplicación a la Ley de presupuestos autonómica en estas CCAA de los mismos límites que se imponen a la LPGE.
  - En otros EEAA no se contiene previsión alguna al respecto:
    - **No significa la inexistencia de límite alguno** a las leyes de presupuestos autonómicas en relación con la creación o modificación de tributos.
    - **En estos EEAA suele existir una previsión similar al art. 134.2 CE y** dispone, además, el **art. 21.1 LOFCA** lo siguiente: «Los presupuestos de las Comunidades Autónomas tendrán carácter anual e igual período que los del Estado, (...) *e incluirán la totalidad de los gastos e ingresos de los organismos y entidades integrantes de la misma, y en ellos se consignará el importe de los beneficios fiscales que afecten a tributos atribuidos a las referidas Comunidades*».
    - Sustancial identidad con lo que dispone respecto de los presupuestos generales del Estado, el art. 134.2 CE → **Aplicación a los presupuestos autonómicos de la doctrina general que el TC ha elaborado acerca de los límites materiales de las LPGE contenidos en el art. 134.2**: el TC ha insistido, a este respecto, en que «la ley de presupuestos autonómica se adecue a la función institucional que le es propia, ***sin que puedan incluirse en ella normas que no guarden relación directa con el programa de ingresos y gastos o con los criterios de política económica en que se sustentan***, o que no sean un complemento necesario para la mayor inteligencia y para la mejor y más eficaz ejecución del presupuesto"».
    - Siguiendo esta argumentación en la STC 108/2015, de 28 de mayo, se **declaró** constitucional la creación *ex novo* del impuesto sobre depósitos en entidades de crédito por la Ley de presupuestos para 2013 del Principado de Asturias ↔ **En su** Estatuto de Autonomía no se contenía una limitación **similar a la establecida en el** art. 134.7 CE.

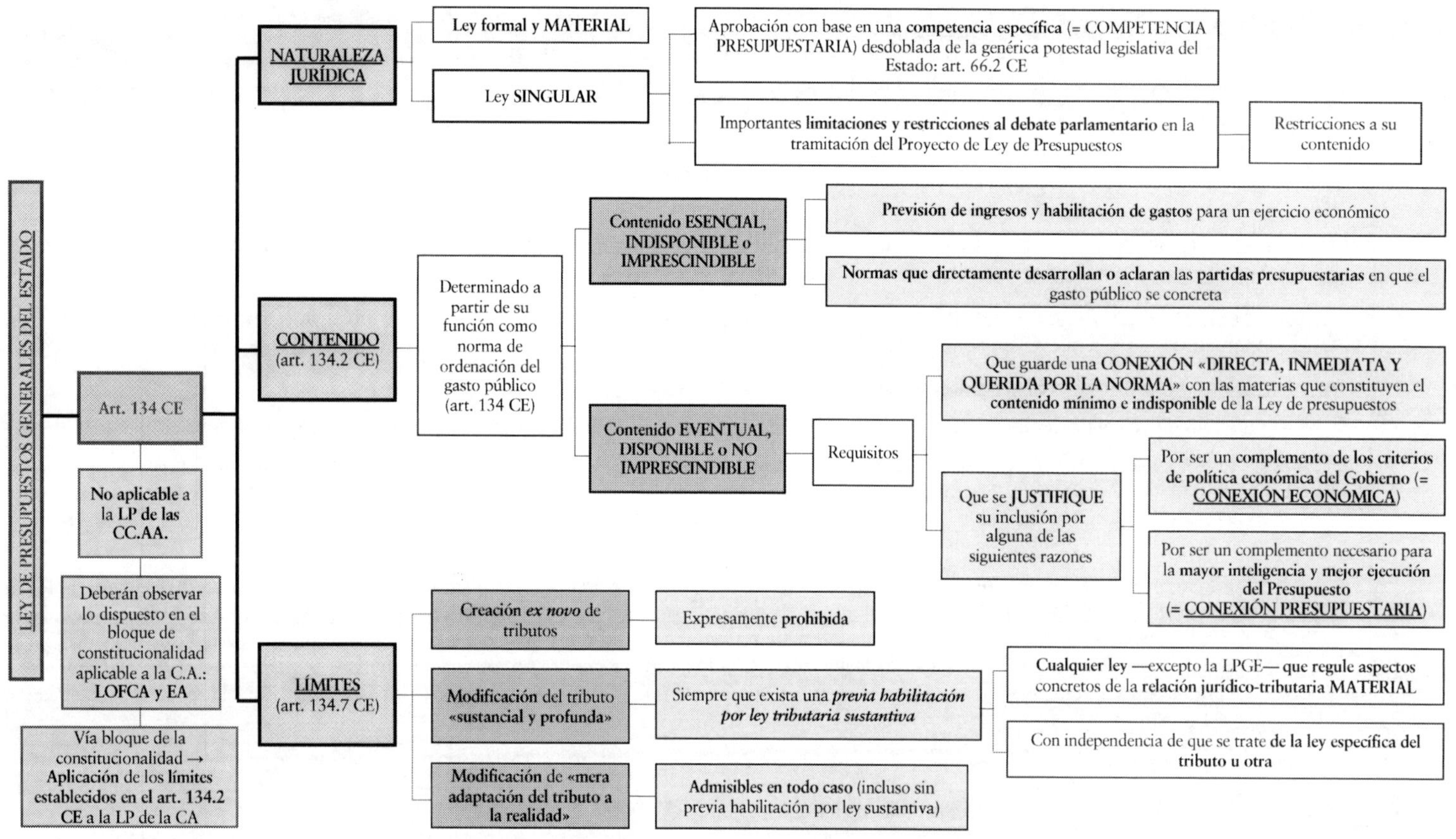

LEY DE PRESUPUESTOS GENERALES DEL ESTADO
Art. 134 CE
No aplicable a la LP de las CC.AA.
Deberán observar lo dispuesto en el bloque de constitucionalidad aplicable a la C.A.: LOFCA y EA
Vía bloque de la constitucionalidad → Aplicación de los límites establecidos en el art. 134.2 CE a la LP de la CA
NATURALEZA JURÍDICA
Ley formal y MATERIAL
Ley SINGULAR
Aprobación con base en una competencia específica (= COMPETENCIA PRESUPUESTARIA) desdoblada de la genérica potestad legislativa del Estado: art. 66.2 CE
Importantes limitaciones y restricciones al debate parlamentario en la tramitación del Proyecto de Ley de Presupuestos
Restricciones a su contenido
CONTENIDO (art. 134.2 CE)
Determinado a partir de su función como norma de ordenación del gasto público (art. 134 CE)
Contenido ESENCIAL, INDISPONIBLE o IMPRESCINDIBLE
Previsión de ingresos y habilitación de gastos para un ejercicio económico
Normas que directamente desarrollan o aclaran las partidas presupuestarias en que el gasto público se concreta
Contenido EVENTUAL, DISPONIBLE o NO IMPRESCINDIBLE
Requisitos
Que guarde una CONEXIÓN «DIRECTA, INMEDIATA Y QUERIDA POR LA NORMA» con las materias que constituyen el contenido mínimo e indisponible de la Ley de presupuestos
Que se JUSTIFIQUE su inclusión por alguna de las siguientes razones
Por ser un complemento de los criterios de política económica del Gobierno (= CONEXIÓN ECONÓMICA)
Por ser un complemento necesario para la mayor inteligencia y mejor ejecución del Presupuesto (= CONEXIÓN PRESUPUESTARIA)
LÍMITES (art. 134.7 CE)
Creación ex novo de tributos
Expresamente prohibida
Modificación del tributo «sustancial y profunda»
Siempre que exista una previa habilitación por ley tributaria sustantiva
Cualquier ley —excepto la LPGE— que regule aspectos concretos de la relación jurídico-tributaria MATERIAL
Con independencia de que se trate de la ley específica del tributo u otra
Modificación de «mera adaptación del tributo a la realidad»
Admisibles en todo caso (incluso sin previa habilitación por ley sustantiva)

5.3. EL ÁMBITO DE LA RESERVA DE LEY SEGÚN LA LGT: EL ARTÍCULO 8 LGT

- Se trata de una MATERIA CONSTITUCIONAL.
- **Art. 8 LGT** = NORMA INTERPRETATIVA de la previsión constitucional que establece la reserva de ley tributaria. DECLARACIÓN DE MATERIAS VEDADAS POR LEY AL REGLAMENTO (= respecto de las que no es posible la deslegalización).
- **Listado** HETERÓGENEO:
  - Supuestos que son concreción del **art. 31.3 CE** → La práctica totalidad de aquellos a los que se refiere la letra a); letras b), c), d), e) y k).
  - Supuesto que encuentra fundamento en el principio de legalidad sancionadora del **art. 25.1 CE** → Supuesto de la letra g).
  - Supuestos que son proyección del **art. 105 c) CE** (reserva de ley para la regulación del procedimiento administrativo).
- **Listado manifiestamente** INCOMPLETO → Produce confusión:
  - Art. 8 a) LGT → Asimismo, necesidad de regulación legal de las presunciones *iuris tantum*.
  - *¿Regulación de las garantías del crédito tributario?*
  - *¿Regulación de las medidas cautelares?*
  - *¿Regulación de las facultades de la Inspección?*
  - *Etc.*

6. NORMAS DEL PODER EJECUTIVO CON FUERZA DE LEY

- **6.1. DECRETOS LEGISLATIVOS**
- **6.2. DECRETOS-LEYES**
    - **6.2.1. El Decreto-ley *estatal* (art. 86 CE)**
        - A) Consideraciones generales
        - B) Concurrencia del denominado presupuesto habilitante: la «extraordinaria y urgente necesidad»
        - C) Los límites materiales impuestos al Decreto-ley en materia tributaria
    - **6.2.2. Los Decretos-leyes de las Comunidades Autónomas**

6.1. DECRETOS LEGISLATIVOS

- Arts. 82 a 85 CE → Contemplan la **posibilidad de que las Cortes Generales puedan delegar en el Gobierno la potestad de dictar normas con rango de ley**, que reciben la denominación de **Decretos legislativos**, ***sobre materias no reservadas a la ley orgánica*** (art. 81 CE).

- La delegación puede tener por objeto:
  - La formación de un TEXTO ARTICULADO → La **delegación** deberá otorgarse **a través de una** LEY DE BASES → El Parlamento establece la regulación básica (principios y criterios fundamentales) de una determinada **materia que encierra especial complejidad técnica**, delegando en el Gobierno el desarrollo y concreción de tales principios y criterios.
  - La aprobación de un TEXTO REFUNDIDO (= refundición de varios textos legales en uno solo) → La **delegación** se llevará a cabo **a través de una** LEY ORDINARIA → Determina el **ámbito normativo a que se refiere** el contenido de la delegación, especificando si se circunscribe a la **mera formulación de un texto único** o **si se incluye la posibilidad de regularizar, aclarar y armonizar** los textos legales que han de ser refundidos.

- En los dos supuestos anteriores, la delegación legislativa habrá de otorgarse al Gobierno: (a) de **forma expresa**; (b) **para materia concreta** (no son admisibles las delegaciones indeterminadas o en blanco); y (c) con la **fijación del plazo para su ejercicio** (no puede concederse por tiempo indeterminado).

- La delegación legislativa se agota: (a) **por el uso** que de ella haga el Gobierno mediante la publicación de la norma correspondiente (Decreto legislativo); o (b) **por el transcurso del plazo** para el cual se concedió sin que se haya ejercitado.

- **No se admite la subdelegación** a autoridades distintas del propio Gobierno.

- EN MATERIA TRIBUTARIA (Ej.: TRLRHL; TR de la LIRNR; TR de la LITP y AJD):
  - Los Decretos legislativos **satisfacen las exigencias dimanantes de la reserva de ley**.
  - En ocasiones, empero, se ha aprovechado el pretexto de la refundición (textos refundidos) para operar auténticas modificaciones legislativas.

6.2. DECRETOS-LEYES; 6.2.1. EL DECRETO-LEY *ESTATAL* (ART. 86 CE)

A) CONSIDERACIONES GENERALES

- **Regulación → Artículo 86 CE:**

  «1. En caso de **extraordinaria y urgente necesidad**, el Gobierno podrá dictar disposiciones legislativas provisionales que tomarán la forma de Decretos-leyes y que **no podrán afectar** al ordenamiento de las instituciones básicas del Estado, **a los derechos, deberes y libertades de los ciudadanos regulados en el Título I**, al régimen de las Comunidades Autónomas ni al Derecho electoral general.

  2. Los Decretos-leyes deberán ser inmediatamente sometidos a debate y votación de totalidad al Congreso de los Diputados, convocado al efecto si no estuviere reunido, en el plazo de los treinta días siguientes a su promulgación. El Congreso habrá de pronunciarse expresamente dentro de dicho plazo sobre su convalidación o derogación, para lo cual el Reglamento establecerá un procedimiento especial y sumario.

  3. Durante el plazo establecido en el apartado anterior, las Cortes podrán tramitarlos como proyectos de ley por el procedimiento de urgencia».

- El Decreto-ley es un **acto del Gobierno con fuerza de ley**.
- Por vía de excepción emana del Gobierno y no del Poder Legislativo → Tiene **inicialmente un carácter meramente provisional** → Está sujeto a la **RATIFICACIÓN del Congreso**, al que se somete para ***debate y voto de totalidad*** dentro del plazo de **treinta días desde su promulgación**.
- La **convalidación** del Decreto-ley **no lo transforma en una ley —en sentido formal—** del Parlamento → Sigue siendo —si bien *con carácter definitivo*— **una norma con rango de ley emanada del Gobierno.**
- Durante el plazo de treinta días de que disponen las Cortes para convalidar el Decreto-ley también **podrán TRAMITARLO COMO PROYECTO DE LEY por el procedimiento de urgencia** → Resultado de esta tramitación será una **ley del Parlamento que sustituirá completamente al Decreto-ley** (*sucesión de normas jurídicas*).
- La **excepción al principio democrático** que supone el Decreto-ley llevó al **constituyente** a imponer **dos importantes restricciones** a su utilización:
  - Exigencia de una **extraordinaria y urgente necesidad** (= **PRESUPUESTO HABILITANTE**).
  - **Prohibición de regular** por Decreto-ley **ciertas materias** (= **LÍMITES MATERIALES** al Decreto-ley).

B) CONCURRENCIA DEL DENOMINADO PRESUPUESTO HABILITANTE: LA «EXTRAORDINARIA Y URGENTE NECESIDAD» (I)

SENTIDO Y ALCANCE QUE EL PRESUPUESTO LEGITIMADOR DE LA «EXTRAORDINARIA Y URGENTE NECESIDAD» TIENE EN LA DOCTRINA DEL TC [por todas, STC 139/2016, de 21 de julio, FJ 3; 34/2017, de 1 de marzo, FJ 3; 14/2020, de 28 de enero, FJ 2; 40/2021, de 18 de febrero, FJ 2; 17/2023, de 9 de marzo, FJ 2 A]:

- Apreciación de la extraordinaria y urgente necesidad ↔ **Juicio político que corresponde** efectuar al **Gobierno** (titular constitucional de la potestad legislativa de urgencia) **y al Congreso** (titular de la potestad de convalidar, derogar o tramitar el texto como proyecto de ley).

- El TC **controla** que ese juicio político «**no desborde los límites de lo manifiestamente razonable**. TC efectúa un control jurisdiccional *ex post* → Finalidad → Velar por que **el Gobierno se mantenga dentro del concepto jurídicamente asequible** que es la situación de "extraordinaria y urgente necesidad".

- Objeto del **control jurisdiccional *ex post*** que efectúa el TC → Constatación de:
  - **1.**- Que la definición **por los órganos políticos** de una situación "de extraordinaria y urgente necesidad" sea "explícita y razonada".
  - **2.**- La **existencia de "una conexión de sentido o** relación de adecuación entre la situación definida que constituye el presupuesto habilitante y las medidas que en el decreto-ley se adoptan".

B) CONCURRENCIA DEL DENOMINADO PRESUPUESTO HABILITANTE: LA «EXTRAORDINARIA Y URGENTE NECESIDAD» (II)

➢ **1.-** Que la definición **por los órganos políticos** de una situación "de extraordinaria y urgente necesidad" sea "explícita y razonada":

- **No es necesario** que la definición expresa de la «extraordinaria y urgente necesidad» **haya de contenerse siempre en el propio Real Decreto-ley**, sino que tal presupuesto cabe deducirlo igualmente de una pluralidad de elementos → Pueden **quedar reflejados** en la ***exposición de motivos*** de la norma, a lo largo del ***debate parlamentario de convalidación***, y en el propio ***expediente de elaboración de la misma.***

➢ **2.-** La **existencia de "una conexión de sentido o** relación de adecuación entre la situación definida que constituye el presupuesto habilitante y las medidas que en el decreto-ley se adoptan**".**

- El TC ha establecido un **doble criterio o perspectiva para valorar su existencia: el contenido**, por un lado, y **la estructura**, por otro, **de las disposiciones incluidas en el Decreto-ley** → Desde la STC 29/1982, de 31 de mayo, FJ 3 se excluyen aquellas disposiciones "que, por su contenido y de manera evidente, no guarden relación alguna, directa ni indirecta, con la situación que se trata de afrontar ni, muy especialmente, aquéllas que, por su estructura misma, independientemente de su contenido, no modifican de manera instantánea la situación jurídica existente" (STC 29/2016, de 18 de febrero, FJ 2, con cita de otras).
- El TC ha admitido la **aptitud del Decreto-ley**:
    - ❖ Para atender lo que ha denominado «**coyunturas económicas problemáticas**».
    - ❖ Y, más genéricamente, para **subvenir a "situaciones concretas de los objetivos gubernamentales** que **por razones difíciles de prever requieran una acción normativa inmediata** en un plazo más breve que el requerido por la vía normal o por el procedimiento de urgencia para la tramitación parlamentaria de las leyes."

C) LOS LÍMITES MATERIALES IMPUESTOS AL DECRETO-LEY EN MATERIA TRIBUTARIA (I)

- **Límites** MATERIALES del Decreto-Ley (art. 86.1 CE) → Materias *excluidas* de regulación por Decreto-ley → Los derechos, deberes y libertades de los ciudadanos regulados en el Título I → **Art. 31 CE** → **Deber de contribuir** al sostenimiento de los gastos públicos y **principios fundamentales relativos al tributo.**
- TRES POSICIONES DOCTRINALES EN LA EXÉGESIS DEL ART. 86.1 CE:
  - 1ª posición doctrinal → Exégesis literal del art. 86.1 CE → Exclusión *ab radice* de creación o modificación de tributos por Decreto-Ley.
  - 2ª posición doctrinal (MARTÍN QUERALT) → El **ámbito vedado al Decreto-Ley** = Ámbito material reservado a la ley (*Doctrina de la coextensión*) → Utilización del Decreto-ley exclusivamente para regular aquellos extremos *no amparados* por la reserva de ley.
  - 3ª posición doctrinal (PÉREZ ROYO, PALAO TABOADA Y FALCÓN Y TELLA):
    - El ámbito vedado al Decreto-ley en materia tributaria no debe relacionarse con el principio de reserva de ley → *Anulación de esta fuente* normativa (por *suficiencia del reglamento*).
    - **Conexión de la cláusula del art. 86.1 CE con el deber de contribuir** al sostenimiento de los gastos públicos (art. 31.1 CE) → El ámbito material proscrito al Decreto-ley es el de la regulación sustantiva del deber de contribuir.
    - *Ex* art. 31.1 CE «todos contribuirán al sostenimiento de los gastos públicos... *mediante un sistema tributario justo*» → **Configuración del deber de contribuir** a partir del ***conjunto*** **del sistema tributario**.
    - En consecuencia, afectación del deber de contribuir únicamente por aquellas modificaciones normativas que por su entidad cuantitativa o cualitativa alcancen una cierta relevancia respecto del conjunto del sistema tributario. De manera que serán estas modificaciones normativas "relevantes" —esto es, que afecten a la esencia del deber de contribuir— las que no puedan llevarse a cabo mediante Decreto-ley *ex* art. 86.1 CE.

EVOLUCIÓN EXPERIMENTADA EN LA JURISPRUDENCIA DEL TC:

- En un primer momento (STC 6/1983, de 4 de febrero) → Identificación del ámbito vedado al Decreto-ley con el ámbito amparado por el principio de reserva de Ley (creación *ex novo* del tributo y determinación de sus elementos esenciales) → 2ª Posición doctrinal.

- En un momento posterior → Mutación constitucional explícita ↔ **STC 182/1997, de 28 de octubre** (confirmada en la jurisprudencia posterior → Entre otras muchas, SSTC 100/2012, FJ 9; 139/2016, FJ 6; 35/2017, FJ 5; 73/2017, FJ 2; 14/2020, de 28 de enero, FJ 6; o, en fin, 17/2023, FJ 3 A) → 3ª Posición doctrinal:
  - La **prohibición** que el **art. 86.1 CE** impone al Decreto-ley debe **entenderse referida, en materia tributaria, al deber constitucional de contribuir** establecido en el art. 31.1 CE.
  - La ***configuración constitucional del deber de contribuir*** ha de **tenerse muy en cuenta** en la tarea de comprobar cuándo un Decreto-ley "afecta" a dicho deber (y resulta, por tanto, contrario al art. 86.1 CE).
  - A la luz del art. 31.1 CE puede concluirse que **la Constitución conecta el deber de contribuir**, no con cualquier figura tributaria en particular, sino ***con el conjunto del sistema tributario***.
  - Por Decreto-ley **no podrá alterarse «ni el régimen general ni aquellos elementos esenciales de los tributos que inciden en la determinación de la carga tributaria**, afectando así al deber de general de los ciudadanos de contribuir al sostenimiento de los gastos públicos de acuerdo con su riqueza mediante un sistema tributario justo».
  - Para efectuar este enjuiciamiento habrán de tomarse en consideración las siguientes **circunstancias**:
    - ✓ En qué **tributo concreto** incide el Decreto-ley (relevante «su naturaleza, estructura y la función que cumple dentro del conjunto del sistema tributario, así como el grado o medida en que interviene el principio de capacidad económica»). A este respecto, de acuerdo con el TC, constituyen pilares básicos dentro del conjunto del sistema tributario: IRPF (STC 182/1997, FJ 9); IS (STC 78/2020, FJ 5); y, *en conjunción con el IRPF y el IS*, el IRNR [STC 73/2017, FJ 3 a)].
    - ✓ Qué **elementos del tributo** —esenciales o no— resultan alterados por el Decreto-ley en cuestión.
    - ✓ Cuál es la **naturaleza y alcance de la concreta regulación** de que se trate.

- Finalmente, de acuerdo con el TC, el límite material contenido en el art. 86.1 CE (no afectación por Decreto-ley del deber de contribuir) **sólo viene referido a los tributos en sentido estricto y no a las que el máximo intérprete de la Constitución ha calificado como prestaciones patrimoniales de carácter público no tributario (PPCPNT)** ↔ SSTC 83/2014, de 29 de mayo; y 139/2016, de 21 de julio. Y ello por cuanto que, según el TC, no existen PPCP contributivas distintas de las tributarias.

APLICACIÓN DE LA DOCTRINA CONSTITUCIONAL ANTERIOR A CASOS CONCRETOS:

- El TC ha considerado, por ejemplo, que **SÍ conculca los límites del art. 86.1 CE**, que se establezca por Real Decreto-ley:
  - La **modificación de la tarifa** (esto es, de los tipos de gravamen progresivos) **del IRPF** (STC 182/1997).
  - La **tributación a un tipo fijo del 18% de un tipo de renta en el IRPF** —en concreto, las **ganancias patrimoniales**— que, hasta la fecha de aprobación del Decreto-ley impugnado, tributaban de forma progresiva (STC 189/2005).
  - La denominada «**amnistía fiscal**» introducida por Decreto-ley en 2012, que permitió que los contribuyentes del IRPF, IS, e IRNR que no habían declarado en su momento todas sus rentas presentaran una declaración para regularizar su situación tributaria, tributando las rentas así declaradas a un tipo reducido, sin aplicación de recargos ni sanciones (STC 73/2017).
  - La **modificación** de la Ley del **IS en el régimen de los pagos fraccionados** de las entidades con una cifra de negocios de al menos diez millones de euros (STC 78/2020).
  - O, en fin, las **modificaciones introducidas en el IS** por el Decreto-ley 3/2016 en relación con los **límites a la compensación de bases imponibles negativas** para grandes empresas; los **límites** en la aplicación de **deducciones para evitar la doble imposición internacional** para las citadas grandes empresas; y, para todas las empresas, la **integración obligatoria** (reversión) **en la base imponible de ciertas pérdidas por deterioro de participaciones** (STC 11/2024).
- Por el contrario, ha considerado que **NO conculca los límites del art. 86.1 CE**, que por Decreto-ley se lleve a cabo:
  - La **reducción** del **tipo de gravamen** del **Impuesto Especial sobre determinados medios de transporte** para Canarias (STC 137/2003).
  - La **elevación de los tipos impositivos** del **Impuesto Especial sobre el alcohol y bebidas derivadas** en el territorio canario (STC 108/2004).
  - La **reducción de la base imponible** en el **Impuesto de Sucesiones y Donaciones** en los supuestos de transmisión *mortis causa* de la empresa familiar y de la vivienda habitual del causante (STC 189/2005).
  - La adopción de **medidas de disminución de la carga tributaria** a los obligados al pago de **tasas judiciales** (STC 35/2017).
  - La **adaptación** del TRLRHL y, en particular, de la **regulación** que efectúa del **IIVTNU a la reciente jurisprudencia del Tribunal Constitucional** respecto del citado impuesto (STC 17/2023) ↔ El IIVTNU es de establecimiento potestativo y no es una de las "figuras impositivas estructurales del sistema".

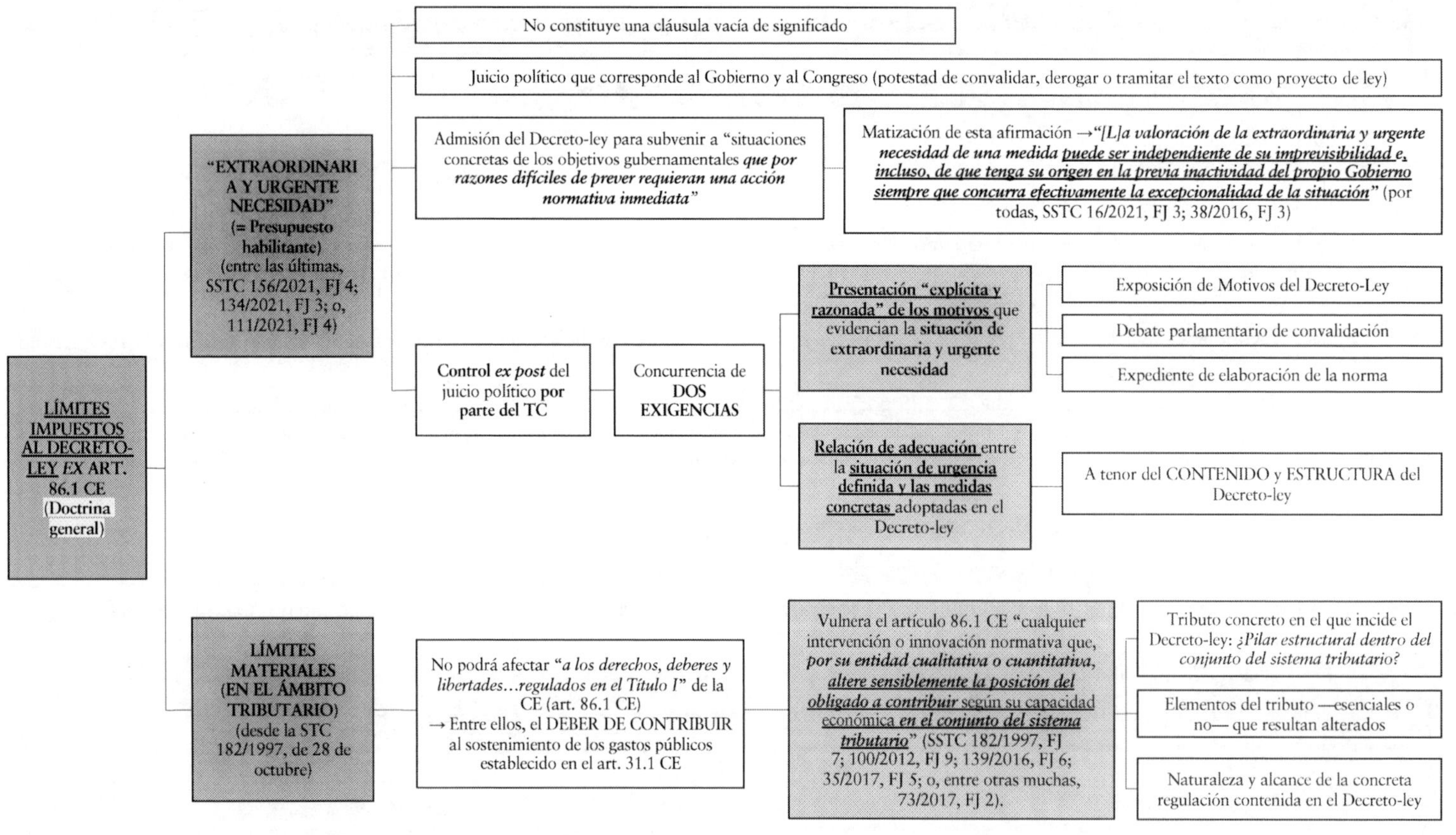
LÍMITES IMPUESTOS AL DECRETO-LEY EX ART. 86.1 CE (Doctrina general)
"EXTRAORDINARIA Y URGENTE NECESIDAD" (= Presupuesto habilitante) (entre las últimas, SSTC 156/2021, FJ 4; 134/2021, FJ 3; o, 111/2021, FJ 4)
No constituye una cláusula vacía de significado
Juicio político que corresponde al Gobierno y al Congreso (potestad de convalidar, derogar o tramitar el texto como proyecto de ley)
Admisión del Decreto-ley para subvenir a "situaciones concretas de los objetivos gubernamentales que por razones difíciles de prever requieran una acción normativa inmediata"
Matización de esta afirmación →"[L]a valoración de la extraordinaria y urgente necesidad de una medida puede ser independiente de su imprevisibilidad e, incluso, de que tenga su origen en la previa inactividad del propio Gobierno siempre que concurra efectivamente la excepcionalidad de la situación" (por todas, SSTC 16/2021, FJ 3; 38/2016, FJ 3)
Control ex post del juicio político por parte del TC
Concurrencia de DOS EXIGENCIAS
Presentación "explícita y razonada" de los motivos que evidencian la situación de extraordinaria y urgente necesidad
Exposición de Motivos del Decreto-Ley
Debate parlamentario de convalidación
Expediente de elaboración de la norma
Relación de adecuación entre la situación de urgencia definida y las medidas concretas adoptadas en el Decreto-ley
A tenor del CONTENIDO y ESTRUCTURA del Decreto-ley
LÍMITES MATERIALES (EN EL ÁMBITO TRIBUTARIO) (desde la STC 182/1997, de 28 de octubre)
No podrá afectar "a los derechos, deberes y libertades…regulados en el Título I" de la CE (art. 86.1 CE)
→ Entre ellos, el DEBER DE CONTRIBUIR al sostenimiento de los gastos públicos establecido en el art. 31.1 CE
Vulnera el artículo 86.1 CE "cualquier intervención o innovación normativa que, por su entidad cualitativa o cuantitativa, altere sensiblemente la posición del obligado a contribuir según su capacidad económica en el conjunto del sistema tributario" (SSTC 182/1997, FJ 7; 100/2012, FJ 9; 139/2016, FJ 6; 35/2017, FJ 5; o, entre otras muchas, 73/2017, FJ 2).
Tributo concreto en el que incide el Decreto-ley: ¿Pilar estructural dentro del conjunto del sistema tributario?
Elementos del tributo —esenciales o no— que resultan alterados
Naturaleza y alcance de la concreta regulación contenida en el Decreto-ley

6.2.2. LOS DECRETOS-LEYES *DE LAS COMUNIDADES AUTÓNOMAS*

- <u>Fuente normativa recogida en muchos Estatutos de Autonomía</u> (a raíz de las reformas estatutarias operadas en los últimos años) ↔ Posibilidad que ha quedado **totalmente avalada por el TC** (STC 93/2015, de 14 de mayo).

- <u>LÍMITES aplicables a los Decretos-leyes autonómicos</u>:

  - Los **límites específicamente establecidos** en el correspondiente **Estatuto de Autonomía.**

    - <u>Aplicación en materia tributaria</u> → Amparándose en el hecho de que el art. 203.5 del Estatuto de Autonomía de Cataluña establece que la Generalitat tiene competencia para establecer mediante una ley del Parlamento —y no mediante cualquier otro tipo de norma con rango de ley— sus tributos propios, la STC 107/2015 declaró la inconstitucionalidad de un Decreto-ley catalán por el que se establecía como impuesto propio autonómico el impuesto sobre los depósitos en las entidades de crédito.

  - Los **límites derivados del art. 86.1 CE.**

- En relación con la <u>concurrencia del PRESUPUESTO HABILITANTE</u> (la «***extraordinaria y urgente necesidad***»), nuestro TC se muestra **mucho más exigente con los Decretos-leyes autonómicos que con los estatales** → <u>*Explicación*</u>: el **proceso legislativo de las CCAA** es **más simple y rápido que el de las Cortes Generales** —por el <u>***carácter unicameral de las Asambleas Legislativas autonómicas***</u>— por lo que el recurso al Decreto-ley estaría menos justificado en el ámbito autonómico que en el estatal.

7. EL REGLAMENTO

- **7.1. Los reglamentos estatales**
- **7.2. Los reglamentos autonómicos**
- **7.3. La potestad *normativa* en el ámbito local: las Ordenanzas fiscales**

7.1. LOS REGLAMENTOS ESTATALES (I)

- TITULARIDAD DE LA POTESTAD REGLAMENTARIA:

➢ Art. 97 CE → «**El Gobierno** dirige la política interior y exterior, la Administración civil y militar y la defensa del Estado. **Ejerce** la función ejecutiva y **la potestad reglamentaria de acuerdo con la Constitución y las leyes**».

➢ Corresponde al **Gobierno** (art. 97 CE), que **no podrá ser sustituido por un Ministro**, la elaboración de reglamentos ejecutivos (TS). Concretamente, lo que el art. 97 CE atribuye al Gobierno es el ejercicio de la potestad reglamentaria, entendida como **desarrollo y ejecución directa de la Ley**.

➢ Los **Ministros** pueden ejercitar: (a) la denominada **potestad reglamentaria "doméstica"** (= Posibilidad de dictar normas de carácter interno u organizativo); y (b) **disposiciones de ejecución de normas contenidas en un Decreto**.

➢ En ocasiones, la **intervención normativa del Ministro resulta invocada directamente por la ley o reglamento** (→ Orden Ministerial) ↔ Previsión contenida en el **art. 7.1.e) LGT**.

7.1. LOS REGLAMENTOS ESTATALES (II)

- ÁMBITO MATERIAL DEL REGLAMENTO EN MATERIA TRIBUTARIA:

  - **Reserva de ley** relativa en materia tributaria.

  - Desarrollo o ejecución de la Ley ↔ **Reglamentos *ejecutivos* → Relación entre Ley y Reglamento en términos de «*subordinación, desarrollo o complementariedad*»** ↔ A este respecto ha señalado, concretamente, el TC que «la reserva de ley tributaria es relativa o, lo que es lo mismo, limitada a la creación *ex novo* del tributo y a la determinación de los elementos esenciales o configuradores del mismo (entre otras muchas, SSTC 37/1981 , de 16 de noviembre, FJ 4 , y 150/2003 , de 15 de junio , FJ 3). Por ello, **dicha reserva de ley admite la colaboración del reglamento**, siempre que sea **indispensable por motivos técnicos o para optimizar el cumplimiento de las finalidades propuestas por la Constitución o por la propia Ley** y **siempre que se produzca en términos de subordinación, desarrollo y complementariedad** [entre otras, SSTC 19/1987, de 17 de febrero, FJ 6 c); 102/2005, de 20 de abril , FJ 7; y ATC 111/2017, de 18 de julio].

  - Determinación del ámbito material del reglamento en conexión con el alcance de la reserva de ley tributaria:

    — Colaboración ley-reglamento especialmente intensa en el caso de las **tasas**.

    — Colaboración ley-reglamento especialmente intensa en el caso de los **elementos de cuantificación** de la prestación: el ***tipo de gravamen*** y la ***base imponible***.

  - **Objeto típico del Reglamento → Materias formales, de gestión o procedimiento** ← En la *ley* suelen contenerse exclusivamente los ***principios generales***. Ejemplos: RGI, RGR, RGRST, RGRVA.

7.2. LOS REGLAMENTOS AUTONÓMICOS

- **Inexistencia** de **referencia expresa en la CE** a la potestad reglamentaria autonómica.

- **Reconocimiento** de la potestad reglamentaria autonómica **en los EEAA.**

- **Algunos EA** atribuyen **competencia en el ámbito organizativo o doméstico** a los **Consejeros.**

7.3. LA POTESTAD *NORMATIVA* EN EL ÁMBITO LOCAL: LAS ORDENANZAS FISCALES (I)

- Es corolario del principio constitucional de **autonomía local** (arts. 137 y 140 CE).

- **Autonomía local** → Concreción a través de las **Ordenanzas** aprobadas por el Pleno de la Corporación municipal. En el ámbito tributario → ***Ordenanzas Fiscales.***

- Las CC.LL. **carecen de potestad *legislativa*.** La **potestad normativa** de las **CC.LL.** se materializa a través de las **Ordenanzas** (encuentran fundamento o habilitación concreta en las normas legales del Estado o de la CC.AA.).

- El **procedimiento de aprobación de las Ordenanzas Fiscales** se encuentra regulado en el **art. 17 TRLRHL**. A destacar de este procedimiento → La ***exposición al público***, con la finalidad de que los interesados puedan presentar las oportunas reclamaciones.

- De acuerdo con el TC (STC 233/1999, de 16 de diciembre) → **Ordenanzas ≠ Naturaleza reglamentaria** → Tercera categoría de normas → "*Entre la Ley y el Reglamento*".

7.3. LA POTESTAD NORMATIVA EN EL ÁMBITO LOCAL: LAS ORDENANZAS FISCALES (II)

- STC 233/1999, de 16 de diciembre → Ordenanzas ≠ Naturaleza reglamentaria → Tercera categoría de normas ("*entre la Ley y el Reglamento*"). Se hace eco de esta doctrina la STS de 22/01/2009 (ECLI:ES:TS:2009:1444), FJ 3. **Razones**:
  - Cumplen con el **principio democrático** (y con la **garantía de autoimposición de la comunidad sobre sí misma**) → Se aprueban por un órgano (el Pleno del Ayuntamiento) que tiene carácter representativo, esto es, que ha sido elegido por sufragio universal, libre, directo y secreto [STC 233/1999, FJ 10 a)].
  - Concurrencia del **principio de autonomía local de los Ayuntamientos** → «Impide que la ley contenga una regulación agotadora de una materia (…) donde está claramente presente el interés local» [STC 233/1999, FJ 10 b)].
  - En virtud «de la autonomía de los Entes locales constitucionalmente garantizada y del carácter representativo del Pleno de la Corporación municipal, es preciso que la Ley estatal atribuya a los Acuerdos dictados por éste (así, los acuerdos dimanantes del ejercicio de la potestad de ordenanza), un cierto ámbito de decisión **acerca de los tributos propios del Municipio**, (…). Es evidente, sin embargo, que este ámbito de libre decisión a los Entes locales —desde luego, ***mayor que el que pudiera relegarse a la normativa reglamentaria estatal***—, no está exento de LÍMITES» [STC 233/1999, FJ 10 c)].

- **LÍMITES** a la potestad de Ordenanza:
  - La reserva de ley en materia tributaria no sólo garantiza la "autoimposición de la comunidad sobre sí misma" → Salvaguarda, asimismo, la **unidad del ordenamiento** y la **igualdad básica de posición de los contribuyentes**.
  - **Corresponde al legislador integrar** las **exigencias derivadas de la reserva de ley** en el orden tributario **y la autonomía de las CC.LL.** → Esa integración se lleva a cabo a través del TRLRHL.

    Ejemplos:

    — Establecimiento en la ley del mínimo y el máximo (al menos, del máximo) del *quantum* de la prestación. Fijación definitiva del *quantum* por las CC.LL. (en el ejercicio del principio de autonomía local).

    — Existencia de tributos cuya imposición es potestativa para las Entidades locales (*v. gr.*, ICIO, IIVTNU).

8. EL DERECHO SUPLETORIO

- Art. 7.2 LGT → «Tendrán **carácter supletorio** las **disposiciones generales del derecho administrativo** y los **preceptos del derecho común**».

- El **Derecho supletorio del Ordenamiento tributario** será:

- **1º**) El Derecho administrativo general → Fundamentalmente:
  - La **Ley 39/2015**, de **Procedimiento Administrativo Común de las Administraciones Públicas**.
    - A este respecto la **DA 1ª de la Ley 39/2015** señala que los procedimientos tributarios se rigen por su normativa específica y sólo supletoriamente por la Ley 39/2015.
  - La **Ley 40/2015**, de **Régimen Jurídico del Sector Público**.

- **2º**) El Derecho Civil ↔ Derecho común general.
  - Establece el **art. 4.3 C.c.** que «*las disposiciones de este Código se aplicarán como supletorias en las materias regidas por otras leyes*».
  - En consecuencia → Cuando exista una laguna legal que no pueda ser suplida por las especialidades del Derecho tributario ni por las normas generales del Derecho administrativo, resultará de aplicación el Derecho civil.

9. LA JURISPRUDENCIA (NOCIONES BÁSICAS) (I)

- En sentido estricto, **no es fuente del Derecho en nuestro país** (sistema continental).
- Art. 1.6 C.c. → «La jurisprudencia **complementará el ordenamiento jurídico** con la **doctrina que, de modo reiterado, establezca el Tribunal Supremo** al interpretar y aplicar la ley, la costumbre y los principios generales del derecho».
- **Jurisprudencia** de los Tribunales (y, especialmente, la del **Tribunal Supremo**) → Tiene **cierta trascendencia normativa** → Con frecuencia, encuentra **reflejo en la regulación positiva.**
  - En los últimos tiempos, empero, existencia de cierta "***regulación positiva reactiva***" a la doctrina jurisprudencial de la Sección 2ª de la Sala Tercera del TS.
- Para que los **pronunciamientos del TS sienten jurisprudencia** → Concurrencia de tres requisitos:
  - (1) Ha de tratarse de doctrina sentada **como *ratio decidendi*** del fallo (y no de meros *obiter dicta*);
  - (2) Ha de provenir **de la Sala especializada** en el sector del ordenamiento en el que se va a incorporar la correspondiente doctrina (en nuestro caso, de la Sala Tercera); y
  - (3) Ha de tener carácter reiterado (que hayan recaído, **al menos, dos sentencias** sobre la cuestión).
- La **función** de la **jurisprudencia del TS** como complemento de las fuentes en sentido estricto, se ha visto **reforzada tras la reforma del recurso de casación** (introducida en la LJCA por la LO 7/2015). Para la admisión del RC necesidad de que exista "*interés casacional objetivo*" para la formación de jurisprudencia (con independencia de la relevancia económica del asunto) → Interpretación por el TS en las sentencias que dicta de las normas aplicables y, con arreglo a ella, resolución de las cuestiones y pretensiones aducidas por las partes en el proceso.

9. LA JURISPRUDENCIA (NOCIONES BÁSICAS) (II)

JURISPRUDENCIA DEL TRIBUNAL CONSTITUCIONAL:

- **Relevancia** de la jurisprudencia dictada por el Tribunal Constitucional (máximo intérprete de la Constitución):
  - En la **concreción del contenido y alcance** de las **categorías, conceptos, y principios de carácter financiero o tributario acuñados por la Constitución** (*v. gr.*, prestación patrimonial de carácter público, tributo, principios materiales de justicia del art. 31.1 CE, reserva de ley, limitaciones al uso del Decreto-ley en materia tributaria, poder tributario, categorías y principios de Derecho Presupuestario, etc.).
  - En la **delimitación del contenido de los derechos y garantías constitucionales** que tienen **especial incidencia en el ámbito tributario** (*v. gr.*, los establecidos en los arts. 18, 24.2, 25.1 CE).
- Por otra parte, la doctrina del TC tiene influencia o **efecto normativo directo**:
  - El TC opera como **"legislador negativo"** en la medida en que puede expulsar del Ordenamiento jurídico preceptos legales que considere inconstitucionales.
  - Sienta, en su caso, la interpretación que debe darse a los textos legales para que puedan conservarse dentro del ordenamiento ↔ **Técnica "de interpretación conforme"** (interpretaciones *secundum Constitutionem*) en aras de la observancia del principio de conservación de la ley.

JURISPRUDENCIA DE LOS TRIBUNALES SUPRANACIONES EUROPEOS (TJUE y TEDH):

- Jurisprudencia del TJUE → El **Derecho de la UE** es en gran medida un **derecho de creación jurisprudencial** (buena parte de los conceptos, principios e institutos jurídicos son obra del Tribunal de Luxemburgo).
- A destacar la elaboración por el TJUE de los **principios de efecto directo y de la primacía del Derecho comunitario** ya aludidos.
- La relevancia y el carácter vinculante de la jurisprudencia del TJUE se ha reforzado en nuestro Derecho interno tras la reforma operada en la LOPJ por la LO 7/2015 → Introducción de un **nuevo artículo 4 bis** por el que se establece que *los Jueces y Tribunales aplicarán el Derecho de la Unión Europea de conformidad con la jurisprudencia del Tribunal de Justicia de la Unión Europea.*

9. LA JURISPRUDENCIA (NOCIONES BÁSICAS) (III)

- Jurisprudencia del TEDH:
- **Art. 10.2 CE** → Interpretación del contenido y alcance de los derechos fundamentales de conformidad con los tratados y acuerdos internacionales suscritos por España y, entre ellos, el CEDH [≠ canon autónomo de validez de las normas y actos de los poderes públicos desde la perspectiva de los derechos fundamentales (STC 38/2011, de 28 de marzo, FJ; y, posteriormente , se hace eco de esta doctrina la STC 140/2018, de 20 de diciembre, FJ 5].
- Ex art. 10.2 CE, constituye un **estándar mínimo** en la **interpretación del contenido de los derechos fundamentales**.
- Con frecuencia, el **TEDH** ha sido **pionero en la atribución de ciertos contenidos a derechos de especial relevancia en el ámbito tributario** → Conveniencia de utilizar la **jurisprudencia del TEDH** para "**propulsar la jurisprudencia interna**" → Ejemplos del carácter precursor de la jurisprudencia del Tribunal de Estrasburgo:
  - Inclusión de la **intimidad económica** en el concepto de vida privada protegido por el art. 8 CEDH desde las SSTEDH de 25 de febrero de 1993, asuntos *Funke c. Francia*, *Cremiex c. Francia*, y *Miailhe c. Francia*, y antes, por tanto, de que dicho reconocimiento se produjera por nuestro TC (con carácter definitivo, en la STC 233/2005, de 26 de septiembre.).
  - Atribución de la **condición de domicilio de las personas jurídicas**, tutelado asimismo por el art. 8 CEDH, a "la sede social de una empresa, sus sucursales y otros locales de negocio en determinadas circunstancias" (STEDH de 16 de abril de 2002, asunto *Société Colas Est y otros c. Francia*), y no sólo a los lugares a los que se refiere la STC 69/1999, de 26 de abril.
  - El Tribunal de Estrasburgo fue el primero —en concreto, en la STEDH de 16 de diciembre de 1992, asunto *Niemietz c. Alemania*— en extender la protección del derecho al respeto del domicilio (art. 8 CEDH) a los **despachos profesionales de las personas físicas**.
  - Años antes que nuestro TC (STC 142/2009, de 15 de junio), el TEDH reconoció que el **derecho a no autoincriminarse**, además de consistir en el derecho de todo acusado en un procedimiento punitivo a no aportar información autoincriminatoria, tenía una **segunda manifestación**: el derecho de cualquier persona **a que las pruebas aportadas bajo coacción en un procedimiento de naturaleza inquisitiva no se utilizaran para condenarle o sancionarle** en un ulterior proceso penal o procedimiento tributario sancionador ↔ STEDH de 17 de diciembre de 1996, asunto *Saunders c. Reino Unido*.
  - Finalmente, el Tribunal de Estrasburgo ha venido reclamando que la injerencia del poder público en el derecho de propiedad, reconocido en el art. 1 del Protocolo No. 1 al CEDH, en aras de la salvaguarda del interés fiscal, sea acorde con las exigencias que dimanan del principio de proporcionalidad. La **prohibición de "carga fiscal excesiva"** presente en su jurisprudencia resulta capital para conferir virtualidad a la interdicción de confiscatoriedad establecida en el art. 31.1 CE. Así lo señaló, por primera vez, el ATS 01-07-2019 (ECLI: ES:TS:2019:7591A), y a la proscripción de "carga fiscal excesiva" se refirió después la STC 126/2019, de 31 de octubre, FJ 4.

10. LA DOCTRINA ADMINISTRATIVA

- **No** constituye **fuente del Derecho.**
- Doctrina **fijada por la Administración tributaria** ⇔ **Vincula exclusivamente** a la **Administración** (no a los órganos judiciales).
- VÍAS para la CREACIÓN DE DOCTRINA ADMINISTRATIVA:

- (1) Disposiciones interpretativas o aclaratorias (art. 12.3 LGT):
  - ➢ En el **ámbito del Estado** estas disposiciones **podrán ser dictadas:**
    - ❖ Por el Ministro de Hacienda → **Vinculan a todos los órganos de la Administración tributaria,** tanto (1) a **aquellos que se dedican a la aplicación de los tributos** (gestión, inspección, recaudación, imposición de sanciones), como (2) a los **órganos económico-administrativos** que se dedican exclusivamente a resolver las reclamaciones interpuestas contra los actos de aplicación de los órganos anteriores.
    - ❖ Por la Dirección General de Tributos (DGT) → **Vinculan exclusivamente a los órganos de aplicación de los tributos,** pero ***no a los órganos económico-administrativos.***
  - ➢ **Publicación** en el **Boletín Oficial correspondiente.**
- (2) Contestación de consultas vinculantes formuladas por los obligados tributarios (arts. 88 y 89 LGT):
  - ➢ **Competencia para la contestación** de consultas tributarias escritas en el ámbito estatal = **Dirección General de Tributos.**
  - ➢ **Efecto vinculante** para los **órganos encargados de la aplicación de los tributos** (con relación al obligado tributario que formuló la consulta y para todos aquellos obligados tributarios que se encuentren *en la misma situación*).
  - ➢ **No vinculan** a los **Tribunales Económico-Administrativos.**
- (3) Doctrina sentada por los Tribunales Económico-Administrativos (= órganos de la Administración competentes para resolver las controversias que se plantean *en vía de revisión*).

Lección 6

LA APLICACIÓN DE LAS NORMAS TRIBUTARIAS

1. LA NATURALEZA *JURÍDICA* DE LAS NORMAS TRIBUTARIAS (I)

- *Antes de la configuración del Derecho Tributario como una disciplina científica* → Atribución de un **carácter excepcional o singular** a las **leyes** y a las **instituciones tributarias** ← Polémica sobradamente superada a día de hoy.

- TEORÍAS EXISTENTES AL RESPECTO (Defensa de la ***excepcionalidad o singularidad de las normas tributarias***):

    - Primera teoría → Las normas tributarias **carecen de valor jurídico material**; son normas jurídicas **sólo** en sentido *formal.*

    - **Fundamento de la teoría** → Deber de contribuir al sostenimiento de los gastos público ≠ *Deber moral*, sino un *deber impuesto* por la autoridad. Basamento de las normas tributarias = Coacción → *Leyes mere poenales*.

    - Engarce con la denominada ***Escuela Histórica del Derecho*** ⇔ Sólo constituyen auténticas normas jurídicas las enraizadas en la conciencia popular.

    - **Concepción ampliamente superada en la actualidad** → Anclaje de los deberes tributarios en los valores de solidaridad propios del Estado Social de Derecho.

1. LA NATURALEZA *JURÍDICA* DE LAS NORMAS TRIBUTARIAS (II)

➢ Segunda teoría → Normas tributarias = Normas punitivas, sancionadoras y restrictivas de derechos individuales.

— **Fundamento de la teoría** → Configuración del **tributo como una institución restrictiva** de la esfera de **libertad** y **propiedad** del ciudadano → Métodos de aplicación de las leyes tributarias similares a los de las leyes penales.

— Presente esta segunda teoría en la redacción del **Anteproyecto de Constitución de 1978**.

— **Concepción ampliamente superada en la actualidad** → De acuerdo con la CE, el tributo es un instrumento más del Estado Social de Derecho. Constituye una manifestación más del valor de solidaridad.

➢ Tercera teoría → Especialidad de las normas tributarias derivada de su sustrato prevalentemente económico.

— Defensa de esta teoría **cuando el análisis jurídico de los tributos** —y de la Hacienda Pública en general— **no** se hallaba suficientemente **deslindado respecto del análisis o de la metodología económica**.

— **Contraargumento** → No existe una especial condición económica de las normas tributarias. Las normas jurídicas, en general, se fundamentan en consideraciones de índole económica.

1. LA NATURALEZA *JURÍDICA* DE LAS NORMAS TRIBUTARIAS (III)

- En la actualidad, se **descarta *ab radice*** la **especialidad de las normas tributarias.**

- **Son**, indiscutiblemente, **normas jurídicas.**

- Como consecuencia de la polémica que existió en el pasado en relación con la naturaleza de estas normas, **la LGT destina varios preceptos a recalcar el sometimiento de las normas tributarias a los criterios que rigen en el resto del Ordenamiento Jurídico.**

- Los **preceptos de la LGT relativos a la aplicación de las normas tributarias** son en buena medida **superfluos.** Responden al ***marcado carácter doctrinal de la LGT***.

2. LA APLICACIÓN DE LAS NORMAS TRIBUTARIAS EN EL TIEMPO

- **2.1. Entrada en vigor de las normas tributarias**
- **2.2. Cese de la vigencia de las normas tributarias**
- **2.3. La retroactividad de las normas tributarias y sus límites**
  - 2.3.1. El **principio general de irretroactividad de las normas tributarias sustantivas** (art. 10.2, párrafo 1º, LGT)
  - 2.3.2. El **principio de retroactividad *in bonus* del régimen tributario sancionador** y de los **recargos** (art. 10.2, párrafo 2º, LGT)

2.1. ENTRADA EN VIGOR DE LAS NORMAS TRIBUTARIAS

- Art. 10.1 LGT → «Las normas tributarias entrarán en vigor **a los veinte días naturales de su completa publicación en el boletín oficial que corresponda**, *si en ellas no se dispone otra cosa*, y se aplicarán por plazo indefinido, salvo que se fije un plazo determinado».

- REGLA GENERAL → Entrada en vigor **a los veinte días naturales de su completa publicación en el boletín oficial** que corresponda ↔ **Art. 2.1 C.c.**

- EXCEPCIÓN → ***Salvo que en ellas se disponga otra cosa*** (muy común en el ámbito tributario) → Posibilidad de que las normas tributarias entren en vigor en fecha distinta a la preceptuada en el art. 2.1 C.c. pero ***siempre posterior a la de su publicación:***

  - Entrada en vigor **el mismo día** o **al día siguiente** de su publicación en el boletín oficial que corresponda (se prescinde, por tanto, del periodo de *vacatio legis*) → Con la finalidad de evitar cualquier maniobra de los obligados tributarios dirigida a eludir su aplicación.

  - Posibilidad de que se disponga **una *vacatio legis* superior a los veinte días naturales** → Con la finalidad de facilitar la adaptación de los obligados tributarios a las exigencias que comportan las nuevas disposiciones.

2.2. CESE DE LA VIGENCIA DE LAS NORMAS TRIBUTARIAS (I)

- Art. 10.1 LGT → «Las normas tributarias entrarán en vigor a los veinte días naturales de su completa publicación en el boletín oficial que corresponda, si en ellas no se dispone otra cosa, y **se aplicarán por plazo indefinido**, ***salvo que se fije un plazo determinado***».
- REGLA GENERAL → **Vigencia indefinida** de las normas tributarias.
- EXCEPCIÓN → Establecimiento de un plazo de vigencia determinado (= normas de carácter temporal).
- En consecuencia → Cese de vigencia de las normas tributarias:
  - (1) POR SU DEROGACIÓN → En el caso de **normas de vigencia indefinida**. Modalidades de derogación:
    - **Expresa** → Mediante la inclusión de un *listado de las normas derogadas* o una *tabla de vigencias* / Mediante la *mención expresa de que determinado precepto pasa a tener una nueva redacción.*
    - — El art. 9.2 LGT prevé la combinación de ambas técnicas: las leyes y los reglamentos que modifiquen normas tributarias «*contendrán una relación completa de las normas derogadas y la nueva redacción de las que resulten modificadas*».
    - **Tácita** → Se produce cuando el contenido de una norma deviene incompatible con el articulado de otra norma posterior. Típica cláusula general de derogación tácita → «*a la entrada en vigor de esta Ley quedarán derogadas todas las disposiciones que se opongan a lo establecido en la misma*».
  - (2) POR TRANSCURSO DEL PLAZO DE VIGENCIA → En el caso de **normas de vigencia temporal** → **Concluido dicho plazo, cesarán en su vigencia de manera automática** sin necesidad de ningún acto que de manera expresa o tácita así lo declare.
    - — Es habitual encontrar normas tributarias cuya redacción comienza con una expresión del siguiente tenor literal: «*Con vigencia exclusiva para el año.....*».
    - — Ejemplo → Con frecuencia, modificaciones normativas operadas por la LPGE.

2.2. CESE DE LA VIGENCIA DE LAS NORMAS TRIBUTARIAS (II)

- Las <u>normas tributarias</u>, como las restantes del ordenamiento, <u>**también pueden dejar de producir efectos**</u>:
  - (1) Como consecuencia de una **declaración de inconstitucionalidad** (*).
  - (2) En el caso de que se produzca la **declaración de ilegalidad** de una **norma reglamentaria**.
  - (3) En el supuesto de que sea considerada **incompatible con el Derecho de la UE** → Puede que no haya derogación formal de la norma, sino, simplemente, que se considere ***inaplicable en virtud del principio de primacía***.

(*) (1) Como consecuencia de una <u>DECLARACIÓN DE INCONSTITUCIONALIDAD</u>:

- Previsiones normativas al respecto:
  - <u>Art. 164 CE</u> → Las sentencias del Tribunal Constitucional «que declaren la inconstitucionalidad de una ley o de una norma con fuerza de ley y todas las que no se limiten a la estimación subjetiva de un derecho, **tienen plenos efectos frente a todos**» (apdo. 1) y «[s]alvo que en el fallo se disponga otra cosa, **subsistirá la vigencia de la ley en la parte no afectada por la inconstitucionalidad**» (apdo. 2) → A *sensu contrario*, **la parte de la ley afectada por la declaración de inconstitucionalidad, perderá su vigencia.**
  - <u>Art. 39.1 LOTC</u> → «Cuando la sentencia declare la inconstitucionalidad, declarará igualmente la nulidad de los preceptos impugnados, así como, en su caso, la de aquellos otros de la misma Ley, disposición o acto con fuerza de Ley a los que deba extenderse por conexión o consecuencia».
- <u>Declaración de inconstitucionalidad</u> de una norma jurídica → <u>Declaración de NULIDAD</u> de la misma → <u>**Expulsión del ordenamiento jurídico**</u>.
- **¿Alcance de la declaración de nulidad?** ¿Tiene **efectos *ex tunc*** (desde la entrada en vigor de la norma declarada inconstitucional) **o, por el contrario,** produce **efectos *ex nunc*** (desde la declaración de inconstitucionalidad)?

2.2. CESE DE LA VIGENCIA DE LAS NORMAS TRIBUTARIAS (III)

- **¿Alcance de la declaración de nulidad?** ¿Tiene **efectos** ***ex tunc*** (desde la entrada en vigor de la norma declarada inconstitucional) **o, por el contrario,** produce **efectos** ***ex nunc*** (desde la declaración de inconstitucionalidad)?

– De acuerdo con la **concepción clásica** → La **nulidad produce efectos** ***ex tunc*** (el vicio anulatorio existe *ab origine*), por lo que, en principio, **sus efectos se proyectarían hacia el pasado sin más límites que los derivados del principio de cosa juzgada** (art. 40.1 LOTC) ← La derogación, en cambio, produce efectos *ex nunc*, por lo que en ningún caso esos efectos se proyectarán hacía el pasado.

– Alejamiento del TC de esta concepción clásica. Desde la STC 45/1989, de 20 de enero (FJ 11) viene afirmando que:

  - **(1)** La *vinculación* entre *inconstitucionalidad y nulidad no es en todo caso necesaria.*
  - (2) Le corresponde *al TC determinar en cada caso cuáles son los efectos hacia el pasado* de la declaración de inconstitucionalidad de una norma jurídica → «además de preservar la cosa juzgada, la modulación del alcance de las declaraciones de inconstitucionalidad puede ir más allá si ello es necesario ***para evitar que la declaración de nulidad perjudique indebidamente otros bienes constitucionales***» (por todas, SSTC 45/1989, FJ 11; 116/2022, FJ 7; y 133/2022, FJ 6).

– Sobre la base de este planteamiento, **limitación por el TC de los efectos hacia el pasado de algunas de sus declaraciones de inconstitucionalidad** (*preocupación subyacente por los* ***efectos financieros*** *de las mismas y consiguiente* ***restricción a la devolución de ingresos tributarios indebidos***) → En concreto, ha establecido como **NO REVISABLES** no sólo las **situaciones consolidadas por resolución judicial firme** (art. 40.1 LOTC), sino también las **consolidadas por actuaciones *administrativas* firmes** (entre otras muchas, en este sentido, SSTC 189/2005, de 7 de julio, FJ 9; STC 73/2017, de 8 de junio, FJ 6).

– En la STC 182/2021, de 26 de octubre, se da un paso más en la limitación de los efectos hacia el pasado de la declaración de inconstitucionalidad de una norma tributaria (y, en el mismo sentido, posteriormente, SSTC 133/2022, de 25 de octubre, FJ 6; y 11/2024, de 18 de enero, FJ 4).

ALCANCE Y EFECTOS DE LA DECLARACIÓN DE INCONSTITUCIONALIDAD Y NULIDAD **DE LA STC 182/2021, DE 26 DE OCTUBRE** (FJ 6)

Expulsión del ordenamiento jurídico de los **arts. 107.1, párrafo 2º, 107.2.a)** y **107.4 TRLHL**

FJ 6 b) → «[N]o pueden considerarse situaciones susceptibles de ser revisadas ***con fundamento en la presente sentencia*** aquellas obligaciones tributarias devengadas por este impuesto que, **a la fecha de dictarse la misma**, hayan sido decididas definitivamente mediante sentencia con fuerza de cosa juzgada o mediante resolución administrativa firme. A estos exclusivos efectos, tendrán también la consideración de situaciones consolidadas (i) **las liquidaciones provisionales o definitivas que no hayan sido impugnadas a la fecha de dictarse esta sentencia y (ii) las autoliquidaciones cuya rectificación no haya sido solicitada ex art. 120.3 LGT a dicha fecha**» (en el mismo sentido, STC 11/2024, de 18 de enero, FJ 4)

Fecha de referencia —a efectos de la limitación de efectos— **la fecha en la que SE DICTA la Sentencia** (no a partir de su publicación en BOE)

SSTS de 4-07-2023 (rec. cas. 5181/2022), de 10-07-2023 (rec. cas. 5181/2022), de 12-07-2023 (rec. cas. 4701/2022) y de 13-07-2023 (rec. cas. 4136/2022) → Consideran que la **declaración de inconstitucionalidad no beneficia a quienes hubieran recurrido la liquidación o presentado la solicitud de rectificación de la autoliquidación *una vez dictada la sentencia, pero antes de su publicación en el BOE***

STS de 4-07-2023 (rec. cas. 5181/2022) → El TS considera que «es indudable que la voluntad del Tribunal Constitucional es fijar la intangibilidad de las diversas situaciones consolidadas **a la fecha de dictado de la sentencia, no a la de la publicación.** Es cierto que el art. 164.1 CE, al igual que el art. 38 de la LOTC establecen que el valor de cosa juzgada y los efectos generales de las sentencias del Tribunal Constitucional que declaren la inconstitucionalidad de una ley se producen desde la fecha de su publicación en el BOE. Sin embargo, hay que precisar que **la potestad de delimitar las situaciones intangibles no tiene fundamento en esta norma, sino que es una interpretación que extrae el propio TC de la ausencia de regulación explícita en la LOTC** respecto a la potestad de delimitación temporal de los efectos de las sentencias que declaren la inconstitucionalidad de leyes. (...) La **decisión al respecto se basa en la ponderación entre los distintos principios constitucionales en conflicto**, y la necesidad de preservar determinados efectos temporales de la norma declarada inconstitucional como medio para preservar los que se consideran más necesitados de protección»

Creación *ex novo* de un concepto de "firmeza" administrativa contrario a la ley → La ley permite (1) impugnar los actos de liquidación en **vía económico-administrativa** y (2) solicitar la **rectificación de las autoliquidaciones y la devolución de ingresos indebidos *mientras no haya transcurrido el plazo de prescripción*** (4 años)

2.3.1. PRINCIPIO GENERAL DE IRRETROACTIVIDAD DE LAS NORMAS TRIBUTARIAS SUSTANTIVAS

Art. 10.2, párrafo 1º, LGT:

«*Salvo que se disponga lo contrario*, las normas tributarias no tendrán efecto retroactivo y se aplicarán a los tributos sin período impositivo devengados a partir de su entrada en vigor y a los demás tributos cuyo período impositivo se inicie desde ese momento».

- REGLA GENERAL → IRRETROACTIVIDAD de las NORMAS TRIBUTARIAS *SUSTANTIVAS* (*). Con carácter general, las normas tributarias son irretroactivas, esto es, se **aplican a tributos cuyo hecho imponible se realice con posterioridad a su entrada en vigor**.
  - Si se trata de **tributos instántaneos** (*sin periodo impositivo*) → La nueva norma se aplica a los tributos **devengados a partir de su entrada en vigor**.
  - Si se trata de **tributos periódicos** → La nueva norma se aplica a los tributos **cuyo periodo impositivo se inicie tras su entrada en vigor**.
- EXCEPCIÓN → Es POSIBLE QUE UNA NORMA TRIBUTARIA SE APLIQUE RETROACTIVAMENTE: «*[s]alvo que se disponga lo contrario* —establece el art. 10.2, párrafo 1º, LGT— las normas tributarias no tendrán efecto retroactivo».
  - Sección 2ª de la Sala Tercera del TS → **¿El artículo 10.2 LGT permite una interpretación excluyente de la retroactividad tácita o implícita?** → En «la locución *salvo que se disponga lo contrario* (...) no hay exigencia de disposición formal o solemne, bastando con que sea explícita, esto es, que se disponga en ella el efecto retroactivo, lo que bien o mal, es exigencia que ha quedado satisfecha, (...) , por más que *derive tal previsión de un juego un tanto confuso del sentido jurídico propio de las disposiciones transitorias y finales de una norma*, que da lugar, en todo caso, a un déficit de claridad o previsibilidad plena que, sin embargo, consideramos que carece de suficiente fuerza como para movernos a plantear cuestión de inconstitucionalidad» [SSTS de 3-02-2022 (ECLI:ES:TS:2022:490), FJ 8; de 17-02-2022 (ECLI:ES:TS:2022:742), FJ 8; de 5-07-2022 (ECLI:ES:TS:2022:2883), FJ 8].

(*) La aplicación retroactiva de las normas tributarias ***procedimentales*** no plantea problema alguno. Como regla general, tales normas —al igual que sucede con las *procesales*— suele tener, por su propia naturaleza, carácter retroactivo. Son "**aplicables a todos los procesos en curso en el momento de su entrada en vigor**" (doctrina consolidada del TC). A las normas procesales «"**les es aplicable el principio *tempus regit actum***"» [STC 83/2022, de 27 de junio, FJ 6 b); en el mismo sentido, ya antes, STC 10/2019, de 28 de enero, FJ 3].

Sistematización jurisprudencia constitucional dictada a este respecto (I):
(por todas, SSTC 182/1997, de 28 de octubre; 176/2011, de 8 de noviembre; 121/2016, de 23 de junio; o, en fin, 149/2023, de 7 de noviembre)

- PRESUPUESTO (a la luz de la reciente STC 149/2023, de 7 de noviembre) → **Habrá de determinarse si MATERIALMENTE estamos o no ante un supuesto de aplicación retroactiva de la nueva norma tributaria**. La norma que estableció el ITSGF era *formalmente prospectiva* (A) pero *materialmente retroactiva* (B) → La mayoría del Tribunal declaró por la razón (A) su conformidad con el art. 9.3 CE, mientras que en el voto particular por la razón (B) se declara su incompatibilidad con el principio de seguridad jurídica [en tanto que: (a) era un impuesto *materialmente periódico de nueva creación* afectaba a situaciones *nacidas y acabadas* antes de su entrada en vigor; (b) fue absolutamente imprevisible para sus destinatarios; y (c) careció de la justificación necesaria que legitimase su aplicación materialmente retroactiva].

- El **límite de la retroactividad *in peius*** de las leyes establecido en el **art. 9.3 CE se circunscribe a las leyes sancionadoras y a las restrictivas de derechos individuales**. Las normas tributarias (en general) no están comprendidas entre las «*disposiciones sancionadoras no favorables*» o «*restrictivas de derechos individuales*» a las que se refiere el art. 9.3 CE. **No existe, por tanto, una prohibición constitucional de legislación tributaria retroactiva.**

- Afirmar la admisibilidad de la retroactividad de las normas fiscales no supone mantener siempre su legitimidad constitucional → PUEDE SER CONTRARIA AL PRINCIPIO DE SEGURIDAD JURÍDICA (art. 9.3 CE).

- El principio de seguridad jurídica, aun cuando **no puede erigirse en valor absoluto**, pues ello daría lugar a la congelación o petrificación del ordenamiento jurídico existente, ni debe entenderse tampoco como un derecho de los ciudadanos al mantenimiento de un determinado régimen fiscal, **sí protege, en cambio, la confianza de los ciudadanos, que ajustan su conducta económica a la legislación vigente, frente a cambios normativos que no sean razonablemente previsibles**, ya que la retroactividad posible de las normas tributarias ***no puede trascender la interdicción de la arbitrariedad.***

- NECESIDAD DE PONDERACIÓN RETROACTIVIDAD – SEGURIDAD JURÍDICA.

- Para **determinar cuándo una norma tributaria retroactiva vulnera el principio de seguridad jurídica** → Resolución caso por caso → Necesidad de tomar en consideración:
  - a) El **grado de retroactividad** de la **norma cuestionada.**
  - b) Y las **circunstancias específicas concurrentes** en cada supuesto.

Sistematización jurisprudencia constitucional dictada a este respecto (II):

- **1.-** Retroactividad DE GRADO MÁXIMO (“*retroactividad auténtica*” o “*retroactividad plena*”) (SSTC 176/2011 y 121/2016)
  - Supuesto de hecho → La nueva norma se aplica a situaciones **nacidas y acabadas** antes de su entrada en vigor. *Ejemplo* → Modificación normativa de un tributo periódico una vez finalizado su periodo impositivo.
  - Consecuencia → La **prohibición de retroactividad opera plenamente** y «solo exigencias cualificadas “del bien común” o de “interés general”, podrían imponer “el sacrificio del principio de seguridad jurídica”, lo que ha de determinarse en una **ponderación caso a caso**».

✓ Ejemplo → Supuesto analizado en la STC 121/2016, de 23 de junio → Norma, que entró en vigor el día siguiente a su publicación en el BOE, esto es, el 7 de marzo de 2011, que modificaba el IRPF (en particular, la regulación del régimen fiscal de los rendimientos derivados del ejercicio de opciones de compra sobre acciones) con **efectos que se retrotraían** al 4 de agosto de 2004 y, más exactamente, a **periodos impositivos que finalizaran con posterioridad al 4 de agosto de 2004.**

— Por lo que se refiere a los **ejercicios 2004 a 2010** → Supuesto de **retroactividad de grado máximo**, pues se afectaba a situaciones jurídicas cuyos efectos ya se habían consolidado.

— A este respecto, señala el TC que dichas **exigencias de interés general** «deben ser **especialmente nítidas cuando la norma retroactiva** de que se trate **incide en un tributo como el impuesto sobre la renta de las personas físicas**» [STC 121/2016, FJ 4, con cita de la STC 182/1997, de 28 de octubre, FJ 13 A)].

— En aplicación de la doctrina anterior se ha considerado que **NO justifican supuestos de retroactividad de grado máximo en relación con el IRPF** “las **invocaciones genéricas a la crisis financiera** y sus devastadores efectos sobre las cuentas públicas” (STC 121/2016, FJ 5) o **la lucha contra prácticas elusivas de impuestos** en aras de la **salvaguarda de un principio de justicia tributaria** consagrado en el art. 31.1 CE (SSTC 176/2011, de 8 de noviembre, FJ 5; y 121/2016, FJ 5).

— Se declara, finalmente, que la retroactividad en lo que respecta a los ejercicios 2004 a 2010 resultaba contraria al principio de seguridad jurídica (art. 9.3 CE), y, en consecuencia, inconstitucional.

Sistematización jurisprudencia constitucional dictada a este respecto (III):

- 2.- Retroactividad DE GRADO MEDIO ("*retroactividad impropia*") (entre otras, SSTC 126/1987; 173/1996; 182/1997; o, en fin, 102/2015, FJ 5)

➢ Supuesto de hecho → La nueva norma se aplica a situaciones **nacidas pero no acabadas** a la fecha de su entrada en vigor. Ejemplo→ Modificación normativa de un tributo periódico una vez iniciado —pero no concluido— su periodo impositivo.

➢ Consecuencia → **Ponderación de bienes caso por caso**: seguridad **jurídica - conjunto de circunstancias concurrentes** → «En el supuesto de la retroactividad de grado medio o impropia, (...), la licitud o ilicitud de la disposición dependerá de una ponderación de bienes llevada a cabo caso por caso que tenga en cuenta, de una parte, la seguridad jurídica y, de otra, los diversos imperativos que pueden conducir a una modificación del ordenamiento jurídico tributario, así como las circunstancias concretas que concurren en el caso, es decir, la **finalidad de la medida** y las circunstancias relativas a su **grado de previsibilidad**, su **importancia cuantitativa**, y **otros factores similares**» (SSTC 126/1987, FFJJ 11, 12 y 13; 197/1992, FJ 4; 173/1996, FJ 3; 182/1997, FJ 11, *in fine*).

➢ **PRINCIPALES CIRCUNSTANCIAS TENIDAS EN CUENTA POR EL TC EN SU JURISPRUDENCIA:**

❖ **Previsibilidad** de la medida adoptada.

❖ **Razones** que han llevado a la adopción de la medida.

❖ **Alcance** de la reforma (posición —central o marginal— que ocupa el tributo modificado dentro del sistema tributario; importancia cuantitativa de la reforma, etc.).

Sistematización jurisprudencia constitucional dictada a este respecto (IV):

✓ Ejemplo → Supuesto analizado en la STC 182/1997, de 28 de octubre (FFJJ 10 y ss.) → Modificación de la cuantía del IRPF producida en el curso del periodo impositivo 1992 (concretamente, elevación de las tarifas para el ejercicio 1992, casi vencido el período impositivo). El TC falló **a favor de constitucionalidad de la aplicación retroactiva (*retroactividad de grado medio*)** de la Ley cuya constitucionalidad se cuestionaba por las siguientes **razones**:

—(1) Por el "efecto anuncio" que tuvo el Decreto-ley que, a pesar de ser declarado inconstitucional en la propia STC 182/1997, puso sobre aviso a los contribuyentes en relación con la elevación de las tarifas que se llevó a cabo en la ley aprobada con posterioridad [FJ 13 A)].

—(2) Por la existencia de claras exigencias de interés público → Necesidad de responder «al **espectacular crecimiento del déficit público** durante el primer semestre del ejercicio 1992 (...), **que afectaba gravemente** al equilibrio de la Hacienda Pública del Estado y al **cumplimiento de uno de los requisitos esenciales del Programa de Convergencia económica** (mantener el déficit público dentro del límite del 3 por 100 del PIB) **con vistas a alcanzar la Unión monetaria** prevista en el Tratado de la Unión Europea celebrado en Maastricht y firmado por España» [FJ 13 B)].

—(3) Habida cuenta del carácter limitado de la medida, de menor alcance cuantitativo que en ocasiones anteriores → «En efecto —señaló el Pleno del TC—, la subida de los tipos de las escalas del I.R.P.F. establecida por el art. 2 de la Ley 28/1992, no alcanza, desde la perspectiva que ahora importa del efecto retroactivo y la seguridad jurídica, la "notable importancia" de las que se han producido en otras ocasiones en las que este Tribunal ha debido pronunciarse, como es el caso del gravamen complementario de la tasa fiscal del juego declarado inconstitucional por la STC 173/1996, en el que, como advertíamos en el fundamento jurídico 5.A), se provocaba un aumento de las tasas pagadas al inicio de 1990 de más del doble de su cuantía inicial» [FJ 13 C)].

2.3.2. PRINCIPIO DE RETROACTIVIDAD *IN BONUS* DEL RÉGIMEN TRIBUTARIO SANCIONADOR Y DE LOS RECARGOS (I)

- Art. 10.2, párrafo 2º, LGT → «las normas que regulen el **régimen de infracciones y sanciones tributarias** y el de los **recargos** tendrán **efectos retroactivos** respecto de los *actos que no sean firmes* cuando su aplicación **resulte más favorable** para el interesado» ↔ Principio de retroactividad de las normas sancionadoras favorables (retroactividad *in bonus)*

- SISTEMATIZACIÓN JURISPRUDENCIA DEL TC:

— Tiene su **fundamento *a contrario sensu* en el art. 9.3 CE** que declara «la irretroactividad de las disposiciones sancionadoras no favorables o restrictivas de derechos individuales» (por todas, SSTC 8/1981, FJ 3; 15/1981, FJ 7; 51/1985, FJ 7; 129/1996, FJ 3; 215/1998, FJ 2).

— En consecuencia, el principio de retroactividad *in bonus* **no es, «pues, invocable, en vía de amparo».**

— A estos efectos, el TC **ha negado** que el derecho a la aplicación de la norma punitiva —penal o administrativa sancionadora— más beneficiosa **pueda inferirse del derecho a la legalidad sancionadora consagrado en el art. 25.1 CE** (por todas, SSTC 99/2000, de 10 de abril, FJ 5; 85/2006, de 27 de marzo, FJ 4; 116/2007, de 21 de mayo, FJ 10).

— Únicamente cabría invocar en vía de amparo el principio de retroactividad *in bonus* en aquellos supuestos en los que **la no aplicación por el Tribunal sentenciador de la norma más beneficiosa conlleve la irrazonabilidad de la Sentencia** → **Vulneración** del **derecho a la tutela judicial efectiva** (art. 24.1 CE) (así lo señaló la STC 99/2000, de 10 de abril, en relación con la Disposición transitoria primera de la Ley 25/1995; en el mismo sentido, posteriormente, STC 30/2017, de 27 de febrero).

— El principio de retroactividad *in bonus* supone la **aplicación íntegra de la ley *que en su conjunto* —o en bloque— resulte más beneficiosa, *no lo más favorable de cada norma*** (SSTC 131/1986, FJ 2; 21/1993, FJ 5; y 75/2002, FJ 4). No es aceptable, por tanto, «utilizar el referido principio para elegir de las dos leyes concurrentes, las disposiciones parcialmente más ventajosas, pues en tal caso, el órgano judicial sentenciador no estaría interpretando y aplicando las leyes en uso correcto de la potestad jurisdiccional que le atribuye el art. 117.3 de la C.E., sino creando con fragmentos de ambas leyes una tercera y distinta norma legal con invasión de funciones legislativas que no le competen» (STC 131/1986, FJ 2).

— La aplicación retroactiva de ésta en cuanto resulte más favorable **habrá de hacerse de oficio por los órganos administrativos y jurisdiccionales que estén conociendo de las reclamaciones y recursos**, esto es, sin necesidad de que lo reclame expresamente el sujeto a quien se ha impuesto una sanción, siempre *previa audiencia del interesado* (en este sentido, STC 99/2000).

2.3.2. PRINCIPIO DE RETROACTIVIDAD *IN BONUS* DEL RÉGIMEN TRIBUTARIO SANCIONADOR Y DE LOS RECARGOS (II)

- *Ex* art. 10.2, párrafo 2º, LGT → Aplicación del principio de retroactividad *in bonus* respecto de los actos que no sean firmes (en el mismo sentido DT 1ª de la Ley 11/2021 en relación con las reducciones previstas en los apdos. 1 y 3 del art. 188 LGT).
- La regulación tributaria **se aparta deliberada e intencionadamente de los postulados** que a este respecto informan tanto la **normativa penal como administrativa**.
  - Art. 2.2 CP → Dispone que «tendrán efecto retroactivo aquellas leyes penales que favorezcan al reo, *aunque al entrar en vigor hubiera recaído sentencia firme y el sujeto estuviese cumpliendo condena*».
  - Art. 26.2 de la Ley 40/2015, de 1 de octubre (LRJSP) → «Las disposiciones sancionadoras producirán efecto retroactivo en cuanto favorezcan al presunto infractor o *al infractor*, (...), *incluso respecto de las sanciones pendientes de cumplimiento al entrar en vigor la nueva disposición*».
- Conforme al art. 26.2 LRJSP **la firmeza de las resoluciones sancionadoras** (por no haberse recurrido o por haber sido confirmada en sentencia firme) **no impide la aplicación retroactiva de la norma posterior más benévola** ***si la sanción no estuviera ejecutada en nada o no lo estuviera por completo*** (REBOLLO PUIG).

****

- La aplicación del principio de retroactividad *in bonus* a los RECARGOS ↔ Exigencia del art. 9.3 CE únicamente en lo atinente a los **recargos por declaración extemporánea sin requerimiento previo** ↔ Art. 27 LGT ↔ Constituyen excusas absolutorias (= Régimen sancionador *lato sensu*).

  - En cambio, ***no es exigencia del art. 9.3 CE*** (esto es, no resulta constitucionalmente impuesto, aunque sí legalmente) **la aplicación retroactiva de los** ***recargos del periodo ejecutivo*** recogidos en el art. 28 LGT. No constituyen medida punitiva.

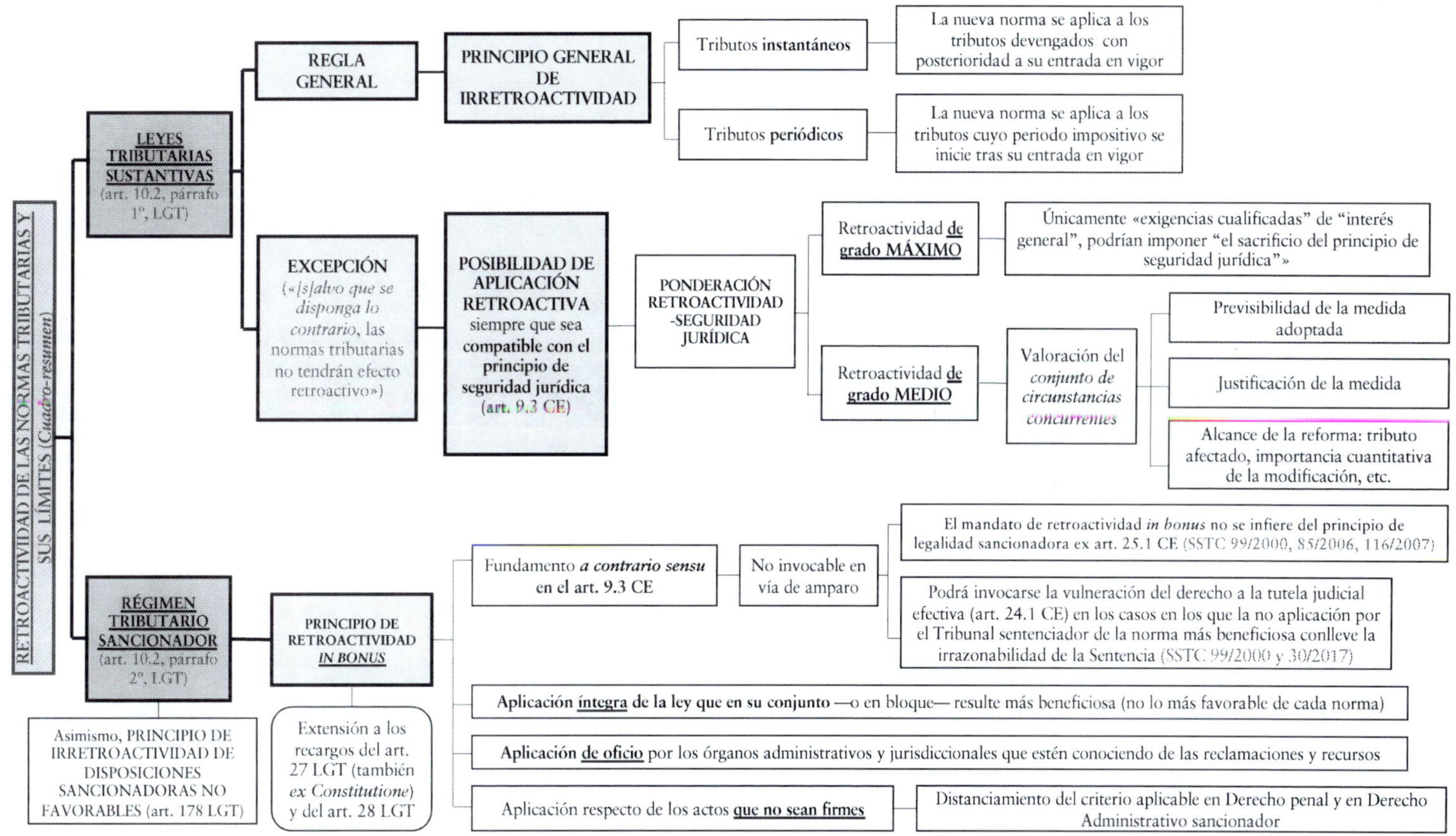
RETROACTIVIDAD DE LAS NORMAS TRIBUTARIAS Y SUS LÍMITES (Cuadro-resumen)
LEYES TRIBUTARIAS SUSTANTIVAS (art. 10.2, párrafo 1º, LGT)
REGLA GENERAL
PRINCIPIO GENERAL DE IRRETROACTIVIDAD
Tributos instantáneos
La nueva norma se aplica a los tributos devengados con posterioridad a su entrada en vigor
Tributos periódicos
La nueva norma se aplica a los tributos cuyo periodo impositivo se inicie tras su entrada en vigor
EXCEPCIÓN («[s]alvo que se disponga lo contrario, las normas tributarias no tendrán efecto retroactivo»)
POSIBILIDAD DE APLICACIÓN RETROACTIVA siempre que sea compatible con el principio de seguridad jurídica (art. 9.3 CE)
PONDERACIÓN RETROACTIVIDAD -SEGURIDAD JURÍDICA
Retroactividad de grado MÁXIMO
Únicamente «exigencias cualificadas" de "interés general", podrían imponer "el sacrificio del principio de seguridad jurídica"»
Retroactividad de grado MEDIO
Valoración del conjunto de circunstancias concurrentes
Previsibilidad de la medida adoptada
Justificación de la medida
Alcance de la reforma: tributo afectado, importancia cuantitativa de la modificación, etc.
RÉGIMEN TRIBUTARIO SANCIONADOR (art. 10.2, párrafo 2º, LGT)
PRINCIPIO DE RETROACTIVIDAD IN BONUS
Fundamento a contrario sensu en el art. 9.3 CE
No invocable en vía de amparo
El mandato de retroactividad in bonus no se infiere del principio de legalidad sancionadora ex art. 25.1 CE (SSTC 99/2000, 85/2006, 116/2007)
Podrá invocarse la vulneración del derecho a la tutela judicial efectiva (art. 24.1 CE) en los casos en los que la no aplicación por el Tribunal sentenciador de la norma más beneficiosa conlleve la irrazonabilidad de la Sentencia (SSTC 99/2000 y 30/2017)
Aplicación íntegra de la ley que en su conjunto —o en bloque— resulte más beneficiosa (no lo más favorable de cada norma)
Aplicación de oficio por los órganos administrativos y jurisdiccionales que estén conociendo de las reclamaciones y recursos
Aplicación respecto de los actos que no sean firmes
Distanciamiento del criterio aplicable en Derecho penal y en Derecho Administrativo sancionador
Asimismo, PRINCIPIO DE IRRETROACTIVIDAD DE DISPOSICIONES SANCIONADORAS NO FAVORABLES (art. 178 LGT)
Extensión a los recargos del art. 27 LGT (también ex Constitutione) y del art. 28 LGT

3. LA APLICACIÓN DE LAS NORMAS TRIBUTARIAS EN EL ESPACIO. LOS CRITERIOS DE SUJECIÓN

3. LA APLICACIÓN DE LAS NORMAS TRIBUTARIAS EN EL ESPACIO (I)

Plantea, a su vez, DOS CUESTIONES DISTINTAS:

- (1) Determinación del ámbito espacial de aplicación de las normas tributarias:
  - **No** existe **norma expresa** a este respecto.
  - Con carácter general, las normas tributarias **surten efectos en el territorio nacional**.
  - Con todo, es frecuente que el **ámbito territorial de aplicación de cada impuesto se delimite en su norma reguladora**.
    - — En el caso de los tributos estatales ese ámbito ***no siempre coincide con el territorio nacional*** → Ejemplo: el IVA no se aplica en las Islas Canarias, ni en Ceuta ni en Melilla (en su lugar, se aplican otros impuestos sobre el consumo que conllevan, por lo general, una menor carga tributaria).
    - — Es habitual incluir en las leyes tributarias especiales la previsión de que el ámbito de aplicación se entenderá ***sin perjuicio de lo previsto en los regímenes forales*** → Ejemplo → En el art. 4 LIRPF se establece, expresamente, lo siguiente: «1. El Impuesto sobre la Renta de las Personas Físicas se aplicará en todo el territorio español.- 2. Lo dispuesto en el apartado anterior se entenderá *sin perjuicio de los regímenes tributarios forales de concierto y convenio económico en vigor, respectivamente, en los Territorios Históricos del País Vasco y en la Comunidad Foral de Navarra*». Previsiones similares se contienen también en los arts. 2 LIS, LIRNR, LIP, o, en fin, LISD.
  - A veces el impuesto puede tener **efectos extraterritoriales** → Es lo que sucede en la imposición de los **sujetos residentes que tributan por su renta o su patrimonio MUNDIAL**, esto es, con independencia de que obtengan la renta o detenten el patrimonio en España o en el extranjero (= "obligación *personal* de contribuir"). En cambio, los no residentes sólo tributan por las rentas obtenidas o el patrimonio detentado en España (= "obligación *real* de contribuir").
    - — Ejemplos de "obligación *personal* de contribuir" → Gravamen de la renta mundial de los residentes (arts. 2 LIRPF y 7.2 LIS); gravamen del patrimonio mundial de los residentes [art. 5.Uno.a)]; o, en fin, gravamen del incremento de patrimonio (gratuito) mundial de los residentes (art. 6.1 LISD).
    - — Ejemplos de "obligación *real* de contribuir" → Arts. 5 LIRNR, 5.Uno.b) LIP, o, en fin, 7 LISD.

3. LA APLICACIÓN DE LAS NORMAS TRIBUTARIAS EN EL ESPACIO (II)

- (2) Determinación de las situaciones o hechos que quedan sometidos a la norma tributaria española cuando en ellos está presente un elemento "transfronterizo" ↔ Idéntico problema se suscita también en el ámbito interno (= necesidad de dilucidar a qué Hacienda territorial —estatal, autonómica, foral o local— corresponde la regulación y aplicación de ciertos tributos).

➢ Solapamiento de las soberanías fiscales de diversos Estados/entes públicos impositores que coexisten en el ámbito interno → Necesidad de determinar qué Estado o ente descentralizado tienen derecho a gravar una determinada manifestación de riqueza o capacidad económica → **Resolución mediante** los denominados **"PUNTOS DE CONEXIÓN".**

➢ Finalidad de los "puntos de conexión" → **Impedir** que se produzcan **supuestos de doble o nula tributación.**

➢ En la **configuración de un determinado tributo** el **legislador dispone, EN TEORÍA, de varias opciones**:

– (a) Utilizar un criterio basado en la **conexión o vinculación personal del sujeto pasivo** con el ente impositor → La **nacionalidad.**

– (b) Emplear criterios de **estricta territorialidad**, esto es, que atiendan exclusivamente al **lugar de realización del hecho imponible.**

– (c) Puede recurrir a la **residencia habitual** del sujeto pasivo (criterio intermedio entre la estricta territorialidad y la vinculación personal).

– (d) O, en fin, puede **combinar todos o algunos de estos criterios** en la regulación de un mismo tributo.

➢ Ejemplos:

✓ En el **IRPF** → Criterio de sujeción basado en la **residencia habitual** del contribuyente (art. 9.1 LIRPF). Con *carácter excepcional*, se utiliza, asimismo, el criterio de la ***nacionalidad*** → Supuestos de sujeción enumerados en el art. 10.1 LIRPF (nacionales españoles con residencia habitual en el extranjero por algunas de las circunstancias previstas en el art. 10.1 LIRPF: desempeño de cargo diplomático o consultar, etc.).

✓ En cambio, en el **IVA** → Único criterio de sujeción → **Lugar de realización del hecho imponible** → Sólo quedan sujetas al IVA español las entregas de bienes y prestaciones de servicios realizadas dentro del ámbito espacial de aplicación del Impuesto (Península e Islas Baleares), y ello *con independencia de la nacionalidad o residencia de los sujetos que intervengan en tales operaciones.*

3. LA APLICACIÓN DE LAS NORMAS TRIBUTARIAS EN EL ESPACIO (III)

- Art. 11 LGT → **Regulación de los criterios de sujeción al tributo**:

> «Los tributos se aplicarán **conforme a los criterios** de residencia o territorialidad **que establezca la ley en cada caso**. En su defecto, los tributos **de carácter personal** se exigirán conforme al **criterio de residencia** y **los demás** tributos conforme al **criterio de territorialidad** que *resulte más adecuado a la naturaleza del objeto gravado*».

- En consecuencia:

➢ 1º) Habrá de estarse a lo que establezca en cada caso la Ley que regule el correspondiente tributo → Estas leyes establecen de ordinario los puntos de conexión.

➢ 2º) ***A falta de regulación legal específica***, se aplicarán los criterios que establece el art. 11 LGT ↔ Art. 11 LGT = Norma ***de aplicación subsidiaria***:

- Tributos de naturaleza **PERSONAL** → Aplicación del **criterio de la RESIDENCIA** (a su vez, para la determinación de la residencia habrá de estarse a la definición que de la misma se contiene en la normativa propia de los tributos que utilizan este criterio: *v. gr.*, IRPF e IS).
- Tributos de naturaleza **REAL** → Aplicación del **criterio de la TERRITORIALIDAD** (esto es, habrá de estarse al lugar donde estén situados los bienes, lugar en el que se realicen los actos en los que se hacen efectivos los derechos que se someten a tributación, etc.).

(*) Observación → **No** inclusión de la **nacionalidad** como punto de conexión (consecuencia del reconocimiento constitucional del principio de generalidad cuando el art. 31.1 CE establece el deber de contribuir: refiere tal deber a *todos* y no sólo a los nacionales españoles).

3. LA APLICACIÓN DE LAS NORMAS TRIBUTARIAS EN EL ESPACIO (IV)

- **Problema destacado** relacionado con los **criterios de sujeción al tributo** → DOBLE IMPOSICIÓN INTERNACIONAL.
- Se produce cuando **una misma manifestación de riqueza o de capacidad económica** queda **sujeta a dos tributos** de idéntica o análoga naturaleza **en dos Estados diferentes.**
- Lo anterior puede suceder por alguna de las CAUSAS siguientes:
  - Por la **utilización en uno y otro Estado** de **criterios de sujeción diferentes.** Ejemplo → Si en uno de ellos se utiliza el criterio de la residencia efectiva (sujeción de todos los residentes por su renta mundial) y en el otro Estado se emplea el criterio de territorialidad estricta (sujeción de cualquier renta obtenida en su territorio con independencia de la condición de residente o no del perceptor de la misma).
  - Por la **utilización de un mismo criterio de sujeción que se define o delimita de manera distinta** en cada uno de los ordenamientos. Ejemplo → Si en ambos se utiliza el criterio de la residencia efectiva, pero ésta se define de manera diferente en cada uno de los Estados, se pueden generar situaciones de *doble residencia fiscal* que pueden desembocar también en situaciones de doble imposición internacional.
- SOLUCIONES a las situaciones descritas (contrarias a las exigencias de justicia tributaria):
  - Previstas por el Derecho internacional → Especialmente en los convenios para evitar la doble imposición internacional (CDI).
  - Establecidas por el Derecho interno → Concretamente, por las **normas incluidas en la regulación propia de cada tributo que tiene por objeto eliminar la doble imposición** ← *APLICABLES EN DEFECTO DE ACUERDO O CONVENIO INTERNACIONAL*.

4. LA INTERPRETACIÓN DE LAS NORMAS TRIBUTARIAS

4. LA INTERPRETACIÓN DE LAS NORMAS TRIBUTARIAS (I)

- **Interpretación** = Actividad de carácter cognoscitivo que «tiene por objeto **conocer el sentido, alcance y finalidad de la norma en el marco de la realidad social** en el que la misma se aplica» [por todas, SSTS de 8-06-2022 (ECLI:ES:TS:2022:2274), FD 1; y de 20-06-2022 (ECLI:ES:TS:2022:2485), FD 3].
- Constituye un **requisito *sine qua non* para la aplicación de la norma.**
- Art. 12 LGT → Interpretación de las normas tributarias:

> «1. Las normas tributarias se interpretarán **con arreglo a lo dispuesto en el apartado 1 del artículo 3 del Código Civil.**
>
> 2. *En tanto no se definan por la normativa tributaria*, **los términos empleados** en sus normas se entenderán **conforme a su sentido jurídico, técnico o usual, según proceda.**
>
> 3. En el ámbito de las competencias del Estado, la facultad de dictar **disposiciones interpretativas o aclaratorias** de las leyes y demás normas en materia tributaria corresponde al Ministro de Hacienda y Administraciones Públicas y a los órganos de la Administración Tributaria a los que se refiere el artículo 88.5 de esta Ley.
>
> Las disposiciones interpretativas o aclaratorias dictadas por el Ministro serán de obligado cumplimiento para todos los órganos de la Administración Tributaria.
>
> Las disposiciones interpretativas o aclaratorias dictadas por los órganos de la Administración Tributaria a los que se refiere el artículo 88.5 de esta Ley tendrán efectos vinculantes para los órganos y entidades de la Administración Tributaria encargados de la aplicación de los tributos.
>
> Las disposiciones interpretativas o aclaratorias previstas en este apartado se publicarán en el boletín oficial que corresponda.
>
> Con carácter previo al dictado de las resoluciones a las que se refiere este apartado, y una vez elaborado su texto, cuando la naturaleza de las mismas lo aconseje, podrán ser sometidas a información pública».

- **Regulación contenida en el art. 12 LGT**:
  - ➢ Remisión a los **criterios de interpretación** contenidos en Título Preliminar del C.c. (art. 12.1 LGT).
  - ➢ Interpretación de **términos con significado no unívoco** (art. 12.2 LGT).
  - ➢ **Disposiciones de aclaración o interpretación** de las normas (art. 12.3 LGT).

4. LA INTERPRETACIÓN DE LAS NORMAS TRIBUTARIAS (II)

- Remisión a los criterios de interpretación contenidos en el art. 3.1 C.c. (art. 12.1 LGT):

➢ Responde a **disputas** que se produjeron en el pasado (previas a la consolidación del Derecho Tributario como disciplina científica autónoma) en relación con la **existencia de métodos de interpretación específicos** de las normas tributarias por su específica naturaleza (Interpretación ***estricta*** e interpretación ***económica***).

➢ Cuestión **plenamente superada** a día de hoy. Previsión "***superflua***".

➢ Art. 3.1 C.c. → «Las normas se interpretarán según el sentido propio de sus palabras, en relación con el contexto, los antecedentes históricos y legislativos, y la realidad social del tiempo en que han de ser aplicadas, atendiendo fundamentalmente al espíritu y finalidad de aquellas».

➢ Para la interpretación de TODAS las normas tributarias, utilización por el intérprete: del ***criterio literal o gramatical***, del ***criterio sistemático***, del ***criterio histórico***, del ***criterio lógico***, del ***criterio sociológico***, y, especialmente, del ***criterio teleológico***, esto es, del que atiende al espíritu y finalidad de las normas objeto de interpretación.

- A la necesidad de recurrir a estos criterios **—concretamente, a la "interpretación literal, lógica, sistemática y finalista"— para la interpretación de las normas tributarias se ha referido repetidamente la Sección 2ª de la Sala Tercera del TS**: por todas, SSTS de 8-06-2022 (ECLI:ES:TS:2022:2274), FD 1; y de 20-06-2022 (ECLI:ES:TS:2022:2485), FD 3.
- Sin perjuicio de la prohibición de analogía a la que posteriormente nos referiremos, el TS ha señalado —y lo ha hecho repetidamente— que las **normas que establecen exenciones y bonificaciones tributarias deben ser interpretadas conforme a los criterios que establece el art. 12.1 LGT (y, en definitiva, el art. 3.1 C.c.)**: «las normas constitutivas de exenciones o bonificaciones (...) deberán ser interpretadas con arreglo a los mismos criterios o métodos que el resto de las normas tributarias» [entre las últimas, en este sentido, SSTS de 8-06-2022 (ECLI:ES:TS:2022:2274), FD 1; y de 20-06-2022 (ECLI:ES:TS:2022:2485), FD 3]. Y, a mayor abundamiento, ha puntualizado: «No existen criterios específicos para las exenciones, acabamos de decir. A las exenciones se aplican también los criterios recogidos en el artículo 12 LGT, que establece en su apartado 1 que las normas tributarias se interpretarán con arreglo a lo dispuesto en el apartado 1 del artículo 3 del Código Civil» [STS de 20-06-2022 (ECLI:ES:TS:2022:2485), FD 3].

➢ En la **interpretación de las normas tributarias** adquieren **capital importancia los principios constitucionales** establecidos en el **art. 31.1 CE** y, de manera señalada, el principio de capacidad económica → Interpretación PRINCIPIALISTA (= manifestación específica del criterio teleológico).

4. LA INTERPRETACIÓN DE LAS NORMAS TRIBUTARIAS (III)

- **Interpretación** de términos con significado ***no unívoco*** (art. 12.2 LGT):
- Según la doctrina, la relevancia del precepto radica, no tanto en lo que dice, como en lo que no dice → A menos que exista definición legal expresa, **no establece preferencia entre los posibles significados alternativos —jurídico, técnico o vulgar—** que puedan tener los términos empleados por la norma tributaria → ***Aplicación*** en su exégesis de los ***criterios generales de interpretación***.
- Se contemplan **DOS POSIBILIDADES**:

➢ **1º) Que la norma tributaria DEFINA** —a efectos estrictamente tributarios— **los términos que utiliza** → **Habrá que estar a tal definición**.

- (a) En ocasiones, esta **definición** se produce de forma **explícita** → Ejemplos: la LIRF contiene una definición de *operaciones a plazos o con precio aplazado* a los efectos de la aplicación de la regla especial de imputación temporal prevista en su art. 14.2 d) (no coincidente con el concepto civil); asimismo, el art. 41 bis. del RIRPF ofrece un *concepto de vivienda habitual* a efectos de la aplicación de determinadas exenciones (no coincidente con la acepción vulgar, ni con el concepto jurídico de vivienda habitual).
- (b) En otros supuestos, los términos se definen por **remisión implícita** a lo dispuesto en algún precepto de la propia ley. Ejemplo → STS de 20-06-2022 (ECLI:ES:TS:2022:2485) → Interpretación de los términos "rendimientos del trabajo" que emplea la exención del art. 7 p) LIRPF. De acuerdo con el TS, por "rendimientos del trabajo" habrán de entenderse todos los comprendidos en los apdos. 1 y 2 del art. 17 LIRPF.

➢ 2ª) Que la **norma tributaria NO DEFINA** —ni expresa ni implícitamente— **los términos que utiliza** → Corresponde al **intérprete**, utilizando los **criterios generales de interpretación**, **determinar en cada caso concreto cuál es el sentido —jurídico, usual o técnico—** que el legislador ha querido darle a los mismos.

- Ejemplo clásico en el Derecho tributario → STS de 28-11-1960 → Enjuició si la descarga de mejillón en los puertos devengaba la *tasa portuaria que gravaba la "pesca"* habida cuenta de que los mejillones no son peces sino moluscos. Inicialmente el TS consideró que el tributo no resultaba aplicable a los productores de mejillones porque desde el punto de vista científico o técnico el mejillón *es un molusco y no un pez*. Posteriormente, en cambio, concluyó que, atendiendo a la finalidad del tributo en cuestión (obtención de recursos con los que atender el mantenimiento de los servicios portuarios) y a los principios de justicia tributaria, había que estar al *significado vulgar* del término *pescado* y, en consecuencia, los productores de mejillones debían satisfacer también el citado tributo.

4. LA INTERPRETACIÓN DE LAS NORMAS TRIBUTARIAS (IV)

- Disposiciones interpretativas o aclaratorias dictadas por la Administración (art. 12.3 LGT):

  - Competencia para dictarlas en el ámbito del Estado = **Ministro de Hacienda y órganos que tengan atribuida la iniciativa para la elaboración de disposiciones en el orden tributario** (= Dirección General de Tributos).

  - ***No*** constituyen ***auténticas normas jurídicas***. **Instrucciones** de carácter **interno** que son objeto de publicación para facilitar su conocimiento por el público.

  - Si son **dictadas por el Ministro de Hacienda** → Vinculan no sólo a los órganos de gestión, inspección, recaudación y aplicación de sanciones, sino también a los Tribunales Económico-Administrativos.

  - Si son **dictadas por la DGT** → Vinculan exclusivamente a los órganos de gestión, inspección, recaudación y aplicación de sanciones (no vinculan a los Tribunales Económico-Administrativos).

5. LA INTEGRACIÓN ANALÓGICA DE LAS NORMAS TRIBUTARIAS

5. LA INTEGRACIÓN ANALÓGICA DE LAS NORMAS TRIBUTARIAS (I)

> Artículo 14. Prohibición de la analogía.
>
> «No se admitirá la analogía para extender más allá de sus términos estrictos el ámbito del hecho imponible, de las exenciones y demás beneficios o incentivos fiscales».

- La analogía es un **modo de integración del ordenamiento** o, más concretamente, **de las lagunas existentes en la regulación legal**.
- **Consiste** en aplicar a un supuesto no contemplado directamente en la norma del mandato establecido en relación con un supuesto distinto pero que guarda con el primero una relación de semejanza (*identidad de razón*).
- Art. 4.1 C.c. → «Procederá la aplicación analógica de las normas cuando éstas no contemplen un supuesto específico, pero regulen otro semejante entre los que se aprecie identidad de razón».
- La **integración analógica se diferencia de la interpretación** en el punto de partida o razón de ser de una y otra operación → Mientras que la **interpretación parte de la existencia de una norma**, cuyo sentido es necesario desentrañar, la **integración analógica se hace necesaria por la existencia de una laguna legal** o ausencia de norma directamente aplicable, no querida por el legislador y que es necesario colmar.

La Sección 2ª de la Sala Tercera del TS **diferencia en la actualidad entre la interpretación y la integración analógica** en los siguientes términos [SSTS de 20-07-2021 (ECLI:ES:TS:2021:3077), FD 3.3.B); asimismo, de 20-07-2021 (ECLI:ES:TS:2021:3076), FD 3.3.B); de 8-06-2022 (ECLI:ES:TS:2022:2274), FD 1; de 20-06-2022 (ECLI:ES:TS:2022:2485), FD 3; o, en fin, entre las más recientes, STS de 18-04-2023 (ECLI:ES:TS:2023:1629), FD 3 B)]:

> «Del citado artículo 14 se deduce —(…)— que **una cosa es la analogía y otra la interpretación de las normas jurídicas**, pues mientras la **primera** —proscrita [para los beneficios fiscales]— **constituye una actividad de integración del ordenamiento por la que se extiende una norma a presupuestos de hecho no contemplados implícita o explícitamente por ella, la segunda, por el contrario, tiene por objeto conocer el sentido, alcance y finalidad dela norma en el marco de la realidad social en el que la misma se aplica.** Partiendo de esta elemental distinción necesariamente habrá que convenir en que **la llamada interpretación analógica no es tal**, puesto que no se trata de una actividad dirigida a desentrañar el sentido de la norma, esto es, interpretativa, sino a integrar o completar las llamadas lagunas del derecho. Esta actividad exige, como es evidente, la previa interpretación de la norma que se pretende aplicar al supuesto de hecho no regulado, pero no por ello deben confundirse ambos fenómenos. Lo prohibido por el artículo 14 de la Ley General Tributaria es el recurso a la analogía para extender más allá de sus términos el ámbito de las exenciones y bonificaciones tributarias, pero dicho precepto no establece, sin embargo, ningún criterio específico de interpretación de las normas constitutivas de exenciones o bonificaciones, las cuales deberán ser interpretadas con arreglo a los mismos criterios o métodos que el resto de las normas tributarias».

5. LA INTEGRACIÓN ANALÓGICA DE LAS NORMAS TRIBUTARIAS (II)

- Para la determinación del alcance de la prohibición contenida en el art. 14 LGT conviene partir de las posiciones doctrinales mantenidas en relación con la analogía en Derecho Tributario:
  - (1) **Partidarios** del **empleo de la analogía en Derecho Tributario** (VANONI, AMATUCCI, TIPKE). Modo de hacer efectivo, según estos autores, el principio de igualdad.
  - (2) Doctrina clásica mayoritaria (GIANNINI, BERLIRI, SÁINZ DE BUJANDA, GARCÍA AÑOVEROS, VICENTE-ARCHE, entre otros) → La analogía no tiene cabida en el Derecho Tributario extramuros de las *normas procedimentales o formales*. En el **ámbito cubierto por el principio de legalidad** (regulación de los elementos esenciales del tributo) **no sería posible recurrir a la integración analógica** ↔ Vulneraría el citado principio de reserva de ley tributaria.
  - (3) PÉREZ ROYO → La analogía encuentra sus límites en el **principio de seguridad jurídica** o **certeza del Derecho.**

- Interpretaciones ACTUALES del ALCANCE del art. 14 LGT:

➢ Para los partidarios de la posición (2) → La aplicación analógica resulta **prohibida en relación con todas las normas que tienen por objeto el ámbito material cubierto por el principio de legalidad tributaria** (y no sólo en relación con las normas que regulan el hecho imponible o las exenciones).

➢ Para los defensores de la posición (3) (*mayoría de la doctrina reciente entre la que me incluyo*) la **prohibición del art. 14 LGT debe ser entendida en sus propios términos** ↔ Este precepto constituye una decisión consciente del legislador en relación con las exigencias que dimanan del principio de seguridad jurídica y el alcance de la prohibición de analogía en el concreto ámbito tributario.

  - La proscripción de integración analógica se reduce al hecho imponible y exenciones.
  - Las normas relativas al resto de elementos del tributo (incluidos los esenciales) son susceptibles de aplicación analógica (régimen de obligados tributarios, elementos de cuantificación, etc.)

6. LA CALIFICACIÓN EN DERECHO TRIBUTARIO

6. LA CALIFICACIÓN EN DERECHO TRIBUTARIO (I)

«**Artículo 13. Calificación.**

Las obligaciones tributarias **se exigirán con arreglo a la naturaleza jurídica del hecho, acto o negocio realizado, cualquiera que sea la forma o denominación que los interesados le hubieran dado, y prescindiendo de los defectos** que pudieran afectar a su validez».

Regulación contenida en el art. 13 LGT:

- (1) Las obligaciones tributarias se exigirán conforme a la naturaleza jurídica del hecho, acto o negocio realizado.
  - Mandato de **identificación de la verdadera naturaleza jurídica** de los hechos, actos o negocios.
  - **Calificación** con **criterios exclusivamente jurídicos** (no económicos) → 1º) Conforme a la **normativa tributaria**; en su defecto, 2º) Aplicación de conceptos definidos en otros sectores del ordenamiento (*v. gr.*, C.c.).
- (2) Cualquiera que sea la forma o denominación que los interesados le hubieran dado ⇔ Conexión **principio de libertad de forma** (art. 1278 C.c.) y regla "***las relaciones o situaciones jurídicas son lo que efectivamente son y no lo que las partes dicen que son***".
- (3) Y prescindiendo de los defectos que pudieran afectar a su validez.
  - A efectos tributarios **dichos defectos no se tomarán en consideración** y no impedirán el sometimiento del acto en cuestión al tributo correspondiente.
  - **Devolución del tributo** satisfecho en el caso de que el **negocio gravado sea anulado, rescindido o resuelto** (judicial o administrativamente).

6. LA CALIFICACIÓN EN DERECHO TRIBUTARIO (II)

- Posibilidad de la Administración de rectificar la calificación incorrecta aplicada por los obligados tributarios (**sin necesidad de impetrar el auxilio judicial**) y exigir el tributo conforme a la naturaleza del negocio que considera realizado ↔ **Autotutela de la Administración.**

- A tener en cuenta → Doctrina jurisprudencial reciente de la Sección 2ª de la Sala Tercera del TS "acerca de los límites entre calificación, conflicto de aplicación de la norma tributaria y simulación" [SSTS de 2-07-2020 (rec. cas. 1429/2018); de 22-07-2020 (rec. cas. 1432/2018); de 23-02-2023 (rec. cas. 5730/2021); y, asimismo, de 23-02-2023 (rec. cas. 5915/2021)]:

  - «[I]**licitud de operar actuaciones de declaración de simulación o de conflicto de aplicación de normas tributarias** (art. 15 LGT) **bajo la apariencia de una simple "calificación"** del art. 13 LGT» [STS de 23-02-2023 (rec. cas. núm. 5730/2021), FD 5].

  - «La **calificación** de los hechos imponibles, (…), es una operación consistente en determinar si el hecho, acto, o negocio de la realidad encaja en la hipótesis normativa que ha configurado la ley, atendiendo a su naturaleza jurídica y con independencia de la forma y denominación que los interesados le hubieren dado. Por tanto, es una operación de subsunción del hecho de la realidad en la premisa mayor de la norma, sobre bases estrictamente jurídicas» [STS de 23-02-2023 (rec. cas. núm. 5730/2021), FD 6].

7. ECONOMÍAS DE OPCIÓN, CONFLICTO EN LA APLICACIÓN DE LA NORMA TRIBUTARIA Y SIMULACIÓN

- **7.1. Economías de opción. Distinción frente a la *evasión* y *elusión fiscal***
- **7.2. El conflicto en la aplicación de la norma tributaria**
  - 7.2.1. Requisitos *sustantivos*: elementos constitutivos del conflicto en la aplicación de la norma tributaria
  - 7.2.2. Requisitos *procedimentales*: procedimiento para la declaración de conflicto
  - 7.2.3. Consecuencias de la declaración de conflicto
- **7.3. La simulación tributaria**
  - 7.3.1. Requisitos *sustantivos*: elementos constitutivos de la simulación
  - 7.3.2. *Inexistencia de requisitos procedimentales* de la declaración de simulación
  - 7.3.3. Consecuencias de la declaración de simulación

7.1. ECONOMÍAS DE OPCIÓN. DISTINCIÓN FRENTE A LA *EVASIÓN* Y *ELUSIÓN FISCAL*

- Planificación fiscal → **Conducta** del contribuyente dirigida a **ordenar su actividad económica** de la manera que le suponga un **menor coste fiscal**. Práctica habitual y, en principio, permitida.

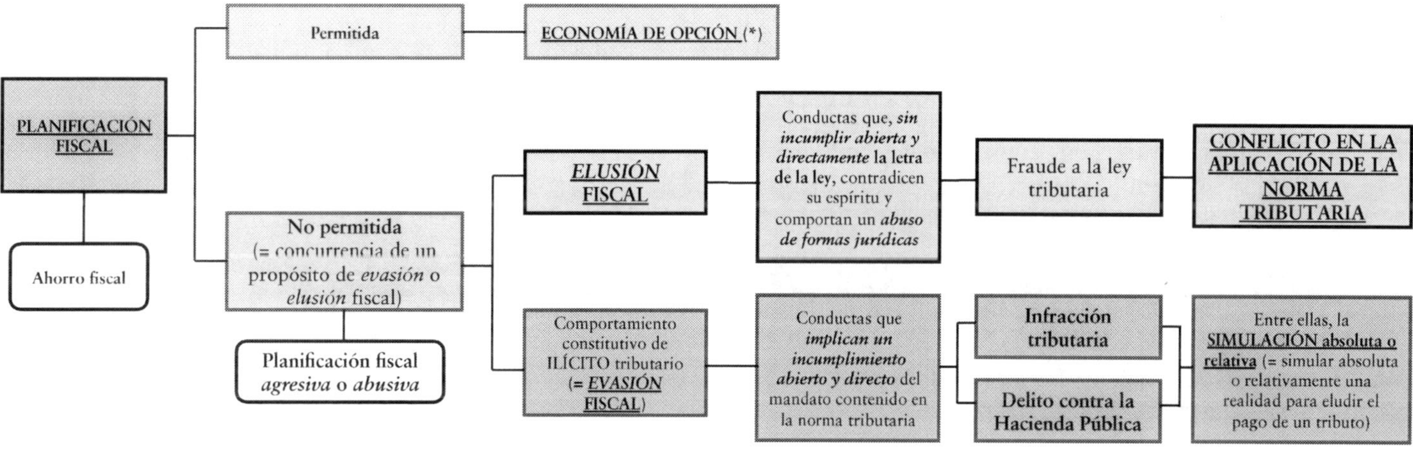

(*) <u>Planificación fiscal LÍCITA (ajustada a Derecho)</u> ↔ <u>ECONOMÍA DE OPCIÓN</u> → Conducta planificadora consistente en **aprovechar las opciones que *explícita* o *implícitamente* ofrece al contribuyente el propio ordenamiento tributario** eligiendo aquella que implique **una menor tributación**. Ejemplos en el IRPF → Opción por la tributación conjunta o separada; cuantificación de los rendimientos de actividades económicas en estimación directa u objetiva, etc.

7.2. EL CONFLICTO EN LA APLICACIÓN DE LA NORMA TRIBUTARIA: Introducción

- Art. 6.4 C.c. → «Los actos realizados al amparo del texto de una norma que persigan un resultado prohibido por el ordenamiento jurídico, o contrario a él, se considerarán ejecutados en fraude de ley y no impedirán la debida aplicación de la norma que se hubiere tratado de eludir».
- Concepto de fraude de ley → **Acto realizado al amparo** de la letra de una determinada norma jurídica (***norma de cobertura***) con el que se **pretende eludir el mandato derivado de otra norma distinta** o del conjunto del ordenamiento jurídico (***norma defraudada***).
- Ejemplo clásico en el ámbito tributario → Dos sujetos que desean transmitir la propiedad de un inmueble a cambio de un precio. En lugar de usar el contrato típico para ello (compraventa) constituyen una sociedad, a cuyo capital uno aporta el inmueble y otro una cantidad de dinero de valor equivalente. A continuación, disuelven la sociedad creada y cada uno recibe, como cuota de liquidación, la aportación efectuada por la otra parte. En lugar de tributar por el ITP (tipo de gravamen 6% - 11%, según la Comunidad Autónoma), tributación por el IOS (tipo de gravamen = 1%) cuando disuelvan la sociedad (la constitución está exenta).
- Fraude a la ley tributaria → **Negocio jurídico INDIRECTO** → Utilización de un **negocio jurídico típico** (contrato de sociedad) para la **consecución de un fin atípico o impropio** del mismo (transmisión de un inmueble a cambio de un precio) y ello con la finalidad última de **eludir el pago de un tributo** (el ITP por el comprador).
- Lo que **caracteriza al fraude de ley** NO ES LA OCULTACIÓN (= característica propia de la simulación) sino la **manipulación de la causa típica del negocio jurídico realizado** → «rodeo» o «contorneo» legal (TC).

  «(...) mientras que la simulación negocial entraña como elemento característico la presencia de un engaño u ocultación maliciosa de datos fiscalmente relevantes, en el fraude de ley tributaria no existe tal ocultamiento, puesto que el artificio utilizado salta a la vista» (STC 120/2005, de 10 de mayo, FJ 4).

  - Corolario → Utilización del fraude de ley tributaria para subsumir el comportamiento en el delito de defraudación fiscal ↔ **Analogía *in malam partem*** **contraria al principio de legalidad sancionadora (art. 25.1 CE)** (SSTC 120/2005; 48/2006; 129/2008).
  - **No** cabe la **subsunción** en el delito de defraudación tributaria por **falta** de concurrencia de los elementos típicos indispensables = OCULTACIÓN.

7.2.1. Requisitos SUSTANTIVOS: elementos constitutivos del conflicto en la aplicación de la norma tributaria

- La **apreciación del fraude de ley tributaria** planteaba un **problema práctico** importante → La **prueba de la "intención elusiva"** ↔ OBJETIVACIÓN DE LA CONFIGURACIÓN LEGAL ↔ Art. 15.1 LGT:

  «1. Se entenderá que existe conflicto en la aplicación de la norma tributaria cuando se **evite total o parcialmente la realización del hecho imponible** o se **minore la base o la deuda tributaria** mediante actos o negocios en los que concurran las siguientes circunstancias:

  a) Que, individualmente considerados o en su conjunto, sean **notoriamente artificiosos o impropios** para la consecución del resultado obtenido.

  b) Que de su utilización **no resulten efectos jurídicos o económicos relevantes**, distintos del *ahorro fiscal* y de los *efectos que se hubieran obtenido* con los *actos o negocios usuales o propios*».

- Para poder declarar la existencia de conflicto en la aplicación de la norma tributaria la **Administración tributaria** deberá **acreditar** la **concurrencia de todos y cada uno de los siguientes extremos**:

  - (1) Que los **hechos o negocios** sean **notoriamente artificiosos o impropios** para la consecución del resultado obtenido = TEST DE LA ARTIFICIOSIDAD
  - (2) Que de su utilización **no resulten efectos jurídicos o económicos relevantes distintos del ahorro fiscal** y de los efectos que se **hubieran obtenido con los actos o negocios usuales o propios** = TEST DE LA AUSENCIA DE MOTIVO ECONÓMICO VÁLIDO
  - (3) Que mediante ellos se obtenga el **resultado** de **eludir total** (no realización del hecho imponible) **o parcialmente** (minoración de la base o de la deuda) el **tributo.** RESULTADO = VENTAJA FISCAL

7.2.2. Requisitos PROCEDIMENTALES: procedimiento para la declaración de conflicto

- La Administración tributaria podrá declarar la existencia de conflicto exclusivamente **en el PROCEDIMIENTO INSPECTOR.**
- Art. 15.2 LGT → Exigencia de un **trámite específico** → INFORME PRECEPTIVO Y VINCULANTE emitido por una COMISIÓN CONSULTIVA (art. 159 LGT).
- **Composición de la Comisión consultiva** (art. 159 LGT) (en el ámbito del Estado central) → **Dos representantes** del órgano competente para la contestación de las consultas tributarias escritas (**DGT**) (uno de los cuales actuará como presidente) y **dos representantes de la AEAT**.
- Procedimiento para la emisión del informe:
  - (1) **Comunicación al interesado** de que el órgano de la AEAT actuante considera que pueden concurrir los requisitos del conflicto en la aplicación de la norma tributaria.
  - (2) Presentación de **alegaciones por el interesado** y **aportación o propuesta de pruebas**. Plazo = 15 días desde la recepción de la comunicación.
  - (3) En su caso, **práctica de las pruebas propuestas** por el interesado y que resulten procedentes.
  - (4) **Remisión del expediente** completo a la **Comisión consultiva,** junto con un informe del órgano de la AEAT actuante.
  - (5) **Análisis por la Comisión y emisión de informe** → Vinculará al órgano de la AEAT que lo solicitó → En consecuencia, si la Comisión considera que no se dan los elementos del art. 15.1 LGT, la AEAT no podrá declarar la existencia de conflicto.

➢ El **obligado tributario no podrá interponer recurso o reclamación** ni **contra el informe** ni contra los demás actos que se hayan dictado durante su tramitación (*v. gr.*, inadmisión de una prueba propuesta) ↔ Todo ello deberá alegarse cuando se recurra el acto o liquidación que ponga fin al procedimiento de comprobación.

➢ La Comisión consultiva dispone un **plazo de 3 meses para emitir el informe,** que podrá ***ampliar motivadamente hasta 1 mes más***.

7.2.3. CONSECUENCIAS de la declaración de conflicto

EFECTOS de la declaración de conflicto (art. 15.3 LGT):

- (1) Liquidación de la cuota tributaria de acuerdo con los actos o negocios que serían usuales o propios para alcanzar el resultado realmente querido por las partes (En el ejemplo propuesto → Liquidación de la cuota del ITP, que se exigirá al adquirente del inmueble; se descontará lo ya pagado por el IOS).
- (2) Exigencia de intereses de demora correspondientes al retraso en el ingreso de la deuda tributaria.
- (3) Podrá comportar también la imposición de una sanción siempre que concurran **todos los elementos del tipo infractor** establecido en el art 206 bis LGT.

  ➢ EVOLUCIÓN NORMATIVA producida a este respecto (3):

  – Hasta la reforma operada en la LGT por la Ley 34/2015, de 21 de septiembre → La declaración de conflicto en la aplicación de la norma tributaria **NO** conllevaba la **imposición de sanciones.**

  ❖ Ausencia de sanción inicial → Llevó a la Administración tributaria a huir sistemáticamente del conflicto en la aplicación de la norma tributaria, para intentar atraer al campo de la simulación cualquier acto o negocio anómalo o sospechoso de elusión.

  – A partir de la Ley 34/2015 → Se introduce la **infracción del art. 206 bis LGT**. En este precepto **se tipifica como infracción tributaria:**

  ❖ El **incumplimiento de las obligaciones tributarias mediante** la realización de actos o negocios cuya regularización se hubiese efectuado mediante la aplicación de lo dispuesto en el **art. 15 LGT**.

  ❖ Siempre que además se acredite la existencia de **igualdad sustancial entre el caso objeto de regularización** y aquel o aquellos **otros supuestos en los que se hubiera establecido criterio administrativo** y éste **hubiese sido hecho público** para general conocimiento antes del inicio del plazo para la presentación de la correspondiente declaración o autoliquidación → https://sede.agenciatributaria.gob.es/Sede/normativa-criterios-interpretativos/doctrina-criterios-interpretativos/conflictos-aplicacion-norma-tributaria.html

7.3. LA SIMULACIÓN TRIBUTARIA

7.3.1. REQUISITOS SUSTANTIVOS: ELEMENTOS CONSTITUTIVOS DE LA SIMULACIÓN

- Simulación tributaria → Consiste en la **creación de una realidad jurídica aparente** (simulada) que **oculta una realidad jurídica distinta** (subyacente) o que **oculta la inexistencia de acto o de negocio jurídico.**

  - **Simulación ABSOLUTA** → Cuando tras la apariencia creada **no hay negocio jurídico alguno.** Ejemplo → Emisión de una factura (completamente) falsa (aunque la factura diga lo contrario, no ha existido operación alguna).

  - **Simulación RELATIVA** → Cuando tras la apariencia **hay un negocio, pero distinto al declarado.** Cualquier elemento del contrato puede simularse. Ejemplo → Contrato de compraventa que, en realidad, esconde o encubre una donación (se simula el precio).

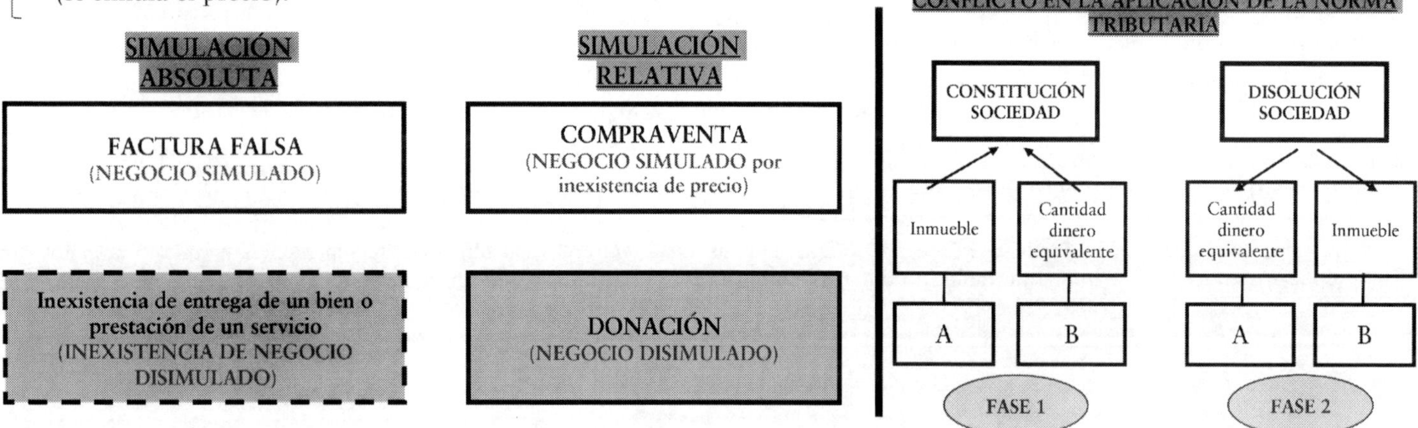

EN LA PRÁCTICA → **Difícil** la **distinción entre** la **simulación** y el **conflicto**. ***En caso de duda***, la **Administración ha empleado preferentemente la simulación** → Carece de trámite procedimental específico y posibilidad de sancionar la conducta del obligado tributario (los Tribunales han refrendado la mayoría de las decisiones administrativas) ↔ **CONFUSIÓN ENTRE FIGURAS**

DIFERENCIAS EN EL PLANO TEÓRICO (HERRERA MOLINA)	
SIMULACIÓN	**CONFLICTO EN LA APLICACIÓN DE LA NORMA TRIBUTARIA**
Existe una apariencia jurídica que encubre una realidad distinta → **Hay OCULTACIÓN a terceros**	NO existe OCULTACIÓN → Se realizan efectivamente unos hechos y se declaran unos actos o negocios (aunque sean artificiosos)
Es un **PROBLEMA** fundamentalmente **FÁCTICO** → La Administración tiene que **probar qué ha sucedido realmente**	Es un **PROBLEMA** fundamentalmente **JURÍDICO** → Se trata de **valorar** si las **operaciones declaradas son notoriamente artificiosas o impropias** para el resultado obtenido
Las partes **no desean todos los efectos** del negocio simulado	Las partes **desean todos los efectos** de la operación calificada como conflicto en la aplicación de la norma tributaria

7.3.2. *INEXISTENCIA DE REQUISITOS PROCEDIMENTALES* DE LA DECLARACIÓN DE SIMULACIÓN

- Para la **declaración de simulación** **no se prevé requisito procedimental alguno**.

- Art. 16.2 LGT → «La existencia de simulación será declarada por la Administración tributaria **en el correspondiente acto de liquidación** (...)» ↔ Al detallar los elementos de hecho determinantes de la cuantía de la deuda tributaria y deberá estar debidamente motivada.

- Podrá declararse **en un procedimiento de inspección** o un **procedimiento de gestión que finalice mediante liquidación.**

7.3.3. CONSECUENCIAS DE LA DECLARACIÓN DE SIMULACIÓN

- (**1**) Art. 16.1 LGT → El «**hecho imponible gravado** será el **efectivamente realizado** por las partes» → Y, en consecuencia, **liquidación** de la **deuda tributaria** en función de los **hechos realmente producidos** (que puede ser ninguno como sucede en el caso de expedición de factura falsa).

- (2) Liquidación de los **intereses de demora** correspondientes (art. 16.3 LGT).

- (3) Se impondrá "la **sanción pertinente**" (art. 16.3 LGT) → La sanción se impondrá en un **procedimiento distinto y separado del procedimiento de liquidación** en el que la Administración tributaria haya apreciado la existencia de simulación.

  - Si la cuota tributaria defraudada mediante el acto o negocio simulado > 120.000 € (y concurren el resto de los elementos del tipo) → Delito contra la Hacienda Pública (arts. 305 y ss. del CP).

*****

- La **declaración de simulación sólo tendrá efectos tributarios**. En el **ámbito del Derecho privado** (civil o mercantil) el negocio **continuará siendo válido** *mientras el juez competente* en la materia *no falle lo contrario.*

  Art. 16.2 LGT → «La existencia de simulación será declarada por la Administración tributaria (...), **sin que dicha calificación produzca otros efectos que los exclusivamente tributarios**».

Lección 7

LA RELACIÓN JURÍDICO-TRIBUTARIA. EL HECHO IMPONIBLE

1. LA RELACIÓN JURÍDICO-TRIBUTARIA. CONCEPTO LEGAL Y CONTENIDO

- CONCEPTO LEGAL → Art. 17.1 LGT:

  «Se entiende por relación jurídico-tributaria el **conjunto** de ***obligaciones y deberes**, **derechos y potestades*** originados por la **aplicación de los tributos**».

- **RELACIÓN JURÍDICO-TRIBUTARIA ≠ OBLIGACIÓN TRIBUTARIA PRINCIPAL** → ***La primera engloba a la segunda*** (Obligación tributaria principal = la que tiene por objeto el pago de la cuota tributaria que deriva de la realización del hecho imponible).

- CONTENIDO → Art. 17.2 LGT:

  «De la relación jurídico-tributaria pueden derivarse **obligaciones materiales y formales** para el **obligado tributario** y para la Administración, así como la imposición de **sanciones tributarias en caso de** su **incumplimiento**».

- En consecuencia → **CONTENIDO DE LA RELACIÓN JURÍDICO-TRIBUTARIA:**

  - Obligaciones **MATERIALES** para el **obligado tributario** y la **Administración** → Son obligaciones de ingreso. Tienen, por tanto, *carácter pecuniario*.
  - Obligaciones **FORMALES** para el **obligado tributario** y la **Administración** → *No* tienen *carácter pecuniario*.
  - **Sanciones** → Por incumplimiento del obligado tributario de obligaciones materiales o formales. La sanción principal = *Carácter pecuniario* (consistirá en una multa). En determinados casos pueden imponerse, además, *sanciones accesorias de carácter no pecuniario* (*v. gr.*, prohibición de contratar con la Administración).

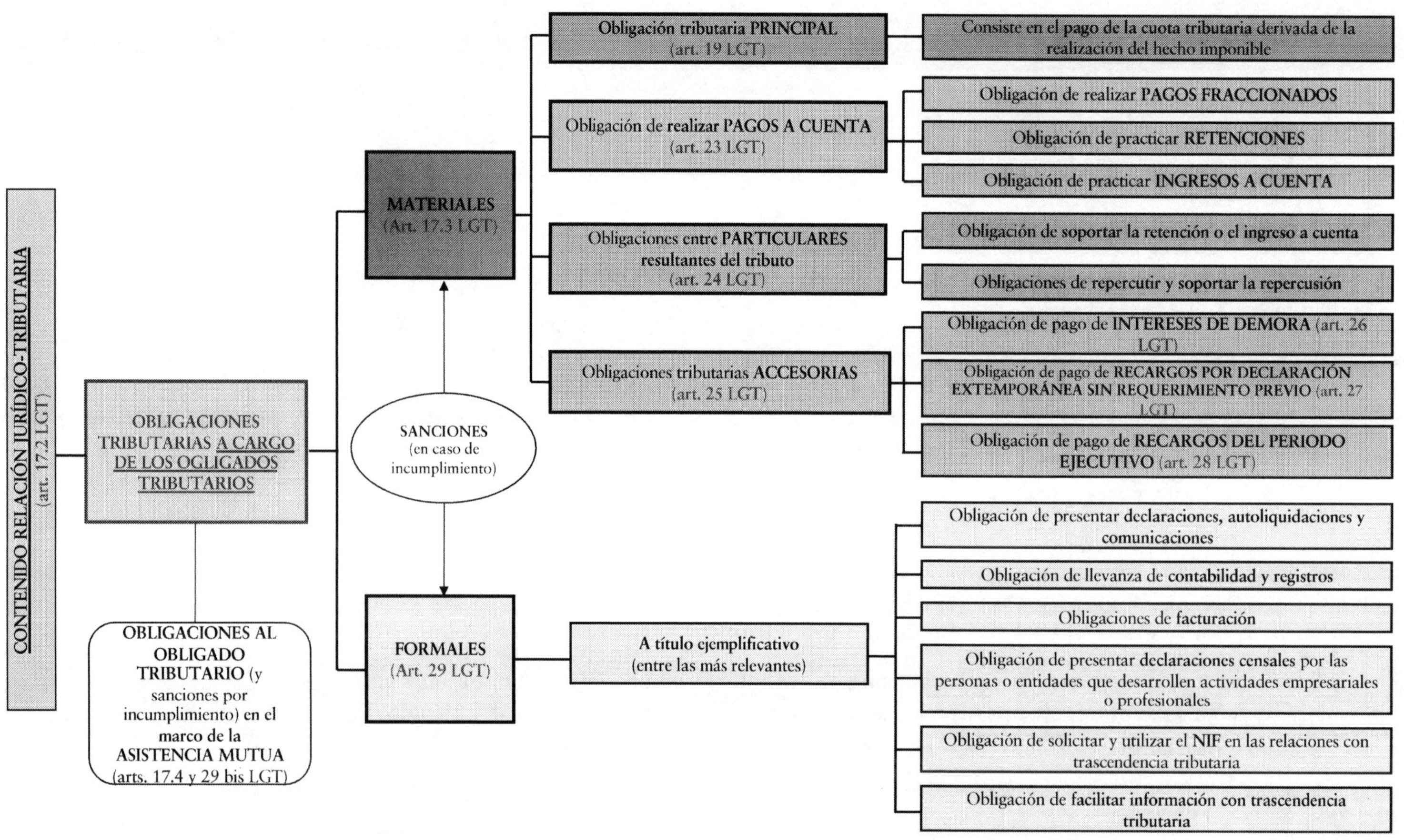
CONTENIDO RELACIÓN JURÍDICO-TRIBUTARIA
(art. 17.2 LGT)
OBLIGACIONES TRIBUTARIAS A CARGO DE LOS OGLIGADOS TRIBUTARIOS
OBLIGACIONES AL OBLIGADO TRIBUTARIO (y sanciones por incumplimiento) en el marco de la ASISTENCIA MUTUA (arts. 17.4 y 29 bis LGT)
MATERIALES (Art. 17.3 LGT)
SANCIONES (en caso de incumplimiento)
FORMALES (Art. 29 LGT)
Obligación tributaria PRINCIPAL (art. 19 LGT)
Consiste en el pago de la cuota tributaria derivada de la realización del hecho imponible
Obligación de realizar PAGOS A CUENTA (art. 23 LGT)
Obligación de realizar PAGOS FRACCIONADOS
Obligación de practicar RETENCIONES
Obligación de practicar INGRESOS A CUENTA
Obligaciones entre PARTICULARES resultantes del tributo (art. 24 LGT)
Obligación de soportar la retención o el ingreso a cuenta
Obligaciones de repercutir y soportar la repercusión
Obligaciones tributarias ACCESORIAS (art. 25 LGT)
Obligación de pago de INTERESES DE DEMORA (art. 26 LGT)
Obligación de pago de RECARGOS POR DECLARACIÓN EXTEMPORÁNEA SIN REQUERIMIENTO PREVIO (art. 27 LGT)
Obligación de pago de RECARGOS DEL PERIODO EJECUTIVO (art. 28 LGT)
A título ejemplificativo (entre las más relevantes)
Obligación de presentar declaraciones, autoliquidaciones y comunicaciones
Obligación de llevanza de contabilidad y registros
Obligaciones de facturación
Obligación de presentar declaraciones censales por las personas o entidades que desarrollen actividades empresariales o profesionales
Obligación de solicitar y utilizar el NIF en las relaciones con trascendencia tributaria
Obligación de facilitar información con trascendencia tributaria

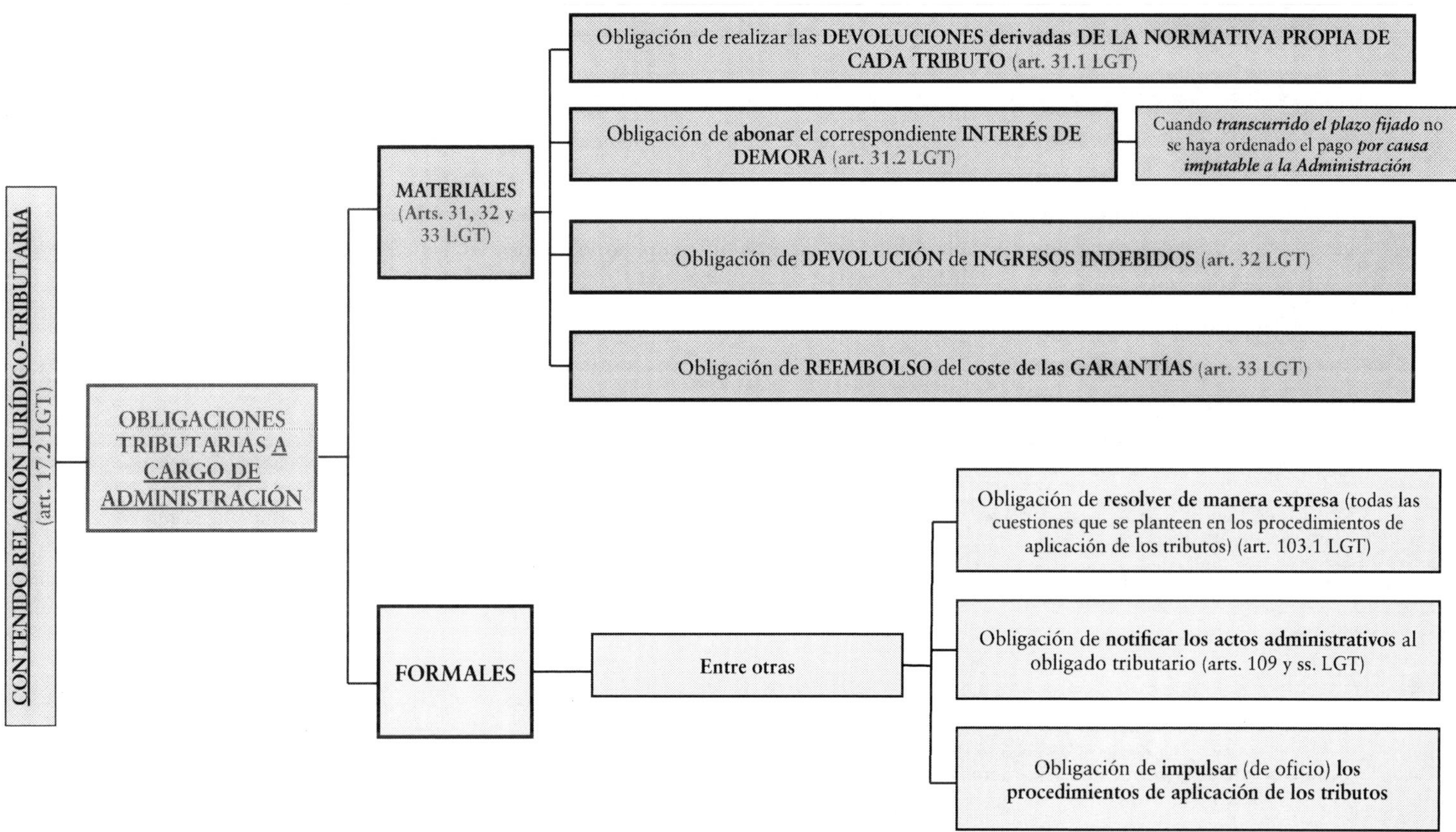
CONTENIDO RELACIÓN JURÍDICO-TRIBUTARIA
(art. 17.2 LGT)
OBLIGACIONES TRIBUTARIAS A CARGO DE ADMINISTRACIÓN
MATERIALES
(Arts. 31, 32 y 33 LGT)
Obligación de realizar las DEVOLUCIONES derivadas DE LA NORMATIVA PROPIA DE CADA TRIBUTO (art. 31.1 LGT)
Obligación de abonar el correspondiente INTERÉS DE DEMORA (art. 31.2 LGT)
Cuando transcurrido el plazo fijado no se haya ordenado el pago por causa imputable a la Administración
Obligación de DEVOLUCIÓN de INGRESOS INDEBIDOS (art. 32 LGT)
Obligación de REEMBOLSO del coste de las GARANTÍAS (art. 33 LGT)
FORMALES
Entre otras
Obligación de resolver de manera expresa (todas las cuestiones que se planteen en los procedimientos de aplicación de los tributos) (art. 103.1 LGT)
Obligación de notificar los actos administrativos al obligado tributario (arts. 109 y ss. LGT)
Obligación de impulsar (de oficio) los procedimientos de aplicación de los tributos

1.1. OBLIGACIONES MATERIALES A CARGO DE LOS OBLIGADOS TRIBUTARIOS (ART. 17.3 LGT)

- 1.- Obligación tributaria PRINCIPAL (art. 19 LGT):
  - Objeto → **Pago de la cuota tributaria** que corresponde asumir al **sujeto que haya realizado el hecho imponible** (arts. 19 y 20 LGT).
- 2.- Obligaciones A CUENTA (art. 23 LGT):
  - Obligación **autónoma e independiente** de la obligación tributaria principal.
  - Consisten en **cantidades** que se **ingresan a la Administración durante el período impositivo**, generalmente con anterioridad al devengo del hecho imponible, en concepto de **anticipo del pago de la obligación tributaria principal** (= a cuenta de la obligación tributaria principal).
  - El contribuyente podrá **deducir de la obligación tributaria principal el importe de los pagos a cuenta** soportados o efectuados.
  - **Finalidad** → Procurar un flujo de ingresos regular a la Hacienda Pública y facilitar un mejor control de las rentas sujetas a gravamen.
  - Pueden ser de tres clases:
    - (a) Obligación de realizar PAGOS FRACCIONADOS → El obligado a efectuar el pago a cuenta es el *propio contribuyente*.
    - (b) Obligación de practicar RETENCIONES → Corresponde a un *tercero distinto del contribuyente*.
    - (c) Obligación de practicar INGRESOS A CUENTA (habitualmente, *por pagos en especie*) → Corresponde a un *tercero distinto del contribuyente*.
- 3.- Obligaciones ENTRE PARTICULARES resultantes de las normas del tributo (art. 24 LGT):
  - Son obligaciones que tienen por **objeto** una **prestación de naturaleza tributaria exigible entre obligados tributarios** y ***no frente a la Administración***.
  - Modalidades:
    - Obligación del sujeto pasivo de SOPORTAR LA RETENCIÓN O EL INGRESO A CUENTA.
    - Obligaciones de REPERCUTIR Y SOPORTAR LA REPERCUSIÓN → El mecanismo de la repercusión está previsto en el **ámbito de los impuestos indirectos** como el IVA o los Impuestos Especiales sobre consumos específicos. El objeto de estos impuestos es el consumo. Sin embargo, el hecho imponible no se refiere por lo general a la adquisición de los bienes por el consumidor o al propio consumo. La *contradicción se salva vía repercusión o traslación jurídica de la cuota tributaria.*

1.1. OBLIGACIONES MATERIALES A CARGO DE LOS OBLIGADOS TRIBUTARIOS (II)

- 4.- Obligaciones ACCESORIAS (art. 25 LGT):

- En determinadas circunstancias los obligados tributarios deben asumir **otras obligaciones de pago accesorias a la principal**.
- Son las siguientes: (a) **intereses de demora** (art. 26 LGT); (b) **recargos por declaración extemporánea sin requerimiento previo de la Administración** (art. 27 LGT); y (c) **recargos del periodo ejecutivo** (art. 28 LGT).
- Las **sanciones no** tienen la consideración de **obligaciones accesorias**.
- (a) **INTERESES DE DEMORA** (art. 26 LGT):
  - Se devenga siempre que exista un **retraso en el pago de la deuda tributaria** o del **cobro indebido de una devolución**, *salvo que la LGT lo excluya expresamente*.
  - **No requiere declaración de culpabilidad** del obligado tributario **ni previo requerimiento de la Administración**.
  - Con carácter general **se calcula sobre** la *cantidad no ingresada* en plazo o sobre la cuantía de la *devolución improcedentemente cobrada*.
  - Resultará **exigible durante el tiempo al que se extienda el retraso** del obligado (salvo determinadas excepciones).
  - Interés de demora = **Interés legal del dinero vigente en el período, incrementado en un 25%** (salvo que la LPGE fije otro diferente).
- (b) **RECARGOS POR DECLARACIÓN EXTEMPORÁNEA SIN REQUERIMIENTO PREVIO de la Administración** (art. 27 LGT):
  - Se satisfacen por la **presentación de declaraciones o autoliquidaciones** fuera de plazo (***extemporánea***), aunque sin que haya requerimiento previo de la Administración (***espontánea***).
  - Son **compatibles con los recargos del período ejecutivo.**
  - **Excluyen** la aplicación de **sanciones e intereses de demora** (en este último caso siempre que el retraso *no exceda de un año*).
  - Los recargos se aplican **sobre el importe dejado de ingresar** como consecuencia de la no presentación de la declaración en plazo o de su presentación incorrecta.
  - Su importe **depende del período de tiempo transcurrido desde la finalización del plazo voluntario** de presentación e ingreso de la autoliquidación → Hasta la entrada en vigor de la Ley 11/2021 → Hasta 3 meses, se aplicaba el 5%; hasta 6 meses, el 10%; hasta 12 meses, correspondía aplicar el 15%; a partir de 12 meses, se aplicaba un recargo del 20% más los correspondientes intereses de demora.

RECARGOS DEL ART. 27 LGT TRAS LA ENTRADA EN VIGOR DE LA LEY 11/2021, DE 9 DE JULIO, DE MEDIDAS DE PREVENCIÓN Y LUCHA CONTRA EL FRAUDE FISCAL:

RETRASO EN EL QUE SE INCURRE	CUANTÍA DEL RECARGO	EXIGENCIA DE INTERESES DE DEMORA
Retraso de hasta 12 meses	1% + 1% adicional por cada mes completo de retraso	No
Más de 12 meses	Recargo del 15%	**Sí** *Puntualización*: Exigencia de intereses de demora desde el mes 12.

- **RÉGIMEN TRANSITORIO** (DT 1ª de la Ley 11/2021) → **El sistema modificado** de recargos **se aplica** a **los recargos exigidos con anterioridad a la entrada en vigor de la Ley 11/2021** *si su aplicación es más favorable* y el recargo *no ha adquirido firmeza.*

1.1. OBLIGACIONES MATERIALES A CARGO DE LOS OBLIGADOS TRIBUTARIOS (III)

- 4.- Obligaciones ACCESORIAS:

➢ (c) RECARGOS DEL PERIODO EJECUTIVO (art. 28 LGT):

– Se **devengan con el inicio del período ejecutivo** → Al día siguiente de la finalización del denominado periodo voluntario de pago (art. 161 LGT).

– Se prevén **tres tipos de recargos diferentes e incompatibles entre sí** (aunque compatibles con los recargos del art. 27 LGT).

– Son los siguientes:

❖ (a) **Recargo EJECUTIVO** → Recargo del **5% sin interés de demora** → Se aplicará cuando se satisfaga la totalidad de la deuda no ingresada en periodo voluntario antes de la notificación de la providencia de apremio.

❖ (b) **Recargo de APREMIO REDUCIDO** → Recargo del **10% sin interés de demora** → Se aplicará cuando se satisfaga la totalidad de la deuda no ingresada en periodo voluntario y el propio recargo antes de la finalización del plazo de pago de la deuda apremiada (previsto en el art. 62.5 LGT).

❖ (c) **Recargo de APREMIO ORDINARIO** → Recargo del **20% más interés de demora** → Si no concurren ninguna de las circunstancias anteriores.

ESQUEMA: ESTRUCTURA DEL PROCEDIMIENTO DE RECAUDACIÓN

[Art. 160.2.a) LGT] [Art. 160.2.b) LGT]

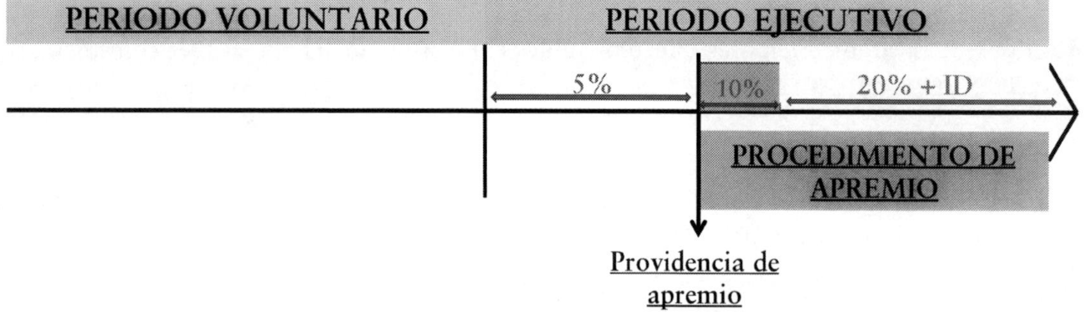

1.1. OBLIGACIONES FORMALES A CARGO DE LOS OBLIGADOS TRIBUTARIOS (ART. 29 LGT)

- **No** tienen **carácter pecuniario** (= no consisten en ingresar una cantidad de dinero en la Hacienda Pública).
- Son **impuestas por la normativa tributaria** a los obligados tributarios (deudores o no del tributo) y **su cumplimiento está relacionado** con el desarrollo de **actuaciones o procedimientos tributarios.**
- En su mayoría, se **enumeran en el** art. 29.2 LGT → **Entre las principales**:
  - «a) La obligación de **presentar declaraciones censales** por las personas o entidades que desarrollen o vayan a desarrollar en territorio español actividades u operaciones empresariales y profesionales o satisfagan rendimientos sujetos a retención».
  - «b) La obligación de **solicitar y utilizar el número de identificación fiscal** en sus relaciones de naturaleza o con trascendencia tributaria».
  - «c) La obligación de **presentar declaraciones, autoliquidaciones y comunicaciones**».
  - «d) La obligación de **llevar y conservar libros de contabilidad y registros**, así como los **programas, ficheros y archivos informáticos que les sirvan de soporte** (...)».
  - «e) La obligación de **expedir y entregar facturas o documentos sustitutivos y conservar las facturas, documentos y justificantes** que tengan relación con sus obligaciones tributarias».
  - «f) La obligación de **aportar a la Administración tributaria libros, registros, documentos o información que el obligado tributario deba conservar** en relación con el cumplimiento de las obligaciones tributarias propias o de terceros, así como **cualquier dato, informe, antecedente y justificante con trascendencia tributaria, a requerimiento de la Administración o en declaraciones periódicas** (...)».
  - «g) La obligación de **facilitar la práctica de inspecciones y comprobaciones administrativas**».
  - «h) La **obligación de entregar un certificado de las retenciones o ingresos a cuenta** practicados a los obligados tributarios perceptores de las rentas sujetas a retención o ingreso a cuenta».

1.2. OBLIGACIONES MATERIALES A CARGO DE LA ADMINISTRACIÓN (ARTS. 31-33 LGT)

- 1.- Obligaciones de DEVOLUCIÓN DERIVADAS DE LA NORMATIVA DE CADA TRIBUTO (art. 31 LGT):
  - Son obligaciones que **surgen de la normal aplicación de ciertos tributos** (*v. gr.*, IRPF, IS, IVA).
  - La **obligación de realizar pagos a cuenta** prevista en la normativa de ciertos tributos comporta, en ocasiones, que, con la deducción del importe pagado por anticipado, se origine un derecho a la devolución de cantidades **si su montante es superior al de la cuota** (**líquida**) **de los citados impuestos**.
  - Existencia de un procedimiento de devolución específico.
  - Si **no se ordena el pago** *por causas imputables a la Administración* en el tiempo que establece la norma o, en cualquier caso, **en un período de seis meses**, se ha de abonar **intereses de demora** (sin necesidad de solicitud previa por el particular).
  - El interés de demora se devengará desde la finalización del plazo fijado por la ley ***hasta la fecha en la que se ordene el pago de la devolución*** (no hasta el momento en el que el ingreso se hace efectivo).
- 2.- Obligaciones de DEVOLUCIÓN DE INGRESOS INDEBIDOS (art. 32 LGT):
  - Nacen **como consecuencia de circunstancias anormales** → De la realización de pagos por parte de los obligados tributarios que resultan indebidos → Ejemplos: duplicidad en el pago de deudas tributarias; pago por encima del importe a ingresar resultante de una autoliquidación; pago de una obligación tributaria una vez transcurrido el período de prescripción, etc.
  - Con la devolución de ingresos indebidos la Administración Tributaria abonará el **interés de demora** (sin necesidad de que el obligado tributario lo solicite). El interés de demora se devengará desde la fecha en que se hubiese realizado el ingreso indebido hasta la fecha en que se ordene el pago de la devolución.
- 3.- Obligación de REINTEGRO DEL COSTE DE LOS AVALES Y DEMÁS GARANTÍAS (art. 33 LGT):
  - Obligación de la Administración tributaria de **reembolsar el coste de las garantías** aportadas para **suspender la ejecución de un acto** o para **aplazar o fraccionar el pago de una deuda** si dicho **acto o deuda es declarado improcedente** por **sentencia o resolución administrativa firme**.
  - Si el acto o la deuda se declara **parcialmente improcedente**, el reembolso alcanzará a la parte correspondiente del coste de las garantías.
  - Con el reembolso de los costes de las garantías, la Administración tributaria abonará el **interés legal** vigente a lo largo del período en el que se devengue sin necesidad de que el obligado tributario lo solicite.

1.2. OBLIGACIONES FORMALES/PROCEDIMENTALES A CARGO DE LA ADMINISTRACIÓN

- La LGT **no regula de forma conjunta** —en un artículo o sección específica— **estos deberes** de la Administración. Se **desprenden** de la propia configuración de los tributos y de los **procedimientos de aplicación de los mismos**.

- **Entre otros**, tienen esta consideración:

  - El deber principal → **Impulso de los procedimientos** que se establezcan en el curso de la aplicación de los tributos.

  - En particular → Deberes de resolver expresamente, de notificar los actos administrativos, de tratar respetuosamente a los obligados tributarios, etc.

2. INDISPONIBILIDAD DEL CRÉDITO TRIBUTARIO E INDEROGABILIDAD DE LA OBLIGACIÓN TRIBUTARIA (I)

- PRINCIPIO DE INDISPONIBILIDAD DEL CRÉDITO TRIBUTARIO → De acuerdo con este principio la Administración tributaria no puede (*):
  - (a) **Renunciar** al **crédito** tributario.
  - (b) **Transmitir** el crédito a un tercero (ni siquiera a título oneroso).
  - (c) **Aceptar** un **cambio o novación en el lado pasivo** de la obligación.

- DISTANCIAMIENTO DE LAS OBLIGACIONES CIVILES (C.c) ⇔ Vigencia del ***principio de autonomía de la voluntad*** → Las situaciones jurídicas subjetivas, tanto de crédito como de deuda son, en principio, disponibles. A diferencia del acreedor tributario, el acreedor de Derecho Privado puede:
  - (a) Disponer libremente de su crédito (a título oneroso o gratuito).
  - (b) Consentir la novación en el lado pasivo de la obligación.
  - (c) Admitir el pago en una especie diferente.

- (*) **Explicación = Presencia en el ámbito tributario del INTERÉS PÚBLICO a cuyo servicio debe actuar la Administración.**

- **Reconocimiento** del PRINCIPIO DE INDISPONIBILIDAD DEL CRÉDITO TRIBUTARIO en el art. 18 LGT → «El crédito tributario es **indisponible** salvo que la ley establezca otra cosa».

2. INDISPONIBILIDAD DEL CRÉDITO TRIBUTARIO E INDEROGABILIDAD DE LA OBLIGACIÓN TRIBUTARIA (II)

- Art. 18 LGT → «*El crédito tributario es indisponible salvo que la ley establezca otra cosa*».

↓

INDISPONIBILIDAD DEL LADO ACTIVO DE LA RELACIÓN

La Administración tributaria ha de **hacer efectivo el crédito, sin poder renunciar** al mismo, **ni cederlo** mediante precio a un tercero (en su caso, autorización por Ley para llevar a cabo actos de disposición)

+

INDISPONIBILIDAD DEL LADO PASIVO DE LA OBLIGACIÓN

= PRINCIPIO DE INDEROGABILIDAD DE LA OBLIGACIÓN TRIBUTARIA

= **Imposibilidad** de aceptar **modificaciones o novaciones** en la **situación de los sujetos y demás elementos de la deuda** (art. 17.5 LGT)

↓

- Reconocimiento del PRINCIPIO DE INDEROGABILIDAD DE LA OBLIGACIÓN TRIBUTARIA en el art. 17.5 LGT → «Los elementos de la obligación tributaria no podrán ser alterados por actos o convenios de los particulares, que no producirán efectos ante la Administración, sin perjuicio de sus consecuencias jurídico-privadas».
- Los **pactos entre particulares no son oponibles frente a la Administración,** pero sí **pueden existir y producir efectos entre particulares.** *Ejemplo*: prorrateo de la cuota del IBI entre vendedor y comprador de un inmueble, sin perjuicio de que la Administración tributaria exigirá el tributo siempre al vendedor (= propietario del inmueble a fecha del devengo, esto es, el 1 de enero) [en este sentido, STS (Sala de lo Civil) de 15-06-2016, rec. cas. núm. 2110/2014].

3. EL HECHO IMPONIBLE. CONCEPTO Y FUNCIONES (I)

- Podemos definir el hecho imponible como aquel **presupuesto de hecho previsto por la ley cuya realización da lugar al nacimiento de la obligación tributaria principal.**
- En este sentido, art. 20.1 LGT → «El hecho imponible es el presupuesto **fijado por la ley** para **configurar cada tributo** y cuya realización **origina el nacimiento de la obligación tributaria principal**».
- Lo que **singulariza** al **hecho imponible** de cualquier otro presupuesto de hecho tributario es el **EFECTO** que el Derecho vincula al mismo → **Nacimiento de la obligación tributaria principal** ↔ Tiene por objeto el pago de la cuota tributaria (art. 19 LGT).
- Hecho imponible = **Elemento fundamental o central de la estructura jurídica de cualquier tributo.**

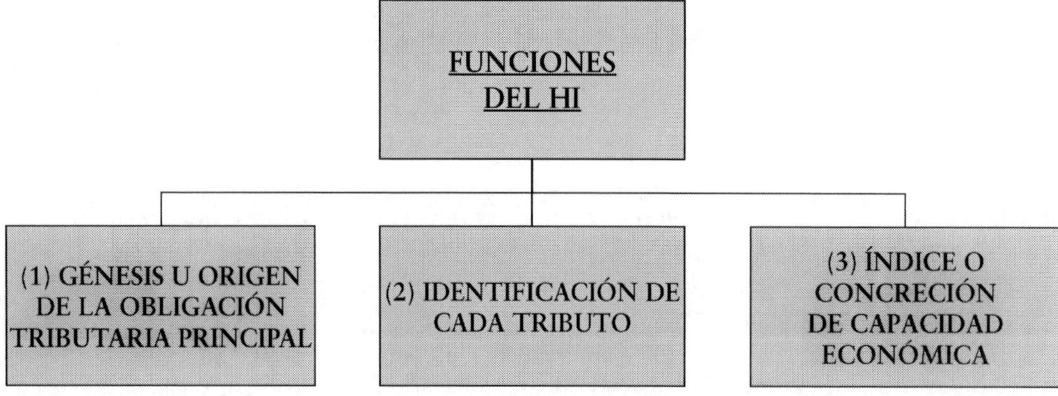

3.1. EL HECHO IMPONIBLE. CONCEPTO Y FUNCIONES (II)

- (1) FUNCIÓN DE GÉNESIS U ORIGEN DE LA OBLIGACIÓN TRIBUTARIA PRINCIPAL (= FUNCIÓN CONSTITUTIVA de la obligación tributaria principal)
  - Tributo = Obligación *ex lege* → HI = **Presupuesto de hecho a cuya realización conecta la Ley el nacimiento de la citada obligación. Carácter constitutivo** de dicha obligación.
  - Más exactamente, la realización del HI **legitima la adquisición de la prestación tributaria por la Administración** (con independencia del *modo* en el que tenga lugar esta adquisición o ingreso y de que el mismo se produzca, total o parcialmente, de modo *simultáneo* con la realización del HI, en un momento *posterior* o en uno *anterior*).
- (2) FUNCIÓN DE IDENTIFICACIÓN DE CADA TRIBUTO (= FUNCIÓN IDENTIFICADORA del tributo)
  - Por su HI se **distinguen las distintas clases de tributos** → Art. 2.2 LGT.
  - Asimismo, el HI permite diferenciar también **unos impuestos de otros, unas tasas de otras y unas contribuciones especiales de otras**.
- (3) HECHO IMPONIBLE COMO ÍNDICE O MATERIALIZACIÓN DE CAPACIDAD ECONÓMICA (= FUNCIÓN LEGITIMADORA del tributo)
  - La elección de un determinado hecho como *imponible* debe obedecer a su conexión con el principio de capacidad económica ↔ Fundamenta y justifica el establecimiento y exacción de cualquier tributo.
  - Al elegir los hechos imponibles **el legislador debe**, *ex* art. 31.1 CE, **escoger aquellos que, por ser indicativos de riqueza o capacidad económica, puedan revelar aptitud para la contribución al sostenimiento de los gastos públicos**.
  - El legislador sólo puede someter a tributación hechos o circunstancias que sean reveladoras de riqueza o de capacidad económica. **Hecho imponible = Manifestación de riqueza ↔ Capacidad económica** COMO FUNDAMENTO DE LA **IMPOSICIÓN**.

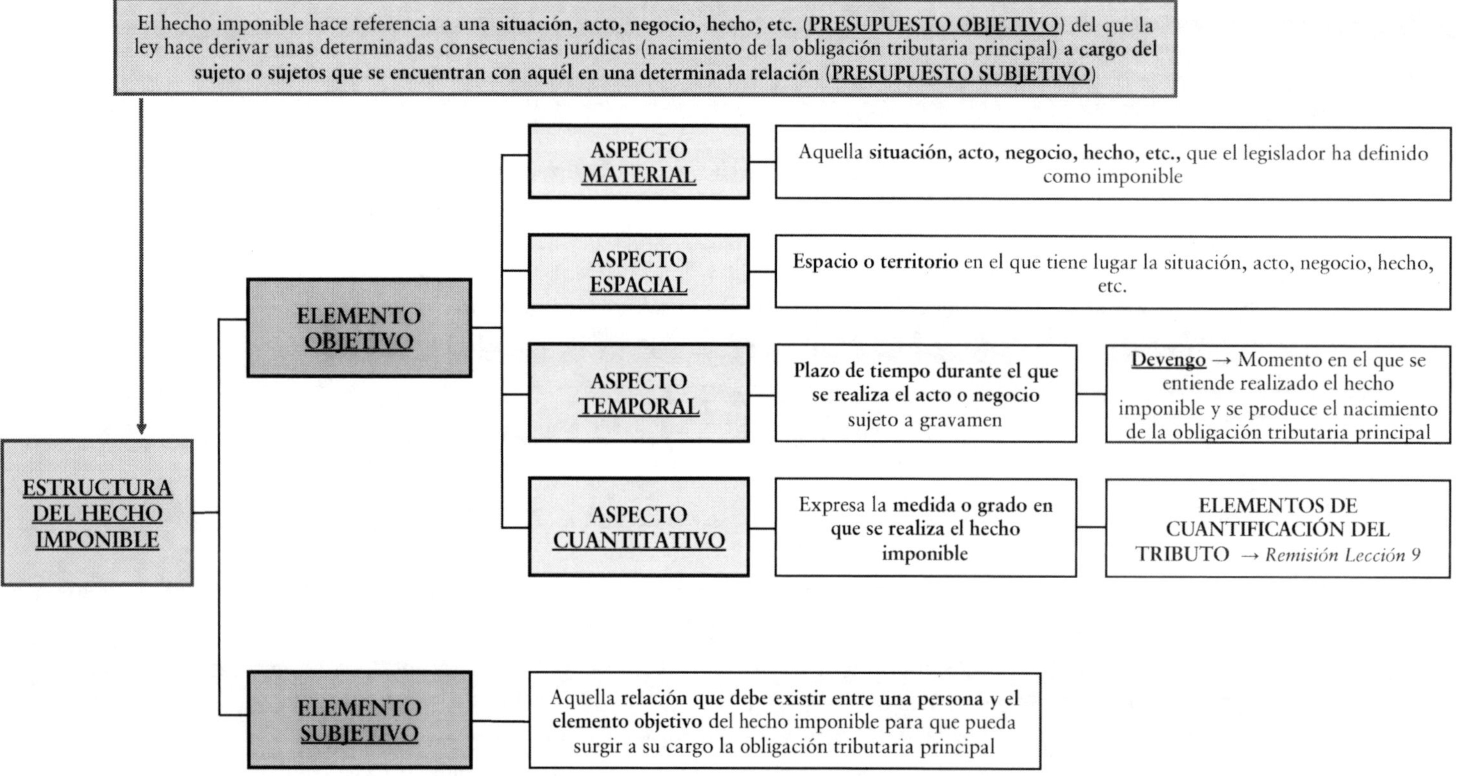
El hecho imponible hace referencia a una situación, acto, negocio, hecho, etc. (PRESUPUESTO OBJETIVO) del que la ley hace derivar unas determinadas consecuencias jurídicas (nacimiento de la obligación tributaria principal) a cargo del sujeto o sujetos que se encuentran con aquél en una determinada relación (PRESUPUESTO SUBJETIVO)
ESTRUCTURA DEL HECHO IMPONIBLE
ELEMENTO OBJETIVO
ASPECTO MATERIAL
Aquella situación, acto, negocio, hecho, etc., que el legislador ha definido como imponible
ASPECTO ESPACIAL
Espacio o territorio en el que tiene lugar la situación, acto, negocio, hecho, etc.
ASPECTO TEMPORAL
Plazo de tiempo durante el que se realiza el acto o negocio sujeto a gravamen
Devengo → Momento en el que se entiende realizado el hecho imponible y se produce el nacimiento de la obligación tributaria principal
ASPECTO CUANTITATIVO
Expresa la medida o grado en que se realiza el hecho imponible
ELEMENTOS DE CUANTIFICACIÓN DEL TRIBUTO → Remisión Lección 9
ELEMENTO SUBJETIVO
Aquella relación que debe existir entre una persona y el elemento objetivo del hecho imponible para que pueda surgir a su cargo la obligación tributaria principal

3.2.1.1. ASPECTO MATERIAL DEL ELEMENTO OBJETIVO DEL HECHO IMPONIBLE (I)

- ASPECTO MATERIAL del elemento objetivo del hecho imponible → Hace referencia «a aquella **situación, acto, negocio, hecho, etc.**, en sí mismo considerado (esto es, abstracción hecha de su dimensión espacial, temporal o cuantitativa), **que el legislador ha delimitado o definido como hecho imponible**» (ESEVERRI MARTÍNEZ).

  Ejemplos:

  - Art. 6.1 LIRPF → Hecho imponible del IRPF → «[L]a obtención de renta por el contribuyente» → Aspecto material del elemento objetivo: ***obtención de renta.***

  - Art. 4.1 LIVA → Uno de los hechos imponibles del IVA → «[L]as entregas de bienes y prestaciones de servicios realizadas en el ámbito espacial del impuesto por empresarios o profesionales a título oneroso, con carácter habitual u ocasional, en el desarrollo de su actividad empresarial o profesional (...)» → Aspecto material del elemento objetivo: ***entregas de bienes y prestaciones de servicios*** realizadas por empresarios o profesionales.

- Distinción entre ASPECTO MATERIAL y OBJETO DEL TRIBUTO (= **Materia o riqueza imponible**):

  - OBJETO DEL TRIBUTO → Hace referencia a una **realidad puramente económica y pre-jurídica** = la **manifestación de riqueza o capacidad económica** que sirve de punto de partida al legislador para la articulación del tributo y, por tanto, para la definición del hecho imponible. Ejemplos:

    —En el IRPF → Objeto del tributo → la *renta.*

    —En el IVA → Objeto del tributo → el *consumo final.*

  - En cambio, el ASPECTO MATERIAL del elemento objetivo del hecho imponible hace referencia a una **realidad jurídica** → La situación, acto, negocio, hecho, etc. previstos y definidos por la ley para configurar cada tributo y a cuya realización se vincula el nacimiento de la obligación tributaria principal.

3.2.1.1. ASPECTO MATERIAL DEL ELEMENTO OBJETIVO DEL HECHO IMPONIBLE (II)

- Evidencia, asimismo, la diferencia existente entre ambos conceptos el hecho de que a partir de una misma realidad económica (*v. gr.*, la renta) es posible articular diferentes hechos imponibles → La renta es el objeto imponible de diversos impuestos cuyos hechos imponibles difieren considerablemente entre sí: *v. gr.*, del IRPF, del IS, del ISD, o, en fin, del IIVTNU.

- El **TC** ha hecho uso de la **distinción objeto del tributo (= materia imponible) y hecho imponible** en la **exégesis del art. 6 LOFCA:**

> «Por **materia imponible u objeto del tributo** debe entenderse **toda fuente de riqueza, renta o cualquier otro elemento de la actividad económica que el legislador decida someter a imposición**, realidad que **pertenece al plano de lo fáctico**. Por el contrario, el **hecho imponible** es un **concepto estrictamente jurídico** que, en atención a determinadas circunstancias, la Ley fija en cada caso «para configurar cada tributo y cuya realización origina el nacimiento de la obligación tributaria», según reza el artículo 28 de la vigente Ley General Tributaria. De ahí que, **en relación con una misma materia impositiva, el legislador pueda seleccionar distintas circunstancias que den lugar a otros tantos hechos imponibles**, determinantes a su vez de figuras tributarias diferentes» (STC 37/1987, de 26 de marzo, FJ 14; entre las últimas, en este sentido, SSTC 120/2018, de 31 de octubre, FJ 3; 4/2019, de 17 de enero, FJ 3; o, en fin, 22/2019, de 14 de febrero, FJ 3).

- En muchos casos, la **definición legal del hecho imponible contiene una referencia expresa al objeto o materia imponible** (es el caso, por ejemplo, del IRPF). **En otros casos, en cambio, no sucede así** → En el IVA el hecho imponible se refiere a la *entrega de bienes y prestación de servicios* efectuadas por empresarios o profesionales mientras que el objeto imponible es el *consumo final* de esos bienes o servicios ↔ Así se infiere de la regulación completa del IVA y, especialmente, del mecanismo de la repercusión o traslación jurídica de la cuota tributaria.

3.2.1.2. ASPECTO ESPACIAL DEL ELEMENTO OBJETIVO DEL HECHO IMPONIBLE

- **Todo hecho imponible** tiene una **dimensión espacial o territorial** → La situación, acto, negocio, hecho, etc. definido por la ley como imponible **tiene lugar siempre en un determinado espacio o territorio**.

- Esta circunstancia **puede tomarse en consideración por el legislador** a la hora de delimitar los **criterios de sujeción** a un determinado tributo → CRITERIO TERRITORIAL DE SUJECIÓN.

- Ejemplo → En el caso del IVA se sujetan a gravamen únicamente las entregas de bienes y prestaciones de servicios realizadas en territorio español (en particular, en la Península e Islas Baleares).

3.2.1.3. ASPECTO TEMPORAL. DEVENGO Y EXIGIBILIDAD DE LA OBLIGACIÓN TRIBUTARIA PRINCIPAL (I)

- El **elemento objetivo** del hecho imponible tiene también una **dimensión temporal → Precisa de una determinada fracción** —más o menos dilatada— **de tiempo para su completa realización.**
- Por esta razón la **ley reguladora de cada tributo** debe **establecer con claridad en qué momento se entiende realizado íntegramente el hecho imponible** y, en consecuencia, producido el nacimiento de la obligación tributaria principal ↔ DEVENGO.
- El devengo es uno de los elementos más relevantes del régimen jurídico de cualquier tributo.
- Art. 21.1, párrafo 1º, LGT → «El devengo es el **momento en el que se entiende realizado el hecho imponible** y en el que se **produce el nacimiento de la obligación tributaria principal**».
- El devengo constituye una **referencia temporal —momento** en el que la ley entiende **perfeccionado el hecho imponible—** que **genera un efecto jurídico → Nacimiento** de la obligación tributaria principal.
- Atendiendo al aspecto temporal del hecho imponible se diferencia entre:
  - (a) TRIBUTOS DE DEVENGO PERIÓDICO:
    - Tributos cuyo hecho imponible viene constituido por una **situación que tiende a repetirse o reiterarse de modo indefinido en el tiempo** (*v. gr.*, obtención de renta).
    - Se hace preciso acotar en el tiempo esa situación recurriendo a una ficción legal → División en **fracciones temporales** (= PERIODOS IMPOSITIVOS) haciendo coincidir con cada una de ellas un determinado hecho imponible y el nacimiento de una obligación tributaria autónoma.
    - Ejemplos → IRPF → Periodo impositivo = año natural; devengo = último día del periodo impositivo (31 de diciembre). En cambio, en el IBI → Periodo impositivo = año natural; devengo = primer día del periodo impositivo (1 de enero).
  - (b) TRIBUTOS DE DEVENGO INSTANTÁNEO:
    - El hecho imponible consiste en un **acto o hecho que, por su propia naturaleza, se agota en su misma realización**.
    - Ejemplos → ISD, ITP, etc.

3.2.1.3. ASPECTO TEMPORAL. DEVENGO Y EXIGIBILIDAD DE LA OBLIGACIÓN TRIBUTARIA PRINCIPAL (II)

- El devengo **no solo determina el momento del nacimiento de la obligación tributaria principal** sino que **también**:
- (1) Resulta determinante de la normativa aplicable:
  - En los **tributos de devengo instantáneo** → Con carácter general, la normativa aplicable es **la que esté en vigor en el momento del devengo** (art. 10.2 LGT).
  - En los **tributos de devengo periódico** → Con carácter general, la normativa aplicable es **la que esté en vigor en el momento de iniciarse el periodo impositivo** (art. 10.2 LGT). En ocasiones, supuestos de *retroactividad de grado medio* y, muy excepcionalmente, *de grado máximo* → *Remisión Lección 6 (aplicación en el tiempo de las normas tributarias).*
- (2) **Resulta** determinante de las circunstancias relevantes para la configuración de la obligación tributaria:
  - Art. 21.1, párrafo 2º, LGT → «La **fecha del devengo determina las circunstancias relevantes** para la configuración de la obligación tributaria, *salvo que la ley de cada tributo disponga otra cosa*».
  - Salvo disposición legal en contrario, las **circunstancias personales** (edad, estado civil, discapacidad, etc.), **familiares** (hijos o ascendientes a cargo del contribuyente, edad y posible discapacidad de los mismos, régimen económico matrimonial, etc.) y **de otra índole** (valor de las rentas o de los bienes gravados, etc.) **que deban tenerse en cuenta** para la aplicación (**cuantificación**) **del tributo**, serán **las existentes a fecha de devengo** (*no las que hubieran existido en un momento anterior o se produzcan en un momento posterior al mismo*).
  - Esas circunstancias personales y familiares resultan **de especial relevancia** en la cuantificación de **tributos de carácter subjetivo.**

3.2.1.3. ASPECTO TEMPORAL. DEVENGO Y EXIGIBILIDAD DE LA OBLIGACIÓN TRIBUTARIA PRINCIPAL (III)

- DEVENGO ≠ EXIGIBILIDAD
- Devengo → Hace referencia al momento del nacimiento de la obligación tributaria principal.
- Exigibilidad → Alude al momento en el que el deudor tributario debe realizar el pago y la **Administración puede exigirlo**.
  - ➢ La cuestión de la **exigibilidad** está íntimamente **ligada a la liquidación del tributo**. La exigibilidad de la obligación tributaria principal **depende de la previa cuantificación o liquidación** de la misma:
  - ❖ (a) Liquidación a cargo de la Administración (= **LIQUIDACIÓN ADMINISTRATIVA**) → El **momento de la exigibilidad** de la obligación tributaria principal coincide con el **periodo voluntario de pago de la liquidación practicada por la Administración.**
  - ❖ (b) Liquidación a cargo del obligado tributario (= **AUTOLIQUIDACIÓN**) → El **momento de la exigibilidad** de la obligación tributaria principal coincide con el **periodo de que dispone el obligado tributario para la presentación e ingreso de la correspondiente autoliquidación** (= periodo voluntario del procedimiento de recaudación).
- A este respecto, art. 21.2 LGT → «La ley propia de cada tributo podrá establecer la **exigibilidad** de la cuota o cantidad a ingresar, o de parte de la misma, **en un momento distinto al del devengo del tributo**» → Momento de la exigibilidad no tiene por qué coincidir con el del devengo.

➢ La ley reguladora del tributo puede situar la **exigibilidad en una fecha posterior a la del devengo**. Así sucede en la mayoría de casos → Ejemplo: IRPF.

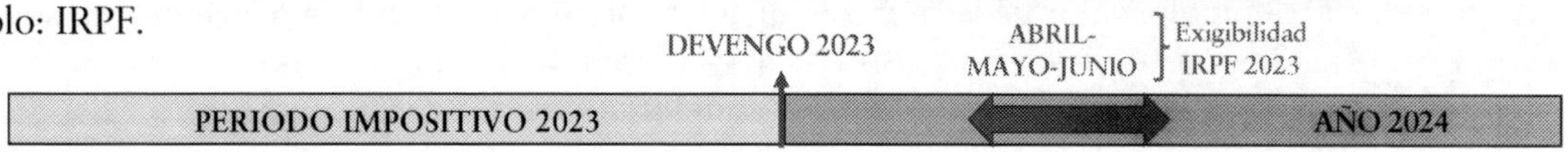

DEVENGO 2023 | ABRIL-MAYO-JUNIO } Exigibilidad IRPF 2023

PERIODO IMPOSITIVO 2023 | AÑO 2024

➢ La ley puede **anteponer la exigibilidad al devengo**. Ejemplo: pagos a cuenta de la obligación tributaria principal (*v. gr.*, pagos fraccionados o retenciones en el IRPF).

3.2.1.4. ASPECTO CUANTITATIVO DEL ELEMENTO OBJETIVO DEL HECHO IMPONIBLE

- El elemento objetivo del hecho imponible tiene, asimismo, una dimensión o aspecto cuantitativo.

➢ (1) **Normalmente** viene constituido por un hecho o situación que puede ser medido en términos económicos:

❖ (a) Monetarios o dinerarios → Valor en euros de la renta obtenida (IRPF), del patrimonio neto del que se es titular (IP), del bien adquirido a título oneroso (ITP), etc.

❖ (b) No monetarios o no dinerarios → Hectolitros de alcohol puro a la temperatura de 20 °C (Impuesto sobre el Alcohol y Bebidas Derivadas), etc.

– En estos casos el legislador puede **modular la cuota tributaria** (cantidad a pagar) **en función del mayor o menor importe** —del *quantum*— **de la capacidad económica reflejada en el hecho imponible** ↔ TRIBUTOS DE CUOTA VARIABLE.

– La magnitud (dineraria o no) que resulta de la medición del hecho imponible se denomina **BASE IMPONIBLE**. Que la base imponible «no es más que la cuantificación del aspecto material del elemento objetivo» del hecho imponible es una afirmación que se efectúa en la STC 182/2021, de 26 de octubre, FJ 5 B).

– La **BASE IMPONIBLE** junto al **TIPO DE GRAVAMEN** son los **elementos imprescindibles para la cuantificación de los tributos** de cuota variable → *Remisión Lección 9 (estudio de los elementos de cuantificación del tributo).*

➢ (2) Cuando el elemento objetivo del hecho imponible no resulta susceptible de medición alguna, por hacer referencia a un **hecho, situación o circunstancia que no puede realizarse con distinta intensidad** → El legislador se limita a señalar la cantidad a pagar (cuota) de manera fija e invariable.

– Es una **cuota fija que habrá de satisfacer todo aquel que realice el hecho imponible** ↔ TRIBUTOS DE CUOTA FIJA.

– Ejemplo → Tasa por expedición del DNI; Tasa por ocupación de terrenos de uso público con mercancías, materiales de construcción, escombros, vallas, andamios, puntales, etc.; Tasa por expedición de licencia urbanística, etc.

3.2.2. ELEMENTO SUBJETIVO DEL HECHO IMPONIBLE

- Hace referencia a la relación existente entre una persona o entidad y el elemento objetivo del hecho imponible para que pueda surgir a su cargo la obligación tributaria principal.

- Se trata del **vínculo o nexo de unión que se prevé legalmente** para **relacionar un acto o negocio jurídico** que, en general, manifiesta la presencia de capacidad económica, **y la persona** a quien se le atribuye tal capacidad económica.

- En ocasiones, el **elemento subjetivo del hecho imponible se encuentra explicitado en la propia definición legal del hecho imponible.** Ejemplo → «*obtención*» de renta (art. 6.1 LIRPF) o «*titularidad*» de un patrimonio neto (art. 3 LIP).

- En cambio, en otras ocasiones, **la definición legal del hecho imponible no hace referencia alguna** a la **relación** que debe existir entre el **elemento objetivo del hecho imponible y la persona o entidad que debe realizar dicho presupuesto.** Ejemplo → ITP cuyo hecho imponible es la transmisión onerosa, por actos *inter vivos*, de bienes y derechos, mientras que el elemento subjetivo del hecho imponible está constituido por la «*adquisición*» de los mismos.

- En los **impuestos generales y personales sobre la renta y el patrimonio** el elemento *subjetivo* posee gran trascendencia incluso para la ***conformación del elemento objetivo*** → En estos tributos el presupuesto objetivo (*la obtención de renta o la titularidad de un patrimonio*) no puede siquiera pensarse o imaginarse si no es en relación con el sujeto concreto que obtiene la renta u ostenta la titularidad del patrimonio.

4. SUPUESTOS DE NO SUJECIÓN (I)

- A la norma que define el hecho imponible se la conoce como NORMA DE SUJECIÓN → A través de ella se delimitan —tanto positiva como negativamente— los hechos sujetos al tributo. De esta forma:
  - Serán **hechos sujetos** al tributo **aquellos que puedan subsumirse en la definición legal del hecho imponible.**
  - Serán **hechos no sujetos** al tributo **aquellos que no puedan subsumirse en la definición legal del hecho imponible.**
- En definitiva, la determinación de los supuestos de sujeción y de no sujeción constituye un **problema de mera interpretación de la norma de sujeción.**
- Pese a ello, el **legislador puede definir expresamente supuestos de no sujeción.** En este sentido, señala el art. 20.2 LGT → «La ley podrá completar la delimitación del hecho imponible mediante la mención de supuestos de no sujeción».
- **Estas normas EXPRESAS de no sujeción:**
  - 1.- Llevan a cabo una **DELIMITACIÓN NEGATIVA DEL HECHO IMPONIBLE.** Aclaran o completan la definición del hecho imponible explicitando **supuestos que caen fuera de su ámbito.**
  - 2.- Generalmente, son **DISPOSICIONES INTERPRETATIVAS** → Contienen una *interpretación auténtica*, una aclaración de la Ley, cuyo contenido, con frecuencia, se halla implícito en la propia definición del hecho imponible.

❖ Ejemplo → El HI del IVTM está constituido por la titularidad de vehículos **aptos para circular** por la vía pública, cualquiera que sea su clase y categoría (art. 92.1 TRLRHL).

❖ Art. 92.3 TRLRHL → No están **sujetos** al IVTM los vehículos **dados de baja en los registros correspondientes** por la antigüedad del modelo pero que **puedan ser autorizados para circular, excepcionalmente**, con ocasión de certámenes, exhibiciones o carreras limitadas a vehículos de esta naturaleza.

❖ Se establece de forma expresa un supuesto de no sujeción **a pesar de que la baja en el registro correspondiente**, dada la antigüedad del vehículo, **ya permitía entender que no existe sujeción** al tributo en estos casos.

4. SUPUESTOS DE NO SUJECIÓN (II)

- 3.- No obstante, **en algunas ocasiones**, no sólo cumplen una función aclaratoria o interpretativa, sino de AUTÉNTICA DEFINICIÓN DEL HECHO IMPONIBLE → La definición del hecho imponible se obtiene de la conjunción de la norma que lo describe en términos positivos y de aquella otra que lo delimita negativamente. Ejemplo → Definición del hecho imponible del ITPO:

    - Artículo 7.1 TR del ITPAJD → «Son transmisiones patrimoniales sujetas: A) Las **transmisiones onerosas** por actos «**inter vivos**» de toda clase de bienes y derechos que integren el patrimonio de las personas físicas o jurídicas».

    - Artículo 7.5 TR del ITPAJD → «**No estarán sujetas** al concepto «transmisiones patrimoniales onerosas» regulado en el presente Título las operaciones enumeradas anteriormente cuando, (...), **los transmitentes sean empresarios o profesionales en el ejercicio de su actividad económica**».

    - En consecuencia, de una lectura conjunta de los apdos. 1 y 5 del art. 7, el HI del ITP puede definirse como la realización de transmisiones patrimoniales onerosas dentro del tráfico civil, es decir, no profesional o mercantil.

- Son frecuentes las normas de no sujeción de carácter "técnico", esto es, de delimitación entre diferentes impuestos. Otro ejemplo → Art. 6.4 LIRPF: «No estará sujeta a este impuesto la renta que se encuentre sujeta al Impuesto sobre Sucesiones y Donaciones» → De relevancia en la delimitación IRPF e ISD (especialmente, en el caso de los seguros de vida).

- Supuestos de NO SUJECIÓN = NO se realiza el hecho imponible.

- **No** deben **confundirse** con los **casos de exención tributaria** → En ellos **sí se realiza el hecho imponible pero sus consecuencias no se producen** (o no se producen en toda su extensión).

5.1. LA EXENCIÓN TRIBUTARIA: CONCEPTO

- La exención tributaria implica que, **no obstante haber tenido lugar la realización del hecho imponible,** éste **no llega a producir su efecto característico**: el nacimiento de la obligación tributaria principal o, lo que es igual, el **deber de pago del correspondiente tributo**.

- A través de las normas de exención se opera, no una redefinición del hecho imponible (como ocurre con algunas normas de no sujeción), sino una **REDEFINICIÓN DE SUS EFECTOS JURÍDICOS** para ciertos supuestos que encajan perfectamente en la definición legal del hecho imponible.

- Art. 22 LGT → «Son supuestos de exención aquellos en que, a pesar de realizarse el hecho imponible, la ley **exime del cumplimiento de la obligación tributaria principal**».

- En los casos de exención no resulta exigible el pago de la cuota tributaria pero **la *sujeción al tributo sigue existiendo*** (incluso en el supuesto de las denominadas exenciones totales) → El sujeto afectado deberá **cumplir con el resto de obligaciones tributarias a que pueda dar lugar la realización del hecho imponible**: *llevanza de contabilidad* o *de libros registros, deber de declarar, etc.*).

5.1. LA EXENCIÓN TRIBUTARIA: CLASES (II)

- (1) EXENCIONES OBJETIVAS Y SUBJETIVAS (atendiendo al elemento del hecho imponible al que vienen referidas):

  - OBJETIVAS → Se excluye el nacimiento de la obligación tributaria en relación a **determinados supuestos incluidos en el hecho imponible**, con independencia de quien los realice ("*hechos imponibles exentos*"). Ejemplo → Exención de la vivienda habitual (hasta 300.000 euros) prevista en la LIP.

  - SUBJETIVAS → Se exime de la obligación de pago del tributo **a determinados sujetos** que han realizado el hecho imponible del tributo ("*sujetos exentos*"). Ejemplo → La incluida en la LIS para el Estado, las Comunidades Autónomas y las entidades locales.

  - MIXTAS → Se exime de la obligación tributaria principal **a determinados sujetos cuando realizan alguno de los supuestos concretos integrados en el hecho imponible** del tributo. Ejemplo → Exención prevista en el IBI para los inmuebles del Estado afectos a la defensa nacional.

- (2) EXENCIONES TOTALES Y PARCIALES:

  - TOTALES → Aquellas que **impiden por completo el nacimiento de la obligación tributaria principal**. Ejemplo → La exención prevista en el art. 7 k) LIRPF relativa a las anualidades por alimentos percibidas de los padres en virtud de decisión judicial.

  - PARCIALES (**= Beneficios fiscales**) → Aquellas que **se limitan, exclusivamente, a reducir el importe de la obligación tributaria principal**. Ejemplo → El art. 7 e) LIRPF limita el importe de la indemnización exenta por despido o cese del trabajador a la establecida como obligatoria en la legislación laboral (ET) y, en todo caso, a 180.000 euros.

    Reciben **distintas denominaciones** en función del elemento de la relación jurídico-tributaria sobre el cual se proyectan:

    ✓ (a) Cuando lo hacen **sobre la base imponible** → **REDUCCIONES**.

    ✓ (b) Cuando lo hacen **sobre la cuota tributaria** → **DEDUCCIONES o BONIFICACIONES**.

5.1. LA EXENCIÓN TRIBUTARIA: CLASES (III)

- (3) EXENCIONES ROGADAS Y AUTOMÁTICAS:

  - ROGADAS → La exención se supedita a su **previo reconocimiento por parte de la Administración**, que debe comprobar que concurren los presupuestos para su aplicación. Ejemplo → Exención de premios literarios, artísticos o científicos relevantes prevista en el art. 7 l) LIRPF. De conformidad con el art. 3.2.4º RIRPF, la exención «deberá ser declarada por el órgano competente de la Administración tributaria, de acuerdo con el procedimiento que apruebe el Ministro de Economía y Hacienda».

  - AUTOMÁTICAS → Cuando **operan de forma directa por causa de la ley** y no requieren, por tanto, de previo reconocimiento por parte de la Administración.

- (4) EXENCIONES TEMPORALES Y PERMANENTES (atendiendo a su periodo de vigencia):

  - TEMPORALES → Se establecen **para un periodo de tiempo determinado**. Transcurrido dicho periodo, la exención pierde su vigencia.

  - PERMANENTES O INDEFINIDAS → Se establecen **sin sujeción expresa a un periodo de vigencia**. Resultan de aplicación mientras la ley que las crea y regula no sea modificada o derogada.

5.2. LA EXENCIÓN TRIBUTARIA: FUNDAMENTO (I)

- **Exención** = EXCEPCIÓN al genérico DEBER DE CONTRIBUIR al sostenimiento de los gastos públicos de acuerdo con la capacidad económica establecido en el art. 31.1 CE.

- Por esta razón, *a priori*, la concesión de cualquier exención **puede resultar CONTRARIA A LOS PRINCIPIOS** que disciplinan el REPARTO JUSTO DE LA CARGA TRIBUTARIA ↔ Principios de ***generalidad***, ***igualdad***, y ***capacidad económica***.

- La **legitimidad constitucional de cualquier exención** está supeditada a la concurrencia de una RAZÓN OBJETIVA que pueda ***justificarla suficientemente***. En este sentido, STC 10/2005, de 20 de enero:

> La «exención, como quiebra del principio de generalidad que rige la materia tributaria al neutralizar la obligación tributaria derivada de la realización de un hecho revelador de capacidad económica, es **constitucionalmente válida siempre que responda a fines de interés general que la justifiquen** (por ejemplo, por motivos de política económica o social, para atender al mínimo de subsistencia, por razones de técnica tributaria, etc.), **quedando, en caso contrario, proscrita**, desde el punto de vista constitucional, por cuanto la Constitución a todos impone el deber de contribuir al sostenimiento de los gastos públicos en función de su capacidad económica (STC 96/2002, de 25 de abril, FJ 7)» (FJ 5).

5.2. LA EXENCIÓN TRIBUTARIA: FUNDAMENTO (II)

- JUSTIFICACIÓN O FUNDAMENTO CONSTITUCIONAL DE LAS EXENCIONES:

➢ (1) **Necesidad de atender las** exigencias del propio principio de capacidad económica:

- En ocasiones, **definición legal del hecho imponible** en términos **tan amplios** que, **de no contemplarse ninguna exención, podrían gravarse supuestos** que, en puridad, **no fueran indicativos de capacidad económica.**
- En estos casos, la introducción de la exención sirve para adecuar el tributo a las exigencias que dimanan del principio de capacidad económica.
- Ejemplo → Exención del **mínimo personal o familiar en el IRPF** → Se exime de gravamen aquella parte de la renta que el sujeto pasivo debe destinar al sostenimiento de sus necesidades vitales y las de su familia y que, por ello, no resulta indicativa de aptitud para la contribución al levantamiento de las cargas públicas.

➢ (2) Motivaciones de carácter extrafiscal:

- **Utilización del tributo** para la **consecución de determinados fines de política económica o social reconocidos en nuestra Constitución** → *Fomento del pleno empleo*, *protección de la familia*, *protección del medio ambiente*, etc.
- La **utilización extrafiscal del tributo** ha sido **avalada por el TC** desde la **STC 37/1987, de 26 de marzo**: «la función extrafiscal del sistema tributario estatal no aparece explícitamente reconocida en la Constitución, pero dicha función puede derivarse directamente de aquellos preceptos constitucionales en los que se establecen principios rectores de política social y económica (señaladamente, arts. 40.1 y 130.1), dado que tanto el sistema tributario en su conjunto como cada figura tributaria concreta forman parte de los instrumentos de que dispone el Estado para la consecución de los fines económicos y sociales constitucionalmente ordenados» (FJ 13).
- La existencia de una motivación extrafiscal no es suficiente para avalar la legitimidad de la exención → Debe concurrir, además, una **adecuada relación de proporcionalidad** entre la medida adoptada (exención establecida), el resultado que se produce (supresión o reducción de la carga fiscal) y el fin extrafiscal pretendido por el legislador (por todas, STC 10/2005, FJ 5).
- Ejemplo → Deducción por **creación de empleo para trabajadores con discapacidad.**

5.3. LIMITACIONES CONSTITUCIONALES Y LEGALES EN RELACIÓN CON LAS EXENCIONES (además de las que derivan de los principios del art. 31.1 CE)

- (1) Vigencia del **principio de reserva de ley en relación con las exenciones**:

  - El **establecimiento de las exenciones** debe efectuarse **mediante una norma con rango de ley** → Art. 133.3 CE → «Todo beneficio fiscal que afecte a los tributos del Estado deberá establecerse en virtud de ley».

  - En este sentido señala, asimismo, el art. 8 d) LGT que **se regularán en todo caso por ley** el «establecimiento, **modificación, supresión y prórroga** de las exenciones, reducciones, bonificaciones, deducciones y demás beneficios o incentivos fiscales».

- (2) Han de estar **presupuestadas** → Art. 134.2 CE → «Los Presupuestos Generales del Estado (...) incluirán la totalidad de los gastos e ingresos del sector público estatal y en ellos **se consignará el importe de los beneficios fiscales que afecten a los tributos del Estado**».

- (3) **Prohibición** de **aplicación analógica** *ex* art. 14 LGT.

Lección 8

LOS OBLIGADOS TRIBUTARIOS

1. INTRODUCCIÓN. LOS OBLIGADOS TRIBUTARIOS (ART. 35 LGT)

1.1. PRESENTACIÓN DE LOS OBLIGADOS TRIBUTARIOS. LA LISTA CONTENIDA EN EL ART. 35.2 LGT (I)

- La **figura de los obligados tributarios** y las **diferentes clases** de los mismos se regula en los **arts. 35 y ss. LGT**.
- **Amplitud** del **concepto de relación jurídico-tributaria** → Genera **numerosas y diversas obligaciones tributarias** lo que, a su vez, explica la aparición y existencia de un **número elevado de obligados tributarios**, su **heterogeneidad** y su **diferente régimen jurídico** (ALONSO GONZÁLEZ).
- Art. 35.1 LGT → «Son **obligados tributarios** las **personas físicas o jurídicas** y las **entidades** a las que la normativa tributaria **impone el cumplimiento de obligaciones tributarias**» ↔ Definición tautológica.
- Dichas obligaciones pueden ser muy diferentes de unos obligados tributarios a otros. Algunos sujetos tienen el deber de pagar la obligación tributaria principal y además de cumplir otros deberes accesorios; otros son obligados al pago de prestaciones pecuniarias distintas de la deuda tributaria principal; y, en fin, sobre otros recaen obligaciones exclusivamente formales (*v. gr.*, de información respecto de terceros).
- Pese a la heterogeneidad descrita, se pueden clasificar en **dos grandes grupos** (no son incompatibles entre sí):
  - Obligados al cumplimiento de obligaciones tributarias ***materiales*** (= de contenido pecuniario).
  - Obligados al cumplimiento de obligaciones tributarias ***formales*** (= de contenido no pecuniario).

1.1. PRESENTACIÓN DE LOS OBLIGADOS TRIBUTARIOS. LA LISTA CONTENIDA EN EL ART. 35.2 LGT (II)

- Entre los posibles tipos de obligados tributarios a que se refiere el art. 35.2 LGT se incluyen los siguientes (**Listado no cerrado** → «*Entre otros*, son obligados tributarios»):
  - Contribuyentes.
  - Sustitutos del contribuyente.
  - Obligados a realizar pagos fraccionados.
  - Retenedores.
  - Obligados a practicar ingresos a cuenta.
  - Obligados a repercutir.
  - Obligados a soportar la repercusión.
  - Obligados a soportar la retención.
  - Obligados a soportar los ingresos a cuenta.
  - Sucesores.
  - Beneficiarios de supuestos de exención, devolución o bonificaciones tributarias, cuando no se puedan encuadrar en las otras categorías.
- **Además de los previstos en el art. 35.2 LGT**, pueden existir otros obligados tributarios → Apdos. 3 a 6 del art. 35 LGT → Aquellos a quienes la normativa tributaria impone **obligaciones formales**; los **entes de hecho o sin personalidad jurídica**; los **responsables tributarios**; y a quienes en virtud de la **normativa de asistencia mutua se les imponen obligaciones tributarias**.
- Algunos de los obligados tributarios que aparecen en la lista **pueden ser el mismo sujeto** → Ejemplos: el *contribuyente* coincide con el *obligado a efectuar pagos fraccionados* en el IRPF; en el IVA y en los II.EE. el *contribuyente* coincide, asimismo, con el *obligado a repercutir*, etc.

1.2. LOS ENTES CARENTES DE PERSONALIDAD JURÍDICA COMO OBLIGADOS TRIBUTARIOS (I)

- El Derecho reconoce personalidad jurídica a las personas naturales y a las personas jurídicas.

- El **Derecho tributario imputa**, asimismo, la **titularidad de derechos y obligaciones** propias de este ámbito jurídico a determinados **entes a los que el resto del ordenamiento les niega personalidad jurídica** → Son los denominados ENTES DE HECHO O ENTES CARENTES DE PERSONALIDAD JURÍDICA.

- Lo hace en la medida en que constituyan un **patrimonio separado o una unidad económica susceptible de imposición**.

- **Razón de ser** de esta medida de excepción → **Evitar** situaciones de **evasión tributaria**.

- Art. 35.4 LGT:

  «Tendrán la **consideración de obligados tributarios**, ***en las leyes en que así se establezca***, las **herencias yacentes**, **comunidades de bienes** y demás entidades que, carentes de personalidad jurídica, constituyan una **unidad económica o un patrimonio separado** susceptibles de imposición».

1.2. LOS ENTES CARENTES DE PERSONALIDAD JURÍDICA COMO OBLIGADOS TRIBUTARIOS (II)

- A TENER EN CUENTA DE LA PREVISIÓN CONTENIDA EN EL ART 35.4 LGT:

  - (1) Los entes a que se refiere el art. 35.4 LGT, *a modo de ejemplo*, son las **herencias yacentes** y las **comunidades de bienes**:
    - Comunidades de bienes → Varios sujetos son propietarios de un bien o de un conjunto de bienes y/o derechos. Ejemplo → Varios hermanos son propietarios de un bien inmueble. La comunidad es contribuyente del IBI.
    - Herencia yacente → Situación en la que se encuentran los bienes y derechos que integran el caudal hereditario en tanto no se haya producido la aceptación de la herencia.
  - (2) **Pueden existir otros entes de hecho a los que se les atribuya la condición de obligados tributarios** distintos de los enumerados en el art. 35.4 LGT (*listado no cerrado*). Ejemplos → Uniones temporales de empresas, fondos de pensiones o de inversión, etc.
  - (3) Los entes de hecho son obligados tributarios «*en las leyes en que así se establezca*» → El artículo 35.4 LGT supedita la condición de obligado tributario de los entes sin personalidad jurídica a que una norma con rango de ley lo prevea expresamente [en este sentido, STS de 22-04-2021 (ECLI:ES:TS:2021:1545), FD 3.1].
  - (4) **Esta ley puede ser la** ley reguladora de cada tributo (que será lo más habitual) u otra ley. «**No basta con la mera mención al propio artículo 35.4 LGT** (...), porque tal sustento haría innecesaria y superflua la *condictio iuris* que el primero reclama» (STS de 22-04-2021, FD 3.2).
    - ✓ Ejemplo → El TRLRHL señala que los entes del art. 35.4 LGT son sujetos pasivos del IBI, IAE e IVTM.
    - ✓ Lo contrario sucede en el IRPF → *Ex* art. 8.3 LIRPF, esos entes no tienen la consideración de contribuyentes y las rentas correspondientes a ellos se atribuyen a sus partícipes o cotitulares. Ejemplo → Una comunidad de vecinos no tributa por los rendimientos obtenidos por el alquiler de una zona de la azotea a una compañía de telefonía móvil para la instalación de antenas. Lo harán los vecinos por la parte proporcional correspondiente de los rendimientos.

1.2. LOS ENTES CARENTES DE PERSONALIDAD JURÍDICA COMO OBLIGADOS TRIBUTARIOS (III)

- La **sujeción de los entes del art. 35.4 LGT al tributo** provoca que sean ellos y no sus miembros los que quedan vinculados al cumplimiento de las obligaciones tributarias de que se trate → La obligación se exigirá a la entidad y las actuaciones se entenderán con quien lleve la administración de esa entidad.

- Además, la Administración cuenta con la **garantía de que, si la entidad no paga, responden en régimen de solidaridad (tributaria) con ella los partícipes o cotitulares** → Art. 42.1.b) LGT.

- A este respecto, DOS CUESTIONES RELEVANTES:

  - **Responsabilidad de los partícipes o cotitulares** de estos entes → ***Remisión al epígrafe 5.2 de esta Lección.***
  - **Representación** de los entes carentes de personalidad jurídica → ***Remisión al epígrafe 7 de esta Lección.***

1.3. EXISTENCIA DE UNA PLURALIDAD DE OBLIGADOS TRIBUTARIOS: LA SOLIDARIDAD TRIBUTARIA PREVISTA EN EL ART. 35.7 LGT

- PLANTEAMIENTO DE LA CUESTIÓN: En caso de **concurrencia de obligados** (= *plurisubjetividad en el lado pasivo de la obligación* o *pluralidad de deudores*) → ¿Régimen aplicable?: **¿SOLIDARIDAD (civil) o MANCOMUNIDAD?**
  - En caso de **solidaridad** → Cada uno de los deudores debe cumplir íntegramente la obligación y el acreedor podrá dirigirse indistintamente contra cualquiera de ellos para exigirle el cumplimiento íntegro (sin perjuicio de la acción de repetición que podrá ejercer, posteriormente —en caso de controversia, en vía civil—, contra los restantes deudores).
  - En caso de **mancomunidad** → Cada uno de los deudores debe cumplir exclusivamente la parte que le corresponda de la obligación de que se trate.

- SOLUCIÓN PREVISTA EN LA LGT → Art. 35.7 LGT:

«La **concurrencia de varios obligados tributarios** **en un mismo presupuesto de una obligación** determinará que queden **solidariamente obligados frente a la Administración tributaria** al cumplimiento de todas las prestaciones, *salvo que por ley se disponga expresamente otra cosa.*

?

Las leyes podrán establecer otros supuestos de solidaridad distintos del previsto en el párrafo anterior.

Cuando la Administración **sólo conozca la identidad de un titular** practicará y notificará las **liquidaciones tributarias a nombre del mismo, quien vendrá obligado a satisfacerlas si no solicita su división**. A tal efecto, **para que proceda la división** será indispensable que el solicitante *facilite los datos personales y el domicilio de los restantes obligados al pago*, así como *la proporción en que cada uno de ellos participe* en el dominio o derecho trasmitido».

PRIMER Y SEGUNDO PÁRRAFO DEL ART. 35.7 LGT: **SOLIDARIDAD**

- Supuestos a los que se refieren los párrafos 1º y 2º del art. 35.7 LGT → Se establece claramente un **régimen de solidaridad (civil) cuando varios sujetos realizan un mismo presupuesto de hecho de una obligación tributaria**.

- Han de darse, por tanto, DOS REQUISITOS para la **aplicación del art. 35.7 LGT**:

  - Existencia de **VARIOS OBLIGADOS TRIBUTARIOS** ↔ No necesariamente de varios contribuyentes (pueden ser, *v. gr.*, varios responsables tributarios).

  - **Realización por todos ellos de UN MISMO PRESUPUESTO DE HECHO** que determine la condición de obligado tributario ↔ No necesariamente del hecho imponible.

- CONSECUENCIA → **Cada uno de los obligados debe cumplir** íntegramente **la obligación tributaria** y la Administración podrá dirigirse contra cualquiera de ellos para exigir el cumplimiento de la obligación (pago de la totalidad de la deuda).

- Ejemplo → Cuando dos entidades explotan conjuntamente una sala de bingo quedan solidariamente obligadas (art. 35.7, párrafo 1º, LGT) al pago del impuesto sobre el juego que somete a tributación dicha explotación.

- **Posibilidad** de que **las leyes establezcan otros supuestos de solidaridad** (algunos de los que habitualmente se citan no son tales → Art. 84.6 LIRPF → En caso de tributación conjunta, todos los miembros de la unidad familiar quedarán conjunta y solidariamente sometidos al IRPF → En tanto que cada uno de los miembros de la unidad familiar *realiza su propio hecho imponible* no existe la "concurrencia" a que se refiere el párrafo 1º del art. 35.7 LGT).

TERCER PÁRRAFO DEL ART. 35.7 LGT: DIVISIBILIDAD DE LA LIQUIDACIÓN

- DOS PREVISIONES a tener en cuenta en el párrafo 3º del art. 35.7 LGT:
  - (1) Cuando la **Administración** tributaria **sólo conozca la identidad de un titular de la obligación** nacida en régimen de solidaridad → A él puede notificarle la liquidación tributaria que corresponda al conjunto de los obligados al pago y vendrá obligado a satisfacerla ↔ SOLIDARIDAD PURA.
  - (2) En el caso de que **el sujeto identifique a los restantes deudores coobligados a su pago**, así como la proporción que corresponda satisfacer a cada uno de ellos → Puede solicitar a la Administración que la **deuda se divida entre los distintos obligados** en dicha proporción (pudiendo entonces el órgano actuante dictar tantas liquidaciones tributarias como coobligados existan).

↓

¿El RÉGIMEN DE SOLIDARIDAD previsto en el párrafo 1º SE TRANSFORMA en un RÉGIMEN DE MANCOMUNIDAD?

↓

- NO, SIGUE RIGIENDO EL RÉGIMEN DE SOLIDARIDAD → La división de la liquidación tributaria en tantas liquidaciones como codeudores existan, no supone la extinción de la solidaridad en el pago entre todos los coobligados a la deuda.

↓

- En caso de impago de su liquidación por alguno de los codeudores entrará en juego la regla de solidaridad, pudiendo la Administración reclamarle el pago a cualquiera de ellos.

2. EL SUJETO PASIVO: EL CONTRIBUYENTE Y EL SUSTITUTO DEL CONTRIBUYENTE (ART. 36 LGT)

2. EL SUJETO PASIVO (ART. 36.1 LGT)

- CONCEPTO LEGAL DE SUJETO PASIVO → Art. 36.1 LGT:

  «Es sujeto pasivo el obligado tributario que, *según la ley*, debe **cumplir la obligación tributaria principal, así como las obligaciones formales inherentes a la misma**, sea **como contribuyente** o **como sustituto del mismo**. (...)

  En el ámbito aduanero, tendrá además la consideración de sujeto pasivo el obligado al pago del importe de la deuda aduanera, conforme a lo que en cada caso establezca la normativa aduanera».

- Sujeto pasivo = **Obligado tributario principal.**
- El sujeto pasivo **queda obligado**:
  - (**a**) Al **cumplimiento de la obligación tributaria principal** → Pago de la cuota tributaria.
  - (**b**) Así como al **cumplimiento de las obligaciones formales inherentes a ella** → *Presentación de declaraciones o autoliquidaciones*; *llevanza de contabilidad o registros*; *emisión de facturas*, etc ↔ Tienen por finalidad favorecer que la obligación tributaria principal se cumpla en los términos establecidos en la ley.
- En el **ámbito aduanero** → Sujeto pasivo → Obligado al pago del importe de la deuda aduanera.
- Dentro de la categoría de SUJETO PASIVO se incluyen dos modalidades: el CONTRIBUYENTE y el SUSTITUTO del contribuyente.

2. EL CONTRIBUYENTE (ART. 36.2 LGT)

- Art. 36.2 LGT → «Es contribuyente el **sujeto pasivo que realiza el hecho imponible**» → Viene **obligado al pago de la cuota tributaria.**

- Se trata de la persona o entidad que realiza el presupuesto subjetivo **del hecho imponible.**

- Es el titular de la capacidad económica definida en el hecho imponible. Puntualización a tener en cuenta:

  - La **mayoría de tributos** están diseñados de forma que el **contribuyente, al realizar el hecho imponible, manifiesta la presencia de la capacidad económica gravada.** Ejemplos → En el IRPF, es contribuyente quien obtiene la renta descrita en el hecho imponible; en el ISD, es contribuyente el beneficiario de la adquisición lucrativa descrita en el hecho imponible.

  - Sin embargo, pueden encontrarse supuestos —fundamentalmente, impuestos indirectos— en los que **quien tiene atribuida la condición de contribuyente no es quien manifiesta la capacidad económica que quiere someterse a gravamen.** En estos casos, el contribuyente no sólo queda obligado al pago de la cuota tributaria sino también a repercutir esta cuota tributaria → **Traslación jurídica de la cuota tributaria** → Finalmente, termina soportando el impuesto el verdadero titular de la capacidad económica gravada. Ejemplos → IVA e II.EE.

- **En ocasiones,** la consideración de contribuyente sirve para establecer la definición acabada del propio hecho imponible. Ejemplo: ITPO → Cuyo **hecho imponible** consiste en la **transmisión onerosa por actos** ***inter vivos*** **de toda clase de bienes y derechos,** siendo, calificado como sujeto pasivo a título de **contribuyente** el **adquirente**; de manera que puede decirse que, en concreto, lo que se grava es la adquisición de un elemento patrimonial.

2. EL SUSTITUTO DEL CONTRIBUYENTE (ART. 36.3 LGT)

- Art. 36.3 LGT:

  «Es sustituto el sujeto pasivo que, por imposición de la ley y en lugar del contribuyente, está **obligado a cumplir la obligación tributaria principal, así como las obligaciones formales inherentes** a la misma.

  El sustituto **podrá exigir del contribuyente el importe de las obligaciones tributarias satisfechas,** salvo que la ley señale otra cosa».

- Para que la **persona o entidad sea considerada sustituto** del contribuyente es necesario que se den DOS PRESUPUESTOS previstos legalmente:

  - (1) La **realización del hecho imponible** por parte del **contribuyente** que genera el nacimiento de la obligación tributaria principal.

  - (2) La **realización del presupuesto de la sustitución** → La existencia de la concreta relación prevista en la Ley entre el contribuyente y el sustituto. El sustituto no realiza el hecho imponible del tributo sino el presupuesto de hecho de la sustitución legalmente establecido.

2. EL SUSTITUTO DEL CONTRIBUYENTE (II)

- NOTAS QUE CARACTERIZAN LA POSICIÓN DEL SUSTITUTO [recientemente, en este sentido, SSTS de 17-02-2023 (rec. cas. 1965/2021); y de 17-11-2023 (rec. cas. 1619/2022), FD 2]:

➢ (1) El sustituto **es un sujeto pasivo,** igual que lo es el contribuyente.

➢ (2) Su **existencia debe ser establecida por ley** → La ley **ha de definir el presupuesto (≠ HI) cuya realización da lugar a la sustitución**. El presupuesto de hecho de la sustitución *no pone de manifiesto la capacidad económica que pretende ser gravada* por el tributo.

➢ (3) **No realiza el hecho imponible,** aunque guarda una estrecha relación con él.

➢ (4) **Ocupa en la relación jurídico-tributaria el lugar del contribuyente**, que **queda desplazado de esta relación** (a diferencia de lo que sucede con el *responsable tributario* que se coloca *junto al contribuyente* sin desplazarlo de la relación jurídico-tributaria).

— A este respecto, la Sección 2ª de la Sala Tercera del TS ha sentado la siguiente doctrina jurisprudencial: «que **la administración tributaria no puede girar la liquidación directamente al contribuyente**, como sujeto pasivo de la obligación tributaria, **en lugar de al sustituto del contribuyente**, en aquellos impuestos en los que por imposición de la ley y en lugar del contribuyente es el sustituto del contribuyente quien resulta obligado a cumplir la obligación tributaria principal, así como las obligaciones formales inherentes a la misma» [STS 17-11-2023 (rec. cas. 1619/2022), FD 2].

➢ (5) Queda **obligado al cumplimiento de todas las prestaciones y deberes**, no sólo *de pago*, sino también *formales*.

➢ (6) Razón de ser de la figura → **De orden técnico o de comodidad recaudatoria** → Garantizar el pago del tributo.

➢ (7) El sustituto **tiene derecho a resarcirse a cargo del contribuyente en lugar del cual satisface el tributo**. Art. 36.3, párrafo 2º, LGT → El sustituto «*podrá exigir del contribuyente el importe de las obligaciones tributarias satisfechas, salvo que la ley señale otra cosa*».

— La ley alude a la *facultad* de repetir el pago, *no* al *deber* de hacerlo.

— Las controversias que se produzcan al respecto se resolverán en la *vía civil*.

2. EL SUSTITUTO DEL CONTRIBUYENTE (III)

(*) Ejemplo de esta figura → En el ICIO → Art. 101 TRLRHL (Sujetos pasivos):

«1. Son sujetos pasivos de este impuesto, a título de contribuyentes, las personas físicas, personas jurídicas o entidades del artículo 35.4 de la Ley 58/2003, de 17 de diciembre, General Tributaria, que sean **dueños de la construcción, instalación u obra**, *sean o no propietarios del inmueble sobre el que se realice aquélla.*

A los efectos previstos en el párrafo anterior tendrá la consideración de dueño de la construcción, instalación u obra quien soporte los gastos o el coste que comporte su realización.

2. En el ***supuesto de que la construcción, instalación u obra no sea realizada por el sujeto pasivo contribuyente*** tendrán la condición de sujetos pasivos sustitutos del contribuyente quienes ***soliciten las correspondientes licencias*** o ***presenten las correspondientes declaraciones responsables*** o ***comunicaciones previas*** o ***quienes realicen las construcciones, instalaciones u obras.***

El sustituto podrá exigir del contribuyente el importe de la cuota tributaria satisfecha».

3. LOS OBLIGADOS A REALIZAR PAGOS A CUENTA (ART. 37 LGT)

3. LOS OBLIGADOS A REALIZAR PAGOS A CUENTA: CONSIDERACIONES GENERALES (I)

- El obligado a realizar pagos a cuenta ↔ **Especie** dentro **del género de los obligados tributarios**.

- Se caracteriza por ser la **persona o entidad que queda obligada a realizar pagos anticipados del tributo *en los supuestos legalmente previstos*** pudiendo **el contribuyente del citado tributo deducir el importe de los pagos a cuenta efectuados** en la cuantificación de la obligación tributaria principal.

- La figura de los obligados a llevar a cabo pagos a cuenta **sólo aparece** en la regulación de determinados tributos → Concretamente, **en los impuestos que gravan la renta**, tanto la obtenida por personas físicas, como la obtenida por personas jurídicas (IRPF, IS e IRNR).

- Los **obligados a realizar pagos a cuenta** son:

  - (1) El OBLIGADO A EFECTUAR PAGOS FRACCIONADOS → Art. 37.1 LGT

  - (2) El RETENEDOR → Art. 37.2 LGT

  - (3) El OBLIGADO A REALIZAR INGRESOS A CUENTA → Art. 37.3 LGT

3. LOS OBLIGADOS A REALIZAR PAGOS A CUENTA: CONSIDERACIONES GENERALES (II)

- Razón de ser de los pagos a cuenta:
  - (1) Atender a las **necesidades de tesorería de la Hacienda Pública** → Los ingresos obtenidos por la Administración mediante los mecanismos de retención, ingreso a cuenta y pagos fraccionados le permite atender sus necesidades de tesorería a lo largo de todo el ejercicio de una forma recurrente y continua.
  - (2) El sujeto pasivo va satisfaciendo el impuesto vía pagos a cuenta a medida que obtiene los ingresos → **Método PAYE** (*pay as you earn*).
  - (3) Desempeña una **importante función de información para la Administración tributaria** (importante flujo de datos que la Administración recibe, fundamentalmente, de los retenedores) → La obligación de realizar pagos a cuenta —y, especialmente, retenciones— contribuye al objetivo de ***controlar el importe y la identidad del receptor*** de las rentas.

- En los tres casos, la **obligación de realizar pagos a cuenta** se configura legalmente como obligación autónoma e independiente de la obligación tributaria principal (art. 23.1 LGT):
  - Nace de su **propio presupuesto de hecho.**
  - Se determina conforme a **su propio régimen jurídico.**
  - Las **incidencias** que **puedan afectar a la obligación tributaria principal no afectan a los pagos a cuenta y viceversa** → *v. gr.*, pueden prescribir en momentos distintos.
  - El **cumplimiento posterior de la obligación principal no exonera** de la **realización de los pagos a cuenta** → El incumplimiento de la obligación de efectuar pagos a cuenta constituye ***infracción tributaria sancionable de forma independiente*** (esto es, al margen de que se ingrese en su totalidad la obligación tributaria principal).

3.1. EL OBLIGADO A EFECTUAR PAGOS FRACCIONADOS

> Art. 37.1 LGT → «Es obligado a realizar pagos fraccionados **el contribuyente** a quien la ley de cada tributo **impone la obligación de ingresar cantidades a cuenta de la obligación tributaria principal** con anterioridad a que ésta resulte exigible».

- En el IRPF → **Obligación que se impone a ciertos empresarios o profesionales** de que, con cierta periodicidad **a lo largo del periodo impositivo** (*trimestralmente*), **ingresen parte de los rendimientos derivados de la actividad** empresarial o profesional en la Hacienda Pública **a cuenta de su propio tributo** (esto es, de su propia deuda de IRPF).

- El obligado a realizar el pago a cuenta **no es una persona distinta del contribuyente. ES EL PROPIO CONTRIBUYENTE** → Además de pagar la *obligación tributaria principal* y de cumplir con los *deberes formales correspondientes*, tiene la obligación de **realizar pagos fraccionados o adelantados.**

- En el momento de **autoliquidar la obligación tributaria principal** nace el **derecho a deducir los pagos a cuenta ya efectuados** a través de los pagos fraccionados.

- Obligación de realizar pagos fraccionados, aunque corresponda al propio contribuyente ↔ **Obligación autónoma** de la obligación tributaria principal:

  - El **cumplimiento posterior de la obligación principal no exonera** al obligado de **realizar trimestralmente los pagos fraccionados** → El incumplimiento de los pagos fraccionados constituye infracción tributaria sancionable con independencia de que se ingrese en su totalidad la obligación tributaria principal.

3.2. EL RETENEDOR

Art. 37.2 LGT → «Es retenedor la **persona o entidad** a quien la ley de cada tributo impone la **obligación de detraer e ingresar** en la Administración tributaria, **con ocasión de los pagos que deba realizar** a otros obligados tributarios, una **parte de su importe** a cuenta del tributo que corresponda a éstos».

- La obligación de practicar retenciones **recae sobre el pagador de determinados rendimientos** el cual **debe detraer parte de las rentas que abona e ingresar su importe al correspondiente ente público**.
- Contenido de la obligación del retenedor → (1) *Llevar a cabo la retención* en el porcentaje establecido en la normativa reguladora; y (2) *realizar su ingreso* en los plazos fijados en la misma normativa.
- Obligación tributaria que **recae sobre un sujeto distinto al propio contribuyente** y **surge como consecuencia de un pago que aquél efectúa a favor de éste**.
- El **perceptor de los rendimientos sujetos a retención** quedará **sujeto al correspondiente impuesto que grava la obtención de rentas** en concepto de contribuyente (IRPF, IS o IRNR) y podrá **deducir**, al calcular la cuota tributaria correspondiente a su obligación tributaria principal, **el importe de dichas retenciones**.
- **Cada uno de los sujetos implicados** en el mecanismo de la retención —retenedor y retenido— **deberá cumplir con la obligación tributaria que le corresponda** ↔ Sin perjuicio de las **implicaciones jurídico tributarias** que el cumplimiento/incumplimiento de las obligaciones de cada uno de ellos pueda tener sobre el otro.

SUPUESTOS DE INTERACCIÓN RETENEDOR-RETENIDO EN CASO DE INCUMPLIMIENTO DE OBLIGACIONES TRIBUTARIAS:

- (A) **Obligación del retenedor de realizar el ingreso correspondiente a pesar de no haber practicado la oportuna retención** (art. 99.4 LIRPF):

— Un empresario o entidad realiza pagos a terceros sin que exista constancia alguna de los movimientos económicos efectuados (economía sumergida).

— Si la Administración tributaria descubre la existencia de tales pagos: (1) requerirá al perceptor para que declare los ingresos percibidos y ocultados; (2) requerirá al pagador en relación a las retenciones que debería haber aplicado sobre aquellos.

- (B) **Supuestos en los que no se practica la retención o ésta es inferior a la debida POR CAUSA IMPUTABLE AL RETENEDOR** (art. 99.5 LIRPF):

— El perceptor de las rentas podrá deducir, en la respectiva autoliquidación, la cuantía que le debió ser retenida.

— La Administración exigirá al retenedor las cuantías no ingresadas en concepto de retención, así como los intereses de demora que correspondan y, en su caso, las sanciones.

- (C) **DUPLICIDAD EN EL INGRESO** → Este supuesto acontece cuando:

— (1) El perceptor de las rentas (habitualmente, el trabajador) ha recibido sus ingresos sin que le haya sido practicada la correspondiente retención o ésta le ha sido practicada por importe inferior al debido; y

— (2) Al presentar su autoliquidación, procede a declarar los ingresos recibidos sin deducirse retención alguna o sólo el importe que efectivamente se le ha retenido (inferior al debido).

— En estos casos el perceptor de las rentas habrá satisfecho a la Hacienda Pública el importe correspondiente a las retenciones que no ha sido satisfecho por el retenedor.

— Lo anterior determina que la Administración tributaria no pueda exigir al retenedor que no ha practicado la retención o lo ha hecho por importe inferior al debido, la cuantía de dichas retenciones → De otro modo, se estaría produciendo un ENRIQUECIMIENTO INJUSTO del ente público (SSTS de 27-02-2007 y 16-07-2008).

— La Administración sí podrá exigir al retenedor los correspondientes intereses de demora (por el retraso en el pago de las cantidades debidas) e imponer, en su caso, las oportunas sanciones.

3.3. EL OBLIGADO A PRACTICAR INGRESOS A CUENTA

Art. 37.3 LGT → «Es obligado a practicar ingresos a cuenta la **persona o entidad que satisface rentas en especie** o dinerarias y a quien la ley impone la obligación de realizar ingresos a cuenta de cualquier tributo».

- En su funcionamiento y configuración es **equiparable a las retenciones.**

- Se habla de ingresos a cuenta **cuando la renta se satisface en especie**.

- El obligado a efectuar el ingreso a cuenta será una **persona distinta del contribuyente**.

- Ejemplo → Empresario que cede el uso de una vivienda a uno de sus trabajadores → Deberá realizar un ingreso a cuenta por ese rendimiento en especie.

4. OBLIGADOS TRIBUTARIOS EN LAS RELACIONES ENTRE PARTICULARES (ART. 38 LGT)

4. OBLIGADOS TRIBUTARIOS EN LAS RELACIONES ENTRE PARTICULARES (I)

- Son **obligaciones entre particulares resultantes del tributo** «las que tienen por objeto una **prestación de naturaleza tributaria exigible entre obligados tributarios**» (art. 24.1 LGT) **y no frente a la Administración**.

- Son obligaciones de este tipo las que **se generan como consecuencia** de **actos de repercusión, de retención o de ingreso a cuenta** (art. 24.2 LGT) y tienen como **contraparte**, no a la Administración, sino **a otro particular**.

- Estos obligados son, en concreto, los siguientes:

  - Los **obligados a repercutir.**
  - Los **obligados a soportar la repercusión.**
  - Lo **obligados a soportar la retención o los ingresos a cuenta.**
  - Los **obligados a realizar retenciones e ingresos a cuenta en su relación**, no con la Administración, sino **con los perceptores de los rendimientos** sujetos a esos pagos a cuenta.

4. OBLIGADOS TRIBUTARIOS EN LAS RELACIONES ENTRE PARTICULARES (II)

RELACIONES ENTRE EL RETENEDOR Y EL OBLIGADO A SOPORTAR LA RETENCIÓN Y ENTRE EL OBLIGADO A REALIZAR INGRESOS A CUENTA Y EL OBLIGADO A SOPORTARLOS:

- En el caso de las retenciones y de los ingresos a cuenta se generan **tres relaciones distintas**:
  - Una relación entre el obligado a realizar esos pagos a cuenta y la Administración (relativa a los pagos a cuenta).
  - Una relación entre el sujeto pasivo y la Administración (relativa a la obligación tributaria principal).
  - La **relación entre los obligados a realizar esos pagos a cuenta y el sujeto pasivo obligado a soportarlos** ↔ **Relación entre particulares**.
- A este respecto, señala el art. 38 LGT lo siguiente:

> «3. Es **obligado a soportar la retención**, la persona o entidad perceptora de las cantidades sobre las que, según la ley, el retenedor deba practicar retenciones tributarias.
>
> 4. La ley podrá imponer a las **personas o entidades** la obligación de **soportar los ingresos a cuenta de cualquier tributo** practicados con ocasión de las rentas en especie o dinerarias que perciban y, en su caso, la repercusión de su importe por el pagador de dichas rentas».

- Contenido de esta relación entre particulares → **Prestación material** en que consiste la retención o el ingreso a cuenta + **Obligaciones formales** (*v. gr.*, obligación del retenedor de proporcionar al sujeto pasivo el certificado de retención).
- Las **controversias que puedan surgir** en esta relación entre particulares se dirimen a través de los cauces revisores propios del tributo: **revisión en vía económico-administrativa y jurisdicción contencioso-administrativa** (no por la jurisdicción civil).
  - *A diferencia* de lo que sucede en los supuestos de *sustitución* y *responsabilidad tributaria*.

4. OBLIGADOS TRIBUTARIOS EN LAS RELACIONES ENTRE PARTICULARES (III)

RELACIÓN ENTRE OBLIGADO A REPERCUTIR Y OBLIGADO A SOPORTAR LA REPERCUSIÓN:

- El **mecanismo de la repercusión** (o traslación jurídica de la cuota tributaria) está previsto en el ámbito de los impuestos indirectos → Aplicación en el **IVA y los Impuestos Especiales sobre consumos específicos**.
- CONTRADICCIÓN entre su caracterización legal como **impuestos sobre el consumo y la definición formal de su hecho imponible** → Entregas de bienes o prestaciones de servicios por parte de empresarios o profesionales (IVA) y fabricación de los géneros sujetos (Impuestos Especiales). En consecuencia, los contribuyentes → Empresarios, profesionales o fabricantes (y no los consumidores de dichos bienes y servicios).
- Para salvar la contradicción → Previsión legal de la **repercusión de la cuota tributaria sobre el adquirente hasta llegar al consumidor final** (repercusión que es un deber para el sujeto pasivo, quedando el consumidor obligado a soportarla).
- **Definición legal** de los **sujetos obligados a repercutir y a soportar la repercusión** → Art. 38.1 y 2 LGT.
- La relación entre ambos sujetos se encuentra regulada por la Ley y las **controversias que se susciten** se resolverán ante los órganos administrativos especializados en la resolución de controversias tributarias y, en la vía jurisdiccional, ante los Tribunales de lo **Contencioso-Administrativo**.
- El **sujeto obligado a soportar la repercusión** es el **titular de la capacidad económica** (el consumo) que quiere gravar el impuesto ↔ Así se deriva del conjunto de la regulación legal.

5. EL RESPONSABLE TRIBUTARIO

- **5.1. Concepto y fundamento. Régimen jurídico del responsable (art. 41 LGT)**
- **5.2. Supuestos de responsabilidad *solidaria* previstos en el art. 42 LGT**
- **5.3. Supuestos de responsabilidad *subsidiaria* previstos en el art. 43 LGT**

5.1. CONCEPTO Y FUNDAMENTO: ART. 41 LGT

- Art. 41.1 LGT → «La ley podrá configurar como **responsables solidarios o subsidiarios de la deuda tributaria, junto a los deudores principales, a otras personas o entidades**. A estos efectos, se considerarán deudores principales los obligados tributarios del apartado 2 del artículo 35 de esta ley».

- El responsable es una **persona que**, *en virtud de la realización del presupuesto definido en la ley*, **queda sujeto al pago de la deuda tributaria en función de garantía, para el caso de falta de pago del deudor principal.**

- El responsable se sitúa JUNTO AL DEUDOR PRINCIPAL, que no pierde su condición.

- Cumple una clara FUNCIÓN DE GARANTÍA → **En caso de impago por el deudor principal, la Administración podrá dirigirse al responsable** para reclamarle el pago de la deuda.

- Los sujetos junto a los que puede situarse un responsable son los "**DEUDORES PRINCIPALES**" → *Ex* art. 41.1 LGT son considerados tales los obligados tributarios enumerados en el art. 35.2 LGT → Se tratará, generalmente, de los **sujetos pasivos (contribuyente y sustituto del contribuyente), retenedor y obligado a practicar ingresos a cuenta.**

5.1. RÉGIMEN JURÍDICO DEL RESPONSABLE (I)

- RASGOS DE LA FIGURA DEL RESPONSABLE TRIBUTARIO A TENER EN CUENTA:

  - (1) El **establecimiento** de los **supuestos de responsabilidad** DEBE EFECTUARSE MEDIANTE LEY → La **LGT** contiene un amplio catálogo de supuestos de responsabilidad —solidaria o subsidiaria— que se completa con **otras disposiciones con rango de Ley** que contienen, a su vez, otros supuestos de responsabilidad.

  - (2) **Su posición no deriva de la realización del hecho imponible** (que corresponde, en exclusiva, al contribuyente) sino que proviene de la realización de otro presupuesto de hecho diferente que describe *per se* la responsabilidad ↔ NACE DE SU PROPIO PRESUPUESTO DE HECHO.

  - (3) El responsable SE COLOCA JUNTO AL DEUDOR PRINCIPAL, AL QUE NO DESPLAZA **de la relación jurídica** que mantiene con la Hacienda Pública → **No se produce** en el caso de la responsabilidad **el desplazamiento característico de la sustitución**:

    - En el caso del ***sustituto del contribuyente***, el *contribuyente desaparece* de la relación con la Administración tributaria y solo queda el sustituto.
    - En cambio, en el caso de la ***responsabilidad*** el *obligado tributario principal permanece* y no desaparece de la relación jurídica con la Administración.

  - (4) El responsable no adquiere la condición de sujeto pasivo ni de obligado principal → En consecuencia, está obligado al cumplimiento de las obligaciones materiales (**pago de la deuda tributaria**) pero NO queda obligado al cumplimiento de las obligaciones formales (tales como la presentación de declaraciones o autoliquidaciones) ↔ *A diferencia del sustituto del contribuyente.*

5.1. RÉGIMEN JURÍDICO DEL RESPONSABLE (II)

- (5) ALCANCE DE LA RESPONSABILIDAD → La responsabilidad alcanza:

  - (a) A la totalidad de la deuda tributaria exigida en período voluntario (**CUOTA**) (art. 41.3, párrafo 1°, LGT).

  - (b) El responsable NO **responde de los** intereses de demora o recargos generados por el **incumplimiento del contribuyente o del obligado principal.**

    – Cuando haya transcurrido el plazo voluntario de pago que se concede al responsable (**su** periodo voluntario de pago) y este no haya efectuado el ingreso → Se iniciará el periodo ejecutivo y se le exigirán los intereses y recargos que procedan (art. 41.3, párrafo 2°, LGT).

  - (c) En principio, las sanciones NO se incluyen en el ámbito cuantitativo de la responsabilidad (consecuencia del principio de personalidad de la pena), ***salvo en los supuestos en los que esté efectivamente prevista legalmente la exigencia de sanciones*** (*cada vez más numerosos*) ↔ Art. 41.4, párrafo 1°, LGT.

    – La **extensión de la responsabilidad a las sanciones se produce, con carácter general, cuando el responsable ha participado de alguna forma en la comisión de la infracción** → En estos casos se impone **una única sanción** por cada infracción y a los partícipes se les hace responsables del pago de esa sanción → Si la multa es pagada por el responsable, este pago tiene efectos liberatorios para el infractor.

    – *En ciertos supuestos* de responsabilidad extendida a las sanciones *ni siquiera es necesario que el responsable haya participado en la comisión de la infracción* ↔ Casos de responsabilidad por sucesión de empresas y por contratación / subcontratación.

  - (d) La Ley 7/2012 ha concedido a los responsables la **posibilidad de acogerse al sistema de reducciones** (art. 41.4 LGT) **previstos para las sanciones tributarias** (art. 188 LGT) por admisión de la conformidad en la cuota y por el pago de las sanciones (i) dentro del plazo voluntario de pago (ii) sin interponer recurso frente a las mismas.

5.1. RÉGIMEN JURÍDICO DEL RESPONSABLE (III)

- (6) PROCEDIMIENTO FRENTE AL RESPONSABLE → Desde el punto de vista procedimental, para poder exigir la responsabilidad a una persona o entidad:

➢ Es necesario que la Administración proceda a emitir un ACTO DE DERIVACIÓN DE RESPONSABILIDAD (arts. 41.5 LGT y 174 LGT) en el que al responsable se le informe: (a) de su **condición** de responsable; (b) del **tipo de responsabilidad** de que se trata (subsidiaria o solidaria); (c) de los **hechos de los cuales deriva** tal responsabilidad; y (d) del **importe** resultante de la citada responsabilidad.

➢ **Antes** de proceder a la emisión del **acto de derivación de responsabilidad** → Concesión de un TRÁMITE DE AUDIENCIA al interesado para que efectúe las alegaciones que estime pertinentes.

➢ El responsable **podrá impugnar el acto derivativo de responsabilidad:**

- ❖ La impugnación podrá referirse no solo al **presupuesto de hecho de la responsabilidad**, sino también a las **liquidaciones practicadas y, en su caso, a las sanciones impuestas al deudor principal** que se le exijan al responsable → En este sentido, en aras de la salvaguarda del ***derecho a la tutela judicial efectiva sin indefensión*** (art. 24 CE), SSTC 85/2006, de 27 de marzo; 39/2010, de 19 de julio; y 140/2010, de 21 de diciembre.
- ❖ Excepción → Supuesto de responsabilidad por dificultar u obstaculizar la actuación recaudatoria previsto en el art. 42.2 LGT (sólo podrá impugnarse en este caso el *alcance global* de la responsabilidad).
- ❖ La resolución de los recursos o reclamaciones interpuestos por el responsable **AFECTARÁ ÚNICAMENTE AL IMPORTE DE SU OBLIGACIÓN** ↔ Aunque se impugnen las liquidaciones derivadas, la estimación —en su caso— del recurso o reclamación interpuesta por el responsable no afectará a aquellos obligados tributarios para los que esas liquidaciones ya hubieran ganado firmeza (art. 174.5 LGT).

➢ Antes de adoptar la decisión sobre la existencia o no de responsabilidad por parte de una persona o entidad → Posibilidad de adoptar **medidas cautelares** por parte de la Administración para asegurar el cobro de sus créditos.

5.1. RÉGIMEN JURÍDICO DEL RESPONSABLE (IV)

- (7) CLASES DE RESPONSABILIDAD → Responsabilidad SOLIDARIA y responsabilidad SUBSIDIARIA:
- La diferencia entre una y otra estriba en el **momento dentro del procedimiento de recaudación en el que se puede exigir cada tipo de responsabilidad**.

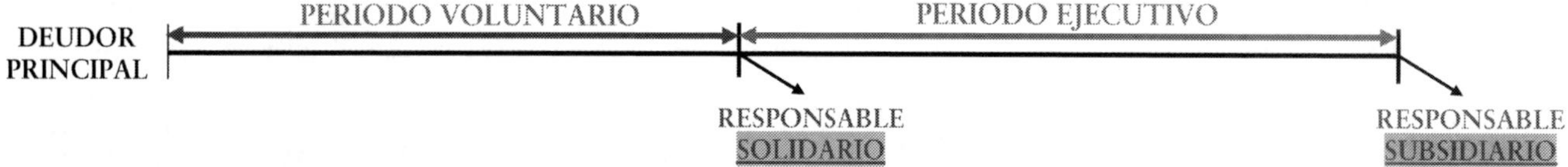

- Responsabilidad SOLIDARIA → La Administración tributaria puede dirigirse contra el responsable solidario para reclamarle el pago una vez haya finalizado el periodo voluntario de pago del deudor principal.
  - ❖ Para que la Administración pueda dirigirse contra el responsable solidario **no se requiere la previa declaración de fallido del deudor principal**.
  - ❖ En consecuencia, el **deudor principal puede ser solvente**, tener patrimonio suficiente para cubrir el importe de la deuda y, sin embargo, que sea el responsable solidario quien haya de satisfacer el importe de la misma.
- Responsabilidad SUBSIDIARIA → Sólo se puede exigir el pago de la deuda al responsable tras el incumplimiento del deudor principal y de los responsables solidarios si los hubiere y previa declaración de fallido de todos ellos.
  - ❖ El responsable está sujeto al pago de acuerdo con lo que se conoce como «**beneficio de excusión**», es decir, **previo agotamiento de la acción de cobro —incluso en vía ejecutiva— contra el deudor principal y todos y cada uno de los responsables solidarios.**
  - ❖ Art. 41.5, párrafo 2º, LGT → «La derivación de la acción administrativa a los responsables subsidiarios requerirá la previa declaración de fallido del deudor principal y de los responsables solidarios».
- *Salvo indicación legal en contra*, la responsabilidad será siempre SUBSIDIARIA (art. 41.2 LGT).

5.1. RÉGIMEN JURÍDICO DEL RESPONSABLE (V)

➢ (8) Los responsables tienen **derecho de reembolso** frente al deudor principal «*en los términos previstos en la legislación civil*» (art. 41.6 LGT).

- ❖ A través de la ***acción de enriquecimiento injusto o sin causa***.
- ❖ Responsabilidad subsidiaria → **Resarcimiento difícilmente viable,** toda vez que el deudor principal habrá sido declarado fallido por la Administración (pese a las potestades exorbitantes de que esta dispone para la exigencia de la deuda).

******

- **Supuestos de RESPONSABILIDAD SOLIDARIA previstos en la LGT →** Art. 42
- **Supuestos de RESPONSABILIDAD SUBSIDIARIA previstos en la LGT →** Art. 43

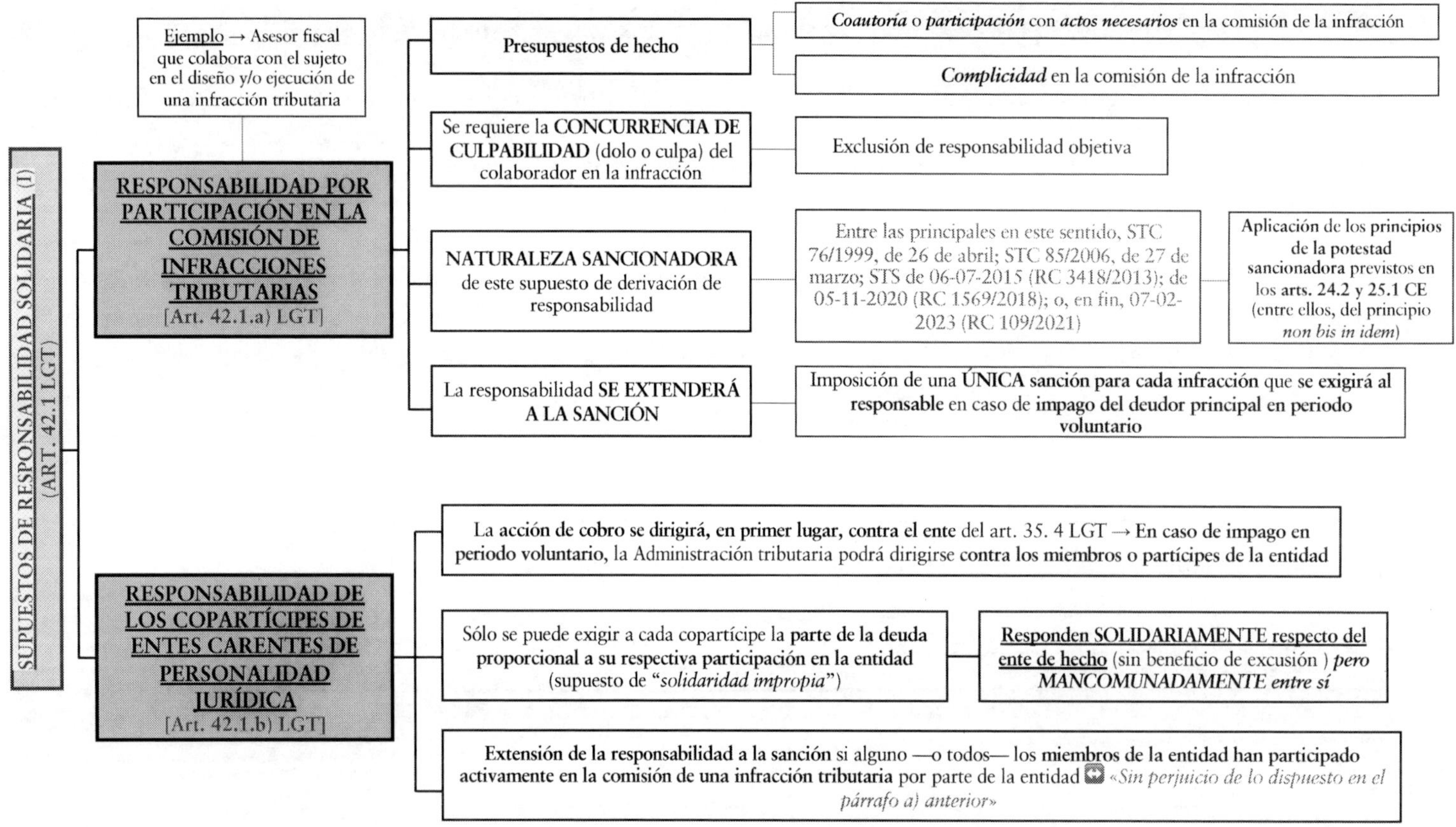
SUPUESTOS DE RESPONSABILIDAD SOLIDARIA (I) (ART. 42.1 LGT)
RESPONSABILIDAD POR PARTICIPACIÓN EN LA COMISIÓN DE INFRACCIONES TRIBUTARIAS [Art. 42.1.a) LGT]
Ejemplo → Asesor fiscal que colabora con el sujeto en el diseño y/o ejecución de una infracción tributaria
Presupuestos de hecho
Coautoría o participación con actos necesarios en la comisión de la infracción
Complicidad en la comisión de la infracción
Se requiere la CONCURRENCIA DE CULPABILIDAD (dolo o culpa) del colaborador en la infracción
Exclusión de responsabilidad objetiva
NATURALEZA SANCIONADORA de este supuesto de derivación de responsabilidad
Entre las principales en este sentido, STC 76/1999, de 26 de abril; STC 85/2006, de 27 de marzo; STS de 06-07-2015 (RC 3418/2013); de 05-11-2020 (RC 1569/2018); o, en fin, 07-02-2023 (RC 109/2021)
Aplicación de los principios de la potestad sancionadora previstos en los arts. 24.2 y 25.1 CE (entre ellos, del principio non bis in idem)
La responsabilidad SE EXTENDERÁ A LA SANCIÓN
Imposición de una ÚNICA sanción para cada infracción que se exigirá al responsable en caso de impago del deudor principal en periodo voluntario
RESPONSABILIDAD DE LOS COPARTÍCIPES DE ENTES CARENTES DE PERSONALIDAD JURÍDICA [Art. 42.1.b) LGT]
La acción de cobro se dirigirá, en primer lugar, contra el ente del art. 35. 4 LGT → En caso de impago en periodo voluntario, la Administración tributaria podrá dirigirse contra los miembros o partícipes de la entidad
Sólo se puede exigir a cada copartícipe la parte de la deuda proporcional a su respectiva participación en la entidad (supuesto de "solidaridad impropia")
Responden SOLIDARIAMENTE respecto del ente de hecho (sin beneficio de excusión) pero MANCOMUNADAMENTE entre sí
Extensión de la responsabilidad a la sanción si alguno —o todos— los miembros de la entidad han participado activamente en la comisión de una infracción tributaria por parte de la entidad «Sin perjuicio de lo dispuesto en el párrafo a) anterior»

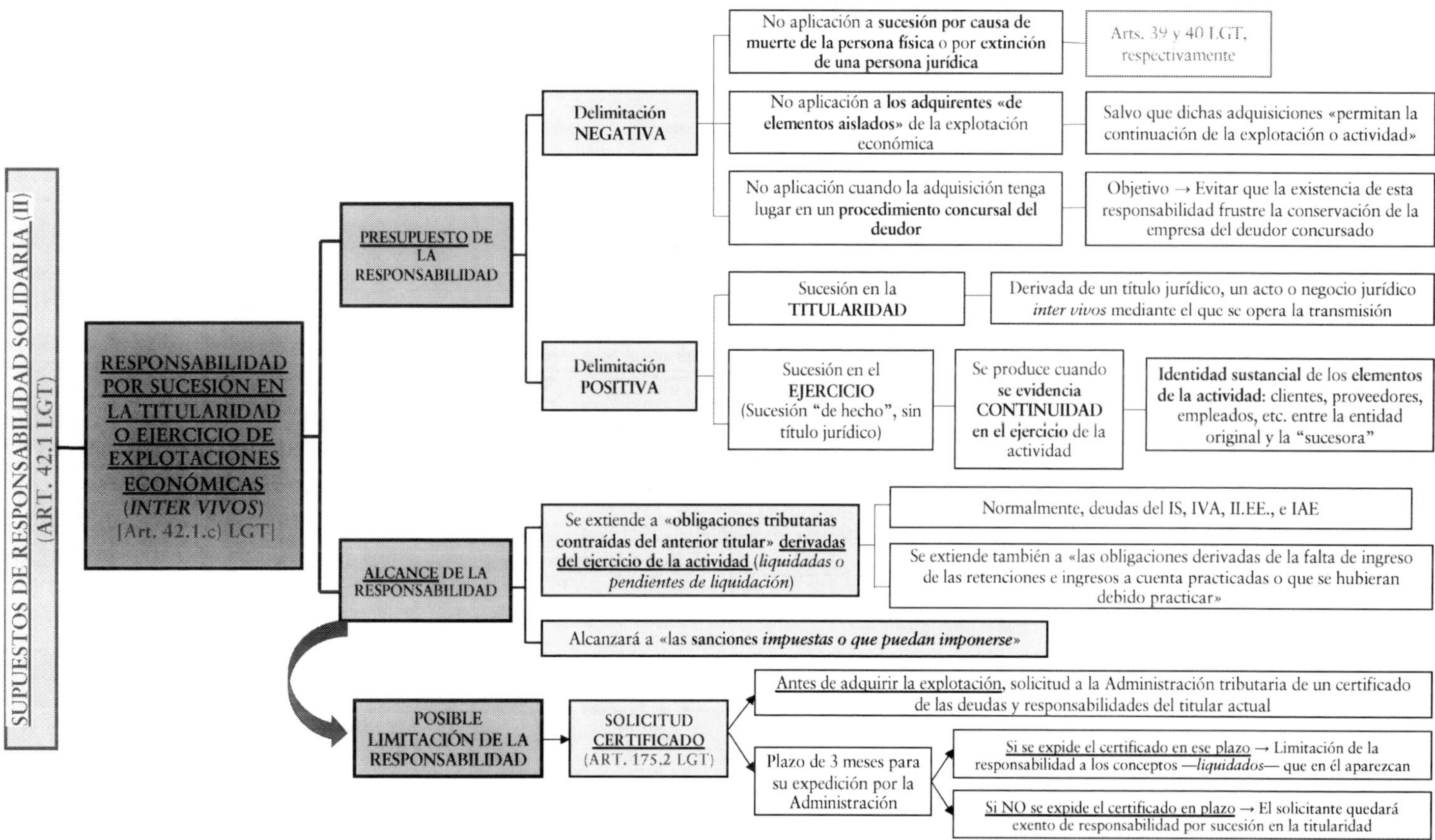
SUPUESTOS DE RESPONSABILIDAD SOLIDARIA (II)
(ART. 42.1 LGT)
RESPONSABILIDAD POR SUCESIÓN EN LA TITULARIDAD O EJERCICIO DE EXPLOTACIONES ECONÓMICAS (INTER VIVOS)
[Art. 42.1.c) LGT]
PRESUPUESTO DE LA RESPONSABILIDAD
Delimitación NEGATIVA
No aplicación a sucesión por causa de muerte de la persona física o por extinción de una persona jurídica
Arts. 39 y 40 LGT, respectivamente
No aplicación a los adquirentes «de elementos aislados» de la explotación económica
Salvo que dichas adquisiciones «permitan la continuación de la explotación o actividad»
No aplicación cuando la adquisición tenga lugar en un procedimiento concursal del deudor
Objetivo → Evitar que la existencia de esta responsabilidad frustre la conservación de la empresa del deudor concursado
Delimitación POSITIVA
Sucesión en la TITULARIDAD
Derivada de un título jurídico, un acto o negocio jurídico inter vivos mediante el que se opera la transmisión
Sucesión en el EJERCICIO (Sucesión "de hecho", sin título jurídico)
Se produce cuando se evidencia CONTINUIDAD en el ejercicio de la actividad
Identidad sustancial de los elementos de la actividad: clientes, proveedores, empleados, etc. entre la entidad original y la "sucesora"
ALCANCE DE LA RESPONSABILIDAD
Se extiende a «obligaciones tributarias contraídas del anterior titular» derivadas del ejercicio de la actividad (liquidadas o pendientes de liquidación)
Normalmente, deudas del IS, IVA, II.EE., e IAE
Se extiende también a «las obligaciones derivadas de la falta de ingreso de las retenciones e ingresos a cuenta practicadas o que se hubieran debido practicar»
Alcanzará a «las sanciones impuestas o que puedan imponerse»
POSIBLE LIMITACIÓN DE LA RESPONSABILIDAD
SOLICITUD CERTIFICADO (ART. 175.2 LGT)
Antes de adquirir la explotación, solicitud a la Administración tributaria de un certificado de las deudas y responsabilidades del titular actual
Plazo de 3 meses para su expedición por la Administración
Si se expide el certificado en ese plazo → Limitación de la responsabilidad a los conceptos —liquidados— que en él aparezcan
Si NO se expide el certificado en plazo → El solicitante quedará exento de responsabilidad por sucesión en la titularidad

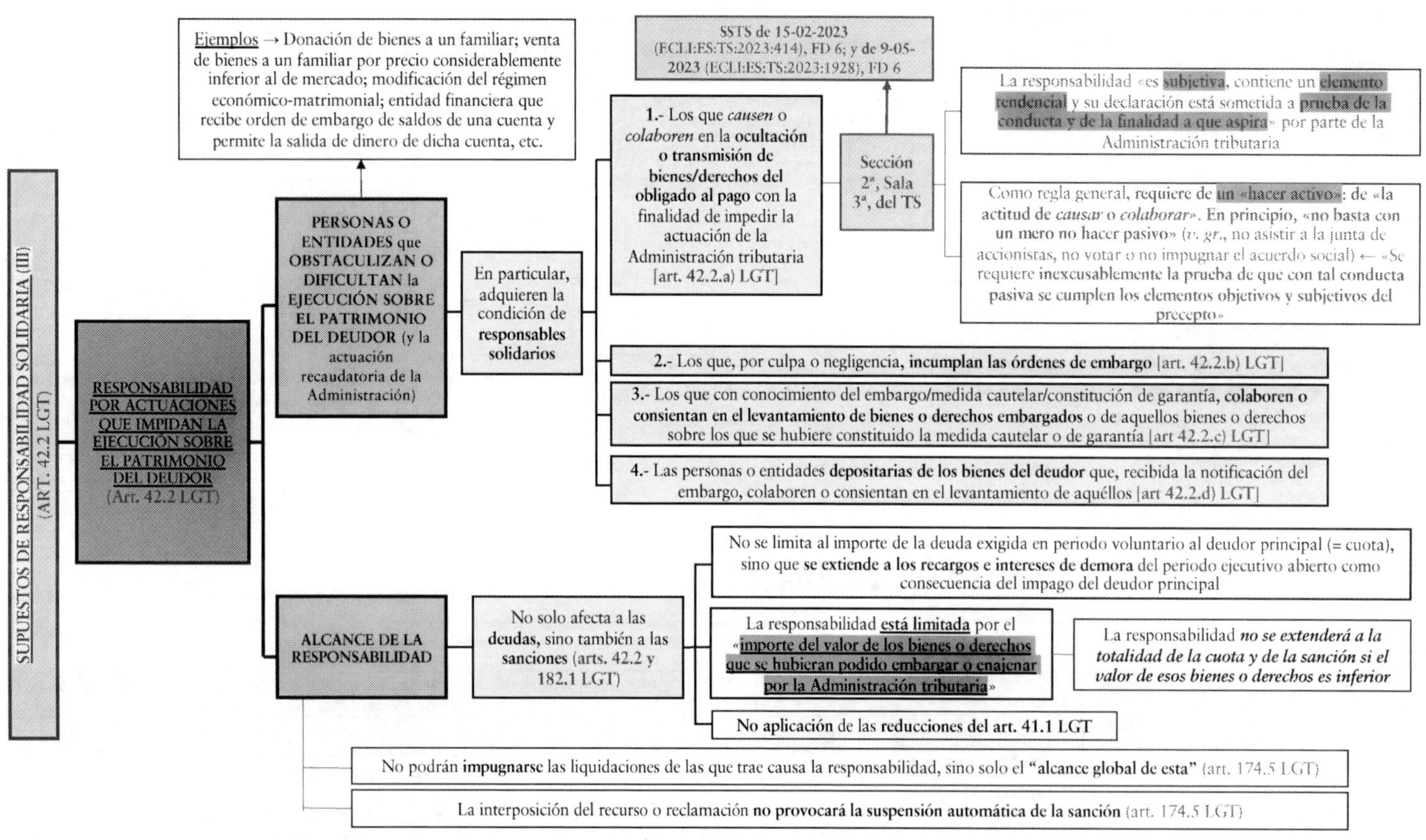
SUPUESTOS DE RESPONSABILIDAD SOLIDARIA (III)
(ART. 42.2 LGT)
RESPONSABILIDAD POR ACTUACIONES QUE IMPIDAN LA EJECUCIÓN SOBRE EL PATRIMONIO DEL DEUDOR (Art. 42.2 LGT)
PERSONAS O ENTIDADES que OBSTACULIZAN O DIFICULTAN la EJECUCIÓN SOBRE EL PATRIMONIO DEL DEUDOR (y la actuación recaudatoria de la Administración)
Ejemplos → Donación de bienes a un familiar; venta de bienes a un familiar por precio considerablemente inferior al de mercado; modificación del régimen económico-matrimonial; entidad financiera que recibe orden de embargo de saldos de una cuenta y permite la salida de dinero de dicha cuenta, etc.
En particular, adquieren la condición de responsables solidarios
1.- Los que causen o colaboren en la ocultación o transmisión de bienes/derechos del obligado al pago con la finalidad de impedir la actuación de la Administración tributaria [art. 42.2.a) LGT]
Sección 2ª, Sala 3ª, del TS
SSTS de 15-02-2023 (ECLI:ES:TS:2023:414), FD 6; y de 9-05-2023 (ECLI:ES:TS:2023:1928), FD 6
La responsabilidad «es subjetiva, contiene un elemento tendencial y su declaración está sometida a prueba de la conducta y de la finalidad a que aspira» por parte de la Administración tributaria
Como regla general, requiere de un «hacer activo»: de «la actitud de causar o colaborar». En principio, «no basta con un mero no hacer pasivo» (v. gr., no asistir a la junta de accionistas, no votar o no impugnar el acuerdo social) ← «Se requiere inexcusablemente la prueba de que con tal conducta pasiva se cumplen los elementos objetivos y subjetivos del precepto»
2.- Los que, por culpa o negligencia, incumplan las órdenes de embargo [art. 42.2.b) LGT]
3.- Los que con conocimiento del embargo/medida cautelar/constitución de garantía, colaboren o consientan en el levantamiento de bienes o derechos embargados o de aquellos bienes o derechos sobre los que se hubiere constituido la medida cautelar o de garantía [art 42.2.c) LGT]
4.- Las personas o entidades depositarias de los bienes del deudor que, recibida la notificación del embargo, colaboren o consientan en el levantamiento de aquéllos [art 42.2.d) LGT]
ALCANCE DE LA RESPONSABILIDAD
No solo afecta a las deudas, sino también a las sanciones (arts. 42.2 y 182.1 LGT)
No se limita al importe de la deuda exigida en periodo voluntario al deudor principal (= cuota), sino que se extiende a los recargos e intereses de demora del periodo ejecutivo abierto como consecuencia del impago del deudor principal
La responsabilidad está limitada por el «importe del valor de los bienes o derechos que se hubieran podido embargar o enajenar por la Administración tributaria»
La responsabilidad no se extenderá a la totalidad de la cuota y de la sanción si el valor de esos bienes o derechos es inferior
No aplicación de las reducciones del art. 41.1 LGT
No podrán impugnarse las liquidaciones de las que trae causa la responsabilidad, sino solo el "alcance global de esta" (art. 174.5 LGT)
La interposición del recurso o reclamación no provocará la suspensión automática de la sanción (art. 174.5 LGT)

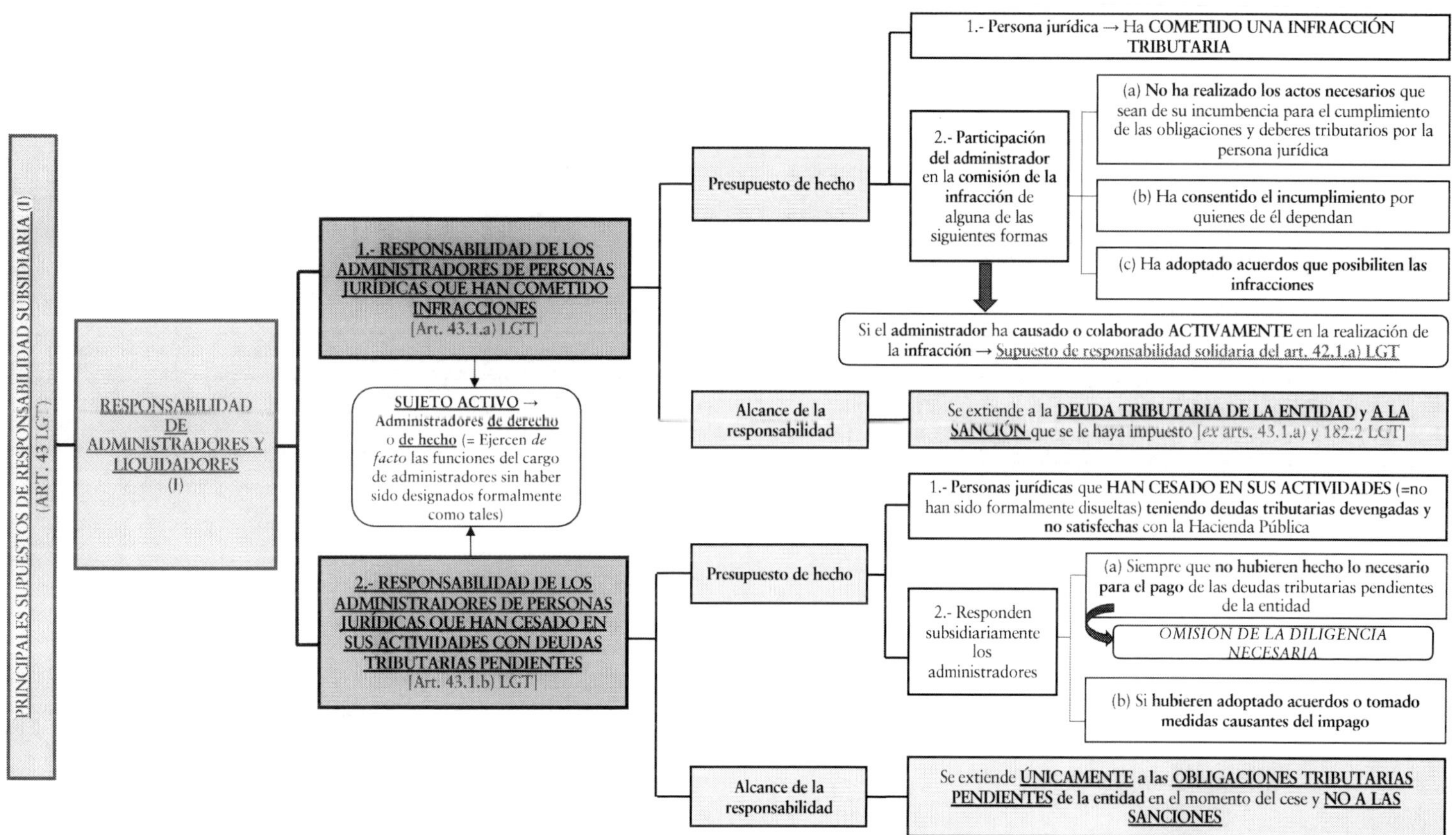
PRINCIPALES SUPUESTOS DE RESPONSABILIDAD SUBSIDIARIA (I)
(ART. 43 LGT)
RESPONSABILIDAD DE ADMINISTRADORES Y LIQUIDADORES
(I)
1.- RESPONSABILIDAD DE LOS ADMINISTRADORES DE PERSONAS JURÍDICAS QUE HAN COMETIDO INFRACCIONES
[Art. 43.1.a) LGT]
SUJETO ACTIVO → Administradores de derecho o de hecho (= Ejercen de facto las funciones del cargo de administradores sin haber sido designados formalmente como tales)
2.- RESPONSABILIDAD DE LOS ADMINISTRADORES DE PERSONAS JURÍDICAS QUE HAN CESADO EN SUS ACTIVIDADES CON DEUDAS TRIBUTARIAS PENDIENTES
[Art. 43.1.b) LGT]
Presupuesto de hecho
1.- Persona jurídica → Ha COMETIDO UNA INFRACCIÓN TRIBUTARIA
2.- Participación del administrador en la comisión de la infracción de alguna de las siguientes formas
(a) No ha realizado los actos necesarios que sean de su incumbencia para el cumplimiento de las obligaciones y deberes tributarios por la persona jurídica
(b) Ha consentido el incumplimiento por quienes de él dependan
(c) Ha adoptado acuerdos que posibiliten las infracciones
Si el administrador ha causado o colaborado ACTIVAMENTE en la realización de la infracción → Supuesto de responsabilidad solidaria del art. 42.1.a) LGT
Alcance de la responsabilidad
Se extiende a la DEUDA TRIBUTARIA DE LA ENTIDAD y A LA SANCIÓN que se le haya impuesto [ex arts. 43.1.a) y 182.2 LGT]
Presupuesto de hecho
1.- Personas jurídicas que HAN CESADO EN SUS ACTIVIDADES (=no han sido formalmente disueltas) teniendo deudas tributarias devengadas y no satisfechas con la Hacienda Pública
2.- Responden subsidiariamente los administradores
(a) Siempre que no hubieren hecho lo necesario para el pago de las deudas tributarias pendientes de la entidad
OMISIÓN DE LA DILIGENCIA NECESARIA
(b) Si hubieren adoptado acuerdos o tomado medidas causantes del impago
Alcance de la responsabilidad
Se extiende ÚNICAMENTE a las OBLIGACIONES TRIBUTARIAS PENDIENTES de la entidad en el momento del cese y NO A LAS SANCIONES

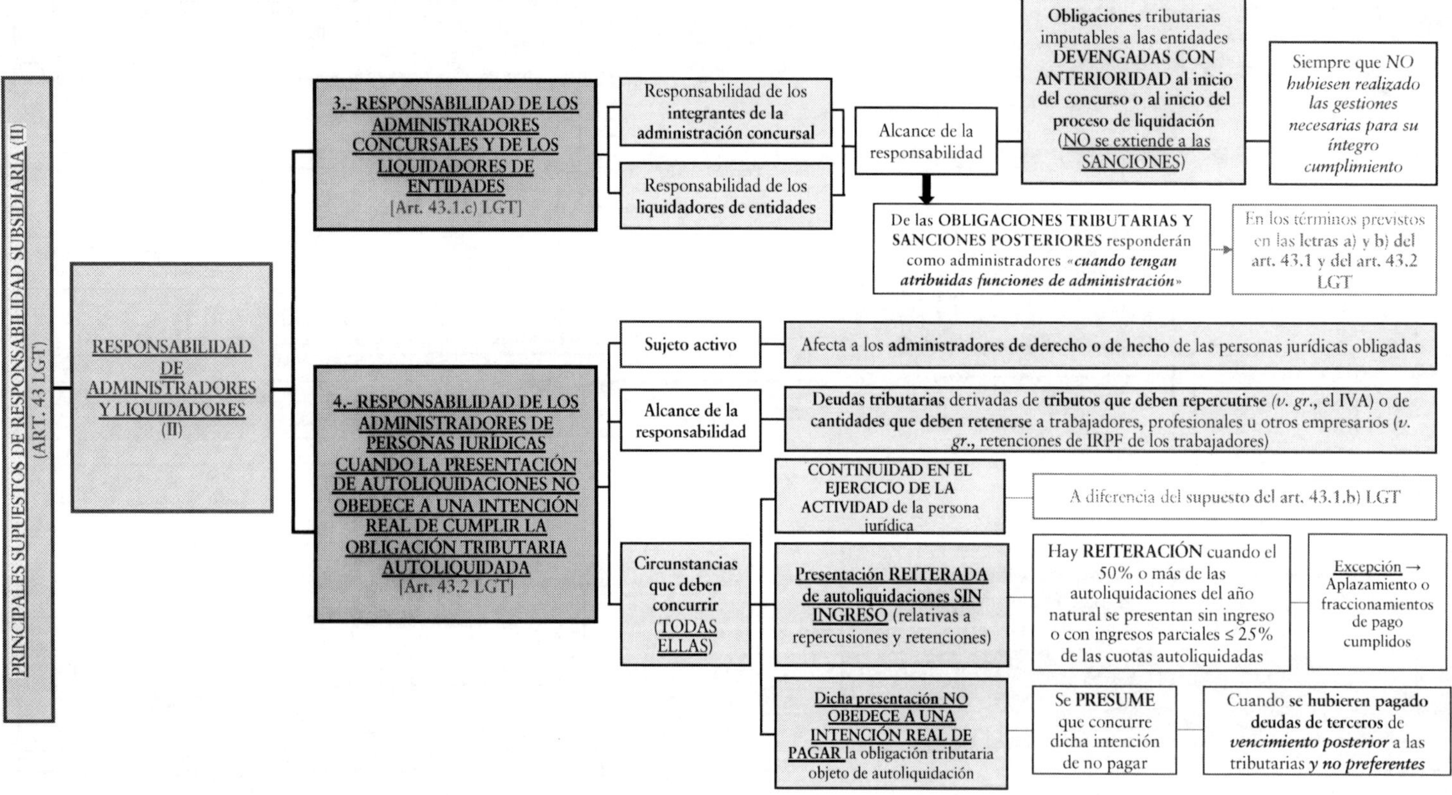

PRINCIPALES SUPUESTOS DE RESPONSABILIDAD SUBSIDIARIA (II) (ART. 43 LGT)
RESPONSABILIDAD DE ADMINISTRADORES Y LIQUIDADORES (II)
3.- RESPONSABILIDAD DE LOS ADMINISTRADORES CONCURSALES Y DE LOS LIQUIDADORES DE ENTIDADES [Art. 43.1.c) LGT]
Responsabilidad de los integrantes de la administración concursal
Responsabilidad de los liquidadores de entidades
Alcance de la responsabilidad
Obligaciones tributarias imputables a las entidades DEVENGADAS CON ANTERIORIDAD al inicio del concurso o al inicio del proceso de liquidación (NO se extiende a las SANCIONES)
Siempre que NO hubiesen realizado las gestiones necesarias para su íntegro cumplimiento
De las OBLIGACIONES TRIBUTARIAS Y SANCIONES POSTERIORES responderán como administradores «cuando tengan atribuidas funciones de administración»
En los términos previstos en las letras a) y b) del art. 43.1 y del art. 43.2 LGT
4.- RESPONSABILIDAD DE LOS ADMINISTRADORES DE PERSONAS JURÍDICAS CUANDO LA PRESENTACIÓN DE AUTOLIQUIDACIONES NO OBEDECE A UNA INTENCIÓN REAL DE CUMPLIR LA OBLIGACIÓN TRIBUTARIA AUTOLIQUIDADA [Art. 43.2 LGT]
Sujeto activo
Afecta a los administradores de derecho o de hecho de las personas jurídicas obligadas
Alcance de la responsabilidad
Deudas tributarias derivadas de tributos que deben repercutirse (v. gr., el IVA) o de cantidades que deben retenerse a trabajadores, profesionales u otros empresarios (v. gr., retenciones de IRPF de los trabajadores)
Circunstancias que deben concurrir (TODAS ELLAS)
CONTINUIDAD EN EL EJERCICIO DE LA ACTIVIDAD de la persona jurídica
A diferencia del supuesto del art. 43.1.b) LGT
Presentación REITERADA de autoliquidaciones SIN INGRESO (relativas a repercusiones y retenciones)
Hay REITERACIÓN cuando el 50% o más de las autoliquidaciones del año natural se presentan sin ingreso o con ingresos parciales ≤ 25% de las cuotas autoliquidadas
Excepción → Aplazamiento o fraccionamientos de pago cumplidos
Dicha presentación NO OBEDECE A UNA INTENCIÓN REAL DE PAGAR la obligación tributaria objeto de autoliquidación
Se PRESUME que concurre dicha intención de no pagar
Cuando se hubieren pagado deudas de terceros de vencimiento posterior a las tributarias y no preferentes

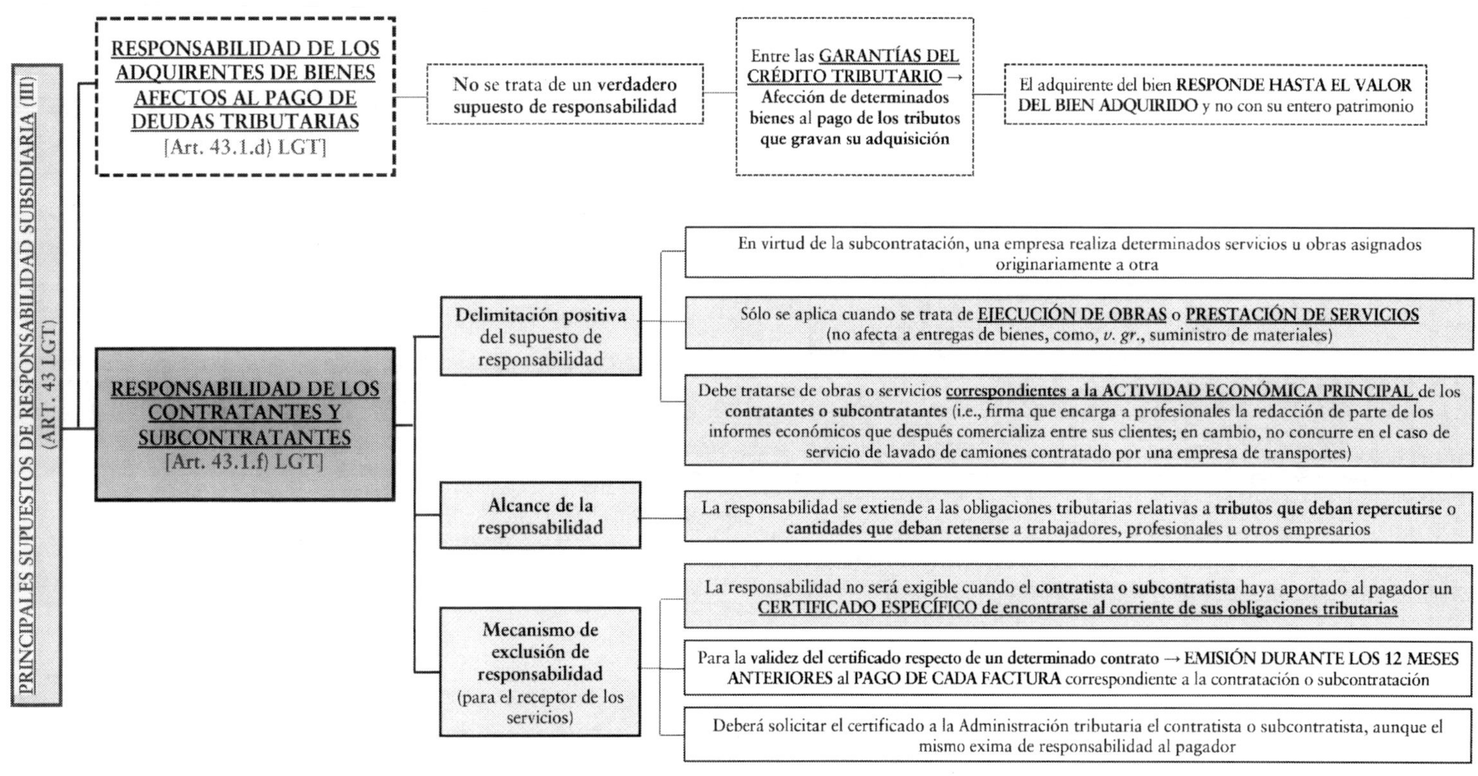
PRINCIPALES SUPUESTOS DE RESPONSABILIDAD SUBSIDIARIA (III) (ART. 43 LGT)
RESPONSABILIDAD DE LOS ADQUIRENTES DE BIENES AFECTOS AL PAGO DE DEUDAS TRIBUTARIAS [Art. 43.1.d) LGT]
No se trata de un verdadero supuesto de responsabilidad
Entre las GARANTÍAS DEL CRÉDITO TRIBUTARIO → Afección de determinados bienes al pago de los tributos que gravan su adquisición
El adquirente del bien RESPONDE HASTA EL VALOR DEL BIEN ADQUIRIDO y no con su entero patrimonio
RESPONSABILIDAD DE LOS CONTRATANTES Y SUBCONTRATANTES [Art. 43.1.f) LGT]
Delimitación positiva del supuesto de responsabilidad
En virtud de la subcontratación, una empresa realiza determinados servicios u obras asignados originariamente a otra
Sólo se aplica cuando se trata de EJECUCIÓN DE OBRAS o PRESTACIÓN DE SERVICIOS (no afecta a entregas de bienes, como, v. gr., suministro de materiales)
Debe tratarse de obras o servicios correspondientes a la ACTIVIDAD ECONÓMICA PRINCIPAL de los contratantes o subcontratantes (i.e., firma que encarga a profesionales la redacción de parte de los informes económicos que después comercializa entre sus clientes; en cambio, no concurre en el caso de servicio de lavado de camiones contratado por una empresa de transportes)
Alcance de la responsabilidad
La responsabilidad se extiende a las obligaciones tributarias relativas a tributos que deban repercutirse o cantidades que deban retenerse a trabajadores, profesionales u otros empresarios
Mecanismo de exclusión de responsabilidad (para el receptor de los servicios)
La responsabilidad no será exigible cuando el contratista o subcontratista haya aportado al pagador un CERTIFICADO ESPECÍFICO de encontrarse al corriente de sus obligaciones tributarias
Para la validez del certificado respecto de un determinado contrato → EMISIÓN DURANTE LOS 12 MESES ANTERIORES al PAGO DE CADA FACTURA correspondiente a la contratación o subcontratación
Deberá solicitar el certificado a la Administración tributaria el contratista o subcontratista, aunque el mismo exima de responsabilidad al pagador

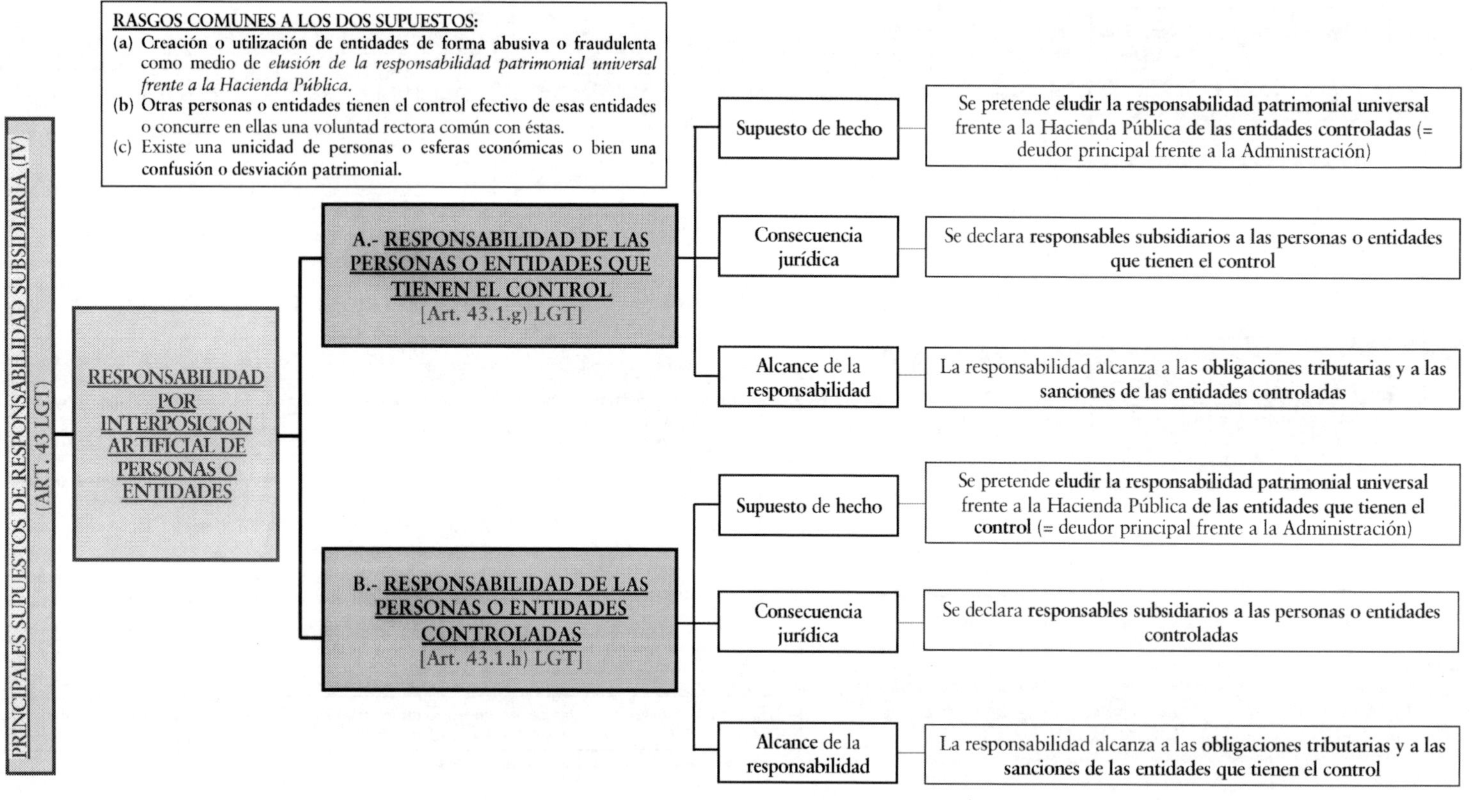
PRINCIPALES SUPUESTOS DE RESPONSABILIDAD SUBSIDIARIA (IV)
(ART. 43 LGT)
RASGOS COMUNES A LOS DOS SUPUESTOS:
(a) Creación o utilización de entidades de forma abusiva o fraudulenta como medio de elusión de la responsabilidad patrimonial universal frente a la Hacienda Pública.
(b) Otras personas o entidades tienen el control efectivo de esas entidades o concurre en ellas una voluntad rectora común con éstas.
(c) Existe una unicidad de personas o esferas económicas o bien una confusión o desviación patrimonial.
RESPONSABILIDAD POR INTERPOSICIÓN ARTIFICIAL DE PERSONAS O ENTIDADES
A.- RESPONSABILIDAD DE LAS PERSONAS O ENTIDADES QUE TIENEN EL CONTROL
[Art. 43.1.g) LGT]
Supuesto de hecho
Se pretende eludir la responsabilidad patrimonial universal frente a la Hacienda Pública de las entidades controladas (= deudor principal frente a la Administración)
Consecuencia jurídica
Se declara responsables subsidiarios a las personas o entidades que tienen el control
Alcance de la responsabilidad
La responsabilidad alcanza a las obligaciones tributarias y a las sanciones de las entidades controladas
B.- RESPONSABILIDAD DE LAS PERSONAS O ENTIDADES CONTROLADAS
[Art. 43.1.h) LGT]
Supuesto de hecho
Se pretende eludir la responsabilidad patrimonial universal frente a la Hacienda Pública de las entidades que tienen el control (= deudor principal frente a la Administración)
Consecuencia jurídica
Se declara responsables subsidiarios a las personas o entidades controladas
Alcance de la responsabilidad
La responsabilidad alcanza a las obligaciones tributarias y a las sanciones de las entidades que tienen el control

6. LA SUCESIÓN EN LA DEUDA TRIBUTARIA

- **6.1. Sucesión *mortis causa* en las deudas de las personas físicas (art. 39 LGT)**
- **6.2. Sucesión en las deudas de las personas jurídicas y entidades sin personalidad jurídica (art. 40 LGT)**

6. LA SUCESIÓN EN LA DEUDA TRIBUTARIA: IDEAS PREVIAS

- **Sucesores** de deudas tributarias = **Obligados tributarios** *ex* art. 35.2, letra j), LGT.

- **Presupuesto de hecho necesario** para la sucesión de deudas tributarias → Que el deudor principal ya no exista en el plano jurídico, haciendo imposible pretender frente a él el cumplimiento de sus obligaciones tributarias.

- La inexistencia de deudor principal es la **nota diferencial frente a la sustitución tributaria** o a los **supuestos de responsabilidad**.

- Cuando los obligados tributarios a cargo de los cuales nacieron las obligaciones se extinguen desde el punto de vista jurídico → ¿Quién les sucede en relación con las obligaciones tributarias que no hubieran quedado extinguidas?

- Se produce entonces el fenómeno de la SUCESIÓN EN LA DEUDA TRIBUTARIA → Tiene lugar cuando un nuevo deudor se coloca como titular de las mismas.

  - Art. 39 LGT → Regula los sucesores de las personas físicas.

  - Art. 40 LGT → Regula los sucesores de las personas jurídicas y entidades sin personalidad jurídica.

6.1. SUCESIÓN *MORTIS CAUSA* EN LAS DEUDAS DE LAS PERSONAS FÍSICAS (ART. 39 LGT)

- **Fallecimiento de la persona física** como **causa de la sucesión** → El carácter indisponible y el origen del instituto del tributo impiden la posibilidad de una transmisión o sucesión «*inter vivos*».

- ÁMBITO SUBJETIVO DE LA SUCESIÓN:

  - REGLA GENERAL → Aplicación de las directrices establecidas en el C.c. → A la muerte de una persona sus ***sucesores a título universal*** se **subrogan en la titularidad de las situaciones jurídicas de contenido patrimonial,** entre las que se incluyen las deudas tributarias.

  - **Todos los herederos responden de las obligaciones tributarias con todos sus bienes y derechos,** *salvo aceptación a beneficio de inventario* → Régimen aplicable en caso de pluralidad de herederos: solidaridad *ex* art. 1.084 C.C.

  - En el caso de ***sucesión a título particular*** ***(= legado ordinario)*** → El legatario no asume deuda alguna.

  - En caso de que **toda la herencia sea distribuida en legados o de legatarios de parte alícuota** → La posición del legatario será la misma del heredero.

  - Mientras la **herencia** se encuentre **yacente** (esto es, mientras no sea aceptada o repudiada por los herederos) → Las obligaciones tributarias podrán satisfacerse con cargo a los bienes que la integran.

    – Herencia yacente = Ente del art. 35.4 LGT

    – El cumplimiento de las obligaciones corresponde al *representante* de la herencia yacente → Art. 45.3 LGT.

6.1. SUCESIÓN *MORTIS CAUSA* EN LAS DEUDAS DE LAS PERSONAS FÍSICAS (ART. 39 LGT)

- ÁMBITO OBJETIVO DE LA SUCESIÓN:

  - Se transmite por sucesión **toda la deuda tributaria,** no solo la obligación tributaria principal.
  - A este respecto, es **indiferente que las deudas devengadas estén o no liquidadas o autoliquidadas** (art. 39.2 LGT).
  - Quedan **excluidas** de la sucesión las **sanciones** (art. 39.1 y 182.3 LGT) ↔ ***Principio de personalidad de la pena o sanción***. El fallecimiento del sujeto infractor provoca la extinción de la responsabilidad derivada de la infracción tributaria (art. 189.1 LGT) y la anulación de la sanción que se le haya podido imponer (art. 190.1 LGT).
  - Asimismo, quedan **excluidas** de la sucesión las **obligaciones que tuviera el causante a título de responsable, *siempre que no se le hubiera notificado el acuerdo de derivación de responsabilidad antes del fallecimiento*** (art. 39.1 LGT) ↔ Carácter *constitutivo* y no meramente declarativo del acto de derivación de responsabilidad.
  - Si el causante era titular de **derechos** frente a la Hacienda Pública, es **posible que el fallecimiento no provoque su extinción** → Los sucesores adquirirán el derecho que se trate. Ejemplo: derecho a las devoluciones tributarias (art. 131.4 RGGI).
  - **Subrogación** del sucesor en la posición jurídica que ocupase el causante en los **procedimientos tributarios** (apartados 2 y 3 del art. 39 LGT).

6.2. SUCESIÓN EN LAS DEUDAS DE LAS PERSONAS JURÍDICAS Y ENTIDADES SIN PERSONALIDAD JURÍDICA (ART. 40 LGT)

- Art. 40 LGT → Trata **diferenciadamente la sucesión** que se produce en los siguientes **SUPUESTOS**:
  - (A) **DISOLUCIÓN** y **LIQUIDACIÓN** de **sociedades y entidades con personalidad jurídica** (APARTADO 1).
  - (B) **EXTINCIÓN SIN LIQUIDACIÓN** de **sociedades y entidades con personalidad jurídica** (APARTADO 3).
  - (C) **Disolución** de **fundaciones** o **entidades** a las que se refiere el **art. 35.4 LGT** (APARTADO 4).

- Se produce no solo la **sucesión en las obligaciones tributarias de estas entidades**, sino **también en las sanciones** que pudieran proceder por las infracciones por ellas cometidas.

- Se **puede producir** también la **transmisión de derechos de crédito o de expectativas de derechos frente a la Hacienda Pública** → Especialmente en el supuesto (B).

- Se produce la **sucesión** en la posición jurídica que las sociedades y entidades ocuparan en los **procedimientos tributarios** (art. 40.2 LGT y 107.2 RGGI).

(A) DISOLUCIÓN Y LIQUIDACIÓN DE SOCIEDADES Y ENTIDADES CON PERSONALIDAD JURÍDICA (I)

- **Supuestos de disolución con desaparición de la personalidad jurídica de la sociedad** ↔ CANCELACIÓN REGISTRAL tras la DISOLUCIÓN y el PROCESO DE LIQUIDACIÓN de la sociedad ⇔ Art. 40.1 LGT

- No se trata del cese de hecho en el ejercicio de la actividad → Da lugar al supuesto de responsabilidad *subsidiaria* de los administradores previsto en el art. 43.1.b) LGT.

- De conformidad con el C.Co y la legislación sobre sociedades, la disolución de las sociedades lleva aparejada la liquidación de las mismas y el proceso de liquidación incluye, a su vez, el pago o consignación de las deudas pendientes (entre ellas, las deudas tributarias pendientes con la Hacienda Pública). Por tanto, **en una liquidación efectuada de conformidad con los preceptos legales no habrá lugar a deudas pendientes con la Hacienda Pública**. Éstas se habrán satisfecho antes de repartir el haber social entre los socios.

- **Incumplimiento del proceso *supra* descrito → Aplicación del art. 40.1 LGT** ⇔ Cuando la sociedad se ha disuelto y liquidado y se ha entregado el haber social a los socios (cuota de liquidación) sin satisfacer previamente las deudas tributarias pendientes.

(A) DISOLUCIÓN Y LIQUIDACIÓN DE SOCIEDADES Y ENTIDADES CON PERSONALIDAD JURÍDICA (II)

Consecuencia → Los SOCIOS **serán** SUCESORES DE LAS DEUDAS TRIBUTARIAS DE LA SOCIEDAD**.** Distinción entre DOS SUPUESTOS:

- **a) Sociedades y entidades** en las que la ley LIMITA LA RESPONSABILIDAD **patrimonial de los socios, partícipes o cotitulares** → Las **obligaciones tributarias pendientes se transmitirán a los socios**, que quedarán obligados ***solidariamente*** HASTA:

  - El **límite** del valor de la **cuota de liquidación** que les corresponda (que será proporcional a su cuota de capital).
  - Y **demás percepciones patrimoniales recibidas** por los mismos *en los dos años anteriores a la fecha de disolución* que **minoren el patrimonio social** que debiera responder de tales obligaciones (*).

    (*) Ampliación introducida por la Ley 7/2012, de 29 de octubre → Finalidad perseguida con la reforma (Exposición de Motivos): «La actuación en fraude de la Hacienda Pública consistente en repartir el patrimonio existente, una vez nacida la deuda, a los socios a través de operaciones de preliquidación, para dejar paso a una **liquidación formal con una cuota insignificante**, cuando no inexistente, hace aconsejable incrementar a estos efectos el valor de la cuota de liquidación del socio sucesor en la deuda tributaria que opera como límite de su responsabilidad».

  - La limitación anterior opera *«sin perjuicio de lo previsto en el artículo 42.2.a)»* LGT → Posibilidad de que, además de producirse la sucesión con el límite de responsabilidad *supra* citado, se derive responsabilidad tributaria solidaria a los que sean causantes o colaboren en la ocultación o transmisión de bienes o derechos de la entidad con la finalidad de impedir la actuación recaudatoria de la Administración tributaria.

- **b) Sociedades y entidades** en las que la ley NO LIMITA LA RESPONSABILIDAD **patrimonial de los socios, partícipes o cotitulares** → Las **obligaciones tributarias pendientes se transmitirán ÍNTEGRAMENTE a los socios** que quedarán obligados ***solidariamente*** a su cumplimiento.

(A) DISOLUCIÓN Y LIQUIDACIÓN DE SOCIEDADES Y ENTIDADES CON PERSONALIDAD JURÍDICA (III)

- En los supuestos a) y b) indicados en la diapositiva anterior:

  - El **régimen de cotitularidad de la obligación** es el de solidaridad (civil).
    - En consecuencia, la Administración tributaria podrá dirigirse contra cualquiera de los socios, partícipes o cotitulares para el cobro de la obligación tributaria [con el límite señalado para los casos del supuesto a)] y el pago por cualquiera de ellos liberará a los demás.
    - El socio que pague podrá ejercitar en la vía civil la acción de regreso frente a los demás.
  - La sucesión se produce **aunque la obligación tributaria devengada no esté liquidada** en la fecha de extinción de la sociedad (art. 40.2 LGT).
  - Se efectúa también la **transmisión de las sanciones tributarias** que procedan por las infracciones cometidas por las sociedades y entidades, ***con el límite indicado para el supuesto a)*** (art. 40.5 LGT).
  - Se exigirá, por tanto, la sanción a unos sujetos —los socios— que, por lo general, no habrán intervenido en la comisión de la infracción.

(B) EXTINCIÓN SIN LIQUIDACIÓN DE SOCIEDADES Y ENTIDADES CON PERSONALIDAD JURÍDICA

- Supuesto de hecho:
  - Extinción derivada de la **FUSIÓN** o **ESCISIÓN TOTAL** de las entidades.
  - En estas operaciones no se produce la liquidación del patrimonio social → Este es transmitido a una sociedad (FUSIÓN) o a varias sociedades (ESCISIÓN TOTAL) a título universal.
- Art. 40.3 LGT → Las **obligaciones tributarias pendientes** de las sociedades y entidades con personalidad jurídica **se transmitirán a las personas o entidades que sucedan o sean beneficiarias** de la correspondiente operación.
- Aplicación de esta previsión «a cualquier supuesto de cesión global del activo y pasivo de una sociedad y entidad con personalidad jurídica» (art. 40.3, *in fine*, LGT).
- La sucesión se produce **aunque la obligación tributaria devengada no esté liquidada** en la fecha de extinción de la sociedad (art. 40.2 LGT).
- Se efectúa también la **transmisión de las sanciones tributarias** que procedan por las infracciones cometidas por las sociedades y entidades que se extingan sin liquidación → Las sanciones se transmitirán ***sin límite alguno*** (art. 127.6 RGR).

(C) DISOLUCIÓN DE FUNDACIONES O ENTIDADES A LAS QUE SE REFIERE EL ART. 35.4 LGT

- DISOLUCIÓN DE FUNDACIONES:

– Art. 40.4 LGT → Las **obligaciones tributarias pendientes de las fundaciones** que se disuelvan **se transmitirán a los destinatarios de sus bienes o derechos.**

– **Se transmitirán igualmente las sanciones** que procedan por las infracciones cometidas por las fundaciones (art. 40.5 LGT).

– Las **obligaciones tributarias devengadas se transmitirán** con motivo de la disolución, *aunque no estén liquidadas o autoliquidadas*.

– Si hay **varios destinatarios de las fundaciones disueltas**, **¿bajo qué régimen quedan obligados**? → En caso de pluralidad de destinatarios quedarán obligados *solidariamente* (civil).

> ➢ Establece el art. 177.2 LGT, *in fine*, lo siguiente: la Administración tributaria «podrá dirigirse contra cualquiera de los socios, partícipes, cotitulares o destinatarios, o contra todos ellos simultánea o sucesivamente, para requerirles el pago de la deuda tributaria y costas pendientes».

- DISOLUCIÓN DE ENTIDADES SIN PERSONALIDAD JURÍDICA DEL ART. 35.4 LGT:

– Art. 40.4 LGT → Las **obligaciones tributarias pendientes de las entidades sin personalidad jurídica** que se disuelvan **se transmitirán a los partícipes o cotitulares** de dichas entidades.

– **Se transmitirán, asimismo, las sanciones** que procedan por las infracciones cometidas por dichas entidades (art. 40.5 LGT).

7. CAPACIDAD DE OBRAR Y REPRESENTACIÓN. DOMICILIO FISCAL (ASPECTOS PRINCIPALES)

- 7.1. La capacidad de obrar en el orden tributario (art. 44 LGT)
- 7.2. La representación: representación *legal* y representación *voluntaria* (arts. 45 y 46 LGT). Representación de personas o entidades no residentes (art. 47 LGT)
- 7.3. El domicilio fiscal (art. 48 LGT)

7.1. LA CAPACIDAD DE OBRAR EN EL ORDEN TRIBUTARIO (ART. 44 LGT)

- Capacidad jurídica → Aptitud para ser titular de derechos y obligaciones (se atribuye a quienes el Derecho reconoce *personalidad jurídica*).
- **Capacidad de obrar** → **Aptitud** para el **ejercicio de tales derechos y obligaciones** con eficacia jurídica.
- **Tienen capacidad de obrar en el ámbito tributario** (art. 44 LGT):
  - Las **personas que la tienen conforme a derecho.**
  - Los **menores de edad y los incapacitados** en las *relaciones tributarias derivadas de las actividades cuyo ejercicio les esté permitido* por el ordenamiento jurídico sin asistencia de la persona que ejerza la patria potestad, tutela, curatela o defensa judicial.
  - Excepción → Menores incapacitados cuando la extensión de la incapacitación afecte al ejercicio y defensa de los derechos e intereses de que se trate.
- Cuando **falta la capacidad de obrar** en el ámbito tributario → Necesidad de actuar a través de un **representante *legal*.**

7.2. LA REPRESENTACIÓN (I)

- Representación → **Poder** que se concede a una persona **para actuar y decidir**, dentro de ciertos límites, **en nombre y por cuenta de otra**. Habitual en el desarrollo de actividades económicas.
- La representación puede ser de DOS TIPOS: LEGAL y VOLUNTARIA.
- REPRESENTACIÓN LEGAL (art. 45 LGT):

– Cuando los obligados tributarios sean personas o entidades carentes de capacidad de obrar serán los representantes legales quienes actúen en su nombre (art. 45.1 LGT). A saber → (a) **Personas físicas** que **carecen de capacidad de obrar**; y (b) la **totalidad de las personas jurídicas o entidades** (al carecer todas de capacidad de obrar) → *Remisión implícita al Derecho Común.*

– (1) **Representantes legales** de las PERSONAS FÍSICAS → Los **tutores o los titulares de la patria potestad** según las reglas del Derecho Civil.

– (2) **Representantes legales** de las PERSONAS JURÍDICAS → las «**personas que ostenten**, en el momento en que se produzcan las actuaciones tributarias correspondientes, **la titularidad de los órganos a quienes corresponda su representación**, por *disposición de la ley* o por *acuerdo válidamente adoptado*» (art. 45.2 LGT).

- ➢ Representantes fiscales de las sociedades anónimas o limitadas → Los administradores sociales (únicos, solidarios o mancomunados) o el Consejo de Administración, con las posibilidades de apoderamiento previstas en el Derecho Mercantil (Consejero-delegado o gerente).

– (3) **Representantes legales** de las ENTIDADES DEL ART. 35.4 LGT → Actuará en su representación (art. 45.3 LGT):

- ❖ (a) El que **la ostente**, siempre que resulte acreditada en forma fehaciente.
- ❖ (b) *De no haberse designado representante* → Se considerará como tal el que **aparentemente ejerza la gestión o dirección** y, en su defecto, **cualquiera** de sus **miembros o partícipes**.

7.2. LA REPRESENTACIÓN (II)

- REPRESENTACIÓN VOLUNTARIA (art. 46 LGT):

– Los obligados tributarios con capacidad de obrar tienen la posibilidad de actuar mediante representante ↔ Intermediario fiscal (habitualmente, asesor fiscal o letrado).

– Por economía procesal, **se entenderán con el representante voluntario las sucesivas actuaciones administrativas** (salvo que se manifieste expresamente lo contrario).

– ACREDITACIÓN DE LA REPRESENTACIÓN VOLUNTARIA → REGLAS:

❖ Para **interponer recursos o reclamaciones, desistir de ellos, renunciar a derechos, asumir o reconocer obligaciones** en nombre del obligado tributario, **solicitar devoluciones** de ingresos indebidos **o reembolsos** y en los **procedimientos** de aplicación de los tributos, sancionadores o de reclamaciones administrativas o económico-administrativas en las que sea **necesaria la firma del obligado tributario** (art. 46.2 LGT) → La **representación deberá acreditarse**:

✓ (**a**) Por **cualquier medio válido en Derecho** que deje constancia fidedigna;

✓ (**b**) O mediante **declaración en comparecencia personal** del interesado ante el órgano administrativo competente.

✓ A estos efectos, serán válidos los documentos normalizados de representación que apruebe la Administración Tributaria para determinados procedimientos.

❖ Cuando en el marco de la **colaboración social en la gestión tributaria**, o en los **supuestos que se prevean reglamentariamente**, se presente por medios telemáticos cualquier documento ante la Administración tributaria, se entenderá que **el presentador actuará con la representación que sea necesaria en cada caso.**

❖ La **falta o insuficiencia del poder** no impedirá que se tenga por realizado el acto de que se trate, siempre que **se acompañe aquél o se subsane el defecto dentro del plazo de 10 días**, que deberá conceder al efecto el órgano administrativo competente.

❖ Para los **actos de mero trámite se presumirá concedida** la representación (art. 46.3 LGT).

7.2. LA REPRESENTACIÓN (III)

- REPRESENTACIÓN DE PERSONAS O ENTIDADES NO RESIDENTES (art. 47 LGT):

– En **determinados supuestos**, los **obligados tributarios que no residan en España** deberán **designar un representante con domicilio en territorio español**, a efectos de sus relaciones con la Administración tributaria.

– **Remisión a lo establecido por la normativa tributaria** → Art. 10 TRLIRNR regula el nombramiento de representante de las personas o entidades no residentes a efectos fiscales en territorio español.

– La Ley 11/2021, de medidas de prevención y lucha contra el fraude fiscal → Modificación de este precepto → **Limita la obligación de designar representante a los no residentes que residan fuera de la UE**.

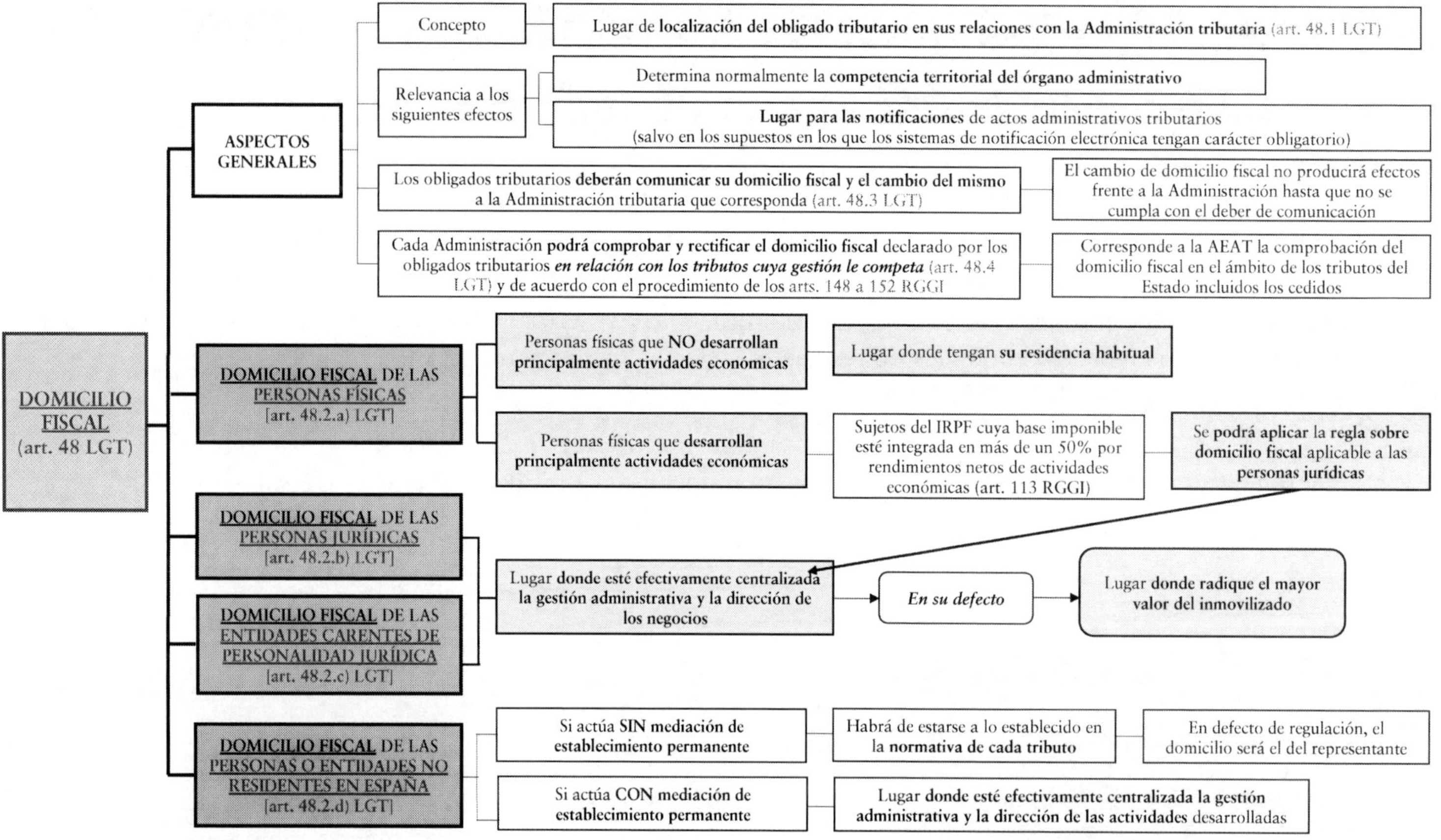
DOMICILIO FISCAL (art. 48 LGT)
ASPECTOS GENERALES
Concepto
Lugar de localización del obligado tributario en sus relaciones con la Administración tributaria (art. 48.1 LGT)
Relevancia a los siguientes efectos
Determina normalmente la competencia territorial del órgano administrativo
Lugar para las notificaciones de actos administrativos tributarios (salvo en los supuestos en los que los sistemas de notificación electrónica tengan carácter obligatorio)
Los obligados tributarios deberán comunicar su domicilio fiscal y el cambio del mismo a la Administración tributaria que corresponda (art. 48.3 LGT)
El cambio de domicilio fiscal no producirá efectos frente a la Administración hasta que no se cumpla con el deber de comunicación
Cada Administración podrá comprobar y rectificar el domicilio fiscal declarado por los obligados tributarios en relación con los tributos cuya gestión le competa (art. 48.4 LGT) y de acuerdo con el procedimiento de los arts. 148 a 152 RGGI
Corresponde a la AEAT la comprobación del domicilio fiscal en el ámbito de los tributos del Estado incluidos los cedidos
DOMICILIO FISCAL DE LAS PERSONAS FÍSICAS [art. 48.2.a) LGT]
Personas físicas que NO desarrollan principalmente actividades económicas
Lugar donde tengan su residencia habitual
Personas físicas que desarrollan principalmente actividades económicas
Sujetos del IRPF cuya base imponible esté integrada en más de un 50% por rendimientos netos de actividades económicas (art. 113 RGGI)
Se podrá aplicar la regla sobre domicilio fiscal aplicable a las personas jurídicas
DOMICILIO FISCAL DE LAS PERSONAS JURÍDICAS [art. 48.2.b) LGT]
DOMICILIO FISCAL DE LAS ENTIDADES CARENTES DE PERSONALIDAD JURÍDICA [art. 48.2.c) LGT]
Lugar donde esté efectivamente centralizada la gestión administrativa y la dirección de los negocios
En su defecto
Lugar donde radique el mayor valor del inmovilizado
DOMICILIO FISCAL DE LAS PERSONAS O ENTIDADES NO RESIDENTES EN ESPAÑA [art. 48.2.d) LGT]
Si actúa SIN mediación de establecimiento permanente
Habrá de estarse a lo establecido en la normativa de cada tributo
En defecto de regulación, el domicilio será el del representante
Si actúa CON mediación de establecimiento permanente
Lugar donde esté efectivamente centralizada la gestión administrativa y la dirección de las actividades desarrolladas

Lección 9

LOS ELEMENTOS DE CUANTIFICACIÓN DE LA OBLIGACIÓN TRIBUTARIA PRINCIPAL

1. IDEAS PREVIAS

- **Realización** del **hecho imponible** → **Nacimiento** de la **obligación tributaria principal** → **Necesidad** de CUANTIFICACIÓN de la obligación tributaria principal.
- La **ley reguladora de cada tributo** deberá establecer y articular los mecanismos técnicos necesarios a tal efecto (art. 8 LGT) ↔ **Reserva de ley en relación con los elementos de cuantificación**.
- **Atendiendo al modo en que se configura la cuantificación del tributo** (art. 56.1 LGT):
    - TRIBUTOS DE CUOTA FIJA → El **legislador determina directamente el importe de la cuota tributaria** a satisfacer por el sujeto pasivo.
        - **A cada hecho imponible** definido en la norma **se vincula una cuota tributaria determinada** → El sujeto que realice el hecho imponible deberá satisfacer el importe fijo establecido en la ley en concepto de tributo.
        - Ejemplo → Tasa por expedición del DNI = 12 €.
    - TRIBUTOS DE CUOTA VARIABLE (la mayoría) → La **ley del tributo no fija directamente la cuantía de la cuota tributaria**, pero establece unos **mecanismos para calcularla** ↔ Los denominados ELEMENTOS DE CUANTIFICACIÓN.
        - Varía de un sujeto a otro dependiendo de la intensidad con la que se realiza el hecho imponible.
        - Estos elementos de cuantificación son la base imponible y el tipo de gravamen → Sobre la base imponible (BI) se aplicará el tipo de gravamen (normalmente, un porcentaje) para calcular la cuota íntegra (CI).

BI × Tipo gravamen = CI

        - En los tributos de cuota variable **cada contribuyente paga una cantidad distinta** en concepto de tributo.

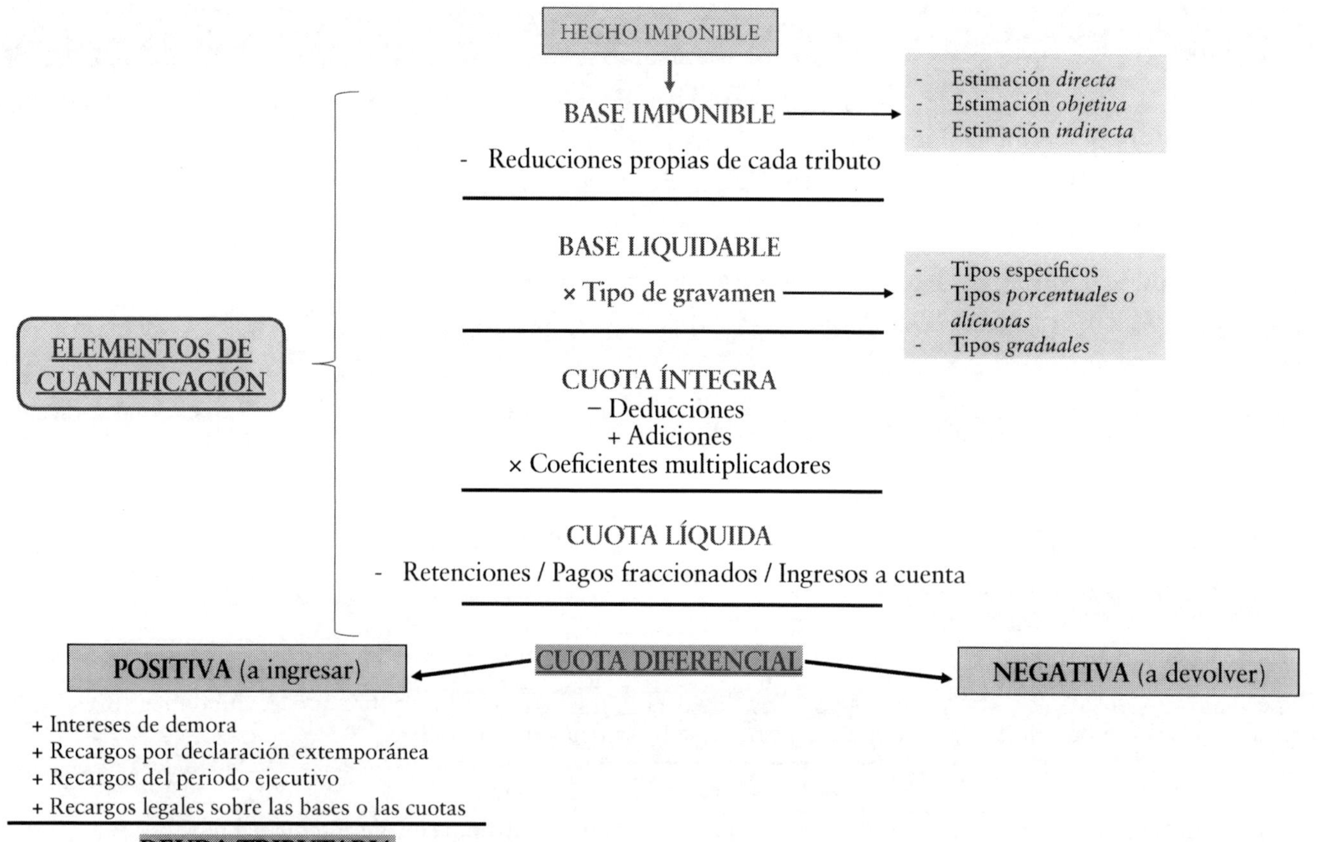
HECHO IMPONIBLE
BASE IMPONIBLE
- Estimación directa
- Estimación objetiva
- Estimación indirecta
- Reducciones propias de cada tributo
BASE LIQUIDABLE
× Tipo de gravamen
- Tipos específicos
- Tipos porcentuales o alícuotas
- Tipos graduales
ELEMENTOS DE CUANTIFICACIÓN
CUOTA ÍNTEGRA
− Deducciones
+ Adiciones
× Coeficientes multiplicadores
CUOTA LÍQUIDA
- Retenciones / Pagos fraccionados / Ingresos a cuenta
POSITIVA (a ingresar)
CUOTA DIFERENCIAL
NEGATIVA (a devolver)
+ Intereses de demora
+ Recargos por declaración extemporánea
+ Recargos del periodo ejecutivo
+ Recargos legales sobre las bases o las cuotas
DEUDA TRIBUTARIA

2. LA BASE IMPONIBLE

- **2.1. Concepto y clases**
- **2.2. Métodos de determinación de la base imponible**
  - 2.2.1. Método de estimación *directa*
  - 2.2.2. Método de estimación *objetiva*
  - 2.2.3. Método de estimación *indirecta*

2.1. CONCEPTO Y CLASES

- CONCEPTO LEGAL → Art. 50.1 LGT → La base imponible «*es la magnitud dineraria o de otra naturaleza que resulta de la medición o valoración del hecho imponible*».
- Base imponible = Expresión cifrada del hecho imponible. Es la **medición o cuantificación del hecho imponible**.
- **Magnitud definida en la ley que expresa la medición del elemento objetivo del hecho imponible.**
- En consecuencia, permite medir —y debe hacerlo con la mayor exactitud posible— la capacidad económica gravada en cada tributo.
- Ejemplo: En el IRPF → El hecho imponible es la obtención de renta y la base imponible será la cuantía de esa renta.
- La magnitud establecida legalmente para definir la base imponible puede consistir:
  - **En una determinada cantidad o suma de dinero** = BASE IMPONIBLE MONETARIA. Ejemplo: BI del IRPF → La base imponible del IRPF estará constituida por el importe de la renta del contribuyente que vendrá expresada en euros.
  - Venir **expresada en otras unidades de medida** = BASE IMPONIBLE NO MONETARIA. Ejemplo: Impuesto sobre el Alcohol y Bebidas Derivadas → Ley 38/1992, de 28 de diciembre, de Impuestos Especiales:

    «Artículo 38.- Base imponible

    La base estará constituida por el volumen de alcohol puro, a la temperatura de 20° C, expresado en **hectolitros**, contenido en los productos objeto de impuesto».

  (*) La importancia de esta clasificación reside en que, a tenor de su formulación, ***se aplicará una especie u otra de tipos de gravamen***.

2.2. MÉTODOS DE DETERMINACIÓN DE LA BASE IMPONIBLE

- Art. 50.2 LGT → La BASE IMPONIBLE podrá **determinarse por los siguientes MÉTODOS**:
  - Estimación *directa* (ED)
  - Estimación *objetiva* (EO)
  - Estimación *indirecta* (EI)

➢ (a) La BI se determinará, **con carácter general,** a través del método de **ED** → **Procedimiento común u ordinario** de determinación de la BI (art. 50.3 LGT).

➢ (b) La **EO** → Resultará de aplicación exclusivamente **en aquellos supuestos en los que esté prevista legalmente**. Método de carácter **voluntario** para los obligados tributarios (art. 50.3 LGT).

➢ (c) La **EI** → **Método subsidiario** respecto de los dos anteriores. Su aplicación procede exclusivamente en los supuestos a que se refiere el art. 53.1 LGT (art. 50.4 LGT).

2.2.1. Método de estimación DIRECTA

- Es el **método normal o habitual** de determinación de bases y **el que más exactamente cuantifica la magnitud en que consiste la base imponible**.

> «Artículo 51 LGT. Método de estimación directa.
>
> El método de estimación directa **podrá utilizarse por el contribuyente y por la Administración tributaria** de acuerdo con lo dispuesto en la **normativa de cada tributo**. A estos efectos, **la Administración tributaria utilizará** las declaraciones o documentos presentados, los datos consignados en libros y registros comprobados administrativamente y los demás documentos, justificantes y datos que tengan relación con los elementos de la obligación tributaria».

- Característica esencial del régimen de ED → Existencia de una perfecta correspondencia entre la definición de la BI y su **medición**. Ej.: En el IRPF → BI = ingresos – gastos.

- NOTAS CARACTERÍSTICAS DEL MÉTODO DE ESTIMACIÓN DIRECTA:
  - La estimación directa resultará de aplicación «*de acuerdo con lo dispuesto en la normativa de cada tributo*». La mayoría de los tributos establecen que la determinación de la base imponible se hará en régimen de estimación directa.
  - El método de estimación directa *podrá utilizarse por el contribuyente y por la Administración tributaria*, dependiendo de que el tributo se exija mediante el *procedimiento de autoliquidación* o de *declaración seguida de liquidación administrativa*.
  - El método de estimación directa ***hace uso de*** datos reales.
  - Para aquellos **impuestos que imponen a los sujetos pasivos deberes contables o registrales** (es el caso de los deberes contables y registrales que se imponen en el IRPF a cargo de empresarios y profesionales, IS e IVA, entre otros), esos datos reales están constituidos por los que constan en la **declaración del obligado tributario y los que figuran en su contabilidad** a la que deberá ajustarse dicha declaración. Y en aquellos supuestos (es el caso, por ejemplo, del ISD) en los que no se establecen **expresamente deberes de contabilidad,** la estimación directa se fundamentará en la **declaración del sujeto pasivo**.
  - Debemos señalar, por último, la intensidad y extraordinaria importancia que los deberes formales o de contabilidad adquieren en este método de determinación de bases (en aquellos impuestos en los que existen).

2.2.2. Método de estimación OBJETIVA

- Previsión legal en el art. 52 LGT:

> «El método de estimación objetiva podrá utilizarse para la determinación de la base imponible mediante la **aplicación de las magnitudes, índices, módulos o datos** previstos en la normativa propia de cada tributo».

- En este método la **cuantificación de la base imponible** se realiza **mediante datos, índices o módulos de carácter objetivo** —*v. gr.*, personal asalariado, superficie del local, metros de barra de un bar, potencia eléctrica contratada— **que, aplicados a datos reales del obligado tributario**, realizan una medición aproximada de su capacidad económica.
- El contribuyente **renuncia a la determinación exacta de la base imponible** (no se calcula en función de los ingresos y gastos reales) **en favor de su objetivación**. Se calcula **aplicando ciertos "índices" o "módulos" y a cada uno se le asigna un rendimiento** (presunto, no real).
- Los módulos se calculan teniendo en cuenta los **rendimientos *medios* de cada sector económico** y se aprueban cada año mediante **orden ministerial → "Orden de Módulos".**
- Este método **únicamente resulta de aplicación en aquellos supuestos en los que el legislador haya admitido su aplicabilidad** en la ley reguladora del correspondiente tributo.
  - En la actualidad, únicamente está previsto: (a) en el ámbito del **IRPF** para la cuantificación de los **rendimientos de actividades económicas** (cuando no se superen determinados umbrales de ingresos); y (b) en el **régimen especial de las entidades navieras de cierto tonelaje en el ámbito del IS**. En el régimen simplificado de IVA también se aplican módulos para determinados sujetos pasivos para el cálculo de la *cuota* devengada (no de la base imponible).
- Método de **aplicación opcional o voluntaria** → Los sujetos a los que le resulta aplicable pueden **RENUNCIAR** al mismo, en cuyo caso la base imponible se cuantificará en estimación directa.
- La principal ventaja que presenta este método es la **reducción de las obligaciones formales** a cargo de los sujetos pasivos.

EJEMPLO IRPF.- ESTIMACIÓN OBJETIVA (ORDEN DE MÓDULOS)

Actividad: Comercio al por menor de libros, periódicos, artículos de papelería y escritorio y artículos de dibujo y bellas artes, excepto en quioscos situados en la vía pública Epígrafe I.A.E.: 659.4			
Módulo	**Definición**	**Unidad**	**Rendimiento anual por unidad antes de amortización Euros**
1	Personal asalariado.	Persona.	4.648,37
2	Personal no asalariado.	Persona.	17.176,30
3	Consumo de energía eléctrica.	100 kWh.	57,94
4	Superficie del local.	Metro cuadrado.	30,86
5	Potencia fiscal vehículo.	CVF.	535,38

Nota: El rendimiento neto resultante de la aplicación de los signos o módulos anteriores incluye, en su caso, el derivado de la venta de artículos de escaso valor tales como dulces, artículos de fumador, etc., los servicios de comercialización de tarjetas de transporte público, tarjetas para uso telefónico y otras similares, así como loterías, siempre que estas actividades se desarrollen con carácter accesorio a la actividad principal.

Actividad: Comercio al por menor de prensa, revistas y libros en quioscos situados en la vía pública Epígrafe I.A.E.: 659.4			
Módulo	**Definición**	**Unidad**	**Rendimiento anual por unidad antes de amortización Euros**
1	Personal asalariado.	Persona.	3.476,83
2	Personal no asalariado.	Persona.	17.220,39
3	Consumo de energía eléctrica.	100 kWh.	403,11
4	Superficie del local.	Metro cuadrado.	844,02

Nota: El rendimiento neto resultante de la aplicación de los signos o módulos anteriores incluye, en su caso, el derivado de la venta de artículos de escaso valor tales como dulces, artículos de fumador, etc., los servicios de publicidad exterior y comercialización de tarjetas de transporte público, tarjetas para uso telefónico y otras similares, así como loterías, siempre que estas actividades se desarrollen con carácter accesorio a la actividad principal.

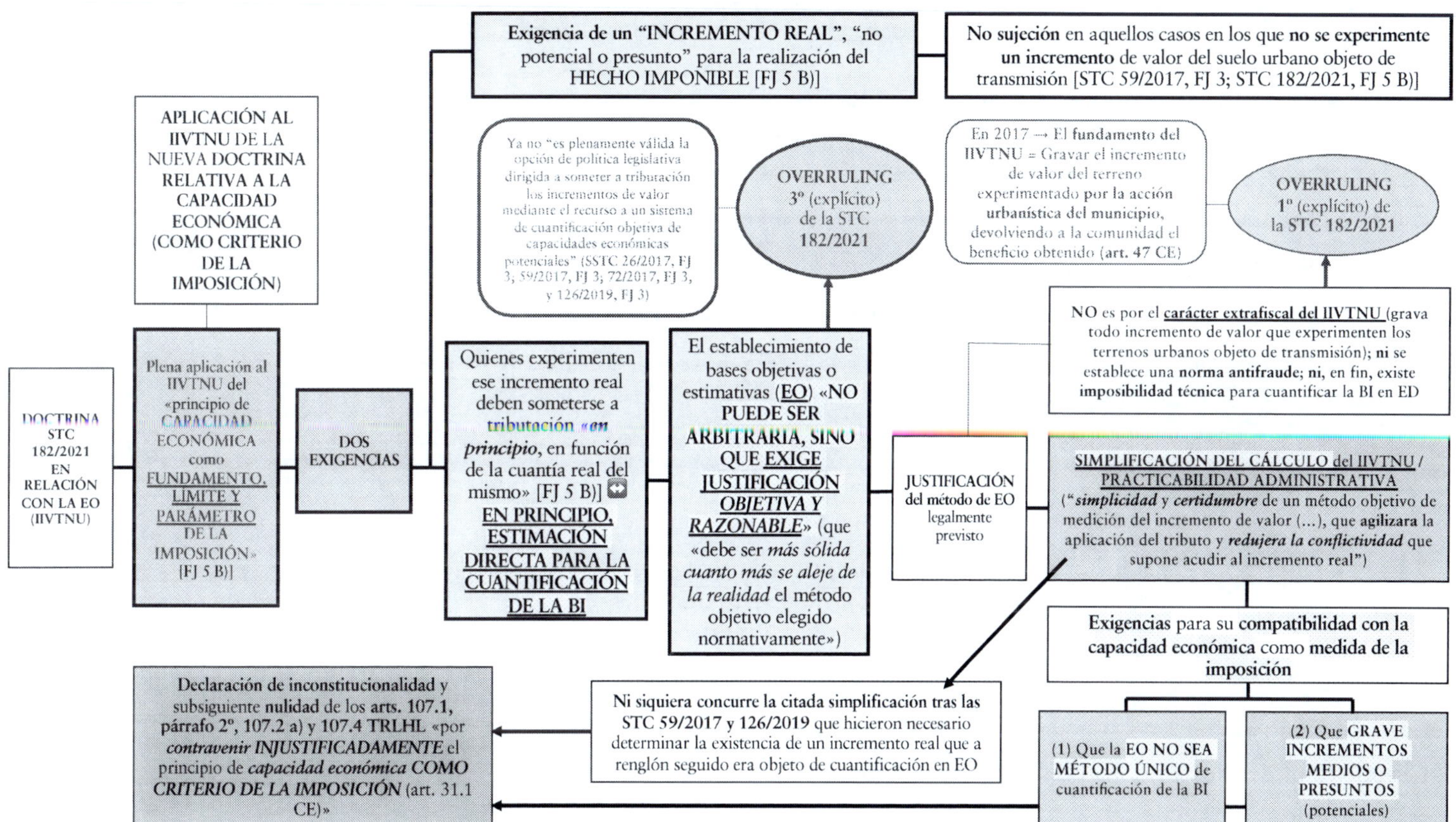
DOCTRINA STC 182/2021 EN RELACIÓN CON LA EO (IIVTNU)
APLICACIÓN AL IIVTNU DE LA NUEVA DOCTRINA RELATIVA A LA CAPACIDAD ECONÓMICA (COMO CRITERIO DE LA IMPOSICIÓN)
Plena aplicación al IIVTNU del «principio de CAPACIDAD ECONÓMICA como FUNDAMENTO, LÍMITE Y PARÁMETRO DE LA IMPOSICIÓN» [FJ 5 B)]
DOS EXIGENCIAS
Exigencia de un "INCREMENTO REAL", "no potencial o presunto" para la realización del HECHO IMPONIBLE [FJ 5 B)]
No sujeción en aquellos casos en los que no se experimente un incremento de valor del suelo urbano objeto de transmisión [STC 59/2017, FJ 3; STC 182/2021, FJ 5 B)]
Ya no "es plenamente válida la opción de política legislativa dirigida a someter a tributación los incrementos de valor mediante el recurso a un sistema de cuantificación objetiva de capacidades económicas potenciales" (SSTC 26/2017, FJ 3; 59/2017, FJ 3; 72/2017, FJ 3, y 126/2019, FJ 3)
OVERRULING 3º (explícito) de la STC 182/2021
En 2017 → El fundamento del IIVTNU = Gravar el incremento de valor del terreno experimentado por la acción urbanística del municipio, devolviendo a la comunidad el beneficio obtenido (art. 47 CE)
OVERRULING 1º (explícito) de la STC 182/2021
Quienes experimenten ese incremento real deben someterse a tributación «en principio, en función de la cuantía real del mismo» [FJ 5 B)] ⇔ EN PRINCIPIO, ESTIMACIÓN DIRECTA PARA LA CUANTIFICACIÓN DE LA BI
El establecimiento de bases objetivas o estimativas (EO) «NO PUEDE SER ARBITRARIA, SINO QUE EXIGE JUSTIFICACIÓN OBJETIVA Y RAZONABLE» (que «debe ser más sólida cuanto más se aleje de la realidad el método objetivo elegido normativamente»)
NO es por el carácter extrafiscal del IIVTNU (grava todo incremento de valor que experimenten los terrenos urbanos objeto de transmisión); ni se establece una norma antifraude; ni, en fin, existe imposibilidad técnica para cuantificar la BI en ED
JUSTIFICACIÓN del método de EO legalmente previsto
SIMPLIFICACIÓN DEL CÁLCULO del IIVTNU / PRACTICABILIDAD ADMINISTRATIVA ("simplicidad y certidumbre de un método objetivo de medición del incremento de valor (...), que agilizara la aplicación del tributo y redujera la conflictividad que supone acudir al incremento real")
Exigencias para su compatibilidad con la capacidad económica como medida de la imposición
(1) Que la EO NO SEA MÉTODO ÚNICO de cuantificación de la BI
(2) Que GRAVE INCREMENTOS MEDIOS O PRESUNTOS (potenciales)
Ni siquiera concurre la citada simplificación tras las STC 59/2017 y 126/2019 que hicieron necesario determinar la existencia de un incremento real que a renglón seguido era objeto de cuantificación en EO
Declaración de inconstitucionalidad y subsiguiente nulidad de los arts. 107.1, párrafo 2º, 107.2 a) y 107.4 TRLHL «por contravenir INJUSTIFICADAMENTE el principio de capacidad económica COMO CRITERIO DE LA IMPOSICIÓN (art. 31.1 CE)»

2.2.3. Método de estimación INDIRECTA (I)

Artículo 53 LGT. Método de estimación indirecta.

«1. El método de estimación indirecta se **aplicará cuando** la **Administración tributaria no pueda disponer** de los datos necesarios **para la determinación completa de la base imponible** como consecuencia de alguna de las siguientes **circunstancias**:

a) Falta de presentación de declaraciones o presentación de declaraciones incompletas o inexactas.

b) Resistencia, obstrucción, excusa o negativa a la actuación inspectora.

c) Incumplimiento sustancial de las obligaciones contables o registrales.

d) Desaparición o destrucción, aun por causa de fuerza mayor, de los libros y registros contables o de los justificantes de las operaciones anotadas en los mismos.

2. Las bases o rendimientos se **determinarán mediante la aplicación de cualquiera de los siguientes medios o de varios de ellos conjuntamente**:

a) Aplicación de los datos y antecedentes disponibles que sean relevantes al efecto.

b) Utilización de aquellos elementos que indirectamente acrediten la existencia de los bienes y de las rentas, así como de los ingresos, ventas, costes y rendimientos que sean normales en el respectivo sector económico, atendidas las dimensiones de las unidades productivas o familiares que deban compararse en términos tributarios.

c) Valoración de las magnitudes, índices, módulos o datos que concurran en los respectivos obligados tributarios, según los datos o antecedentes que se posean de supuestos similares o equivalentes.

3. Cuando resulte aplicable el método de estimación indirecta, se seguirá el **procedimiento previsto en el artículo 158** de esta ley».

2.2.3. Método de estimación INDIRECTA (II)

- La aplicación de los tributos se basa en la colaboración de los sujetos pasivos. Para los ***casos de ausencia de colaboración*** → Necesidad de establecer un ***sistema alternativo basado en métodos presuntivos o indiciarios*** con la finalidad de que la Administración Tributaria pueda fijar por sí misma la base imponible.

- Este sistema alternativo = Método de estimación indirecta y se trata de un **método o procedimiento extraordinario**.

- **Régimen SUBSIDIARIO** de los de estimación directa y estimación objetiva.

- ANÁLISIS DE TRES CUESTIONES:

  - 1.- **Circunstancias determinantes** de la **aplicación del régimen** de estimación indirecta (art. 53.1 LGT).
  - 2.- **Medios o métodos indiciarios** de estimación indirecta (art. 53.2 LGT).
  - 3.- **Procedimiento** para la aplicación de la estimación indirecta (art. 53.3 LGT).

2.2.3. Método de estimación INDIRECTA (III)

1.- CIRCUNSTANCIAS DETERMINANTES DE LA APLICACIÓN DEL RÉGIMEN DE ESTIMACIÓN INDIRECTA:

- **Régimen** SUBSIDIARIO → Únicamente resultará de aplicación cuando:
- (1) Concurra ALGUNA DE LAS SIGUIENTES CIRCUNSTANCIAS (art. 53.1 LGT):
  - (a) **Falta de presentación de declaraciones** o presentación de **declaraciones incompletas o inexactas**.
  - (b) **Resistencia,** obstrucción, excusa o negativa **a la actuación inspectora** → Esta circunstancia puede apreciarse en los supuestos en los que **el obligado tributario** está siendo objeto de un procedimiento de comprobación y **se niega a colaborar con la Administración** en la atención de los correspondientes requerimientos de información y documentos o impidiendo el acceso de los actuarios a los locales o espacios en los que desarrolla su actividad económica.
  - (c) **Incumplimiento sustancial** de las **obligaciones contables o registrales** → Concurre esta circunstancia cuando el obligado tributario **incumple la obligación de llevar contabilidad** o ésta adolece de **falsedades u omisiones de relevancia** (de forma que no refleja la verdadera situación económica de la entidad).
  - (d) **Desaparición o destrucción,** aun por causa de fuerza mayor, **de los libros y registros contables** o de los **justificantes** de las operaciones anotadas en los mismos → Esta circunstancia puede derivar de una ***acción directa del obligado tributario*** o bien de una ***causa fortuita o de fuerza mayor.***
- (2) Y, como consecuencia de ello, que la base imponible no pueda calcularse por aplicación de los métodos de estimación directa y objetiva → Porque la Administración tributaria **no** pueda disponer de los **datos necesarios** (exactos o aproximados) para la **determinación completa de la base.**

2.2.3. Método de estimación INDIRECTA (IV)

2.- MEDIOS O MÉTODOS INDICIARIOS DE ESTIMACIÓN INDIRECTA (arts. 53.2 y 158.3 LGT):

- Aplicación de **medios indirectos o indiciarios** que resultarán **aplicables de forma individual o combinada** para reconstruir la base imponible de la forma más aproximada posible.

- Posible **clasificación en DOS GRUPOS**:

  - (a) **Datos del contribuyente** referidos al **periodo que se está investigando o a ejercicios anteriores o posteriores** → Pueden derivar de *sus propias declaraciones, contabilidad* o *libros* (siempre que sean ciertos), así como de la información proporcionada *por terceros* ← Datos parciales o incompletos que deberán combinarse además con los descritos en el apartado (b).

  - (b) **Datos** ajenos al contribuyente **tomados de actividades o supuestos similares** para estimar indirectamente la base. ***Indicios o presunciones*** que pueden derivar:

    – De los **módulos** establecidos para el método de estimación objetiva (que se utilizarán preferentemente tratándose de obligados tributarios que hayan renunciado a dicho método).

    – De **estudios estadísticos** (efectuados por organismos públicos o privados y referidos al periodo objeto de regularización).

    – De los ingresos, ventas, costes y rendimientos que sean **normales en el correspondiente sector económico**.

2.2.3. Método de estimación INDIRECTA (V)

3.- PROCEDIMIENTO PARA LA APLICACIÓN DE LA ESTIMACIÓN INDIRECTA (art. 53.3 LGT).

- INFORME RAZONADO que la **Inspección de los Tributos** acompañará a las actas incoadas para regularizar la situación tributaria de los sujetos pasivos con la finalidad de evitar posibles arbitrariedades o excesiva discrecionalidad en la aplicación del régimen.

- **CONTENIDO del informe** (art. 158.1 LGT):
  - Las **causas** determinantes de la aplicación del régimen de estimación indirecta.
  - **Situación** de la **contabilidad y registros** obligatorios del obligado tributario.
  - Justificación de los **medios elegidos** para la determinación de las bases, rendimientos o cuotas.
  - **Cálculos y estimaciones** efectuados en virtud de los medios elegidos.

- La **procedencia de la aplicación de la estimación indirecta** y los **medios utilizados** para calcular la base imponible **podrán cuestionarse** por el obligado tributario mediante la interposición de los **recursos y reclamaciones que procedan contra la liquidación** y los actos resultantes.

3. LA BASE LIQUIDABLE

3. LA BASE LIQUIDABLE

- **CONCEPTO LEGAL** → Art. 54 LGT → La base liquidable es «**la magnitud resultante de practicar, en su caso, en la base imponible las reducciones establecidas en la ley**».

- Base *liquidable* = Base *imponible* – Reducciones.

- En aquellos supuestos en los que ***la ley no prevea reducción alguna*** → **Base imponible = Base liquidable.**

- En aquellos otros casos en los que la ley del tributo concreto *prevea la aplicación de reducciones*, la base liquidable será el resultado de minorar la base imponible en la cuantía de las reducciones previstas legalmente.

- Las reducciones responden habitualmente a la voluntad del legislador de introducir en la cuantificación del tributo medidas desgravatorias dirigidas a ***estimular determinadas actividades o inversiones*** o bien ***introducir parámetros de equidad o justicia tributaria***.

  - Ejemplo → En el IRPF se prevé, *v. gr.*, la práctica de reducciones por aportaciones a planes de pensiones, así la reducción de las cuantías satisfechas por pensiones compensatorias a favor del excónyuge y las anualidades por alimentos satisfechas a personas distintas de los hijos en virtud de decisión judicial.

4. EL TIPO DE GRAVAMEN

- **4.1. Concepto**
- **4.2. Clases de tipo de gravamen**
  - 4.2.1. Tipos *específicos*
  - 4.2.2. Tipos *porcentuales o alícuotas: proporcionales o progresivos*. Progresividad *continua o por escalones*. Tipo cero y tipos reducidos o bonificados
  - 4.2.3. Tipos *graduales*

4.1. EL TIPO DE GRAVAMEN. CONCEPTO Y CLASES

- CONCEPTO LEGAL → Art. 55.1 LGT → El tipo de gravamen «**es la cifra, coeficiente o porcentaje que se aplica a la base liquidable para obtener como resultado la cuota íntegra**».

- En función *de la forma en que venga expresada la base*, tenemos las siguientes **CLASES DE TIPOS DE GRAVAMEN** (art. 55.2 LGT):

- **1**) Si la **base** viene expresada en una **magnitud no dineraria** → El tipo estará constituido por **una determinada cantidad de dinero**. Son los denominados TIPOS ESPECÍFICOS. En estos supuestos la ley fija una determinada cantidad a pagar por cada unidad de base. El establecimiento de tipos específicos es frecuente en la regulación de los Impuestos Especiales (*).

(*) Ejemplo BASE IMPONIBLE NO MONETARIA y TIPO DE GRAVAMEN ESPECÍFICO → Ley 38/1992, de 28 de diciembre, de Impuestos Especiales.- Impuesto sobre el Alcohol y Bebidas Derivadas:

> «Artículo 38. Base imponible.
>
> La base estará constituida por el volumen de alcohol puro, a la temperatura de 20 °C, expresado en hectolitros, contenido en los productos objeto de impuesto.
>
> Artículo 39. Tipo impositivo.
>
> El impuesto se exigirá al **tipo de 958,94 euros por hectolitro de alcohol puro**, sin perjuicio de lo dispuesto en los artículos 23, 40 y 41».

4.2. CLASES DE TIPOS DE GRAVAMEN (II). TIPOS PORCENTUALES O ALÍCUOTAS

- 2) Si la base viene expresada en **unidades monetarias** → El tipo de gravamen es un porcentaje a aplicar sobre la base. Se habla en estos casos de TIPOS PORCENTUALES O ALÍCUOTAS. Es el sistema empleado, por ejemplo, en el IRPF o en el IVA. Las alícuotas pueden ser de carácter proporcional, regresivo o progresivo.

  - **Alícuotas** PROPORCIONALES → Consisten en un porcentaje fijo o único que se mantiene invariable con independencia de la cuantía de la base. El tipo de gravamen no varía, sea cual sea la cuantía de la base.

    - ✓ Ejemplos → Los tipos aplicables en el IVA: 21%, 10%, y 4%; o el tipo general de gravamen en el IS: 25%.

  - **Alícuotas** REGRESIVAS → El **tipo disminuye a medida que aumenta la base**. En la actualidad **no existen** en nuestro ordenamiento, pero se podrían utilizar para favorecer las importaciones o exportaciones de determinados productos.

  - **Alícuotas** PROGRESIVAS → Los **tipos aumentan a medida que lo hace la base** hasta llegar a un tipo máximo que evita la confiscatoriedad.

    - — El conjunto de tipos de gravamen aplicables a las distintas unidades o tramos de base liquidable de un tributo se denomina **TARIFA** (art. 55.2, párrafo 2°, LGT). Ejemplos → Las tarifas aplicables en el IRPF, en el IP, y en el ISD.

4.2.2. ALÍCUOTAS PROGRESIVAS (I)

- La PROGRESIVIDAD en un tributo puede ser CONTINUA o POR ESCALONES:

➢ PROGRESIVIDAD CONTINUA → **La base está dividida en tramos y al pasar de un tramo a otro, se aplica una alícuota superior a toda la base.**

TRAMOS DE BASE (EUROS)	TIPOS DE GRAVAMEN (%)
De 0 hasta 3.000 €	10
De 3.001 hasta 6.000 €	20
De 6.001 hasta 9.000 €	30

✓ A una base de 2.500 € se le aplica a toda ella un tipo del 10% → Cuota = 250 €.

✓ A una base de 6.000 € se le aplica a toda ella un tipo del 20% → Cuota = 1.200 €.

✓ A una base de 6.001 € se le aplica a toda ella un tipo del 30% → Cuota = 1.800,3 €.

— En este último caso se produce el denominado ERROR DE SALTO → **Al pasar de un tramo a otro se soporta una cuota mucho mayor, aunque el incremento de la base haya sido mínimo** (de 1 €). En el ejemplo anterior, frente a un incremento de 1 € de base (de 6.000 € a 6.001 €), la cuota se incrementa en 600,3 €.

— Esta situación es *infrecuente* en nuestro sistema tributario pues la progresividad suele ser por escalones.

— Para los casos en los que se produce el error de salto → **SOLUCIÓN prevista en el art. 56.3 LGT**: «La cuota íntegra deberá reducirse de oficio cuando de la aplicación de los tipos de gravamen resulte que a un incremento de la base corresponde una porción de cuota superior a dicho incremento. La reducción deberá comprender al menos dicho exceso».

4.2.2. ALÍCUOTAS PROGRESIVAS (II)

- PROGRESIVIDAD POR TRAMOS O ESCALONES → En esta clase de tarifa **a cada tramo de la base imponible se le aplica un tipo de gravamen mayor que el del tramo anterior**, de tal forma que **la cuota tributaria total resulta de la suma de las cuotas tributarias parciales correspondientes a la aplicación del tipo de gravamen sobre cada uno de los tramos o escalones** de la base.

TRAMOS DE BASE (EUROS)	TIPOS DE GRAVAMEN (%)
De 0 hasta 3.000 €	10
De 3.001 hasta 6.000 €	20
De 6.001 hasta 9.000 €	30

- Si la **tarifa** de la **diapositiva anterior** —que aparece transcrita nuevamente *supra*— **se aplica POR TRAMOS O ESCALONES** resultará que a una base de 3.500 € le corresponderá la siguiente cuota:
  - — De 0 a 3.000 € → 3.000 € × 10% = 300 €.
  - — De 3.001 € a 6.000 € → 500 € × 20% = 100 €.
  - — Cuota total = 300 € + 100 € = 400 €.

4.2.2. ALÍCUOTAS PROGRESIVAS (III)

- La **"presentación" de las tarifas progresivas por tramos o escalones** suele ser diferente a la que se ha mostrado. Ejemplo → Tarifa general estatal de IRPF (art. 63.1.1º LIRPF):

Base liquidable – Hasta euros	Cuota íntegra – Euros	Resto base liquidable – Hasta euros	Tipo aplicable – Porcentaje
0,00	0,00	12.450,00	9,50
12.450,00	1.182,75	7.750,00	12,00
20.200,00	2.112,75	15.000,00	15,00
35.200,00	4.362,75	24.800,00	18,50
60.000,00	8.950,75	240.000,00	22,50
300.000,00	62.950,75	En adelante	24,50

- **La tarifa ofrece ya en cada tramo la cuota íntegra correspondiente a la suma de la obtenida en los tramos anteriores** → En consecuencia, **sólo es necesario realizar la operación correspondiente al último de los tramos.**

> Supongamos una base liquidable (general) de 38.200 euros:
>
> — Hasta 35.200,00 euros → 4.362,75 euros
>
> — Resto BL = 3.000 euros × 18,50% = 555 euros
>
> — Total CUOTA ÍNTEGRA (general estatal) = 4.362,75 euros + 555 euros = 4.917,75 euros.

- A partir de cierto importe de la base liquidable (300.000 €) el impuesto se hace proporcional para evitar la confiscatoriedad.

- En los casos de progresividad por tramos o escalones → TIPO MEDIO DE GRAVAMEN → Es el **resultado de multiplicar por 100 el cociente obtenido de dividir el importe total de la cuota íntegra por la base liquidable** (art. 63.2 LIRPF):

$$\text{Tipo medio de gravamen} = \frac{\text{Cuota íntegra} \times 100}{\text{Base liquidable}}$$

4.2.2. TIPOS PORCENTUALES O ALÍCUOTAS: TIPO CERO Y TIPOS REDUCIDOS

- Finalmente, en relación con los TIPOS PORCENTUALES O ALÍCUOTAS convine señalar también que:

➢ La ley reguladora del correspondiente tributo podrá contemplar la aplicación de un TIPO CERO, así como de TIPOS REDUCIDOS O BONIFICADOS (art. 55.3 LGT).

— La aplicación de un TIPO CERO a una determinada parte o tramo de la base liquidable **funciona como un mínimo exento**:

❖ Aunque el sujeto haya realizado el hecho imponible del tributo, la **cuota tributaria que corresponde a dicha base será cero**.

❖ Pese a que no exista cuota a satisfacer, el sujeto pasivo quedará ***obligado a cumplir con las obligaciones formales*** establecidas en la normativa reguladora del tributo.

❖ Ejemplo → Cuando se creó el Impuesto estatal sobre Depósitos en las Entidades de Crédito, el tipo de gravamen inicialmente previsto fue del 0% (para "ocupar" el hecho imponible e impedir *ex* art. 6.2 LOFCA que las CC.AA. crearan un tributo propio sobre este mismo hecho imponible) ↔ La STC 26/2015, de 19 de febrero, declaró constitucional esta técnica.

— La introducción de tipos de gravamen REDUCIDOS O BONIFICADOS es un **instrumento de política fiscal** para favorecer determinadas actuaciones de los sujetos pasivos por motivos económicos o sociales.

❖ Ejemplo → En el IS, junto al tipo general del 25%, se prevé, *v. gr.*, que las entidades cuyo importe neto de la cifra de negocios del período impositivo inmediato anterior sea inferior a 1 millón de euros tributen al 23%; que las entidades de nueva creación que realicen actividades económicas tributen, en el primer período impositivo en que la base imponible resulte positiva y en el siguiente, al tipo del 15%; que las cooperativas fiscalmente protegidas tributen al 20%; que las entidades sin fines lucrativos tributen al 10%; o, en fin, que las entidades de crédito tributen al tipo incrementado del 30%.

4.2.3. TIPOS GRADUALES

- 3) Un ***caso intermedio entre los tipos específicos y las alícuotas*** es el de los llamados TIPOS GRADUALES → Son aquellos consistentes en **una suma de dinero aplicable sobre una base monetaria que aparece dividida en tramos**. En función de en qué tramo de la escala nos encontremos, resultará de aplicación uno u otro tipo de gravamen de los establecidos en la escala.

EJEMPLO DE TIPO DE GRAVAMEN GRADUAL → **Real Decreto Legislativo 1/1993, de 24 de septiembre, por el que se aprueba el Texto Refundido de la Ley del Impuesto sobre Transmisiones Patrimoniales y Actos Jurídicos Documentados**

→ La tributación de las letras de cambio se llevará a cabo conforme a la siguiente escala prevista en el art. 37:

	Euros
Hasta 24,04 euros	0,06
De 24,05 a 48,08	0,12
De 48,09 a 90,15	0,24
De 90,16 a 180,30	0,48
De 180,31 a 360,61	0,96
De 360,62 a 751,27	1,98
De 751,28 a 1.502,53	4,21
De 1.502,54 a 3.005,06	8,41
De 3.005,07 a 6.010,12	16,83
De 6.010,13 a 12.020,24	33,66
De 12.020,25 a 24.040,48	67,31
De 24.040,49 a 48.080,97	134,63
De 48.080,98 a 96.161,94	269,25
De 96.161,95 a 192.323,87	538,51

5. LA CUOTA TRIBUTARIA: CUOTA ÍNTEGRA, LÍQUIDA Y DIFERENCIAL

5. CUOTA ÍNTEGRA Y CUOTA LÍQUIDA

- Art. 56.1 LGT → La CUOTA ÍNTEGRA:
  - ➢ En los **TRIBUTOS VARIABLES** → Es el resultado de aplicar el tipo de gravamen a la base liquidable.
  - ➢ En los **TRIBUTOS FIJOS** → Es la cantidad fijada al efecto en la ley reguladora del correspondiente tributo.
- Art. 56.5 LGT → La CUOTA LÍQUIDA «será el resultado de aplicar sobre la cuota íntegra las deducciones, bonificaciones, adiciones o coeficientes previstos, en su caso, en la ley de cada tributo».

➢ En consecuencia, el legislador puede prever determinadas **minoraciones que, aplicadas sobre la cuota íntegra** en forma de DEDUCCIONES O BONIFICACIONES, conlleven una **disminución de la misma.**

- El objetivo es **fomentar la realización de determinadas actuaciones** por parte de los obligados tributarios.
- Ejemplo → En el IRPF constituyen deducciones en cuota íntegra, entre otras, la deducción por inversión en empresas de nueva o reciente creación; la deducción por donativos; o, en fin, la deducción del 60% por rentas obtenidas en Ceuta o Melilla.

➢ Asimismo, existen determinados supuestos en los que **sobre la cuota íntegra corresponde aplicar ciertas** ADICIONES o COEFICIENTES MULTIPLICADORES, lo que conllevará que la **cuota líquida sea de importe superior a la cuota íntegra** previamente calculada.

- Ejemplo → En el ISD resultan aplicables determinados coeficientes multiplicadores en *función del parentesco* existente entre el sujeto pasivo y el causante o donante y *el patrimonio preexistente* del sujeto pasivo. La aplicación de estos coeficientes puede comportar que la cuota líquida sea sustancialmente más elevada que la cuota íntegra.

- CUOTA LÍQUIDA = **Cantidad con la que el sujeto pasivo ha de contribuir** al sostenimiento del gasto público **por un determinado tributo** como consecuencia de la realización del hecho imponible.

5. CUOTA DIFERENCIAL

- Art. 56.6 LGT → La **CUOTA DIFERENCIAL** «será el resultado de minorar la cuota líquida en el importe de las deducciones, pagos fraccionados, retenciones, ingresos a cuenta y cuotas, conforme a la normativa de cada tributo».

  - En los **impuestos que gravan la renta** → Está prevista: (a) la realización de pagos a cuenta de la obligación tributaria principal, a cargo del propio sujeto pasivo (pagos fraccionados) o de un tercero (retenciones); y (b) que, al calcular la cuota tributaria correspondiente a su obligación tributaria principal, **el sujeto pasivo pueda deducir DE LA CUOTA LÍQUIDA PARA EL CÁLCULO DE LA CUOTA DIFERENCIAL el importe de dichos pagos a cuenta o pagos anticipados** efectuados a lo largo del periodo impositivo.

  - Asimismo, la normativa reguladora del correspondiente tributo **puede establecer determinadas deducciones que**, en lugar de aplicarse sobre la cuota íntegra, **deban aplicarse sobre la cuota líquida** para obtener la cuota diferencial.

- Como **consecuencia de la minoración de la cuota líquida en los importes *supra* citados** (pagos a cuenta o deducciones) puede resultar:

  - Una **cuota diferencial NEGATIVA** → Comporta el **derecho del contribuyente a recibir la oportuna devolución**.

  - Una **cuota diferencial POSITIVA** → Implica que **existe un saldo a pagar por parte del contribuyente** a la Administración tributaria.

6. LA DEUDA TRIBUTARIA

6. LA DEUDA TRIBUTARIA

- CONCEPTO LEGAL DE DEUDA TRIBUTARIA → **Art. 58 LGT**:

- **Contenido ESENCIAL de la deuda tributaria = Cuota o cantidad a ingresar** ***que resulte de la obligación tributaria principal o de las obligaciones de realizar pagos a cuenta*** (art. 58.1 LGT).

- En determinadas circunstancias, **la deuda tributaria puede incorporar también otros conceptos** (art. 58.2 LGT):

  - a) El **interés de demora**
  - b) Los **recargos por declaración extemporánea**
  - c) Los **recargos del periodo ejecutivo**
  - d) Los **recargos exigibles legalmente sobre las bases o las cuotas,** a favor del Tesoro o de otros entes públicos → Son tributos aplicables sobre otros tributos ya existentes. Su adición a la cuota de estos últimos comporta un incremento de la cuota tributaria final a satisfacer por el obligado tributario. Están previstos como un recurso de las CC.AA. [art. 157.1.a) CE] y de las Entidades Locales (art. 2 TRLRHL).

- **Las sanciones tributarias no forman parte de la deuda tributaria** (se determinan en un procedimiento separado del seguido para liquidar la deuda tributaria) (art. 58.3 LGT).

tirant
PRIME